몸젠의 로마사 제1권
로마 왕정의 철폐까지

Römische Geschichte
몸젠의 로마사
로마 왕정의 철폐까지

테오도르 몸젠 지음 / 김남우·김동훈·성중모 옮김

푸른역사

일러두기
1. 이 책은 Theodor Mommsen, *Römische Geschichte*, Bd. 1, Buch 1, Berlin, 1902를 번역한 것으로, 소제목은 Theodor Mommsen, *Roman History*(translated by William Purdie Dickson, Richard Bentley Publisher, 1862)를 참고하여 번역자들이 붙였다.
2. 몸젠의 저자 서문은 추후 전집을 묶어낼 때 추가할 예정이다. 제2판의 저자 서문에서 도량형 관련 정보를 설명하고 있는데, 이는 제1권의 제14장에 자세히 언급되어 있다.
3. 고유명사는 원음대로 표기하는 것을 원칙으로 했다. 따라서 현행 외래어 표기법과 다를 수 있다.
4. 책 앞에 덧붙인 지도들은 일정 시점을 기준으로 지역도시의 건설과 발전을 반영하여 만들어진 것이 아니다. 로마의 시작부터 아우구스투스 시기까지 《로마사》를 이해하는 데 필요한 지명들을 일괄적으로 보여주기 위해 작성된 것이다.

옮긴이 서문

테오도르 몸젠(1817~1903)의 《로마사》는 로마사 연구의 고전으로, 오늘날도 여전히 로마사 연구는 몸젠의 《로마사》에서 시작할 수밖에 없다. 《로마사》는 세 권으로 나뉘어 출판되었다. 제1권(제1, 2, 3책) 1854년, 제2권(제4책) 1855년, 제3권(제5책) 1856년에 각각 출간되었으며, 1856년에는 제1권이 개정 증보되었고, 1857년에는 나머지 두 권도 개정 증보되어 다시 출간되었다. 또 제3판이 1861년에 출간되었으며 이후 여러 번의 개정이 있었으나 제3개정판 이후에는 커다란 변화가 없었다. 1903년 11월 사망 직전 몸젠이 최종적으로 손본 제9판은 제1권이 1902년, 제2권이 1903년, 제3권이 1904년에 각각 출간되었다. 한편 몸젠은 황제정 시대의 경제를 다룬 제4권과 카이사르에서 디오클레티아누스 황제까지의 로마 속주를 다룬 제5권을 기획했는데, 제5권(제8책)이 먼저 1885년 출간되었고 1904년에 제5판이 출간되었다. 제4권은 끝내 출간되지 않았다.

제1책은 로마 왕정의 철폐까지를, 제2책은 로마 왕정의 철폐에서 이탈리아 통일까지를, 제3책은 이탈리아 통일에서 카르타고와 희랍의 복속까지를 다루고 있다. 제4책은 '혁명'이라는 제목으로 그라쿠스 형제와 술라 시대를 다루고 있으며, 제5책은 이른바 삼두정치라고 하는 군정시대를 다루고 있다. 제8책은 앞서 언급한 바와 같다.

몸젠의 《로마사》만큼 세계적인 반향을 불러일으키고 국제적인 인정을 받은 책도 없을 것이다. 이를 입증하는 것은 줄잡아 15개국어로, 그것도 각각의 언어로 여러 번 번역되었다는 사실이다. 1857년에 이탈리아 어로, 1858년에 러시아 어로, 1862년에 영어로, 1863년에 프랑스 어로, 1867년에 폴란드 어로, 1874년에 헝가리 어로, 1875년에 에스파냐 어와 덴마크 어로 최초 번역되었다. 지난 세기말에는 일본어로 번역되었다. 서양 고대사 연구의 고전이라고 할 몸젠의 《로마사》를 이제야 우리말로 번역하게 된 것은 늦은 감이 있다.

몸젠의 《로마사》를 우리말로 번역하는 작업은, 오늘날 분과를 이룬 로마 고대사를 넘어서는 작업이다. 다른 무엇보다 당대의 대표적인 로마법 연구자였던 몸젠은 로마 금석학과 관련된 연구 사업을 이끌 만큼 로마 고고학과 역사에 조예가 깊었고, 로마 고전문헌학을 충분히 이해하고 있던 학자였다. 따라서 고대 인문학 전반에 대한 깊은 이해와 폭넓은 시각을 가진 몸젠의 성과를 번역하기 위해서는 로마 문학, 로마 수사학, 로마 역사, 로마 철학, 로마 법학 등 고전문헌학을 전공하는 사람들의 협업이 필수적이었고, 번역자들은 이런 뜻으로 작업에 참여했다.

몸젠은 1902년 12월 《로마사》로 독일 최초의 노벨 문학상을 수상했다. 역사 연구서가 문학상을 받았다는 점은 《로마사》가 가진 의미, 즉 《로마사》가 역사 연구서를 넘어서는 인문학적 교양의 결실이라는 점을 다시 한 번 되새기게 한다. 번역자들은 번역어를 공유하기 위해 작업하는 내내 별도의 공간(www.mommsen.or.kr)을 마련하여 이를 기록했고, 첫 번째 책이 세상에 나오는 때를 즈음하여 모두에게 개방할 생각이다. 이를 통해 관련 전공자들 전반에 걸쳐 고전문헌학의 더 넓은 확산, 더 많은 소통, 더 유익한 결실이 맺어지길 기대한다.

2013년 3월
번역자 일동

차례 | 몸젠의 로마사 제1권 _ 로마 왕정의 철폐까지

● 옮긴이 서문 _ v

제1장 서론 _ 2
고대 역사 | 이탈리아 | 이탈리아의 역사

제2장 이탈리아로의 최초 이주 _ 9
이탈리아의 초기 종족들 | 이아퓌기아 인 | 이탈리아 인 | 이탈리아 어와 희랍어의 관계 | 라티움 어와 움브리아·삼니움 어의 관계 | 인도·게르만 어 | 희랍·이탈리아 문화 | 농경 | 경제 이외의 모습 | 이탈리아와 희랍의 이름 체계 | 가족, 국가, 종교 | 예술

제3장 라티움 사람들의 정착 _ 43
인도·게르만 어족의 이주 | 이탈리아에서 라티움 인의 확장 | 라티움 | 라티움 정착 | 부락 | 초기 부락의 위치 | 라티움 부락 연맹체

제4장 로마의 시작 _ 61

람네스 부족 | 티티에스 부족과 루케레스 부족 | 라티움의 로마 정주지 | 로마 지역의 특징 | 로마 지역의 초기 경계 | 팔라티움 | 일곱 언덕 | 팔라티움 언덕 주변의 초기 정착 | 퀴리날리스 언덕의 로마 인들 | 팔라티움과 퀴리날리스 공동체의 관계

제5장 로마의 초기 국가 체제 _ 82

로마 가족 | 가부장과 그 권한 | 가족과 씨족 | 가족의 의탁인 | 로마 공동체 | 왕 | 공동체 | 시민의 평등 | 시민의 공역 | 시민의 권리 | 원로원 | 원로원의 권한 | 국헌의 수호자 원로원 | 자문기관으로서의 원로원 | 로마의 초기 국가 체제

제6장 비시민과 국가 체제의 개혁 _ 117

팔라티움 지역과 퀴리날리스 지역의 융합 | 시민과 영주민 | 공동체 외곽에서 살아가는 영주민 | 상민 | 세르비우스 개혁 | 인구조사 | 세르비우스 군대 정비의 정치적 효과

제7장 라티움 지방에서 로마의 패권 _ 137

로마의 영토 확대 | 아니오·알바롱가의 영토 | 초기 정복지에 대한 처분 | 로마와 라티움의 관계 | 알바롱가 몰락 이후 로마의 확장 | 수도 로마의 확장 : 세르비우스 성곽

제8장 움브리아·사비눔 부족 : 삼니움 부족의 시작 _ 157

움브리아·사비눔 부족의 이주 | 삼니움 부족

제9장 에트루리아 인 _ 165

에트루리아 민족 | 에트루리아 인의 고향 | 에트루리아 인의 뤼디아 기원설 | 에트루리아 인의 이탈리아 정착 | 에트루리아 | 에트루리아와 라티움의 관계 | 타르퀴니우스 집안 | 에트루리아의 국가 체제

제10장 이탈리아의 희랍인 : 에트루리아 인과 카르타고 인의 제해권 _ 179

이탈리아와 주변 민족들 | 이탈리아의 페니키아 사람들 | 이탈리아의 희랍인 : 희랍 식민지 | 희랍 식민지 활동의 시기 | 희랍 이주민들의 성격 | 아카이아 식민 도시들 | 이오니아·도리아 식민지 | 타렌툼 | 베수비우스 근처의 식민 도시들 | 아드리아 해 지역의 희랍인들 | 이탈리아 서해안의 희랍인들 | 희랍과 라티움 | 희랍과 에트루리아 | 희랍과 페니키아의 경쟁

제11장 법과 법정 _ 209

이탈리아 역사의 현대적 성격 | 사법제도 | 민사재판 | 절도 | 계약 | 후견 제도 | 상속 제도 | 노예해방 | 피호민과 영주민 | 로마법의 특징

제12장 종교 _ 229

로마의 종교 | 아주 오래된 로마 공공 축제 | 마르스와 유피테르 | 로마 신들의 특징 | 정령 | 사제 | 신탁 중재자 | 외국 종교 | 사비눔의 종교 | 에트루리아의 종교

제13장 농업, 상업과 무역 _ 260

농업 | 공동경작 | 포도 농사 | 올리브 재배 | 무화과 | 농가 경영 | 대토지 소유 | 공동 초지 | 수공업 | 이탈리아 내의 상업 활동 | 해양 무역 | 무역에 적극적인 에트루리아, 수동적인 라티움 | 에트루리아와 아티카, 라티움과 시킬리아

제14장 측량과 문자 _ 290

십진법과 십이진법 | 희랍 도량형 | 희랍의 영향을 받기 전 이탈리아 역법 | 희랍 알파벳의 이탈리아 도입 | 이탈리아 알파벳의 발전 | 결과 | 언어와 문자의 변이

제15장 예술 _ 311

이탈리아 인의 예술적 재능 | 라티움의 춤과 음악과 노래 | 종교적 가창 | 칭찬 노래와 비방 노래 | 가면 익살극 | 운율 | 가락 | 가면 | 라티움에서 초기 희랍의 영향 | 라티움에서 시와 교육의 특징 | 사비눔과 에트루리아의 춤과 음악과 노래 | 초창기 이탈리아 건축물 | 사비눔과 에트루리아에서 초기 희랍의 영향 | 이탈리아의 조형예술

- 연표 _ 341
- 찾아보기 _ i

〈지도 1〉
지중해 지도(이탈리아)

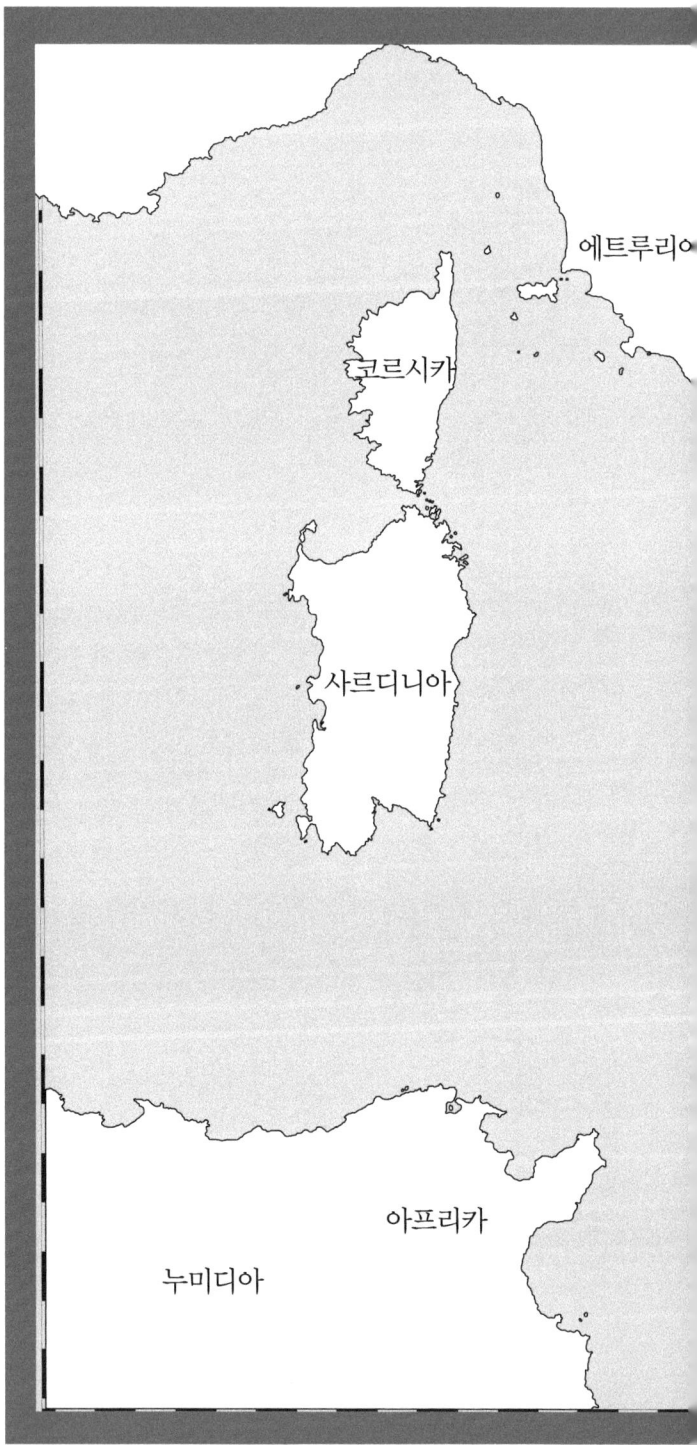

움브리아

사비눔

로마

라티움 삼니움

캄파니아 아풀리아

아드리아 해

루카니아

칼라브리아

튀레눔 해

브루티움

이오니아 해

시킬리아

〈지도 2〉
이탈리아 북부

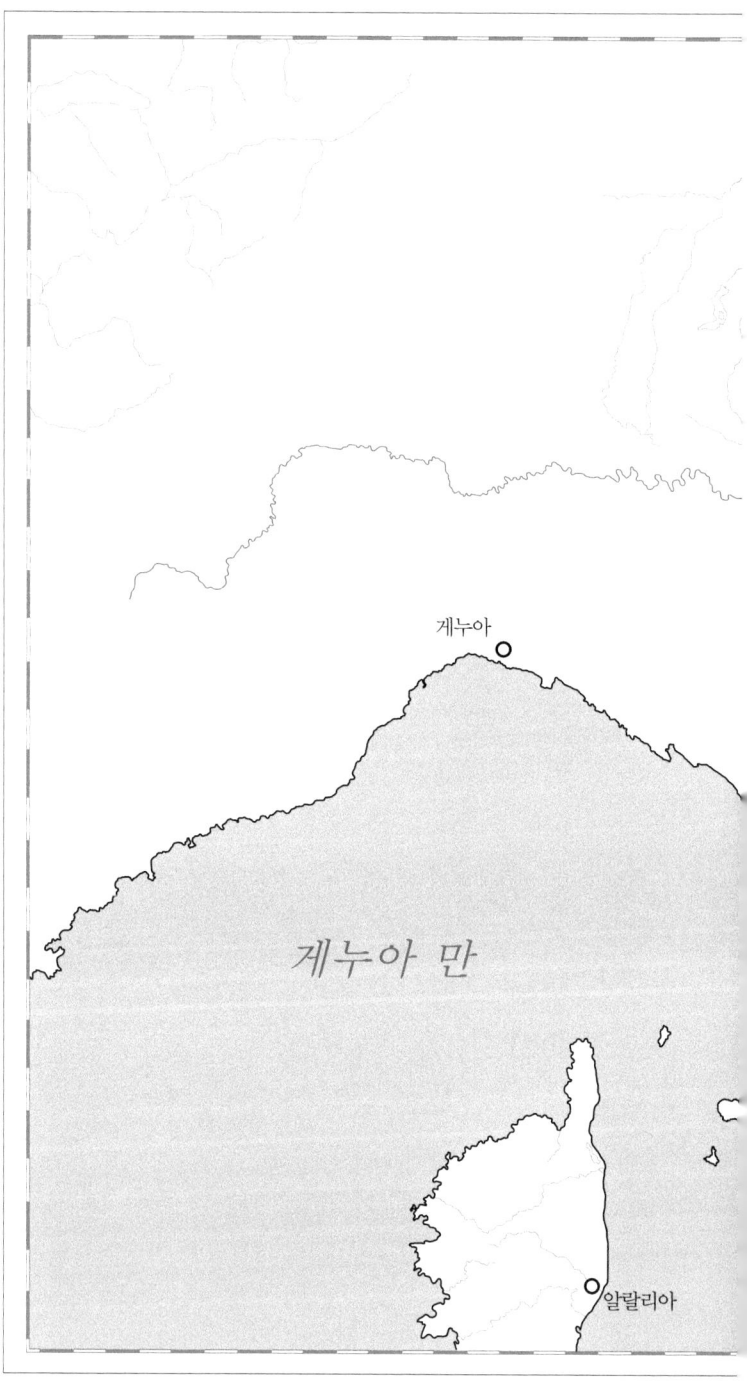

〈지도 3〉
이탈리아 중부

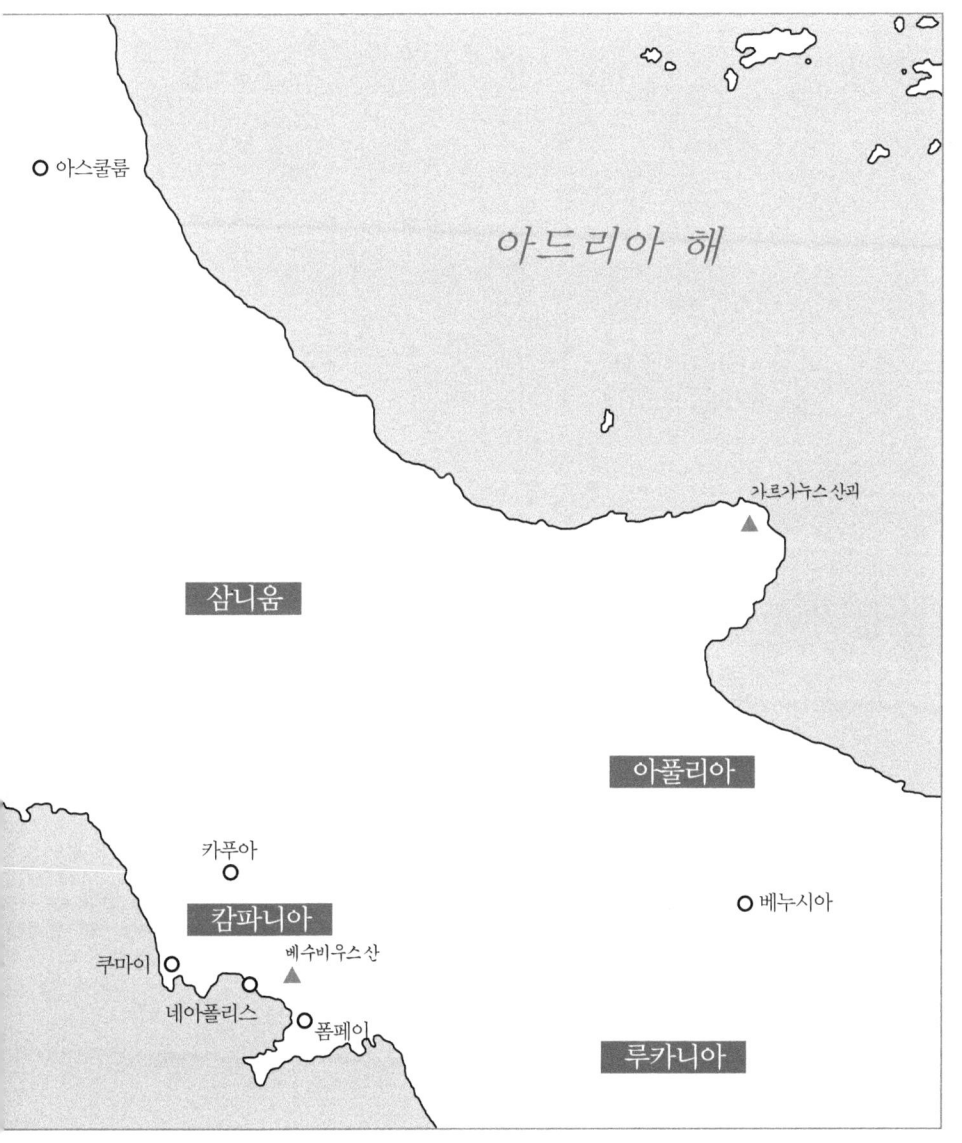

〈지도 4〉
이탈리아 남부

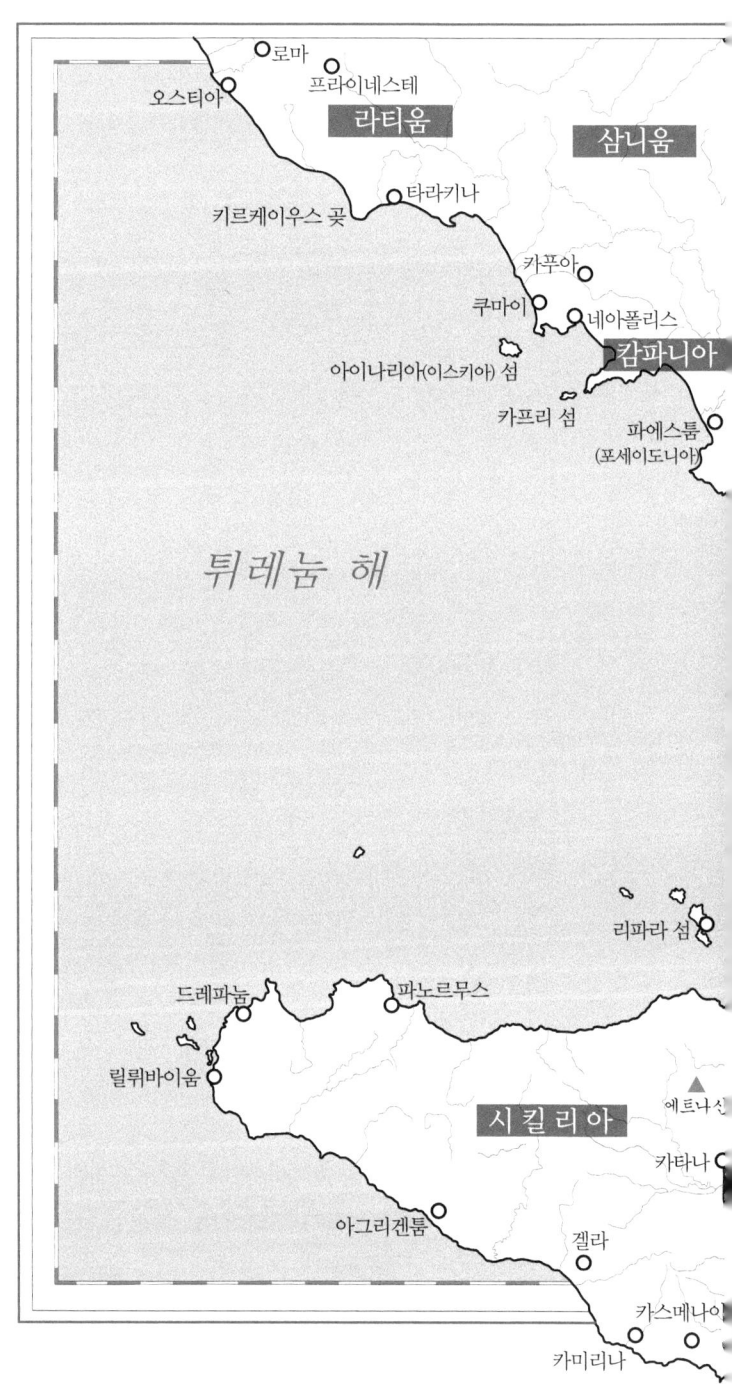

〈지도 5〉
라티움 지도

〈지도 6〉
로마 시내 지도

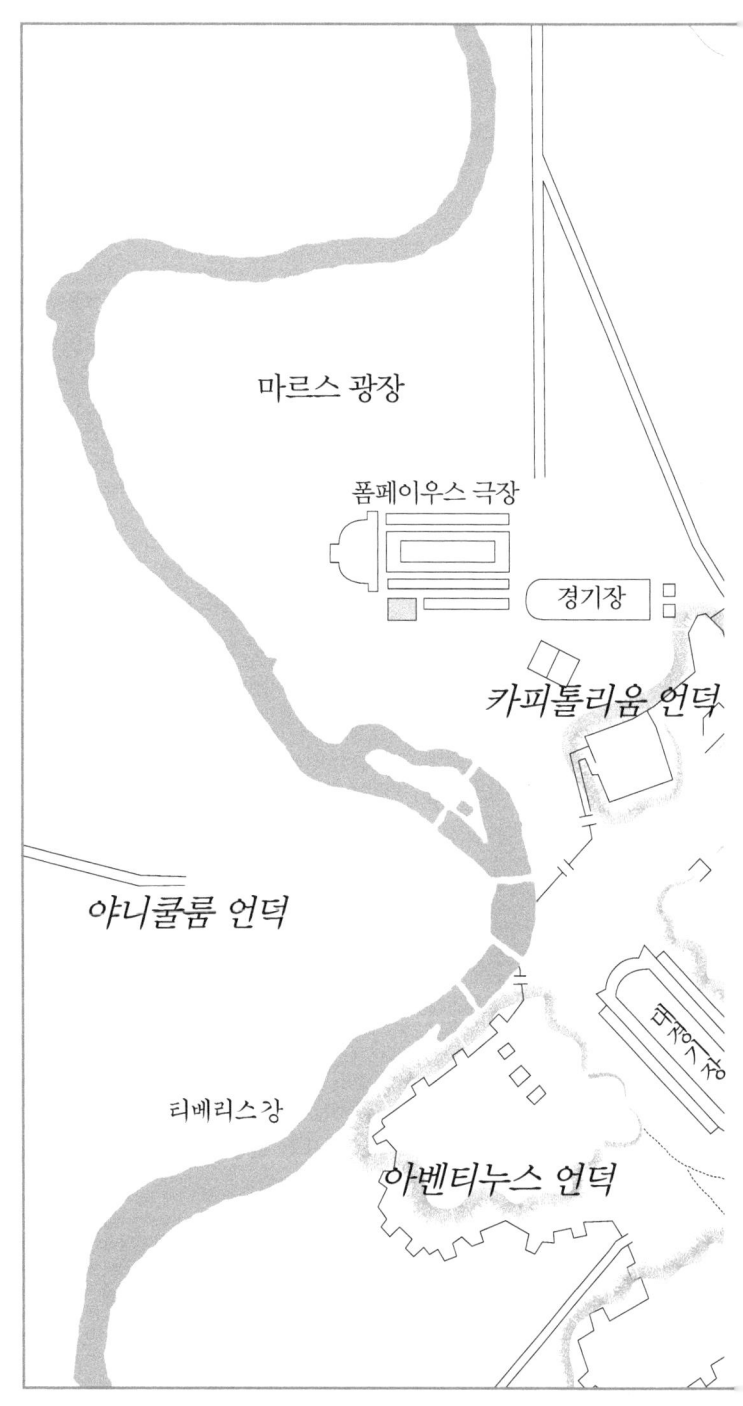

〈지도 7〉
로마 주요 지형
(일곱 언덕 지형)

아륵스
카피톨리움

퀴리날리스

비미날리스

키스피우스 고지

에스퀼리아이

타르페이아

파구탈 고지

벨리아 고지

오피우스 고지

케르말루스 고지

팔라티움

카일리우스

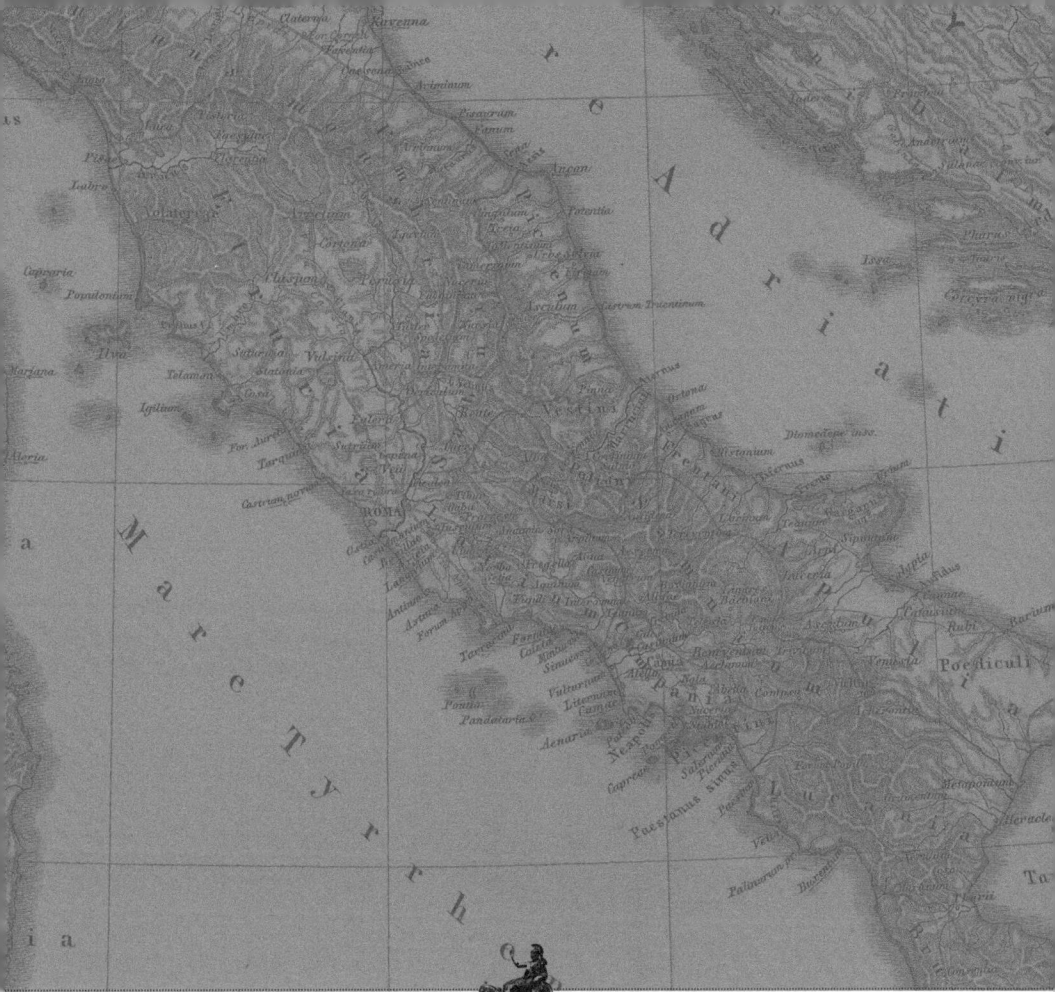

제1권

로마 왕정의 철폐까지

시간의 격차 때문에 옛 사건을 정확하게 파악하는 일은 불가능한 일이다.
하지만 가장 신뢰할 만한 증거를 통해 내가 확신하게 된 것인바, 전쟁이나 여타의 것이나
옛 사건이 대단한 것이 아님을 알게 되었다.
— 투퀴디데스

제1장
서론

고대 역사

유럽 대륙 안쪽으로 깊숙이 만을 형성하며 자르고 들어온 대서양에 의해서 만들어진 내해는 이리저리 다시 나뉘는데, 점점이 흩어진 섬이나 튀어나온 반도에 맞닿아 협해를 이루거나 또는 상당히 넓은 폭의 대해가 되면서 구대륙을 셋으로 나누는 동시에 연결하고 있다. 고대로부터 내해 주변에는 수많은 종족이 정착해 살아왔다. 이들은 인종학적으로나 언어사적으로 볼 때 서로 상이하지만, 역사적으로는 거대한 단일체를 이루었다. 역사적 단일체라는 용어는 적합하진 않아도 고대 세계의 역사를 지시하는 말로 사용되는데, 크게 보아 네 개의 발전 단계를 거친 것으로 알려진 지중해 거주민들의 문화사를 의미한다. 즉, 지중해 남부에서 성장한 콥트 혹은 이집트 계통의 역사, 지중해 동부 해안 지역에서 시작하여 티그리스와 유프라테스 강을 거쳐 아시아 내륙 지방에 이르는 아르메니아 혹은 쉬리아 계통의 역사, 유럽 대륙의 해안 지역과 내륙에서 성장한 희랍의 역사, 그리고 로마의 역사를 아우르는 개념이다. 이 각각의 역사는 초창기는 물론 이후 고유한 방식으로 개별적으로 발전하지만 역사적 지평에서 상호 연관을 맺고 있었다.

또한 동일한 혹은 상이한 계통의 또 다른 민족들이 이들 주변에 살고 있었는데, 예를 들어 아프리카의 베르베르 족과 니그로 족, 아시아의 아랍 인과 페르시아 인과 인도인, 유럽의 켈트 족과 게르만 족이 그들이다. 이들은 지중해 민족들과 다양한 관계를 형성했으나, 이들이 지중해 민족들에게, 반대로 지중해 민족들이 이들에게 결정적인 영향을 주지는 않았다. 이렇게 일반적 의미에서 문화적 지평이 단절되어 있었기 때문에, 전성기의 중심 도시 이름에 따라 이집트 테베, 카르타고, 아테네와 로마는 각각 역사 단일체로 볼 수 있다. 이 네 민족은 각각 고유한 방식으로 자신만의 거대한 문명을 이룩하고 나서, 이후 다각적인 교류를 통해 인간 본성의 모든 측면을 정교하고 풍부하게 다듬고 발전시켰다.

그리하여 지중해의 지평이 이들의 문화로 충만하게 되자, 그 전까지는 마치 파도가 해변을 오가듯 지중해 지역을 오가던 주변 민족들이 새롭게 지중해 양안으로 쏟아져 들어오게 되었으며, 새로 출현한 민족들은 역사적으로 지중해 북쪽 지역을 지중해 남쪽 지역으로부터 고립시켰으며, 문명의 중심지를 지중해에서 대서양 지역으로 이동시키기에 이르렀다. 고대사와 근대사의 이러한 구분이 단지 우연적이고 연대기적인 것만은 아니다. 근대사라는 것은 실제로 문화 지평의 새로운 출현을 의미하며, 발전 단계마다 다양한 방식으로 몰락해가던 혹은 몰락해버린 지중해 문명과 관련을 맺고 있었다. 앞서 지중해 문명 역시 그보다 오래전에 존재했던 인도·게르만 문명과 동일한 관계를 맺었을 것인데, 후자 또한 나름대로 고유한 역사적 경로를 밟으며, 성장기, 왕성하게 전개되던 성숙기, 종교와 국가 및 예술 영역에서 창조기, 물질적·정신적 자산을 편안히 누리는 향유기, 궁극적 한계에 이르러 넘치는 풍요 가운데 창조적 능력이 메말라가는 고갈기 등을 거치며 영고성쇠를 누렸을 것이다. 하지만 이러한 궁극적 한계라는 것은 다만 잠정적인 것일 뿐이다. 왜냐하면 위대한 문명도 한계를 갖고 있어 끝에 이르게 마련이지만, 인류에게는 한계란 결코 있을 수 없으며, 한계에 이르렀다 싶을 때 인간에게는 더 넓은 범위에서, 그리고 더 높은 의미에서 새로운 목표가 주어지기 때문이다.

이탈리아

우리의 과제는 위대한 세계사적 연극의 마지막 장면을, 그러니까 북쪽 유럽 대륙으로부터 지중해를 향해 뻗어 나온 세 개의 반도 중 가운데 반도에서 펼쳐진 고대사를 서술하는 것이다. 이 반도는 알프스 산맥의 서쪽에서 갈라져 나와 남쪽으로 뻗어 내린 산맥을 따라 형성되었다. 바로 이 산맥이 아펜니노 산맥인데, 아펜니노 산맥은 서쪽으로는 넓은 바다를, 동쪽으로는 해협을 두고 남동쪽으로 흘러내리다가 아브루초 지역에 이르러 동쪽 해협을 옆에 두고 만년설에 덮인 고산만큼 높게 솟아올라 산맥의 최고점에 도달한다. 아브루초 지역으로부터는 산맥이 남쪽으로 방향을 틀어 한 줄기로 고산준령을 형성하며 흘러 내려간다. 산맥은 구릉지를 형성하며 한 번 크게 낮아지는데, 이때 완만한 남동쪽 산맥과 가파른 서쪽 산맥으로 갈라져 각각 작은 반도를 형성한다.

알프스 산맥과 아펜니노 산맥의 중간 지대에서 아브루초에 이르는 북쪽 평야 지대는 지리적으로뿐만 아니라 매우 늦은 시기까지 역사적으로도 우리가 다루고자 하는 이탈리아가 속한 남부 산악 지역 및 구릉 지역과는 완전히 별개였다. 로마 건국 후 7세기가 지나서야 비로소 시니갈리아에서 리미니에 이르는 해안 지역이, 8세기가 지나서야 비로소 포 강 유역 평원이 이탈리아에 편입되었다. 따라서 이탈리아의 북쪽 경계는 알프스 산맥이 아니라 아펜니노 산맥이다.

아펜니노 산맥은 전반적으로 가파른 산악 지형을 형성하지 않고 반도를 가로질러 넓게 자리 잡고 있으며, 왕래하기에 평탄한 산길로 이어진 계곡 지역과 고지 평원을 품고 있어 사람들에게 매우 적당한 주거지를 제공한다. 이는 특히 반도의 동해, 남해와 서해에 연접한 산비탈 지역과 해안 지역에 해당한다. 동해안 지역에는 아풀리아 평원이 북쪽으로 아브루초 산괴로 막혀 있고 중간에 다만 섬처럼 고립된 가르가누스 산괴에 의해 단절되기도 하지만, 해안지형이나 하천 등이 발달하지 못한 비교적 단조로운 형태로 길게 뻗어 있다. 남해안 지역에는 아펜니노 산맥이 끝나면서 형성된 두 개의 작은 반도 사이로, 산악 지대에 기대어 저지대가 넓게 형성되어 있는데, 항구로는 적합하지 않아도 수량이 풍부하고 토양이 비옥하다.

　마지막으로 서해안 지역에는 티베리스 강과 같은 커다란 하천들이 흐르며, 조수간만과 한때 활발했던 화산으로 인해 발달한 계곡과 구릉, 항구와 섬 등이 형성되어 있다. 이곳에는 에트루리아와 라티움 지방과 캄파니아 지방을 품고 있는 이탈리아의 핵심 지역이 자리 잡고 있다. 또한 서해안은 캄파니아 지방 남부에 이르러 점차 구릉지대가 사라지고 산맥의 한 자락은 튀레눔 해를 바로 마주하게 된다.

　한편 희랍의 펠로폰네소스 반도처럼, 이탈리아에는 지중해에서 가장 크고 아름다운 시킬리아 섬이 연접해 있다. 섬의 내륙은 산세가 험하고 부분적으로는 궁벽한 산간 지역을 형성하고 있는데, 특히 섬의 동부와 남부 지역이 그러하다. 섬의 해안 지역을 빙 둘러 상당 부분이 화산에 의해 형성된 아름다운 경관을 갖추고 있다. 시킬리아의 산악 지형은 반도로부터 좁은 틈새(ῥήγιον)의 해협으로 구분되어 있을 뿐, 지리적으로 아펜니노 산맥의 연장선상에 놓여 있다. 펠로폰네소스 반도가 희랍에서 그랬던 것처럼 역사적으로 시킬리아는 고대로부터 이탈리아의 주요한 부분이었고, 동일한 민족 계통의 각축장이자 비슷한 수준의 고도 문명들이 공유한 공간이었다.

　대체로 희랍과 마찬가지로 이탈리아 반도는 안온한 산천과 계곡과 평야가 펼쳐져 있어 기후가 온화하고 공기가 상쾌하다. 해안지형 역시 희랍과 닮았는데, 다만 희랍 사람들을 해양 민족으로 만들었던 발달된 도서 지역이 이탈리아에 없을 뿐이다. 반면 이탈리아 반도가 희랍보다 나은 것은 발달된 하천 유역과 농업이나 목축에 긴요한 비옥한 초지의 구릉지였다. 이탈리아는 희랍과 마찬가지로 아름다운 땅이며, 인간의 활동을 촉구하고 보상하는 땅이었다. 그것은 또한 격정적인 탐험가에게는 멀리까지 나가볼 수 있을 길을 보여주고, 동시에 차분한 농부에게는 만족할 만한 추수를 제공하는 땅이었다. 희랍 반도가 동쪽을 향하고 있다면, 이탈리아 반도는 서쪽을 바라보고 있다. 그래서 희랍 사람들이 에페이로스 지역이나 아카르나니아 지역에 관심이 없었던 것처럼, 이탈리아 사람들은 아풀리아와 메사피아 지역에 관심을 두지 않았다. 희랍의 역사적 중심지라고 할 수 있는 아티카 지방과 마케도니아 지방은 동쪽을 향해 있었고, 마찬가지로 이탈리아 반도의 에트루리아 지방과 라티움 지방, 캄파니아 지방은 서쪽을 향해 있었다. 매우 인접해 있으면서 마치 자매처럼 보이는 이 두 반도는 이렇게 서로 다른 곳을 향해 있었다. 오트란토에서 육안으로 아크로케라우니아 산맥을 확인할 수 있는 정도인데도, 희랍 사람들과 이탈리아 사람들은 아드리아 해를 건너 이웃한 사람들보다는 오히려 반대 방향의 이웃들과 일찍부터 긴밀하게 교류했다. 지금과 마찬가지로 당시에도 한 민족의 역사는 빈번히 그 민족이 깃들어 사는 지리적 관계에 크게 영향을 받는다고 하겠다. 구대륙의 문명을 일으킨 두 위대한 민족은 그들의 영향력과 문화적 맹아를 한 민족은 동쪽을 향해, 다른 한 민족은 서쪽을 향해 퍼뜨렸던 것이다.

이탈리아의 역사

이 부분에서 다루고자 하는 것은 로마의 역사가 아니라 이탈리아의 역사다. 국가 체계의 형태를 갖추고 난 이후 로마라는 도시 공동체가 이탈리아 반도를, 이후 세계를 지배했다고 할 수 있겠지만, 이는 좀 더 높은 차원의 역사적 관점에서 보면 결코 그렇게 주장될 수 없다. 흔히 로마 인에 의한 이탈리아 정복이라고 불리는 것은 기실 이탈리아 반도에 살던 전체 민족이 하나의 국가로 통일되는 과정이라고 보는 것이 오히려 합당하다. 로마 인들이 이들 가운데 가장 강력한 세력이긴 했으나, 아무튼 그들도 이들 가운데 한 부분이었을 뿐이다.

  이탈리아의 역사는 크게 둘로 나뉜다. 우선 이탈리아 어계의 주도 아래 이탈리아가 통일되기까지의 내부 역사가 그 하나이고, 이탈리아가 세계를 지배하기까지의 역사가 또 다른 하나다. 따라서 우리는 이탈리아 반도에 이탈리아 어계 민족이 정착하는 과정, 희랍인과 에트루리아 인 등 다른 계통 민족이나 선주 문명이 이탈리아 어계의 민족적·정치적 존재를 위협하고 부분적으로 복속시킨 과정, 이탈리아 어계가 다른 계통 민족에 저항하며 그들을 물리치거나 정복한 과정, 마지막으로 같은 이탈리아 어계인 라티움 사람들과 삼니움 사람들이 이탈리아 반도의 패권을 놓고 벌인 갈등과 라티움 사람들이 기원전 4세기 후반에 혹은 로마 인들이 기원전 5세기 후반에 최종적으로 승리한 과정 등을 기술해야 한다. 이런 것들이 첫 번째 책의 두 권에서 다루어질 내용이다. 이후 두 번째 책에서 카르타고 전쟁을 다룰 것이며, 여기에서는 로마 제국이 이탈리아 반도라는 자연적 한계를 넘어 무서울 정도로 급격하게 팽창하는 과정을 다룰 것이다. 또한 기나긴 로마 황제정의 상황과 거대한 제국의 몰락을 다룰 것인데, 이는 물론 세 번째 책과 이어지는 책들에서 다룰 과제다.

제2장
이탈리아로의 최초 이주

이탈리아의 초기 종족들

최초로 이탈리아로 이주한 인류에 관해 우리는 어떤 정보도, 심지어 전설조차도 갖고 있지 않다. 최초의 거주민은 그 땅에서 저절로 생겨났다는 것이 어디를 막론하고 고대 세계의 일반적인 믿음이었다. 여러 인종의 기원, 각종 풍토에 따른 유전적 관계를 결정하는 일은 과학자들의 몫으로 남겨두는 것이 합당하겠다. 증명 가능한 한에서 어느 지역의 가장 오래된 주민이 그 땅에서 저절로 생겨났는지 아니면 이주민인지를 결정짓는 것은 역사학에서는 불가능하며 또한 중요하지도 않다.

역사가의 작업은 특정 지역의 연속적인 민족 지층을 파헤쳐 미개 문화에서 좀 더 성숙한 문화로 발전하는 과정을 추적하고, 문화적으로 우위에 있는 민족이 그렇지 못한 종족 혹은 덜 발전된 문화를 가진 종족을 지배한 과정을 가능한 범위에서 시간을 거슬러 올라가면서 추적하는 일이다. 그런데 이탈리아 반도에서 발굴된 원시 유물은 유독 적으며 이 점에서 다른 지역과 뚜렷한 차이를 보인다. 독일 고고학 연구의 성과에 따르면 인도·게르만 어족이 살기 이전에 영국·프랑스·북부 독일과 스칸디나비아 반도에서 아마도 몽골 계통의 민족이 거주했거나 좀 더 정확하게 말하자면 지나갔을 것이 분명한데, 이들은 수렵과 어로 생활을 했고, 돌·흙·뼈로 도구를 만들었으며, 동물의 이빨과 호박(琥珀)으로 된 장식물을 지녔다. 하지만 그들은 아직 농경과 금속가공에 대해서는 알지 못했던 것으로 보인다. 이와 유사하게 인도에서는 낮은 수준의 문화를 가진 진한 피부색의 거주민들이 인도·게르만 어족 이전에 앞서 지나갔다.

그러나 이탈리아 반도에는 켈트·게르만 지역의 핀 족과 라프 족, 혹은 인도 산악 지역의 검은 피부색 종족이 남긴, 쫓겨난 종족의 흔적이 발견되지 않으며, 이른바 고대 독일 석기시대의 독특한 두개골 형태, 취락과 묘지 등에서 확인되는 것처럼 초기 정착민의 가능성이 지금까지도 확인되지 않는다. 이탈리아 반도에서 농경과 금속 사용 시기보다 앞선 시기에 인류가 살았다는 가정을 입증하는 어떤 증거도 지금까지 드러나지 않고 있다. 이탈리아 반도에 우리가 보통 야만이라고 부르는 원시 문화 단계가 언젠가 실제로 형성되었다고 할지라도, 이제 그 흔적은 완전히 사라진 상태다.

상고사를 구성하는 요소들은 개별 민족, 다른 말로 하면 종족이다. 역사적으로 확인된 바와 같이 우리가 나중에 이탈리아에서 만나게 되는 종족들은 희랍에서와 마찬가지로 그 가운데 일부는 이주민이고 일부는 브루티움 사람과 사비눔 사람과 같은 계통 미상의 종족들이다. 두 유형 외에도 상당수의 종족이 남아 있는데, 이들의 이주 역사는 역사적 증거 없이 기껏해야 선험적 추측에 의존하고 있을 뿐이다. 또한 이 민족들이 외부로부터 급격한 변화를 겪었다고 할 증거도 없는데, 이들의 민족적 정체성을 확인하는 작업이 우선적으로 수행되어야 할 것이다. 그러나 수많은 민족명의 혼돈과 명목상의 혼란스러운 역사 전승에만 의존한다면, 다시 말해 학식을 갖춘 여행자가 남긴 유용한 소수의 기록과 무익한 다수의 전설로 이루어진, 흔히 역사나 신화를 위해 수집된 무의미한 전승에만 의존한다면, 이런 확인 작업을 수행하는 것은 바랄 수도 없을 것이다.

그러나 비록 단편적이긴 하지만 신뢰할 만한 유일한 전승의 원천이 아직 우리에게 남아 있다. 그것은 다름 아니라 이탈리아 반도에서 유구한 세월을 살아온 민족들의 언어이다. 민족의 성장과 함께 만들어진 언어에 각인된 민족 성장의 흔적은 후대 문화에 의해서도 완전히 사라지지 않는다. 이탈리아 반도의 수많은 언어 중 오직 하나의 언어만 완전한 형태로 전해지고 있지만, 그럼에도 여타 언어들의 흔적 또한 충분히 남아 있어 우리는 언어 유사성과 상이성에 대한 역사 연구와 그에 따른 개별 언어 내지 민족들을 확인할 실마리를 갖게 되었다.

우리는 언어 연구를 통해서 이탈리아 초기 민족을 셋으로 나눌 수 있었다. 우리가 이름 붙인 대로 보자면, 이아퓌기아 인, 에트루리아 인, 이탈리아 인이다. 그리고 이탈리아 인은 다시 라티움 어계와 움브리아·마르시·볼스키·삼니움의 방언을 아우르는 어계로 양분된다.

이아퓌기아 인

이아퓌기아 사람들에 관해 우리는 거의 정보를 갖고 있지 않다. 이탈리아 남동쪽 끝 메사피아에서 또는 칼라브리아 반도에서 비문이 상당량 발견되었는데, 사어[1]로 기록된 것들이었다. 이것은 분명 이아퓌기아 어의 흔적이며 라티움 어계 내지 삼니움 어계와는 확연히 구분된다. 이와 동일한 언어를 가진 동일 종족이 아풀리아에서도 살았다는 결론이 신뢰할 만한 보고와 수많은 흔적에 근거하여 내려졌다. 현재 이 종족에 대해서 우리가 아는 바는 이들이 이탈리아의 여타 종족들과 전혀 다르다는 점과 이 언어와 이 종족이 역사상 어느 지역에 본거지를 갖고 있었는지 확증할 수 없다는 점이다. 비문들은 아직 해독되지 않았으며 앞으로 해독에 성공하리라는 희망도 거의 없다. 산스크리트 어의 속격 어미 'asya', 희랍어의 속격 어미 'oio'에 해당하는 속격 어미 'aihi'와 'ihi'를 통해 이 언어가 인도·게르만 어족의 한 방언이라고 추측할 뿐이다. 다른 특징들도 이아퓌기아 방언이 이탈리아 어파와는 근본적으로 다르고 희랍 방언과는 몇 가지 점에서 유사하다는 점을 보여주는데, 예를 들면 자음에 기식을 사용하고 어말어미에 'm'과 't'를 피하는 것이나.

특히 이아퓌기아와 희랍이 밀접한 유사성을 지녔다는 가정을 지지하는 증거로, 비문에 빈번하게 등장하는 희랍 신들의 이름, 여타 이탈리아 종족들의 엄격함과 극명히 대조되는 희랍적 명랑함이다. 아풀리

---

[1] 그들의 언어는 몇몇 비문에서 확인되었다. 예를 들면, *ϑeotoras artahiaihi berenarrihino und dazihonas platorrihi bollihi*.

아는 티마이오스 시대(로마 건국 400년, 기원전 354년)까지 아직 야만 지역으로 묘사되었는데, 로마 건국 600년에 이르면 희랍 사람들이 직접적으로 식민지를 건설한 일이 없는데도 이 지역에 희랍적 색채가 완연해진다. 메사피아의 종족 중에 이와 유사한 과정을 밟아나간 다양한 단초가 나타난다. 이아퓌기아 어를 희랍어의 원시 방언으로 분류하는 데까지는 아니더라도, 이아퓌기아와 희랍의 일반적인 민족적 유사성과 친연성에 대한 연구는 장차 이에 대한 더 정밀하고 확실한 연구 결과가 도출될 때까지는 이 정도에서 잠정적으로나마 만족해야겠다.[2] 이 정도면 정보의 부족을 그렇게 심하게 느낄 정도는 아니기 때문이다.

  우리가 다룰 역사가 시작될 무렵 이 종족은 이미 미약해져서 사라져버렸다. 이아퓌기아 종족이 이렇다 할 저항 없이 다른 종족과 쉽게 융화되었다는 특징에서 가설이 만들어지는데, 그 지정학적 위치에 의해 더욱 개연적으로 보이는 가설에 의하면, 이들은 가장 오래된 이주민이거나 역사적으로 보아 차라리 그 땅에 살았던 원주민으로 보인다는 것이다. 초기 민족이동은 주로 육로를 통해 이루어졌다. 이탈리아로 옮겨 온 민족이동의 경우도 그러한데, 해로를 통해 이탈리아의 해안 지역에 도달하려면 항해술에 능숙한 사람들이어야 하기 때문이다.

---

[2] 사람들은 거의 증거도 없으며 최소한 어떤 주장을 입증하는 데 유의미한 무엇도 없는 언어 비교 관점에서 이아퓌기아 어와 현대 알바니아 어의 친연성을 가정했다. 이런 친족성이 입증될 수 있다면, 즉 인도·게르만 어족, 희랍 민족, 이탈리아 민족과 같은 뿌리를 가진 알바니아 인들이 실제 그 흔적을 희랍 전 지역, 특히 희랍 북부 지역에 남긴 이민족이라면, 이는 다만 알바니아 인들이 희랍 민족 이주 이전과 이탈리아 민족 이주 이전에 살았던 종족이라는 사실을 입증할 뿐이다. 이에 비추어 이아퓌기아 인들이 아드리아 해를 거쳐 이탈리아로 이주했다는 결론은 도출되지 않는다.

그래서 이탈리아는 호메로스 시대까지도 희랍 사람들에게 아직 전적으로 알려지지 않은 곳이었다. 초기 정착민들이 아펜니노 산맥을 넘어왔다고 볼 때, 지질학자가 지층 구조에서 지층 연대를 추론하듯, 역사학자도 어떤 종족이 이탈리아 반도의 최남단까지 밀려났다는 것을 토대로 이들이 이탈리아의 가장 오래된 정착민이라고 과감히 추론할 수 있다. 우리가 이탈리아의 남동쪽 가장 끝자락에서 만나게 되는 종족은 이아퓌기아 사람들이다.

이탈리아 인

신빙성 높은 전승에 따르면 이탈리아 반도의 중부 지역에는 두 민족 내지 한 민족에서 갈라진 두 종족이 살고 있었는데, 이들이 인도·게르만 어족에 속할 가능성은 이아퓌기아 인들보다 훨씬 더 크다. 우리는 이 종족이 가진 이탈리아 반도에서의 역사적 중요성에 근거하여 이들을 정당하게 이탈리아 민족이라고 부를 수 있을 것이다. 이탈리아 민족은 라티움 지방 종족과 움브리아 종족으로 나뉘는데, 움브리아 종족은 다시 남방 방계라고 할 수 있는 마르시 종족과 삼니움 종족, 역사시대에 삼니움 종족에서 갈라진 여타 종족들을 포함한다. 이 종족들의 공통 어휘에 대한 언어학적 분석을 통해 이들 모두가 인도·게르만 어족 내에서 단일 어파에 속한다는 사실과 이들이 단일체를 구성하고 있던 시점이 비교적 후대에 속한다는 사실이 밝혀졌다.

이들의 음운체계에서는 독특한 마찰음 'f'가 나타난다. 이는 에트루리아 어와는 공통되는 점이지만 희랍어, 비희랍어 및 산스크리트 어와 구별되는 점이다. 반면 희랍어에 두루 사용되고 에트루리아 어에는 더욱 강하게 나타나는 기식음은 이탈리아 어파에는 나타나지 않는데, 이탈리아 어파에서 나름대로 유성폐쇄음을 통해서든 'f' 또는 'h'와 같은 기음을 통해서든 대치되었다. 희랍어에서 가능한 한 사용되지 않던 좀 더 섬세한 기음 's', 'w', 'j'는 이탈리아 어파에서는 거의 그대로 유지되었으며 몇몇의 경우에는 더욱 발전되기도 했다.

강세를 앞에 두는 것과 그 결과로 발생한 어미 소실은 일부 희랍어계 및 에트루리아 어의 공통된 현상으로 이탈리아 어파에서도 나타나는데, 이는 이탈리아 어파에서 희랍어보다 많이, 에트루리아 어보다 적게 나타난다. 움브리아 어에 나타나는 어미 교란 현상은 분명 원래의 언어 정신과는 무관하며, 후대의 언어 파괴 과정에서 비롯되었다. 이런 경향은 비록 약한 수준이기는 하지만 로마에서도 동일하게 나타났다. 이탈리아 어파에서 단어 끝의 단모음은 반드시 탈락되었으며, 장모음은 간혹 탈락되었다. 반면에 단어 끝 자음은 라티움 어에서, 특히 삼니움 어에서는 더욱 강하게 유지되었으며, 움브리아 어에서는 탈락되었다. 이것과 관련하여 중간태가 이탈리아 어에선 흔적만 남아 있는 반면, 이를 대신하여 단어 끝 자음 'r'를 추가해 만든 독특한 수동태가 자리 잡았다.

또한 희랍어에서는 접두 모음과 더불어 다양한 어간 모음 교체를 통해 시제를 표현했기 때문에 조동사가 대부분 필요하지 않았던 반면, 이탈리아 어파에서는 시제의 대부분을 어근 'es'와 'fu'를 가지고 만들어냈다. 이탈리아 어파는 아이올리아 방언처럼 쌍수를 포기하고 희랍 사람들이 잃어버린 탈격과 장소격을 대부분 유지했다. 이는 이탈리아 사람들의 엄격한 논리가 다수 개념을 쌍수와 복수로 구분하는 것을 거북하게 여겼으며, 격변화를 통해 언어 관계를 좀 더 정확하게 유지했기 때문으로 보인다. 동명사와 목적분사를 통한 동사의 명사화를 철저하게 실현했다는 점은 이탈리아 어파의 고유성으로, 이는 심지어 산스크리트 어에서도 나타나지 않는다.

이탈리아 어와 희랍어의 관계

유사한 현상을 보이는 다양한 예를 통해서 이탈리아 어파의 특성이 여타 인도·게르만 어에 견주어 충분히 확인되며, 지리적으로나 언어적으로 희랍과의 친연성 또한 분명히 확인된다. 희랍 사람들과 이탈리아 사람들은 형제이며, 이들의 사촌으로 켈트 족, 게르만 족, 슬라브 족이 있다. 이탈리아 내 모든 방언과 종족의 동근원성을, 그리고 희랍의 동근원성을 일찍부터 두 위대한 민족 모두는 분명하게 의식하고 있었음에 틀림없다. 라티움 어에는 어원을 알 수 없는 아주 오래된 단어 '그라이우스'(*Graius*) 혹은 '그라이쿠스'(*Graicus*)가 발견되는데, 이는 희랍 사람을 가리킨다. 마찬가지로 희랍 사람들은 '오피코이'(ὀπικοί)라는 단어를 사용했는데, 이는 이른 시기에 희랍에 알려진 라티움 사람과 삼니움 사람을 지칭하는 데 사용되었다. 하지만 이 단어는 이아퓌기아 사람이나 에트루리아 사람을 가리키는 데 사용되지는 않았다.

라티움 어와 움브리아·삼니움 어의 관계

이탈리아 어파는 다시 라티움 어계와 그 상대개념인 움브리아·삼니움 어계로 나뉜다. 후자의 어계 가운데 다만 움브리아 방언과 삼니움 혹은 오스키 방언만이 약간, 그것도 극히 빈약하고 불확실한 정도로만 알려져 있다. 움브리아·삼니움 어계에 속하는 나머지 방언들 가운데 볼스키 방언과 마르시 방언 등 몇몇 방언은 그 특징을 파악하거나 정확하고 엄밀하게 그 계통을 분류하기에는 너무나 적은 양의 흔적을 남겼으며, 사비눔 방언 등은 지방 라티움 어에 방언으로서의 특징을 남긴 것 말고는 완전히 소멸되었다. 그러나 언어적 요소와 역사적 요소를 종합적으로 검토해보면, 이 방언들 모두가 이탈리아 어파의 움브리아·삼니움 어계에 속해 있음은 의심의 여지가 없으며, 다시 움브리아·삼니움 어계는 희랍어와 비교하자면 라티움 어계에 훨씬 더 가까우면서도 동시에 라티움 어계와는 명백히 구분된다.

 대명사 등에서 삼니움 사람들과 움브리아 사람들이 'p'로 말할 때 로마 인은 'q'로 말한다. 예를 들어 '$quis$' 대신에 'pis'를 사용한다. 매우 가까운 다른 언어들에서도 이런 현상이 나타난다. 예를 들어 브르타뉴와 웨일스의 켈트 어에서 'p'는 게일 어 등 아일랜드 방언에서 'k'로 나타난다. 모음의 경우 이중모음은 라티움 어 등 북부 방언에서는 거의 소멸되었지만, 남부 이탈리아 지방의 방언에서는 거의 사라지지 않았다. 이와 연관된 것으로, 로마 인은 다른 경우에는 그러지 않으면서 유독 합성어의 경우에는 어간 모음을 약화시켰다. 이런 현상은 인접 이탈리아 방언들에서는 전혀 발생하지 않는다. 어미가 'a'인 단어의 속격에서 여타 이탈리아 방언에서는 희랍어와 유사하게 'as' 어미를 취하는 데 반해 세련된 라티움 어에서는 'ae' 어미를 취한다. 어미가 'us'인 단어의 속격에서 삼니움 어에서는 'eis'어미가, 움브리아 어에서는 'es' 어미가, 라티움 어에서는 'ei' 어미가 나타난다. 장소격은 라티움 어의 의식 세계에서 점차 사라지는 반면, 다른 이탈리아 방언에서는 완전한 형태로 사용되었다. 'bus' 어미로 끝나는 복수 여격은 라티움 어에만 남아 있다. 움브리아·삼니움 어계에서 어미 'um'으로 끝나는 부정사는 로마 인에게는 생소했다. 반면에 오스키·움브리아 방언에서는 희랍어의 예를 따라 어간 'es'로 미래 시제를 표현하는 데 반해(her-est, λεγ-σω 처럼), 로마 인에게는 거의 완전히 사라졌다. 라티움 어의 미래 시제는 동사의 희구법으로 대체되거나 혹은 'fuo'의 형태를 흉내 내어 (ama-bo) 만들어졌다. 하지만 격변화 등의 많은 사례에서 발견되는 차이점은 양쪽 어계 모두가 세련된 수준으로 발전한 단계에서 나타나는 바, 시작 단계에서 양자는 서로 일치했다. 이탈리아 어파가 희랍어와 나뉘어 독립하게 되었을 때, 이탈리아 어파 내에서 라티움 어와 움브리아·삼니움 어의 관계는 마치 희랍어 내에서 이오니아 어와 도리아 어의 관계와 유사했다. 오스키 어와 움브리아 어 등 동일한 방계의 방언들에 나타나는 자이점은 시킬리아의 도리아 어와 스파르타의 도리아 어에 나타나는 정도에 불과하다.

이런 언어 현상은 모두 역사적 사건의 결과이자 증거다. 이에 근거하여 분명히 말할 수 있는 것은, 민족과 언어의 모태로부터 희랍어파와 이탈리아 어파의 공동 조상이 갈라져 나왔으며, 이후 다시 이탈리아 어파가 갈라져 나왔으며, 이탈리아 어파는 다시 서쪽 어계와 동쪽 어계로 나뉘며, 동쪽 어계는 나중에 다시 한번 움브리아 어와 오스키 어로 나뉜다는 사실이다.

언제, 그리고 어디에서 분화가 발생했는지는 언어를 통해서는 알 수 없다. 이탈리아 어파의 조상들이 아펜니노 산맥을 넘은 민족이동의 시기보다 훨씬 이전 아주 오래전에 발생한 것이 분명한 분화의 혁명적 사건들을 대략적으로나마 추적하겠다는 생각은 불가능에 가까운 무모한 도전일 뿐이다. 하지만 언어 비교는 올바르고 조심스럽게 행해지기만 한다면, 분화가 일어나던 시점에 민족이 누리던 문화적 수준에 대한 대략적 모습과 함께 문명 발전으로서 역사의 시작을 우리에게 알려줄 것이다. 왜냐하면 특히 언어는 문명의 발전 시기별로 문화 수준의 발전을 보여주는 진정한 지표이자 도구이기 때문이다. 기술적 혁명과 문화적 변화는 언어라는 문서 보관소에 그대로 담겨 있으며, 그곳에 보관된 문서들을 통해 후세는 직접적인 전승으로는 전혀 알 수 없었던 시대를 찾아내는 일을 주저하지 않을 것이다.

인도·게르만 어

지금은 나누어진 인도·게르만 어족은 과거 하나의 언어 계통을 이루었으며, 당시 그들은 그들이 도달한 문화 수준에 부합하는 어휘를 갖고 있었다. 관용적으로 굳어진 이런 공통 자산을 물려받은 모든 개별 민족은 이후 주어진 조건에 따라 이를 독립적으로 더욱 발전시켰다. 이런 공통 자산 가운데 우리는 존재와 활동과 지각을 나타내는 '*sum*'

과 '*do*'와 '*pater*' 등 외부 세계가 사람의 마음에 불러일으키는 인상의 근원적 반영을 발견한다. 또한 문명 어휘를 상당수 발견할 수 있는데, 어원적으로뿐만 아니라 각인된 문화적 형태로 보아 이것들은 인도·게르만 어족의 공통 자산이다. 따라서 각각 동일하게 발달된 것이라는 설명도, 후대에 차용된 것이라는 설명도 이에 부합하지 않는다.

우리는 변하지 않고 남아 있는 가축 이름에서 아주 오래전 목축 생활의 발달 상황을 보여주는 증거를 찾았다. 소는 산스크리트 어 '*gâus*', 라티움 어 '*bos*', 희랍어 'βοῦs'다. 양은 산스크리트 어 '*avis*', 라티움 어 '*ovis*', 희랍어 'ὄϊs'다. 말은 산스크리트 어 '*açvas*', 라티움 어 '*equus*', 희랍어 'ἵππος'이며, 거위는 산스크리트 어 '*haṅsas*', 라티움 어 '*anser*', 희랍어 'χήν'다. 오리는 산스크리트 어 '*âtis*', 희랍어 'νήσσα', 라티움 어 '*anas*'다. 이와 마찬가지로 가축 '*pecus*', 돼지 '*sus*'와 '*porcus*', 황소 '*taurus*', 개 '*canis*' 등은 산스크리트 어다. 따라서 호메로스 시대부터 우리 시대까지 인류의 정신적 발달의 뿌리가 된 근원 민족은 이미 아주 오랜 옛날, 가장 낮은 문화 단계인 수렵·어로 생활을 넘어 최소한 비교적 안정된 주거지를 갖고 있었다고 하겠다.

하지만 우리는 당시에 이미 농업을 행했다는 증거는 아직까지 발견하지 못했다. 언어적 증거는 이에 대해 긍정적이라기보다는 오히려 부정적이다. 라티움 어와 희랍어의 곡물 단어들은 'ζέα'라는 단어를 제외하면 산스크리트 어와 무관하다. 'ζέα'는 언어적으로 산스크리트 어 '*yavas*'에 해당하는데 인도에서는 보리, 희랍에서는 밀을 의미한다. 물론 가축 이름의 일치에 비해 큰 차이를 보이는 곡물 이름의 상대적 불일치를 근거로 해서 농경 사회를 전적으로 배제할 수 없다는 점 역시 인정해야 한다. 초기 문명 단계에서 작물의 이동 및 풍토 적응은 가축의 경우보다 훨씬 더 어려웠다. 인도인의 쌀 경작, 희랍인과 로마 인의 보리와 밀 경작, 그리고 게르만 족과 켈트 족의 스펠트 밀과 귀리 경작 등은 모두 근원적으로 공통의 농경문화에서 기인했을 수도 있다. 다른 한편 인도인과 희랍인이 동일한 곡류 이름을 사용한다는 사실은 기껏해야 여러 계통으로 민족 분화가 일어나기 이전 그들이 메소포타미아에서 야생으로 자라는 보리와 스펠트 밀[3]의 낟알을 채집해 먹었다는 것을 입증할 뿐, 그들이 이미 보리를 경작했다는 것을 의미하지는 않는다.

물론 이 자리에서 어느 한쪽으로 결론 내릴 수는 없다. 여기에 관하여 매우 중요한 상당수의 문화 어휘가 — 물론 전반적으로 일반적 의미를 가진 보통명사들이지만 — 산스크리트 어에 등장한다는 점에서 이를 좀 더 살펴보아야 한다. '*agras*'는 인도 산스크리트 어에서 일반적으로 평지를, '*kûrnu*'는 빻은 것, '*aritram*'은 노와 배를, '*venas*'는 일반적으로 기분 좋게 하는 것, 특히 기분 좋게 하는 음료를 뜻한다. 이 단어들은 매우 오래된 것들이다. 이 단어들은 라티움 어에서 농토 '*ager*', 빻아놓은 곡물 '*granum*'(독일어 *Korn*), 배가 바다를 가르듯이 땅을 가르는 연장 '*aratrum*', 포도주 '*vinum*' 등과 같은 단어이지만, 최초의 민족 분화 이전에 형성된 것은 아니다. 따라서 다양한 방식으로 분화되는

---

[3] 아나(Anah) 북서쪽 유프라테스 강 우안에는 보리, 밀, 스펠트 밀이 야생 상태에서 자란다(Alphonse de Candolle, *Géographie botanique raisonnée*, Bd. 2, Paris, 1855, s. 934). 메소포타미아 지방에서 보리와 밀이 야생 상태에서 자란다는 것은 이미 바빌로니아 역사가 베로소스가 언급했다(Georgios Synkellos, p. 50, Bonn).

것은 놀라운 일도 아닌데, 예를 들어 산스크리트 어 'kûrnu'는 라티움 어에서 빻은 곡물이면서 동시에 고트 어 'quairnus', 리타우 어 'girnos' 등에서는 빻는 맷돌과 연결된다. 우리는 이로부터 인도·게르만 어족의 근원 민족은 농업을 알지 못했다고 추측할 수 있으며, 그들이 농업을 알았다 하더라도 경제활동에서 농업이 그리 중요한 역할을 차지하지 못했다는 것은 분명하다. 왜냐하면 농업이 나중에 희랍인이나 로마 인에게서처럼 당시에 이미 그런 수준에 있었다면, 농업은 언어에 훨씬 더 깊이 각인되었을 것이기 때문이다.

한편 인도·게르만 어족에서 주거 관련 용어로 집을 나타내는 산스크리트 어 'dam(as)', 라티움 어 'domus', 희랍어 'δόμος'가 있고, 마을을 나타내는 산스크리트 어 'vêças', 라티움 어 'vicus', 희랍어 'οἶκος'가 있고, 문을 나타내는 산스크리트 어 'dvaras', 라티움 어 'fores', 희랍어 'θύρα'가 있다. 선박 관련 용어 가운데 배를 나타내는 말로 산스크리트 어 'nâus', 라티움 어 'navis', 희랍어 'ναῦς'가 있고, 노를 나타내는 말로 산스크리트 어 'aritram', 라티움 어 'remus'와 'tri-res-mis', 희랍어 'ἐρετμός'가 있다. 짐을 나르고 이동하는 데 사용된 수레와 멍에에 관련된 단어로 산스크리트 어 'akshas'(차축과 수레), 라티움 어 'axis', 희랍어 'ἄξων, ἄμ-αξα'가 있고, 산스크리트 어 'iugam', 라티움 어 'iugum', 희랍어 'ζυγόν'가 있다. 의복과 관련된 용어로 산스크리트 어 'vastra', 라티움 어 'vestis', 희랍어 'ἐσθής'가 있고, 바느질과 물레질에 관련된 단어로 산스크리트 어 'siv', 라티움 어 'suo'가 있고, 산스크리트 어 'nah', 라티움 어 'neo', 희랍어 'νήθω'가 있는데 이런 수준에서 인도·게르만 어는 동일한 어휘를 갖고 있지만, 방직이라는 좀 더 높은 수준의 기술과 관련된 어휘는 그렇다고 말할 수 없다.[4] 또 요리를 위한 불의 사용, 요리용 소금 등의 어휘는 매우 오래된 인도·게르만 어족의 공통 자산이며, 이는 도구나 장식물로 사용된 금속의 이름에서도 그러하다. 적어도 청동(*aes*)과 은(*argentum*)은 분명히, 어쩌면 금도 산스크리트 어까지 거슬러 올라갈 수 있는데, 이런 명칭들은 청동을 다루고 사용하는 방법을 알기 전에는 도저히 생겨날 수 없는 어휘들이다. 예를 들어 산스크리트 어 '*asis*', 라티움 어 '*ensis*'는 이미 오래전 금속 무기를 사용했다는 사실을 보여준다.

기본적 사유 체계와 관련해서도 발전 과정에서 인도·게르만 어족의 전체 국가가 최종적으로 공유했던 시점으로 거슬러 올라갈 수 있는 어휘가 상당하다. 남녀의 지위, 성별에 따른 질서, 제사장의 역할을 하는 가부장, 전문 제사장 혹은 제사장 계급의 부재, 합법적 사회 제도로서의 노예제, 매월 초하루와 보름에 행해지던 재판 등의 어휘가 그것이다. 반면 공공 기관의 구체적인 구성, 왕정이냐 아니면 공화정이냐의 선택, 왕족과 귀족의 상당한 우선권이냐 아니면 시민의 무조건적 평등이냐의 선택 등은 나중에 발생한 것들이다. 또 학문과 종교에 관한 가장 기본적인 사상은 근본적으로 공동 자산에 속한다.

숫자를 나타내는 어휘 또한 100까지는 동일하다. 산스크리트 어 '*çatam*',

---

[4] 라티움 어 '*vineo*', '*vimen*'이 독일어의 '*weben*' 및 관련 어휘와 어원이 같은 단어라면, 희랍과 이탈리아 어파가 갈라질 무렵에는 아마도 일반적으로 '꼬다'의 의미만을 갖고 있었음이 분명하며, 아마도 서로 다른 지역에서 서로 독립적으로 발전하여 '방직하다'의 뜻을 나중에 갖게 되었을 수 있다. 또한 아마(亞麻) 농사는 이미 아주 오래전부터 이루어진 것이긴 하지만, 이 시기까지 거슬러 올라가기에는 부족하다. 왜냐하면 인도 사람들은 아마 농사를 짓고 있지만, 대개 그때까지도 아마 기름을 짜는 데에만 아마를 사용하고 있기 때문이다. 대마는 아마보다 늦은 시기에 이탈리아 사람들에게 알려졌다. 라티움 어 '*cannabis*'(대마)는 나중에 파생된 단어다.

라티움 어 '*centum*', 희랍어 'έ-κατον', 고트어 '*hund*'가 있다. 달(라티움 어 *mensis*)은 인도·게르만 어족 모두에서 시간 단위를 나타내는 말로 사용된다는 공통점을 보인다. 신을 나타내는 단어(산스크리트 어 *dêvas*, 라티움 어 *deus*, 희랍어 θεός)를 포함하여 종교관과 자연관을 반영하는 몇몇 어휘는 공통 자산이다. 예를 들어 하늘을 아버지로, 땅을 만물의 어머니로 여기며, 세심하게 준비된 행로를 따라 한 장소에서 다른 장소로 각각 마차에 실려 행진하는 신들의 행렬, 사후의 영혼이 그림자처럼 계속 남아 있다는 생각은 인도와 희랍과 로마의 신관에 나타나는 공통점이다. 갠지스 강의 신들 각각은 일리소스 강의 혹은 티베리스 강의 신들과 이름까지 정확히 일치한다. 희랍의 '*Uranos*'는 '*Varuna*'이며, 희랍의 '*Zeus*', 로마의 '*Jovis pater*', '*Diespater*'는 베다에서 '*Djâus pitâ*'로 나타난다.

몇몇 수수께끼 같은 희랍 신화의 인물들은, 고대 인도 신화에 관한 최근의 연구를 통해 전혀 예상하지 못했던 방식으로 새롭게 이해되기에 이르렀다. '복수의 여신들'이라는 늙고 무서운 형상들은 희랍에서 만들어진 것이 아니라 동쪽의 옛 거주지에서 연원하는 것이다. 신들의 '사냥개'(*Saramâ*)는 하늘의 주인을 위해 별들과 태양이라는 황금 가축을 지키며 젖을 짜기 위해 하늘의 젖소인 비구름을 모으는 일을 맡았는데, 또한 경건한 영혼을 천국으로 안전하게 안내하기도 한다. 이 사냥개는 희랍 사람들에게서 '사냥개의 아들'(*Sarameyas*)이 되었는데, 그것이 곧 '헤르메이아스'(*Hermeias*)다. 카쿠스에 관한 로마 신화와 헬리오스의 소도둑에 관한 희랍 신화는 아직 완전히 해명되진 않았지만 분명한 연관이 있는데, 아주 오래전부터 관찰된 자연현상에 대한 불가해한 반영물이 아닐까 한다.

희랍·이탈리아 문화

각각의 종족으로 갈라지기 직전의 인도·게르만 어족이 과연 어느 정도의 문화 수준에 이르렀는지를 명확히 확정하는 작업은 고대 세계에 대한 일반적 역사 서술의 과제이며, 가능한 범위 안에서나마 희랍 사람들과 이탈리아 사람들이 서로 갈라지기 직전 희랍·이탈리아 어파가 어느 정도의 문화 수준에 이르렀는지를 확인하는 작업은 이탈리아 역사 서술의 과제다. 이는 쓸데없는 작업이라 할 수 없는데, 이로써 우리는 이탈리아 문화의 출발점과 이탈리아 민족사의 시발점을 확정할 수 있기 때문이다.

농경

모든 흔적을 모아보면 분화 직전의 인도·게르만 어족은 아마도 유목 생활을 영위했으며 기껏해야 야생 벼 정도를 알고 있었던 데 반해 희랍·이탈리아 어파는 곡물 재배에 더해 어쩌면 포도 농사까지 짓던 민족이었음을 짐작할 수 있다. 하지만 단순히 농경이라는 공통점만을 갖고 이를 주장하는 것이 아니며, 이런 사실만으로 이들이 민족 공동체였다고 단정할 수는 없다. 인도·게르만 어족의 농경이 중국과 아르메니아와 이집트의 농경과 역사적으로 연관성을 갖는다는 것을 부정하기는 어렵다.

그런데 여타 민족과 인도·게르만 어족은 전혀 다른 계통이거나 아니면 농경이 아직 존재하지 않았던 시점에 갈라졌다. 이들은 좀 더 발달된 문명 단계에서 요즘과 마찬가지로 과거에도 역시 도구 내지 작물을 지속적으로 교류했다고 보는 편이 좋을 것이다. 중국의 역사를 보면 중국 농경 문명은 특정 왕의 영도 아래 특정 시점에 다섯 종류의 작물을 도입함으로써 시작되었다고 하는데, 이런 신화는 일반적으로 아주 오래된 문명 단계들 간의 교류 관계를 반영한다. 농경 외에도 문자, 전차, 자줏빛 염료 혹은 기타 도구와 장식 등의 공통점에서 우리는 이들이 원래 하나의 민족이었다는 사실보다는 오히려 이들이 서로 문화를 교류했다는 사실을 추론할 수 있다.

그러나 희랍 사람들과 이탈리아 사람들을 놓고 볼 때, 비교적 잘 알려진 두 민족의 상호 관계를 놓고 농경과 문화와 화폐 등이 희랍 사람들을 통해 이탈리아로 전파되었다는 가설은 전혀 신뢰할 수 없다. 오히려 이들이 서로 하나로 밀접히 묶여 있었다는 사실을 우리는 농사와 관련된 아주 오래된 표현들에서 확인할 수 있다. 밭을 나타내는 '*ager*'와 'ἀγρός', 밭을 간다는 '*aro*'와 'ἀρόω', 쟁기의 '*aratrum*'과 'ἄροτρον', 호미의 '*ligo*'와 땅을 판다는 'λαχαίνω', 정원을 나타내는 '*hortus*'와 'χόρτος', 보리를 나타내는 '*hordeum*'과 'κριθή', 조를 나타내는 '*milium*'과 'μελίνη', 순무를 나타내는 '*rapa*'와 'ῥαφανίς', 아욱을 나타내는 '*malva*'와 'μαλάχη', 포도를 나타내는 '*vinum*'과 'οἶνος' 등이 그것이다. 또 희랍과 이탈리아 농경에 사용되는 쟁기의 유사성이 있는데, 이는 고대 아티카 지방과 도시 로마 지역에서 발굴된 기념비들에서 완전히 똑같이 그려져 있다. 또 기장·보리·스펠트 밀 등의 아주 오래된 곡물 종류, 낟알을 낫으로 털어내어 이를 평평한 바닥에 놓고 소가 밟게 하여 타작하는 관습, 밀가루 죽을 나타내는 'puls'와 'πολτός', 빻는다는 'pinso'와 'πτίσσω', 밀가루를 나타내는 'mola'와 'μύλη' 등 곡물을 빻아놓은 상태 등에 공통점이 보인다. 빵을 굽는 것은 나중에 발생한 것인데, 이 때문에 로마의 제례 의식에서는 빵이 아니라 늘 밀가루 반죽이나 보리 반죽이 사용된다. 이탈리아의 포도 농사 또한 희랍 사람들과 갈라져 이주하기 이전에 행해졌다는 사실은 '포도의 땅'(οἰνωτρία)을 가리키는 단어에서 확인할 수 있는데, 이 단어는 최초의 희랍 이주민들에게까지 거슬러 올라가는 듯하다.

   유목 생활에서 농경 생활로의 이행, 정확히 말해 농경과 오랜 목축의 결합은 인도인들이 인도·게르만 어족의 공통 모태로부터 갈라져 나간 이후, 하지만 아직 이탈리아 사람들과 희랍 사람들이 그들의 오랜 공동 지반을 떠나기 이전에 이루어졌음이 분명하다. 그러니까 농경이 출현할 때에 희랍 사람들과 이탈리아 사람들은 아직 서로, 더 나아가 이후 갈라진 다른 민족들과 전체적으로 하나의 커다란 가족을 구성하고 있었던 것으로 보인다. 분명한 사실은 희랍·이탈리아 어파의 문명 어휘들이 인도·게르만 어족의 동방 어파 민족들에게 전혀 낯선 단어들이지만, 이 문명 어휘들은 로마와 희랍과 켈트와 게르만과 슬라브와 라트비아 어군 모두에게는 공통된 단어들이라는 점이다.[5]

---

[5] 라티움 어 'aro', 'aratrum'은 고대 독일어의 'aran'(밭을 갈다, 구어에서는 eren)과 'erida', 슬라브 어의 'orati'와 'oradlo', 리투아니아 어의 'arti'와 'arimnas', 켈트 어의 'ar'와 'aradar' 등과 같다.

각 민족의 관습과 언어 가운데 교묘하게 얽혀 있는 고유성으로부터 보편적인 공통 자산을 분리해내는 작업은 아직까지 충분히 마무리되지 못한 채 수많은 계열과 단계의 무한한 다양성 가운데서 진행되고 있다. 이런 시각에서 언어를 조사하는 일괄 작업은 아직 착수되지도 못했다. 그리하여 역사 서술은 여전히 고대사에 대한 서술에서 언어라는 풍부한 광맥을 접어둔 채, 그저 대부분 부실하기 그지없는 전승의 퇴적에 의존하고 있다. 여기서는 다만 인도·게르만 어족이 모두 아직 하나의 가계를 형성하고 있던 시기의 문화와 희랍·이탈리아 어파가 아직 분리되지 않고 한 민족을 형성하고 있을 시기의 문화의 차이점을 밝히는 것으로 만족해야 한다. 인도·게르만 어족 가운데 아시아계와는 구별되는 유럽계의 공통 문화 자산을 다시 구분하여, 희랍·이탈리아 어파 혹은 게르만·슬라브 어파처럼 나름대로 발전한 각각을 구별하는 작업은 일반적 의미에서 언어 조사 혹은 유물 조사가 충분히 선행된 이후에나 비로소 가능하다.

하지만 분명한 것은 유럽 어계에 속한 모든 민족에서처럼 희랍·이탈리아 어파에서 이미 농경은 민족과 개인 삶의 핵심이자 뿌리가 되어 있었다는 것이며, 민족의 의식 안에 깊게 자리 잡았다는 것이다.

라티움 어 '*ligo*'에 대하여 독일어 '*rechen*'이 있고, 라티움 어 '*hortus*'에 대하여 독일어 '*Garten*'이 있고, 라티움 어 '*mola*'에 대하여 독일어 '*Mühle*'와 슬라브 어 '*mlyn*'과 리투아니아 어 '*malunas*'와 켈트 어 '*malin*'이 있다. 이런 모든 사실에도 불구하고 모든 희랍 사람이 희랍 전 지역에 걸쳐 오로지 목축만으로 삶을 영위하던 시점이 있었다는 것을 주장할 수는 없다. 토지가 아니라 가축의 소유가 이탈리아와 희랍에 걸쳐 사유재산의 출발점이며 동시에 요체라고 할 때, 이것은 나중에 비로소 농경이 시작되었다는 것을 의미하지는 않으며, 다만 처음에는 토지를 공유한 집단에 의해 농경이 시작되었다는 것을 말해줄 뿐이다. 순수한 농업 경제는 각 민족 계통의 분화 이전에는 아직 존재하지 않았으며, 지역적 차이가 있겠지만 목축은 농경이 자리 잡은 후에도 상당 기간 지속적으로 농경과 결합되어 있었다.

농경민에 의해 만들어진 주택과 견고한 화덕은 유목민의 초라한 움막과 그때마다 임시로 조성된 취사 시설을 대체했으며, 지적 영역에 반영되어 화덕의 여신(Vesta 혹은 Ἑστία)으로 이상화되었다. 이 여신은 매우 독특한 존재로 인도·게르만 어족 모두에 공통적으로 존재하는 것은 아니며, 다만 희랍과 로마 어파에서만 나타나는 존재다.

이탈리아 전설 중 가장 오래된 것 가운데 하나가 이탈루스라는 왕의 이야기다. 이탈루스는 이탈리아 사람들이 소리 내는 방식에 따르면 비탈루스 혹은 비툴루스인데, 그는 이탈리아 민족을 유목 생활에서 농경 생활로 이끈 사람으로 이탈리아의 초기 법 제정에 깊이 관여한 인물이라고 한다. 이런 정황을 알려주는 또 하나의 전설에 따르면, 삼니움 사람들로 하여금 식민지 개척에 나서게 한 것이 바로 농사에 쓰이던 황소였다고 한다. 또 아주 오래된 라티움 지방계 부족명 가운데 '풀 베는 사람들'(*Siculi* 혹은 *Sicani*) 혹은 '들에서 일하는 사람들'(*Opsci*) 등의 이름이 보인다. 이런 모든 사실은 로마 건국 신화에 나타난 사실과 정면으로 배치되는 내용인데, 신화에는 도시의 건립자들이 목동 종족이나 사냥꾼 종족으로 나타나기 때문이다. 하지만 전설과 종교, 법률과 관습은 희랍 사람들처럼 이탈리아 사람들 역시 철저하게 농경민족과 연관시키고 있다.[6]

---

[6] 태고의 문화 시대에서 농경은 도시 건설과 결합되었던 만큼 혼인과도 긴밀히 연결되었다. 그래서 이탈리아 사람들에게서는 혼인에 우선적으로 참가하는 신이 케레스(*Ceres*) 여신 내지 텔루스(*Tellus*) 여신이다(플루타르코스, 《로물루스 열전》 22 ; 세르비우스, 《아이네이스》 제4권 166행 주석 ; A. Roßbach, *Untersuchung über die Römische Ehe*, Stuttgart, 1853, p. 257, p. 301). 마찬가지로 희랍에서는 데메테르 여신이 참가하며(플루타르코스, 《혼인의 조언》 서문), 희랍 사람들의 오랜 속담은 자식을 '곡물 수확'에 비유한다(이하 각주 8번을 보라). 아주 오래된 로마의 혼인 풍습에 공찬혼(*confarreatio*)이 있는데, 이런 풍습과 명칭은 곡물 재배에서 유래한다. 도시를 건

희랍과 이탈리아 민족에게 토지 단위와 구획 방식 또한 기본적으로 농경문화만큼 동일하다. 제아무리 조악한 형태의 토지 단위일지라도 이를 빼고는 토지 경작 자체를 생각할 수 없다. 오스키 부족과 움브리아 부족에게서 둘레 길이 100보를 나타내는 단위인 보르수스(*Vorsus*)는 희랍에서 사용되는 단위인 플레트론(*plethron*)과 정확히 일치한다. 구획 방식은 기본적으로 동서남북의 방위를 기준으로 하며, 우선 북에서 남으로, 이어 동에서 서로 선을 그어서 두 기준선의 교차점을 기준점으로(*templum* : 나눈다는 뜻의 τέμνω에서 파생된 τέμενος) 삼는다. 기준점으로부터 일정한 간격으로 다시 두 기준선에 평행하게 구획선을 긋는다. 이렇게 하면 일정한 크기로 정방형의 토지가 나뉘는데, 그 모서리들에 경계석(*termini* : 시킬리아의 비문에서 τέρμονες, 일반적으로는 ὅροι)을 세운다. 이런 구획 방식은 에트루리아에서도 나타나지만, 그렇다고 에트루리아에서 기원한다고 할 수 없는데, 우리는 이를 로마에서뿐만 아니라 움브리아와 삼니움에서도 볼 수 있으며, 또한 이는 타렌툼에 정착한 도리아계 희랍 사람들에게서도 나타난다. 이들은 이탈리아 민족과 어쩌면 전혀 영향을 주고받지 않은 사람들일 텐데, 그렇다면 이런 구획 방식은 오래된 공동 자산이라 하겠다. 다만 로마인에게만 고유하고 특징적인 것은 정방형 방식을 나름대로 보완했다는 것인데, 그들은 하천과 바다가 자연적인 경계를 이루고 있는 지역에서 정방형 구획 방식을 계속 적용하기 어려울 때 자투리땅을 가장 인접한 정방형 토지에 편입시켰다.

설할 때 쟁기를 사용한 것은 이미 잘 알려진 사실이다.

농경뿐만 아니라 다른 인간 활동 영역에서도 희랍 사람들과 이탈리아 사람들은 특별히 밀접한 관계가 있다. 호메로스가 묘사한 희랍 가옥은 이탈리아에서 지속적으로 사용된 가옥 형태와 다르지 않다. 라티움 지방 가옥의 필수 부분이자 근원적으로 내부 주거 공간에 해당하는 부분을 안뜰(*atrium*)이라 하는데, 이것은 제단·침대·식탁·화덕을 갖춘 거뭇한 공간으로, 제단과 화덕, 검게 그을린 천장을 갖춘 호메로스의 메가론(*megaron*)과 별반 다르지 않다. 조선술에 관해서는 이렇게 말할 수 없다. 노를 단 배는 과거 인도·게르만 어족의 공동 자산이지만, 돛단배를 발전시킨 것이 희랍·이탈리아 시기에 해당된다고는 볼 수 없다. 왜냐하면 바다 관련 표현에서 인도·게르만 어족에게 일반적이지 않으면서 희랍과 이탈리아 민족 양자에게만 공통된 어휘는 발견되지 않기 때문이다. 한편 이탈리아 농부들의 옛 공동 점심 식사 풍습은 신화에서 농경의 도입과 연관시키고 있는데, 아리스토텔레스에 의해 크레타의 공동 식사와 비교되고 있다. 즉, 크레타와 라코니아와 마찬가지로 옛 로마 인도 공동 식사를 했는데, 다만 나중에 관례로 굳어지는바 다른 두 민족은 식탁에 기대어 식사했지만 로마 인은 앉아서 식사했던 점이 다를 뿐이다. 나무를 마찰시켜 불을 피울 때 상이한 기능의 나무 두 개를 사용하는 점은 희랍과 이탈리아 민족에게 공통적이며 이 둘을 두 민족이 공히 마찰목(τρύπανον, *terebra*)과 받침목(στόρευς ἐσχάρα, *tabula*, 아마도 *tendere*, τέταμαι에서 파생)이라고 이름 붙인 것은 확실히 우연만은 아니다. 또한 두 민족의 의복은 본질적으로 동일한데, 투니카(*tunica*)와 키톤(*chiton*)은 정확히 일치하고, 토가(*toga*)는 헐렁한 히마티온(*himation*)과 다르지 않다. 변화가 잦은 전쟁 무기에서도 두 민족은 공통적인데, 주요 공격용 무기는 투창과 활이 었다. 투창과 활은 로마의 옛 병사 호칭(창병 *pilumni*, 궁수 *arquites*)에 분명히 표현되어 있으며,[7] 근접 전투를 고려하지 않은 고대 전투 방식에 부합한다.

이렇게 인간 삶의 물적 토대에 해당하는 모든 부문에서 희랍 민족과 이탈리아 민족은 동일한 언어 및 풍습의 기원을 갖는다. 이들이 하나의 민족을 형성하고 있을 때 두 민족은 지구가 인류에게 제시한 가장 오래된 숙제들을 함께 풀어나갔던 것이다.

경제 이외의 모습

정신 영역에서는 차이가 있다. 자기 자신과 동포, 그리고 모두와의 평화공존이라는 인류의 큰 과제는, 하느님의 나라에 거할 곳이 많은 것처럼 다양한 해결책을 가지고 있다. 개인과 종족의 특성이 나뉘는 지점은 정신 영역이지 물질 영역이 아니다. 희랍·이탈리아 시기에는 아직 정신적 특징을 분명하게 할 자극제가 부족했음에 틀림없다. 희랍 민족과 이탈리아 민족이 나뉘면서 현저한 정신적 대립이 나타났는데, 그 영향은 오늘까지도 여전하다. 가족과 국가, 종교와 예술이 희랍과 이탈리아 각각에서 고유한 색깔을 띠며 성장했으며, 결국 두 민족의

---

[7] 양측의 옛 무기 이름 중 분명하게 관련된 것은 없는 것 같다. 비록 '*lancea*'가 'λόγχη'과 관련되었을지라도 라티움 어에서는 나중에야 나타난다. 이 단어는 아마도 독일어와 에스파냐 어에 차용되었을 것이다.

공통 기반은 각각 서로 뒤섞여 우리 눈에 보이지 않게 된다.

희랍 민족의 특징은 개체를 위해 전체를, 시민을 위해 공동체를, 공동체를 위해 민족을 희생시키는 것이며, 삶의 목표는 미(美)와 선(善), 그리고 종종 학문적 여가에 있다는 것이다. 각 도시국가의 지역 분권주의를 근본적으로 강화하고, 이후 소위 자치 권한을 부여하는 방향으로 정치발전이 이루어졌다는 것이다. 최초로 신들을 인간의 모습으로 만들었으며, 결국 신들을 부정하는 종교관을 갖고 있었다는 것이다. 청년들은 운동에서 거리낌 없이 벌거벗은 사지를 드러내 보이며, 구성원들은 어떠한 위엄과 위협에도 맞서는 사상적 자유를 갖고 있었다는 것이다.

반면에 로마 민족의 특성은 아들이 아버지를 섬기도록 하고, 시민이 통치자를 섬기도록 하고, 인간이 신들을 경외하도록 만드는 것이다. 오로지 유용성을 추구하고 존경하여 시민들로 하여금 한시도 쉬지 않고 짧은 인생의 매 순간을 노동으로 채우도록 강요하는 것이다. 청년들이 정숙하게 몸을 가리도록 강제하는 것이다. 동료와의 집단행동을 회피하는 자를 불량 시민이라고 부르며 국가가 전부이고 국가의 확장을 유일하게 높은 이상으로 여기는 것이다.

이런 뚜렷한 대립을 놓고 도대체 누가 이 두 민족이 원래 같은 어미에게서 태어나 자란 한 민족이었다고 생각할 수 있을까? 이런 대립의 비밀을 벗기려는 생각은 어리석어 보일지 모른다. 하지만 겨우 몇 마디 암시만으로 그쳤음에도 이탈리아 민족의 시작을 좀 더 이른 시대와 연결시키려는 것은 현명한 독자에게 무엇을 주장하려는 뜻이 아니라 다만 논의 방향을 제시하기 위한 것이었다.

국가의 가부장적 요소라고 할 수 있는 모두는 이탈리아와 희랍에서 서로 일치한다. 무엇보다도 사회생활의 존경받을 만한 도덕적 형태로,[8] 남편에게 요구된 일부일처제, 아내에게 엄격히 금지된 간통, 가족 내 어머니의 역할을 중시하는 가운데 양성의 평등, 혼인의 신성시 등이 여기에 속한다. 반면 사람의 됨됨이를 따지지 않고 무차별적으로 주어지는 남편으로서의, 특히 가부장으로서의 권한 확대는 희랍에는 없는 이탈리아 고유의 것이다. 이로써 도덕적 규범 차원의 겸손이 이탈리아에서 법률적 차원의 예속으로 변질된다. 같은 방식으로 노예제의 본질적 측면인바 노예의 완전한 법적 권리 상실은 로마 인에게는 가혹할 정도로 철저하게 관철되었으며, 그에 따른 여러 결과를 초래했다. 반면 희랍 사람들에게는 이른 시기에 이미 사실적이면서 동시에 법적인 예속의 완화가 단행되었는데, 예를 들어 노예들 사이에 맺어진 혼인도 법적 지위를 인정받았다.

이탈리아와 희랍의 이름 체계

가족은 동일한 조상의 후손으로 이루어진 씨족 단위로 형성된다. 국가가 씨족을 근간으로 한다는 점은 이탈리아와 희랍의 공통점이다. 그러나 상대적으로 미약한 희랍 국가의 정치발전 과정에서 역사시대까지도 씨족 연합이 국가에 대항했던 반면, 이탈리아 국가의 완성은

---

[8] 세부적으로도 일치하는 점이 있었다. 예를 들면, 합법적 혼인을 "적법한 자녀, 즉 적자를 얻기 위해서 맺어진 혼인(γάμος ἐπὶ παίδων γνησίων ἀρότῳ— *matrimonium liberorum quaerendorum causa*)"으로 국한시켰다는 점이다.

씨족이 국가에 대해 완전히 중립적인 태도를 가지면서 또한 국가가 씨족들의 공동체가 아니라 시민들의 공동체로 표현됨으로써 성취된 것으로 보인다. 한편 개인과 씨족의 관계를 보면, 반대로 로마보다는 희랍에서 개인은 씨족에 대하여 좀 더 일찍이 더 완벽하게 내면의 자유와 개성의 발전을 쟁취했다. 이 점은 두 민족이 처음에는 완전히 동일한 이름 체계를 갖고 있었으나 나중에는 완전히 다르게 발전한 사실에 잘 반영되어 있다.

좀 더 오래전 희랍에서는 씨족명이 흔히 형용사처럼 개인 이름에 붙었던 반면, 로마의 지식인들도 알고 있었던바 그들의 조상은 애초에는 오직 하나의 이름, 나중에 '개인 이름'(praenomen)이라 불리는 이름만을 갖고 있었다. 그런데 나중에는 희랍의 경우 형용사적 씨족명은 사라진 반면, 로마와 이탈리아의 경우 오히려 씨족명이 주된 이름이 되어, 개인 이름은 말 그대로 '덧붙인 이름'(prae-nomen)이 되었다. 희랍에서 개인 이름은 화려하고 시적인 장황함을 보이는 데 반해, 이탈리아와 특히 로마에서 개인 이름은 짧아지고 숫자도 점점 더 감소하여 이름으로서의 중요성도 퇴색했다. 분명 한쪽은 집단적 평준화가 이루어졌고 다른 쪽은 자유로운 개성의 발전이 이루어진 것으로 보인다.

가부장 중심의 씨족 공동체는 희랍·이탈리아 시기 양자 모두에 속한다고 할 수도 있겠지만, 아무튼 이탈리아와 희랍의 서로 다른 정치 환경 가운데 상당히 다르게 발전했다. 물론 이런 씨족 공동체는 희랍과 이탈리아의 국가 체제 발전에서 양자의 공통된 출발점인 것만은 분명하다. 아리스토텔레스 때까지도 아직 사용되었다는 '이탈루스왕의 법'은 두 민족이 본질적으로 공유하는 제도를 표현하고 있다. 이

법에는 공동체의 평화와 정의 실현, 외부 세계와의 전쟁과 전시 법규, 가부장의 통치권, 원로원, 무장 가능한 자유민의 민회 등의 국가 체제가 포함되어 있었을 것이다.

법정(*crimen*, κρίνειν), 벌금(*poena*, ποινή), 보복(*talio*, ταλάω)은 희랍·이탈리아 시기의 공동 자산에 속한다. 채무자의 경우 몸으로 변제 책임을 부담한다고 명시하는 엄격한 채권법은 이탈리아 사람들과 희랍 사람들, 예를 들면 타렌툼의 도리아인들에게 공통적이다. 왕, 원로원, 왕과 원로원이 제안한 것을 비준하거나 거부할 권한이 있는 민회라는 로마 국가 체제의 기본 틀은 아리스토텔레스가 언급한 초기 크레타 국가 체제에서도 분명히 나타난다. 이전에는 독립된 몇몇 종족이 연방을 통해서든 통합을 통해서든 정주 융합을 이루려는 조짐이 두 민족에게도 동일하게 나타난다. 이것은 여타 인도·게르만 어족에게는 크게 퍼지지 않은 것으로, 희랍과 이탈리아 정치체제에는 좀 더 중요한 의미를 갖는 그들의 공통점이다. 예를 들어 게르마니아 정치체제는 결코 희랍과 이탈리아 사람들의 정치체제인 선거왕제를 취하지 않는다. 이탈리아와 희랍이 같은 토대에서 출발하여 얼마나 다른 체제로 발전했는지, 그리고 각각의 정치발전 과정에서 얼마나 완성된 독자 체제가 만들어졌는지는[9] 앞으로 더 자세히 기술되어야 할 것이다.

---

[9] 물론 우리는 주어진 환경이 유사하기 때문에 유사한 제도가 생겨났을 수도 있음을 간과해서는 안 된다. 예를 들어 로마에서는 상민 계급이 로마적 특수성 가운데 성장했지만, 그럼에도 시민 계급 내지 영주민 계층이 발달한 곳이라면 어디서나 그에 상응하는 계급을 발견할 수 있음은 다른 무엇보다 분명한 사실이다. 여기에는 우연의 흥미로운 장난이 펼쳐지고 있음이 확실하다.

가족, 국가, 종교

종교에서도 다르지 않다. 희랍과 이탈리아에서 민족 신앙의 기초가 되는 상징적·우의적 자연관은 공동 자산에 속한다. 그렇기 때문에 로마와 희랍의 신관과 영혼관은 전반적으로 유사성을 보이며, 이는 이후 발전 과정에 중요한 요소가 되었다. 두 민족이 가진 종교적 표상의 수많은 부분에서, 예를 들어 앞서 언급된 제우스·유피테르와 헤스티아·베스타, 성소의 개념(τέμενος, *templum*), 제사와 종교의식 등에 나타나는 일치는 결코 우연이 아니다. 그러나 이탈리아와 희랍에서 종교 형식의 발전은 각각 독특한 민족색을 띠게 되었는데, 공동 자산 가운데 겨우 일부만을 알아볼 수 있을 정도이며 대부분은 이해할 수 없는 상태이거나 오해할 여지를 안고 있다. 종교에서라고 어찌 다를 수 있겠는가? 희랍·이탈리아 시기에 바로 이어지는 시점에 이 두 민족이 공유하던 것들에서 커다란 차이점이 생겨난 것처럼, 그들의 종교에서도 그때까지 그들의 영혼 속에 한 덩어리로 간직되었던 개념과 표상이 서로 갈라져 달라졌던 것이다.

　희랍·이탈리아 시기의 옛 농부들은 하늘에 흩어지는 구름을 보고 신들의 암컷 사냥개가 흩어진 소 떼를 모으는 것이라고 생각했다. 희랍 사람들은 구름이 소 떼라는 표상을 잊었으며, 다만 어떤 이유에서인지 암컷 사냥개의 아들을 신들을 위해 무엇이든 할 준비가 되어 있는 노련한 신들의 전령으로 만들었다. 희랍 사람들은 천둥이 치면 올륌포스 산에서 제우스가 번개를 던진다고 생각했다. 그리고 푸른 하늘이 다시 미소를 지으면 제우스의 따님 아테나의 푸른 눈동자를 본다고 생각했다. 희랍 사람들이 생명력이 넘치는 모습으로 만들어낸 신들의 형상은 자연의 광채로 빛나는 인간과 다름없었으며, 희랍 사람들은 신들의 형상을 미학적 법칙에 따라 자유롭게 만들고 변형시켰다.

희랍 사람들과 비교해서 약하지 않았던 이탈리아 사람들의 종교는 희랍 사람들과 달리 개념을 중시했으며 형식이 이를 훼손하도록 놓아두지 않았다. 희랍인들이 제사를 올릴 때 눈을 들어 하늘을 쳐다보았던 반면에 로마 인들은 머리를 천으로 싸서 가렸던바, 희랍 사람들의 기도는 표상이지만 로마 인들의 기도는 사변이었다. 로마 인들은 자연의 정신적이고 보편적인 것을 두루 숭배했다. 모든 존재에는, 예를 들어 나무와 사람, 국가와 국고에는 그것과 함께 생겨나고 그것과 함께 소멸하는 영혼이 있는데, 이는 정신적 영역에 나타난 물리적 존재의 대응물이다. 남자에게는 남자의 신령이, 여자에게는 여성의 유노가, 국경에는 '테르미누스 신'이, 숲에는 '실바누스 신'이, 순환하는 계절에는 '베르툼누스 신'이 있는 것처럼 각각의 자연물은 그 종류에 따른 대응물을 갖는다.

심지어 일상생활에서도 매 순간에 정신적 의미가 부여되었다. 예를 들어 농부는 기도를 올릴 때 휴경의 신령, 경작의 신령, 쟁기질의 신령, 파종의 신령, 복토의 신령, 써레질의 신령 등을 불렀으며, 심지어 곳간에 작물을 들이고 저장하고 꺼낼 때의 신령도 있었다. 또한 혼인·출산 등 기타 자연적 사건들도 신적인 존재와 함께 펼쳐졌다. 그리하여 그 추상성이 강화될수록 신은 더욱 높은 존재가 되었고, 그만큼 인간의 경외심도 커졌다. 유피테르와 유노는 남성성과 여성성의 추상적 표현이며, 디아 여신 혹은 케레스는 생산력을, 미네르바는 기억력을, 여신 보나(*bona*) 혹은 삼니움 지방의 여신 쿠르파(*curpa*)는 선의의 추상적 표현이다.

    희랍인들에게는 모든 것이 구체적·구상적인 반면, 로마 인들에게는 순수하고 투명한 추상성만이 필요했다. 희랍인들이 태고의 신화를 대부분 버린 것은 형상에 개념이 너무도 분명히 표현되어 있었기 때문이다. 반면 로마 인들이 이를 거의 남겨두지 않은 것은 종교적 개념이 우의적 표상으로 인해 희미해질 수 있다고 생각했기 때문이다. 가장 오래되고 가장 보편적인 신화, 이를테면 인도인이나 희랍인, 셈 족에게도 등장하는 대홍수 후의 인류가 하나의 조상에서 태어났다는 신화는 로마 인들에게서 흔적도 없이 사라졌다. 로마의 신들은 희랍의 신들과 달리 혼인하지도 아이를 낳지도 않는다. 또한 로마의 신들은 사람들 사이에서 눈에 보이지 않게 모습을 바꾸지도 않으며 신주(神酒)를 필요로 하지도 않는다.

    로마 인이 종교를 언어적으로나 개념적으로 비희랍적이고 진정 로마적인 단어인 '*religio*'(이는 매듭을 뜻한다)라고 이름 붙였다는 사실은 로마 인의 정신성이 인간의 형상을 한 희랍의 신들보다 훨씬 더 강력했음을 말하고 있는 것은 아닐까 한다. 인도와 이란이 동일한 유산으로부터 전자는 형상으로 가득한 종교 서사시를, 후자는 젠드아베스타라는 추상성을 발전시킨 것처럼, 희랍 신화는 인물 중심이고 로마 신화는 개념 중심이며, 전자에서는 자유가, 후자에서는 필연성이 주도적이다.

예술

마지막으로 이와 같이 진지한 삶에서 보이던 경향은 놀이 문화에서도 나타난다. 사실 놀이 문화에 반영된 인생은 일반적으로 그러하며, 특히 충만하고 단순한 삶을 살았던 옛 시절에는 더욱 그러했던바 결코 진지함을 배제하지 않았으며 다만 감추었을 뿐이다. 가장 단순한 예술 형태는 라티움 지방과 희랍에서 동일하다. 전사의 춤(*triumpus*, θρίαμβος, δι-θύραμβος), 양가죽이나 염소 가죽을 덮어쓰고 해학으로 "축제를 가득 채운 사람들"(σάτυροι, *satura*)의 가면 춤, 축제나 즐거운 춤판을 적절히 반주하는 관악기 연주 등이 그것들이다. 아마도 다른 어떤 것보다 이것에서 희랍과 이탈리아의 밀접한 동질성이 명확하게 나타난다.

하지만 물론 두 민족의 발전은 전혀 다른 방향으로 전개되었다. 청소년 교육이 라티움 지방에서는 가족의 좁은 테두리 안에서 머문 반면, 희랍에서는 인간 정신과 육체의 다양하고 조화로운 교육에 대한 욕구에 힘입어 체육과 인문교육을 최선의 대안으로 삼아 개인은 물론 국가가 이를 진작시켰다. 라티움 지방은 예술적 토양이 매우 부족한 가운데 그 발전이 너던 상태였다. 희랍에서는 엄청난 속도로 종교관으로부터 신화와 신화적 인물을 만들어냈으며, 다시 후자로부터 시문학과 조형예술의 놀라운 세상이 싹트게 되었는데, 사실 이는 역사적으로 유래가 없는 일이다. 라티움 지방에서는 공사를 막론하고 분별력과 재산과 무력만이 막강한 권력으로 작용했다. 희랍 사람들에게는 아름다움을 다른 무엇보다 축복할 만한 월등함으로 여기는 것, 감각적으로 이상화하고 열광하며 미소년에게 헌신하는 것, 신적인 소리꾼이 부르는 전쟁 노래를 들으며 좌절된 용기를 되찾는 것이 더 크게 작용했다.

이렇게 고대사의 최고 전성기를 구가했던 두 민족은 서로 커다란 차이를 보이는 만큼 서로 필적할 만한 맞수였다. 희랍 사람들이 갖는 장점은 좀 더 보편적인 합리성과 좀 더 선명한 아름다움이다. 반면 개별 가운데 보편에 대한 깊은 공감, 개인의 희생과 헌신, 독자적 신성에 대한 진지한 믿음은 이탈리아의 풍요로운 자산이다. 두 민족은 각자의 방향으로 발전했고 그렇게 완성에 이르렀다. 아테네 사람들에게 모자라는 것은 그들이 파비우스 집안이나 발레리우스 집안만큼 공동체를 만들지 못했다는 점이며, 로마 인들에게 부족한 것은 그들이 페이디아스나 아리스토파네스만큼 예술을 발전시키지 못했다는 점이다. 하지만 정치체제를 전제정으로 바꾸면서까지 민족적 단일성을 정치적 단일성으로 발전시키려 하지 않았다는 점은 희랍 민족 특유의 탁월성이라고 하겠다. 희랍 사람들은 아름다움의 이상 세계로 만족했으며, 이것은 간혹 현실에서 부족한 부분을 어느 정도까지 벌충해주었다.

희랍 사람들에게 민족적 통일의 단초가 나타나는 곳은 언제나 정치 영역이 아니라 놀이와 예술의 영역이었다. 오로지 올륌피아 경기만이, 오로지 호메로스 서사시만이, 오로지 에우리피데스 비극만이 희랍을 하나로 묶어주었다. 반면 이탈리아 사람들은 자유를 위해 자의를 포기했고, 아버지에 대한 복종을 익힘으로써 국가에 복종하는 법을 배웠다. 이러한 복종에 의해 개성은 사라지고 가장 아름다운 인간적 단초는 싹트지 않을 수도 있다. 하지만 이탈리아 사람들은 희랍 사람들이 전혀 이해할 수 없는 애국심을 갖고 있었다. 로마 인들만이 고대의 모든 문명 민족을 통틀어 유일하게 자기통제에 기초한 국가 체제를 통해 민족 통일을 이루는 데 성공한다. 민족 통일 덕분에 로마인들은 마침내 분열된 희랍 민족을 넘어 전 세계를 지배했다.

제3장
라티움 사람들의 정착

인도·게르만 어족의 이주

인도·게르만 어족의 고향은 중앙아시아의 서쪽이다. 이곳으로부터 일부는 남동쪽으로 이동하여 인도로 향했으며, 일부는 북서쪽으로 이동하여 유럽을 향했다. 인도·게르만 어족의 좀 더 정확한 본향을 지목하는 것은 어려운 일이다. 하지만 분명한 것은 바다로부터 멀리 떨어진 내륙지역이라는 것이다. 왜냐하면 인도·게르만 어족의 아시아 어군과 유럽 어군 사이에는 공통되는 바다 관련 어휘가 없기 때문이다. 몇몇 증거는 좀 더 정확히 유프라테스 강 근처를 시사하는데, 이로써 놀랍게도 두 중요한 문화민족인 인도·게르만 어족과 아람 어군의 본향이 겹친다. 이를 토대로 문화적·언어적 발전의 모든 추적 가능한 증거로는 전혀 설명할 수 없지만, 두 문화민족의 공통점이 존재하지는 않을까 하는 가설이 생겨났다.

본향과 관련하여 이보다 더 범위를 좁히는 일은 각 계통의 이동 경로를 추적하는 일만큼이나 어려운 일이다. 유럽 어군은 인도 어군과 갈라진 이후 오랫동안 페르시아와 아르메니아에 머물렀던 것으로 보인다. 왜냐하면 모든 가능성을 추적해보면 여기가 농경과 포도 농사의 요람이었기 때문이다. 보리, 스펠트 밀과 밀은 메소포타미아가 원산지이며, 포도 농사는 코카서스와 카스피 해의 남쪽이 원산지다. 또한 자두와 호두 등 쉽게 경작할 수 있는 과실수 또한 여기가 원산지다. 주목할 만한 것은 대부분의 유럽 어군, 그러니까 라티움 어·켈트 어·게르만 어·슬라브 어 계통에서 바다를 나타내는 단어가 같다는 것이다. 따라서 이들은 서로 나뉘기 전에 흑해 혹은 카스피 해 연안에 도달했음에 틀림없다. 다만 희랍 사람들과는 아직 나누어지지 않은 채로 이탈리아 사람들이 어느 특정 지역에 정착해 있었는지, 또 이탈리아 사람들이 그곳으로부터 어떤 경로로 알프스 지역에 도달했는지 등의 문제는, 희랍 사람들이 소아시아 지역으로부터든 아니면 도나우 유역으로부터든 어떤 경로를 통해 희랍 땅에 도착하게 되었는지가 밝혀져야 비로소 분명해질 것이다. 이탈리아 사람들이 인도인들과 마찬가지로 북쪽으로부터 그들이 정착한 반도로 이주했다는 것은 분명하다(제1권 14쪽을 보라).

움브리아·사비눔 사람들이 이탈리아의 중부 산악 지역에 이르기까지 북쪽에서 남쪽으로 이동한 것은 비교적 분명하게 추적 가능하다. 민족이동의 마지막 단계는 온전히 역사시대에 속한다. 라티움 사람들의 이주 경로는 상대적으로 불분명하다. 추측하건대 그들도 비슷한 방향으로 서해안을 따라 이주한 것으로 보이며, 물론 그것은 사비눔 사람들의 첫 이주자가 도착하기 훨씬 이전이었다. 민족이동은 우선 저지대를 향하고 이후에야 비로소 고지대로 흘러가는 법이므로, 라티움 사람들이 먼저 해안 지역을 차지하고 있었다고 가정해야만 왜 사비눔 사람들이 험한 산악 지역에 만족했는지, 그리고 왜 가능할 때만 산악 지역으로부터 라티움 지방으로 진출하게 되었는지 등의 문제가 설명된다.

이탈리아에서 라티움 인의 확장

티베리스 강의 좌안으로부터 볼스키 산악 지역까지 라티움 사람들이 거주했다는 것은 잘 알려진 사실이다. 라티움 지방과 캄파니아 지방의 평야가 아직 비어 있을 때 당도한 첫 번째 이주민들은 볼스키 산악 지역을 기피했을 것으로 보이는데, 볼스키 지역의 비문에서도 확인되는 것처럼 이 산악 지역에는 라티움 사람보다는 사비눔 사람에 가까운 계통이 자리 잡았다. 한편 캄파니아 지방에는 희랍 이주민이나 삼니움 이주민이 도래하기 이전부터 아마도 라티움 사람들이 살고 있었을 것으로 보인다. 이탈리아 지명 노블라 혹은 놀라(*Novla*, *Nola* : 신도시를 뜻함), 캄파니아, 카푸아, 볼투르누스(*Volturnus* : *iuvare*에서 *Iuturna*가 만들어진 것처럼 *volvere*에서 파생됨), 옵스키(*Opsci* : 일꾼들을 뜻함) 등은 삼니움 사람들의 도래보다 오래전에 생겨난 지명임이 증명되었다. 또한 이 지명들은 쿠마이(*Cumae*)에 희랍 사람들이 식민지를 건설했을 당시 이미 이탈리아 계통 중에서도 아마 라티움계에 속하는 아우소니아 사람들이 캄파니아 지방을 차지하고 있었음을 증명한다. 또한 나중에 루카니아 사람들과 브레티움 사람들이 거주하게 되는 지역에 애초에 거주하던 원주민, 즉 본래 이탈리아 사람들(황소 나라의 주민들)은 이아퓌기아 계통이 아니라 이탈리아 계통이라고 한다. 이 원주민들을 라티움계로 간주하는 데는 무리가 없다. 아무튼 이들은 이탈리아가 국가로 발전하기 이전에 이미 희랍 식민지화를 거쳤고, 이후 삼니움 사람들의 집단 이주로 인해 본래적 민족 정체성이 희미해져 버렸던 것이다.

마찬가지로 민족적 자취가 희미해져 버린 경우가 시킬리아 사람들인데, 옛 신화에 따르면 이들은 로마와 연결된다. 이탈리아 역사가의 원조인 쉬라쿠사이의 안티오코스가 전하는 신화에 따르면, 이탈리아(즉, 브레티 사람들이 살던 반도 지역)의 왕 모르게스에게 시켈로스라고 불리는 남자가 로마로부터 도망쳐 찾아왔다고 한다. 이 전설은 보고자들이 그렇게 알고 있었던 바와 같이, 투퀴디데스 시대에 아직 이탈리아에 거주하고 있던 시킬리아 사람들과 라티움 사람들이 같은 민족 계통임을 시사하고 있다. 하지만 시킬리아의 희랍 방언과 라티움 어가 몇몇 단어에서 뚜렷이 보이는 친연성은 시킬리아 사람들과 로마인들이 과거 동일한 언어를 사용했기 때문이라기보다는 과거 로마와 희랍계 시킬리아 사람들의 무역 관계를 통해 설명될 수 있을 것이다. 모든 흔적으로 검토해보건대 라티움 지방뿐만 아니라 아마도 타렌툼 만과 라우스 만에서 시킬리아의 동부 지역을 아우르는 본래 이탈리아, 즉 캄파니아 지방과 루카니아 지방에는 아주 오래전부터 라티움 민족이 여러 갈래로 나뉘어 살았던 것으로 보인다.

　이들 본래 이탈리아 민족이 처한 운명은 매우 상이했다. 시킬리아와 '대희랍'(Graecia Magna)과 캄파니아 지방에 정착한 사람들은 그들이 희랍 문화에 저항할 능력이 없었을 때 희랍 문화와 접촉하게 되었다. 그리하여 이들은 시킬리아에서처럼 완전히 희랍화되었으며, 다른 한편 완전히 약화되어 사비눔 계통의 신흥 세력에 변변한 저항도 못 하고 복속되었다. 시킬리아 사람들, 모르게스가 다스렸던 본래 이탈리아 민족, 아우소니아 사람들은 이후 이탈리아 반도의 역사 발전에 이렇다 할 역할을 하지 못했다.

　하지만 라티움 지방에서는 크게 달랐다. 이곳에는 희랍 식민지가 건설되지 않았으며, 라티움 지방 주민들은 험난한 투쟁을 통해 간신히 사비눔 사람들 등 북쪽 이주민들에게 맞서 스스로를 방어했다. 이제 고대 세계를 주무를, 역사상 유례가 없는 사람들이 살았던 라티움 지방을 살펴보자.

라티움

이미 오래전 라티움 지방 평야는 거대한 자연의 각축장이었다. 천천히 형성된 하천 지형과 굉장한 화산 폭발 등이 한둘씩 지층을 형성했으며, 이 지층 위에 장차 세계 패권을 쥐게 될 민족이 결정되었다. 라티움 지방의 동쪽은 아펜니노 산맥에서 갈라진 사비눔 산맥과 아에퀴 산맥이 막고 있고, 라티움 지방의 남쪽은 1200미터 높이의 볼스키 산악 지대가 막고 있다. 헤르니키 사람들이 살았던 고원지대에 흐르는 사코 강(고대에는 트레루스라고 불렸으며, 리리스 강의 지류다)은 볼스키 산악 지대와 아펜니노 산맥을 끊어놓았다. 볼스키 산악 지대는 고원을 타고 서쪽으로 이어지다가 타라키나 곶과 연결된다. 라티움 지방의 서쪽은 바다인데, 이 지역의 해안선에는 이렇다 할 변변한 항구가 드물다. 북쪽으로는 에트루리아의 넓은 구릉을 접하고 있다.

라티움 지방은 상당히 넓은 평야를 형성하고 있으며, 움브리아 지방에서 발원하는 산악 하천 티베리스 강과 사비눔 산맥에서 발원하는 아니오 강이 평야를 가로질러 흐르고 있다. 마치 섬처럼 평야의 한복판에 가파른 석회암 바위산 소락테가 북동 지역에 자리하고 있으며, 키르케이우스 곶이 남서 지역에 위치한다. 또 이와 높이가 비슷하거나 좀 더 낮은 야니쿨룸 언덕이 로마 근교에 위치한다. 부분적으로 화산활동으로 형성된 구릉이 분포하는데, 화산 분화구 가운데 일부는 호수가 되었으며 일부는 산 그대로 남아 있다. 이 가운데 가장 두드러진 곳은 알바롱가 구릉이며 알바롱가 구릉은 볼스키 산악 지역과 티베리스 강 사이의 평야에 돌출되어 있다.

역사상 라티움 사람들이라고 알려진 사람들, 혹은 나중에 라티움 지방 바깥쪽까지 포함하는 라티움 동맹과 구분하기 위해 '옛 라티움 사람들'(*prisci Latini*)이라고 불리는 사람들이 이 지역에 거주했다. 이들이 거주한 라티움 지방은 다만 중부 이탈리아 평야의 작은 부분일 뿐이다. 티베리스 강 북쪽 지역은 라티움 사람들에게는 낯선 지역이었으며, 때로 위험한 지역이었다. 강 건너 북쪽 지역 주민들과의 영원한 동맹이나 평화는 거의 불가능했으며, 매우 드물게 간헐적으로 평화가 유지되었던 것으로 보인다. 북쪽 국경선인 티베리스 강은 상고시대 이래로 유지되었으며, 언제 어떻게 이렇게 국경선이 세워졌는지에 관해 역사적 혹은 신화적 흔적은 전무하다.

알바롱가 구릉의 남쪽에 자리한 평탄한 늪지를, 우리의 역사가 시작될 무렵에는 움브리아·사비눔 계통의 루툴리 사람들과 볼스키 사람들이 차지하고 있었으며, 아르데아(*Ardea*)와 벨리트라이(*Velitrae*)는 그즈음 더 이상 옛 라티움 사람들에게 속한 도시가 아니었다. 다만 티베리스 강과 아펜니노 산맥과 알바롱가 구릉과 바다로 둘러싸인 약 1870제곱킬로미터의 땅, 오늘날로 치면 취리히 주보다 약간 더 큰 정도의 땅, 몬테 까보의 정상에서 눈에 들어오는 평야¹가 본래적 의미의 라티움 지방이다.

라티움 지방은 대체로 평탄한 평야지만 단조롭지만은 않아, 부분적으로 티베리스 강의 범람으로 형성된 모래 강둑, 대체로 완만하지만 때로 상당히 높은 석회암 구릉, 혹은 깊은 대지 균열이 나타난다. 대지가 끊임없이 요철처럼 굴곡을 반복하는 가운데 겨울이면 그 사이에 늪이 형성되는데, 여름의 뜨거운 태양 아래 늪에 가득한 유기물이 부패하면서 각종 유독 가스가 발생한다. 여름철이면 이런 유독 가스는 오늘날과 마찬가지로 과거에도 그 지역에 전염병을 발생시켰다. 로마 공화정 말기의 농경 피폐와 황제의 실정으로 야기된 농경 피폐로 인해 전염병이 발생했다는 견해는 잘못된 것으로, 사실 그 원인은 다만 강수량의 부족에 있으며 그것은 수천 년 전이나 오늘날이나 마찬가지

---

¹ 사비눔 산악 지대와 달리 라티움 지역은 '옆구리'(*latus*)와 '평평한'(πλατύς)이라는 의미에서 평야 지역이다. 캄파니아 지방은 삼니움 지역과 달리 '넓은'(*latus, stlatus*)이라는 뜻의 평원이다.

다. 물론 전염병은 땅에서 농사를 많이 지을수록 어느 정도 막을 수 있다는 것도 사실이다. 이에 대한 근거가 아직 완전하게 조사되지는 않았지만 땅 위에서 경작이 이루어지면 고여 있던 물이 더 빨리 배수되기 때문일 것이다.

예를 들어 라티움 평원, 쉬바리스와 메타폰티온의 저지대는 오늘날 같으면 건강한 사람이라곤 있을 것 같지도 않고 여행자가 단 하룻밤이라도 머물고 싶지 않은 곳으로서, 우리에게는 이상해 보인다. 하지만 정착민은 토지를 경작하면서 조밀하게 모여 살았다. 우리가 명심해야 할 것은, 낮은 수준의 문화를 가진 종족은 대체로 자연이 요구하는 것이 무엇인지에 대해 민감한 반응을 보이며 자연의 요구에 즉각적으로 순종할 뿐만 아니라, 아마도 신체적으로 땅에 순응하는 유연한 기질을 가졌다는 점이다. 그 당시 사르디니아 섬에는 오늘날과 거의 비슷한 자연 상태에서 경작이 이루어졌는데, 전염병이 만연해도 농부는 음식을 조심해서 먹고 옷을 주의해서 입으며 작업 시간을 조절했기 때문에 감염되지 않았다. 실제로 동물 전염병 '아리아 까띠바'(*aria cativa*)가 돌고 있을 때 동물 가죽을 입고 불을 피우는 것 외에 안전한 방법은 없었다. 이런 이유로 로마의 농부는 무거운 양털 옷을 줄곧 입고 다니며 화로에 불을 보존했던 것이다. 한편 이 지역은 농경민족에게 매력적으로 보였다. 땅은 가래와 괭이만으로도 경작할 수 있었고, 거름을 주지 않아도 이탈리아 기준으로 풍년은 아니지만 상당한 수확을 얻을 수 있었다. 밀의 경우 파종한 씨앗의 대략 다섯 배[2] 정

---

[2] 프랑스 통계학자 뒤로 드라말르(Dureau de la Malle)는 오베르뉴에 있는 리마뉴를 로마의 캄파니아와 비교했다(*Economie politique des Romains*, Bd. 2, s. 226). 리마뉴는 캄파니아와 넓이가 같고 매우 급경사이며 울퉁불퉁한 평야와 화산활동의 잔재인 용암과 화산재가 덮인 땅이다. 인구

도가 수확되었다. 좋은 물은 많지 않았다. 그래서 이들은 신선한 샘물을 더욱 귀하고 신성하게 여겼다.

라티움 정착

라티움 지방에 사람들이 어떻게 정착했는지에 관한 어떤 보고도 없다. '라티움'이라는 지방 이름도 라티움 사람들이 정착한 이후 사용된 지명이다. 우리는 거의 모든 것을 추론에 의지하고 있는데, 그럼에도 일부는 분명하며 일부는 개연성만 지닌다고 하겠다.

초기의 로마 경계는 씨족 부락 숫자만큼 나뉘어 있었는데, 이 구분은 이후에도 줄곧 유지되었다. 초기의 행정구역 구분(농촌 분구 *tribus rusticae*)이 이를 토대로 생겨났다. 클라우디우스 구역에 관한 전승은 클라우디우스 씨족이 아니오 강에 정착하는 일에서 시작한다. 다른 구역에서도 마찬가지로 초기 경계는 그 구역에 정착한 씨족명에서 기원한 것이 분명하다. 나중에 편입된 분구들과는 달리 초기의 행정 분구들은 지명에서 유래하지 않고 예외 없이 씨족명에서 유래한다.

초기 로마 구역명이 유래한 씨족들 가운데 일부 가문(예를 들어 카밀

는 20제곱킬로미터에 적어도 2500명이 사는데, 순수 농경지에서 인구밀도가 높은 도시 중 하나다. 소유권은 상당히 잘게 쪼개져 있다. 경작은 삽, 괭이, 낫을 사용하여 거의 손에 의존한다. 특별한 경우에만 소 두 마리가 끄는 가벼운 쟁기를 이용하고, 종종 농부의 아내가 쟁기의 한쪽 멍에를 메기도 한다. 이렇게 해서 순식간에 우유를 마련하고 땅을 갈기도 한다. 1년에 두 번 곡물과 채소를 수확한다. 휴경지는 없다. 1에이커 땅의 1년 임대료는 100프랑이다. 이런 땅은 예닐곱 명의 땅 주인에게 나뉘어 있을 경우 관리인들과 일꾼들이 소농을 대신한다. 그렇다면 분명 100년 안에 리마뉴는 오늘날 로마의 캄파니아 지방처럼 황폐해져 볼품없이 버려지고 말 것이다.

리우스·갈레리우스·레모니우스·폴리우스·푸피니우스·볼티니우스 씨족)은 사라졌으나, 사라지지 않은 씨족으로는 아이밀리우스·코르넬리우스·파비우스·호라티우스·메네니우스·파피리우스·로밀리우스·세르기우스·보투리우스 씨족이 있다. 이 집안들은 전부 로마에서 가장 오래된 명문 집안이었다. 주목할 점은 이 씨족 모두가 애초에 로마에 정착한 것으로 보이며 나중에 로마로 이주했다고 확증할 수 있는 경우는 없다는 점이다. 로마와 마찬가지로 이탈리아의 부락들은, 희랍의 부락들은 분명히 그러했던바, 씨족 단위별로 씨족 숫자만큼 지역을 분할하여 정착했을 것이다. 희랍 사람들은 이렇게 한 씨족 가구가 한 지역에 정착한 경우 이를 '오이키아'(οἰκία)라고 했는데, 이들이 모여 로마의 행정단위 분구(tribus)에 해당하는 코메 내지 데모스를 형성했다. 이에 상응하는 이탈리아의 용어 '비쿠스'(vicus) 내지 '파구스'(pangere에서 파생한 pagus)는 마찬가지로 씨족 가구들이 모여 있는 곳을 의미하며, 이런 의미에서의 마을 내지 부락을 가리켰다.

   건물의 대지가 그 건물에 속하듯, 씨족 경계는 씨족 가구 내지 씨족 부락에 귀속되었다. 씨족 경계는, 물론 나중에 설명하겠지만, 상대적으로 늦은 시기까지 한 가구의 토지처럼 토지 공유 방식에 따라 경작되었다. 라티움 지방에서 씨족 가구들이 씨족 부락으로 발전한 것인지, 아니면 라티움 사람들이 씨족 부락의 형태로 라티움 지방에 이주한 것인지에 관한 물음에는 정확하게 대답할 수 없다. 또한 그런 관리 방식이 요구되는 경제체제가 라티움 지방에서 어떤 형태를 취하고 있었는지,[3] 씨족은 어느 정도까지 혈연 외적인 개인을 흡수 통합했는지

[3] 족장 중심의 살림이 현재까지 유지되는 슬로베니아에서는 가족 전체의 수가 50명에서 심지

에 관한 물음에도 정확하게 대답할 수 없다.

부락

본래적으로 씨족 부락은 독립 단위가 아니라 공동체(civitas, populus)를 구성하는 하위 단위다. 이런 정치 공동체는 우선 종족, 언어, 관습을 공유하며 법적 상호 준수, 법적 상호 구제, 그리고 공격과 방어에서의 단결된 행동을 의무화하는 일정 수의 씨족 부락들을 아우르는 총괄 개념이다. 씨족 부락이 고정된 중심지를 갖고 있었던 것만큼 이렇게 형성된 부족 또한 그런 중심지를 갖고 있었을 것이다. 하지만 씨족 부락들은 저마다 부락을 형성했으므로, 부족 공동체 전체가 모여 형성한 도심이라 할 것이 없었다. 따라서 공동체의 중심지를 따로 정해 다만 공동 회합 장소로 사용했다.

공동 회합 장소에서는 부족의 법정과 신전을 설치했다. 부락민들은 거래와 오락을 위해 8일마다 여기에 모였으며, 전쟁 상황에는 적의 침입에 대비하여 주민과 가축을 여기에 대피시켰다. 전쟁 시에는 마을보다 안전했을 것이지만, 평상시 이곳에는 사람들이 전혀 살지 않거나 거의 살지 않았다. 고대인들의 이런 대피소는 오늘날로 치면 스

어 100명까지 되는데, 가족이 뽑은 가장(Goszpodár)의 평생 지도 아래 한 집에서 함께 산다. 이런 집안의 재산은 주로 가축인데, 가장이 이를 관리한다. 남는 것은 가계별로 나누어 갖는다. 작업이나 판매에 따른 사적 재산은 분리하여 관리된다. 또한 남성 구성원들이 그 집안을 떠나기도 하는데, 예를 들면 집안 외부에서 혼인을 하여 가족을 꾸릴 경우다(Csaplovics, *Slawonien und Kroatien*. Pest 1839. Bd. 1, S. 106, 179). 이런 상황은 고대 로마의 상황과 별반 다르지 않았을 것인데, 이런 상태의 집안은 공산사회에 가까웠다.

위스 동부 구릉지에 있는 몇몇 언덕 꼭대기와 상당히 비슷하다. 이러한 장소를 이탈리아에서는 '산정'(capitolium, ἄκρα) 내지 '성채'(arcere에서 파생된 arx)라고 불렀다. 이곳은 애초에 도심이 아니었으나 장차 도심으로 발전할 토대가 되었으며, 집들이 성채 주위에 모이고 나중에는 집들이 성채를 중심으로 빙 둘러 '주변'(도시를 뜻하는 urbs는 urvus, curvus, 아마도 orbis 등 주변 혹은 주위를 나타내는 말에서 나왔을 것이다)을 형성하자 성채는 도심이 되었다.

성채와 도심의 외적인 차이는 문의 숫자다. 성채의 문은 최대한 적게 만들고 도심의 문은 최대한 많이 만드는데, 대개 성채의 문은 하나였으며 도심의 문은 최소 세 개였다. 이탈리아의 행정단위는 도심 이전 단계의 성채를 근간으로 했는데, 이는 예를 들어 마르시 지방과 아브루초 지방의 작은 부락에서처럼 도심 형태로 뒤늦게 발전했다가 오늘날까지도 부분적으로 완성된 도심 형태를 갖추지 못한 이탈리아 몇몇 지역에서 확인할 수 있다. 아이퀴 지방은 로마 제정기까지도 아직 도심을 형성하지 못하고 수많은 부락으로 흩어져 살았는데, 이 지방에서 상고시대 성채 상당수가 발견되었다. 이것들은 신전을 갖춘 '버려진 도심'으로 현대 고고학자들에게는 물론이려니와 로마 인들에게노 경이로운 유적이었는데, 일부는 '원수민들'이 이곳에 살았다고 추측했고 일부는 펠라스기 인들이 살았다고 추측했다.

하지만 이런 기반 시설을 도심이라기보다 지역 부락민들의 피난처로 보는 것이 좋을 것인데, 비록 옹색한 모양새를 하고 있긴 하지만 일찍부터 이탈리아 전역에 분포했다고 보는 데에는 의문의 여지가 없다. 도심 형태를 갖춘 여러 종족이 도심 성곽을 돌로 쌓기 시작하던 때에, 여전히 여기저기 흩어져 흙벽과 말뚝으로 성채를 만들던 종족들도 이를 돌로 대체한 것은 자연스러운 일이다. 평화가 확보된 시대에 성채는 더 이상 필요 없게 되었고, 대피소는 버려지고 곧 후세 사람들에게는 수수께끼로 남게 되었다.

초기 부락의 위치

중심지로 성채를 마련하고 씨족 부락들을 포섭한 부족은 원초적 국가 단위로서 이탈리아 역사의 출발점이다. 언제, 그리고 어떤 규모로 라티움 지방에서 이런 부족들이 형성되었는지는 정확하게 확정할 수 없으며 역사적으로 특별한 관심도 아니다. 맑은 공기와 신선한 물, 그리고 무엇보다도 안전한 거처를 제공한 알바롱가 산간 지역은 라티움 지방의 자연 성채였기에 이주민이 이곳에 가장 먼저 자리 잡은 것은 당연한 일이다. 알바 호수(오늘날 카스텔로 호수)와 알바 산(오늘날 몬테 카보) 중간, 팔라쭈올라(Palazzuola) 위쪽의 넓지 않은 산악 평원에 길게 뻗은 모양으로 알바롱가가 위치해 있었다. 알바롱가는 라티움 종족의 출발점이며, 로마 등 나머지 라티움계의 모국이다. 알바롱가의 산줄기를 따라 라누비움, 아리키아, 투스쿨룸 등의 도시가 위치한다.

또한 이곳에는 아주 오래된 건축물들도 발견되는데, 이것들 가운데는 문명의 시작을 의미하는 동시에 후세 사람들에게는 팔라스 아테나가 실제 다 자란 모습으로 태어난 시절의 증인으로 남은 것도 있다. 알바롱가의 아래쪽에 팔라쭈올라를 향해 가파른 암벽 능선이 놓여 있고, 몬테 카보 산의 가파른 산세가 남쪽으로부터의 접근을 막고 있으며, 또 자연 지형에 의해 북쪽으로부터의 접근도 봉쇄되어 있다. 따라서 이곳으로의 접근로는 다만 동쪽과 서쪽의 두 군데뿐이며, 이 통로는 좁기 때문에 방어가 용이하다. 1800미터 높이의 거대한 용암 암벽을 뚫고 성인 키 높이의 갱도가 생겨났는데, 이를 통해 알바 산의 화구호(火口湖)에서 물이 빠지면서 수심이 오늘날의 수준으로 떨어지고 산악 지대임에도 경작에 알맞은 공간이 생겨났다.

라티움 부락 연맹체

라티움 평야의 자연 성채로 사비눔 산맥의 끝자락에 자리한 산들이 있다. 이곳에 자리한 지역 성채들은 후에 유명한 도시 티부르와 프라이네스테가 되었다. 또한 알바롱가와 사비눔 산맥 내지 티베리스 강 사이에 있는 라비키·가비이·노멘툼 등의 도시들, 티베리스 강가의 로마, 바다 쪽의 라우렌툼과 라비니움 등은 대체로 라티움 정착지의 중심 지역이었다. 그 밖에도 이름만 남아 있거나 혹은 완전히 사라진 수많은 중심 지역이 있었다.

  이 부락 공동체들은 모두 아주 오래전부터 독립된 주권을 갖고 있었으며, 각 부락은 원로 회의와 수호자 회의의 협력을 받는 통치자가 다스렸다. 그러나 언어와 혈통의 공동체 의식이 지역 전반에 퍼져 있었을 뿐만 아니라, 중요한 종교와 국가 체제를 놓고도 라티움 부락 전체의 영원한 연맹체라는 공동체 의식이 흐르고 있었다. 이런 연맹체의 대표는 이탈리아와 희랍의 옛 관습에 따라 부락 공동체의 경계 내에 연맹 회합 장소가 위치한 부락 공동체가 맡았는데, 이 부락 공동체가 바로 알바롱가였다.

알바롱가는 이미 언급된 대로 가장 오래되고 탁월한 라티움 부락 공동체였다. 연맹 참가 자격을 가진 부락 공동체는 애초에 30개였다. 30이라는 숫자는 희랍과 이탈리아의 연맹체 구성 숫자로 자주 사용되는 숫자다. 어떤 부락 공동체가 30개의 옛 라티움 연맹체에 속했는지, 혹은 당시 대도시였던 알바롱가의 측면에서 말하자면 어떤 부락 공동체가 그 식민지에 속했는지는 전해지지 않으며, 그것을 알아내는 일은 더 이상 불가능하다. 예를 들어 희랍에서 보이오티아 연맹체와 이오니아 연맹체의 범(汎)보이오티아 축제와 범이오니아 축제처럼, 라티움 연맹체를 중심으로 '라티움 축제'(*feriae Latinae*)가 생겨났다. 이 축제에서는 매년 고위 관리가 지정한 날에 알바 산에서 전체 부족이 '라티움 유피테르'(*Iuppiter Latiaris*)에게 황소를 바쳤다. 축제에 참여하는 모든 공동체는 법률에 따라 할당량만큼의 가축과 우유와 치즈를 제물로 가져왔으며, 제사 후에는 바쳐진 제물의 일부를 가져갔다. 이런 축제는 이후 계속되었다고 널리 알려졌다. 이런 회합의 법적 영향력이 좀 더 중요하다 하겠으나 이는 단지 추측에만 의지할 뿐이다.

옛날부터 알바 산의 종교적 축제 외에도 연맹체 대표자 회합이 열렸는데, 이는 그 근처 페렌티나 샘(마리노 근처에 있다)의 집회장소에서 개최되었다. 일반적으로 연맹체는 연맹 전체를 감독하는 기구나 연맹 전체를 규제하는 법질서 없이는 생각할 수 없는 일이다. 연맹체의 법질서가 침해되었을 때 연맹체는 재판을 열었으며 이 경우 사형도 선고될 수 있었다고 전해지는데, 신빙성이 있다고 하겠다. 또한 라티움 공동체법 가운데 통합을 이끌었던 요소는 나중에 등장한 라티움 공동체들의 통합법 내지 일종의 통합 혼인법이라고 하겠다. 그 결과 라티움 공동체의 남자는 누구건 라티움 공동체의 여자에게서 법적으로 하자가 없는 자식들을 얻었고, 라티움 지역 어디에서고 토지를 획득하며 상업 활동을 할 수 있었다. 연맹체는 더 나아가 공동체들 간의 분쟁을 해소하고자 중재재판소나 연맹재판소를 열기도 했을 것이다.

반면에 각 공동체가 가진 전쟁과 휴전에 관한 주권을 연맹체가 규제했는지는 밝혀지지 않았다. 하지만 연맹 체제를 통해 연맹 전체가 방어나 공격 전쟁에 참여했을 가능성은 충분하며, 이때 연맹 차원의 군 지휘관이 있었을 것이다. 그러나 이 경우 연맹에 속한 각 공동체가 반드시 군대를 제공했다고 생각할 근거는 없다. 또한 연맹에 속한 어떤 공동체가 같은 연맹의 다른 공동체에 대하여 전쟁을 개시하지 못하도록 금지되었다고 생각할 근거도 없다. 이에 반해 라티움 지방의 축제 기간에는, 희랍의 연맹 축제 기간에 그러했던 것처럼, 휴전이 라티움 지방 전체에 선포되었다는 것을 입증할 흔적이 남아 있다.[4] 아마도 그럼으로써 적대적이던 공동체 모두가 안전하게 축제에 참가할 수 있도록 보장되었을 것이다.

지도적 위치에 있는 공동체가 어느 정도까지 특권을 누렸는지를 결정하는 일은 아직은 불가능하다. 우리가 말할 수 있는 사실은 알바롱가의 정치적 패권이 라티움 지방 전체를 아우른다고 주장할 근거

---

[4] 라티움 지방 축제는 '휴전'(*indutiae*)이라고도 불린다(마크로비우스 《사투르날리아》 1, 16. 디오뉘시오스 할리카르나소스 《로마사》 4, 49 ἐκεχηειρίαι). 이 기간에는 전쟁이 허락되지 않았다(마크로비우스, 같은 곳).

는 존재하지 않는다는 것이며, 그렇다고 알바롱가의 패권이 겨우 희랍에서 도시국가 엘리스 정도 이상은 아니었다고 주장할 근거도 존재하지 않는다는 것이다.[5] 전체적으로 라티움 연맹의 범위와 법률 규제는 느슨하고 유동적이었다. 하지만 연맹이 이러저러한 여러 연맹체의 우연한 집합체도 아니었다. 연맹은 라티움 사람들의 법적이며 필연적인 산물이었다. 라티움 연맹이 모든 시대에 걸쳐 모든 라티움 공동체를 포용한 것은 아니었으며, 라티움 민족에 속하지 않는 공동체에 연맹 자격을 부여한 경우도 없다. 이와 유사한 희랍의 사례로 델포이의 암픽튀오니아보다는 보이오티아 혹은 아이톨리아의 연맹체를 들 수 있다.

대략적 윤곽은 이 정도로 충분하다. 좀 더 상세하게 그림을 그리려는 시도는 사실을 왜곡할 수도 있다. 가장 오래된 정치적 단위인 씨족 부락들이 어떻게 생겨났고 사라졌는지에 대한 다양한 시도는 확실한 무엇을 남기지 못했다. 우리는 한 가지 분명하고 확고한 사실에 만족해야 한다. 즉, 씨족 부락들이 연맹 구심점을 두었으되 각자의 독립성을 포기하지도 않았다는 것과 다른 한편 이를 통해 민족적 유대감을 고취시킴으로써 모든 민족이 시작해야만 했던 지역 분리주의를 극복

---

[5] 알바롱가가 라티움 지방 전체를 동맹의 형태로 지배했다는 가설은 예나 지금이나 제기되어왔지만, 자세한 조사를 통해서도 충분한 근거를 갖지 못한다. 모든 역사는 통합보다는 오히려 분열에 대해 이야기하고 있다. 로마가 수 세기에 걸쳐 이룬 라티움 지방 통합의 문제를 이미 그 이전에 알바롱가가 해결했을 것이라는 사실은 가능성이 희박하다. 또한 다음의 사실을 주목할 만한데, 즉 로마는 한 번도 알바롱가의 후계자로서 라티움 지방 전체 공동체에 대한 통치권을 요구하지도 않았고, 오히려 로마는 명예로운 권위에 만족했다는 사실이다. 이 명예로운 권위는 후에 로마가 물리적인 힘으로 통합을 이루어갈 때, 로마의 정치적 지배권의 발판이 되었다. 전해지는 자료 중에는 이것이 어떻게 이루어졌는가 하는 물음에 대한 언급이 거의 없다. 그러나 적어도 다음의 자료로 알바롱가를 라티움 지방의 아테나이로 각인시키는 데 충분하다. Fest. v. praetor, p. 241. 그리고 디오뉘시오스 할리카르나소스 《로마사》 3, 10.

하고 모든 민족이 종국에는 도달해야 하는 민족 통일의 발판을 마련했다는 것이다.

제4장
로마의 시작

람네스 부족

티베리스 강 하구로부터 상류로 약 22.5킬로미터 지점부터 강의 양안으로 일정한 높이의 언덕이 이어지는데, 우안은 비교적 높은 편이며 좌안은 상대적으로 낮은 편이다. 좌안은 지난 3000년 동안 내내 로마인과 관련된 이름을 갖고 있었다. 이런 이름들이 언제, 그리고 어떻게 거기에 붙게 되었는지는 알려져 있지 않다. 우리에게 알려진 그들의 가장 오래된 이름은 로마 인들(*Romani*)이 아니라 람네스 사람들(*Ramnes*)이다. 이런 모음변화[1]는 고대 언어에는 흔한 현상으로, 라티움 어에서는 이른 시기부터 더 이상 일어나지 않은 음운 현상이다. 이에 비

---

[1] 이와 유사한 모음변화는 예를 들어 *pars portio, Mars mors, farreum horreum, Fabii Fovii, Valerius Volesus, vacuus vocius* 등에서 보이는데, 이런 변화는 모두 이미 상당히 오래전에 이루어졌다.

추어 이 이름이 굉장히 오래된 이름임을 알 수 있다. 이 이름이 어디에서 유래하는지 단정적으로 말할 수는 없지만, 아마도 람네스 사람들은 '강에 사는 사람들'을 가리키는 것으로 보인다.

티티에스 부족과 루케레스 부족

하지만 로마 인들이 티베리스 강가에만 머물러 있었던 것은 아니다. 로마의 가장 오래된 지파들을 살펴보면 과거 독립적이던 세 부족이 서로 합쳐져 로마를 형성한 흔적을 발견할 수 있는데, 람네스 부족과 티티에스 부족과 루케레스 부족 등이 마치 아티카 지방의 아테네 정주 융합처럼[2] 하나의 공동체를 형성하면서 로마가 만들어졌다. 이렇게 세 부족이 하나로 합쳐진 것이 얼마나 오래전 일인지를 가장 분명히 보여주는 것은,[3] 로마 인들이 법률관계에서 '할당하다'와 '할당'을 표현하는 말이 '삼분하다'(tribuere)와 '삼분'(tribus)이라는 단어에서 나왔는데도 불구하고 이 단어가 숫자와 관련되었다는 인상이 일찍감치 없어져 버렸다는 점이다. 과거에 독립적이었던 세 부족은 이제 세 개

---

[2] 실질적인 하나의 공동체가 반드시 공동거주체를 의미하는 것은 아니다. 아무튼 각자는 이전부터 살던 땅에 그대로 머물러 살고 있으며 다만 단일한 민회 조직과 행정조직을 갖추게 되었다는 것이다(투퀴디데스 2, 15. 헤로도토스 1, 170).

[3] 아티카의 'τριττύs', 혹은 움브리아의 'trifo'와 관련하여, 삼분 구성은 오히려 희랍·이탈리어 어파에 나타나는 공통 현상이 아니냐는 문제를, 또 로마 공동체의 삼분 구성은 사실 오히려 여러 독립적인 부족의 융합으로 볼 수 있지 않겠느냐의 문제를 제기할 수도 있다. 그러나 전승된 것에 반하는 어떤 가정을 세우려면, 그리고 그것이 실제 그러하다면, 가장 기본적인 형태로서 삼분 구성이 희랍·이탈리어 어파에 전반적으로 나타나야만 한다. 움브리아 사람들은 'tribus'라는 단어를 아마도 로마 지배의 영향을 받게 된 이래로 받아들인 것으로 보인다. 오스키 사람들에게는 이런 사실이 단정적으로 증명되지 않는다.

의 분구가 되었는데, 분구들은 하나로 합쳐진 이후에도 공동체 영토를 삼등분했으며 병역이나 원로원의 책임도 삼등분했다. 이는 제례의식에서도 마찬가지였다. 베스타 신녀·마르스 사제·라레스 농업신 사제단·늑대 사제·조점관 등 역사가 오래된 제관들은 거의 3인으로 구성되는데, 이 또한 세 부족의 융합을 반영하는 것으로 보인다.

로마 시민의 가장 오래된 지파들이 셋으로 나누어진다는 사실을 두고 사람들은 매우 심각한 잘못을 범했는데, 로마가 다민족국가라는 도저히 받아들일 수 없는 견해를 만들어냈다. 이런 견해를 지지하는 사람들은 로마가 다른 민족과 구별되는 민족 고유의 독자적인 언어와 정치제도와 종교를 나름대로 발전시켰음에도, 마치 이탈리아 어계의 세 부족을 근간으로 에트루리아계와 사비눔계, 희랍계와 심지어 펠라스기 인들이 섞여 있는 다민족 연합체임을 증명하기 위해 다양한 시도를 했다.

모순적이며 근거가 박약한 이런 가설을 버리고, 고대 로마 공동체의 구성원들이 가진 민족 정체성에 관해 간단하게 이렇게 정리하도록 하겠다. 람네스 부족이 라티움계인 것은 의심의 여지가 없는데, 이들은 이후 로마라는 국호에 그들의 이름을 남겼으며 이로써 통일 공동체의 민족 정체성에 결정적 역할을 했다. 루케레스 부족에 관해 말할 수 있는 것은 다만, 이들을 람네스 부족 공동체와 마찬가지로 라티움계로 보는 데 아무런 문제가 없다는 점이다. 통일 공동체의 또 다른 계통이 사비눔 지방에서 유래한다는 것은 모두가 동의하는 바이며, 이는 티티에스 부족의 종교 공동체에서 전해 내려오는 전승에 근거한다. 티티에스 부족의 사제들은 사제단에 들어올 때에 사비눔 고유의 제례 의식을 지키겠노라고 공동체 전체를 걸고 맹세하는 전통을 갖고 있다. 아마도 이 사비눔계는, 언어와 풍습에서 이후 로마 인과 삼니움 인의 차이보다 현저히 낮은 차이를 나머지 부족들에 대해 갖고 있던 매우 먼 옛날 라티움 지방의 부족들과 융합을 이룬 것이 아닌가 싶다.

티티에스 부족은 오래된 믿을 만한 전승에 따르면 예외 없이 람네스 부족 공동체보다 발전해 있었으므로, 아마도 도래한 티티에스 부족이 람네스 부족에게 융합체를 구성하자고 강요했을 것으로 보인다. 물론 여기서 정체성이 상이한 계통들 사이에서 일종의 혼합이 실제 일어난 셈이다. 그러나 이것은, 예를 들어 수백 년 뒤에 사비눔계 아피우스 클라우디우스가 씨족과 피호민을 거느리고 로마로 이주한 것과 크게 다르지 않다. 클라우디우스 씨족을 로마가 받아들인 것만큼이나 티티에스 부족을 람네스 부족이 수용한 것을 두고 이들이 다민족 공동체를 구성했다고 주장할 근거는 없다.

몇몇 제례 의식에 남아 있는 흔적을 제외한다면 사비눔계는 거의 흔적을 남기지 않았으며, 라티움 어에서도 이런 혼합을 지지할 작은 흔적조차 찾아볼 수 없다.[4] 이렇게 흔적이 남지 않은 것은 매우 놀라운 것인데, 라티움계의 몇몇 아주 가까운 공동체가 합병될 경우에도 각 구성체의 정체성은 흐려지겠지만 여전히 남아 있는 것이 보통이기

---

[4] 라티움 어가 희랍어와 비희랍어의 혼합 언어일 것이라는 오래된 의견은 여러 가지 측면에서 반박되었으나, 이후에도 심지어 합리적인 연구자들조차(예를 들어 A. Schwegler, *Römische Geschichte*. Bd. 1, Tübingen 1853, p. 184, p. 193) 라티움 어에 두 가지 이탈리아계 방언의 혼합이 발견된다는 주장을 펴고 있다. 그러나 이러한 가설을 세울 언어학적 혹은 역사학적 필요성 자체에 의문을 제기하는 사람들이 있다. 한 언어가 그 구성 성분으로 두 가지 다른 것이 나타날 경우, 모든 언어학자는 이런 현상이 외적인 혼합이라기보다 오히려 내적인 유기적 언어 발달에 기인한다는 것을 모르지 않을 것이다.

때문이다. 그런데 여기서 잊지 말아야 할 것은, 티티에스 부족이 람네스 부족과 함께 정주 융합을 이룰 무렵 그들의 민족 정체성은 로마가 아닌 라티움에 근거한다는 것이다. 과거 람네스 사람들의 공동체였던, 그러나 이제 세 개의 분구를 이룬 새로운 로마 공동체는 사비눔계에서 유래하는 약간의 요소가 있음에도, 라티움계의 한 부분이었다.

라티움의 로마 정주지

티베리스 강변에 도시 형태의 정주지가 형성되기 훨씬 이전부터 람네스 부족, 티티에스 부족, 루케레스 부족은 처음에는 개별적으로, 나중에는 연대하여 로마의 구릉지대에 성채를 쌓았으며, 성채 주변을 빙 둘러 마을을 조성하고 근처 농경지를 개간했다. 당시를 반영하는 전승에 따르면 '늑대 축제'라는 것이 있었는데, 퀸크티우스 가문이 팔라티움 언덕에서 이를 주관했다고 한다. 이는 농부와 목동의 축제이며, 다른 축제와 달리 가부장 중심의 단순한 놀이 형식을 유지했다. 놀랍게도 이 축제는 기독교화된 로마에서도 다른 어떤 이교도 축제보다 오랫동안 명맥을 유지했다.

로마 지역의 특징

이런 정주지들로부터 나중에 로마가 형성된다. 신화가 전해주는 로마 건설이라는 것 자체는 실재하지 않는다. 그야말로 로마는 하루아침에 만들어진 것이 아니다. 로마가 어떤 방식으로 그렇게 일찍이 라티움 지방에서 선도적인 정치적 입지를 갖게 되었을까 하는 문제는 진지하게 고민해볼 주제인데, 이는 특히 자연환경으로 본다면 전혀 기대할 수 없는 것이기 때문이다.

로마가 자리 잡은 지역은 라티움 지방의 옛 정주지들과 비교할 때 오히려 위생 면에서나 농업생산력 면에서 좋은 환경은 아니었다. 포도나무와 무화과나무는 로마 근교에서 잘 자라지 못했으며, 근교에는 풍부한 수원지도 없었다. 로마의 카페나 성문 밖에 있는 그나마 풍부하다는 카메나이(*Camenae*) 우물도, 나중에 툴리아눔(*Tullianum*) 감옥을 건설하며 폐쇄된 카피톨리움 언덕의 우물들도 수량이 풍부하지는 않았다. 여기에 더해 티베리스 강의 잦은 범람도 한몫했다. 경사도가 매우 낮은 티베리스 강은 우기에 크게 불어난 강물을 빠르게 하구로 빼내지 못했기 때문에, 중간의 구릉지로 넘쳐흘렀으며 계곡과 저지대에 고여 늪을 만들어냈다. 정착민들에게 이 지역은 매력적인 것과는 거리가 멀었으며, 이미 고대에도 이와 관련된 언급이 있었다. 축복받은 지역의 위해하고 무익한 이 모퉁이 땅은 이주 농부들이 기꺼이 정주지로 선택할 만한 그런 곳은 아닌지라, 절박함 등과 같은 특별한 이유가 있지 않고서는 그곳에 정착한 이유를 설명할 수 없다는 것이다.

이런 불가해한 성격을 신화도 감지했던 것 같다. 그래서 알바롱가의 왕족 로물루스와 레무스의 영도 아래 알바롱가로부터 일단의 사람들이 도망쳐 로마를 건설했다는 신화는, 이상하게도 그렇게 불리한 장소에 로마가 생겨난 이유를 설명하는 동시에 로마의 시초를 라티움 지방의 거대도시와 연결시키려는 역사적 설명의 소박한 시도라고 하겠다. 스스로 '역사'이기를 희망하지만 그다지 훌륭할 것 없는 단순한 설명에 불과한 이런 신화를 역사학은 다른 무엇보다 먼저 배제해야 할 것이다. 지리적 관계의 충분한 검토를 통해 로마의 생성에 관해서가 아니라 로마의 급격한 성장과 팽창에 관해, 그리고 라티움 지방 내에서의 특수한 위치에 관해 긍정적 추측을 제공하는 등 신화보다 진일보한 모습이 역사학에 요구된다.

로마 지역의 초기 경계

우선 로마 지역의 초기 경계를 살펴보자. 동쪽 접경에는 도시 안템나이·피데나이·카이니나·가비이가 있었는데, 이 도시들 중 몇 개는 세르비우스 성벽에서 7.4킬로미터도 떨어져 있지 않으니 부족들의 경계는 성문들 가까이 있었다. 남쪽 접경에는 강력한 투스쿨룸 공동체와 알바롱가 공동체가 있었는데, 22.2킬로미터 떨어진 지역이었다. 더구나 로마 영역이 클루일리우스 도랑을 넘어서지 않는 것 같은데, 이 도랑은 로마로부터 7.4킬로미터 떨어져 있었다. 또한 남서쪽 접경에는 라비니움이 있었는데, 8.4킬로미터 거리에 있었다. 내륙의 로마 경계는 전반적으로 아주 좁은 영역에 국한되었지만, 바다 쪽으로는 초기부터 티베리스 강 양안을 따라 해안까지는 어떤 구애도 없이 확장되었다. 로마 도심에서 해안에 이르는 지역에는 부족들의 중심지 내지 부족의 흔적이라고 추정되는 장소가 발견되지 않았다.

모든 것을 오로지 하나의 기원으로 설명하는 로마의 전설은 로마가 소유하고 있는 티베리스 강 우안의 '7개의 촌락'(*septem pagi*)과 그 하구에 있는 염전들을 로물루스 왕이 바이이 사람들에게서 취했다고 전한다. 그리고 전설은 계속해서 앙쿠스 왕이 티베리스 강 우안에 교두보로 '야니쿨룸'을 두었으며 좌안에는 희랍으로 치자면 페이라이오스 항과 같은 항구를 하구 오스티아에 세웠다고 전한다. 하지만 에트루리아 지방의 일부가 이미 오래전부터 로마의 영토였다는 사실을 보여주는 좀 더 신뢰할 만한 증거가 있는데, 바로 농업 여신 디아(*dea dia*)의 숲이다. 여신 디아의 숲은 나중에 오스티아 가도 5.6킬로미터 지점에서 발견되었는데, 이 숲은 로마 농경 축제인 농업 신 축제의 장소이자 농업 신 사제단(*Fratres Arvales*)이 머물던 고대 지역이었다.

사실 이 장소는 한때 로마 모든 씨족의 우두머리였던 로밀리이 씨족이 아득한 옛날부터 정착했던 곳이었다. 이 도시 한 부분에 야니쿨룸이 있었고, 오스티아는 식민시, 다른 말로 하면 부속 도시였다. 이것은 우연일 수가 없다. 티베리스 강은 라티움 지방 천혜의 무역 교통로였고, 그 하구는 항구가 발달하지 못한 바닷가에서 바닷배를 정박시키기 위해 없어서는 안 될 정박지가 되었다. 라티움 사람들에게 티베리스 강은 고대로부터 북방 부족을 막는 방어선이 되었다. 로마는 라티움 지방을 통틀어 해상 교역과 해상 방어의 최적지였다. 방어에 용이하고 강에 직접 닿아 있다는 두 가지 장점을 동시에 갖고 있던 로마는 강의 양안을 넘어 하구까지 닿았으며, 티베리스 강 또는 아니오 강을 이용하는 배들은 물론 당시 그다지 크지 않았던 바닷배들도 오가기 편리했다. 해안에서 좀 떨어진 로마가 해안가 도시들보다는 해적을 막는 데 적합했다. 이런 전략적·경제적 입지 조건 덕분에 로마가 생겨난 것은 아니지만 로마가 힘을 갖추게 되었다는 것을 입증할 많은 증거가 있으며, 이런 증거들은 역사소설이 전해주는 것과는 전혀 다른 값어치를 지닌다.

라티움 지방의 로마에 가장 가까운 이웃이자 교역 대상 도시 카이레는 에트루리아에서 로마와 같은 존재였다. 따라서 티베리스 강의 교량들과 교량 건설은 일반적으로 로마 연맹체에 매우 중요했다. 그래서 로마의 도시 상징물에 갤리선이 등장한다. 또한 고대 로마의 통행세는 무역(*promercale*)을 위해 오스티아 항을 이용하는 경우에만 해당되고 출입(*usuarium*)의 경우에는 부과되지 않았는데, 정확하게 말하자면 실질적 무역 관세였다. 추측건대 비교적 이른 시기에 로마에서는 화폐를 주조했고 바다를 통한 교역이 펼쳐졌다. 이런 의미에서는 로마가 신화에서 말한 것처럼 성장했다기보다 하루아침에 건설되었다고 말하는 것이 좋을 것인데, 라티움 지방에서는 상당히 젊은 축에 속하는 도시였다. 티베리스 강가에 중심지가 형성될 무렵, 이미 라티움 지방에는 어느 정도 사람들이 살고 있었으며 알바롱가와 평야 지대의 몇몇 고지대에서는 벌써 성채가 형성되어 있었다.

도시 로마의 탄생이 라티움 연맹의 결정에 의해서인지, 쫓겨난 도시 창건자의 천재적 통찰에 의해서인지, 아니면 천혜의 교통 여건에 따른 자연적 발전에 의해서인지, 이를 단정적으로 말할 수는 없다. 그렇지만 로마가 라티움 지방의 교통 요충지라는 것과 관련하여 주목할 만한 다른 사실이 있다. 역사시대가 시작될 무렵 라티움 연맹과는 달리 로마는 폐쇄적 단일 도시를 형성했다. 라티움 지방의 풍습은 개방된 부락에 살면서 단지 축제나 회합 내지 필요에 따라 중심지에 모이는 것이었지만, 아마도 로마의 부족들에게서는 라티움 지방의 다른 지역과는 달리 일찍부터 이런 풍습이 사라져버렸다. 로마 인들이 농업을 포기하거나 농경지를 더 이상 참된 주거 형태로 생각하지 않게 되었던 것이 아니라, 평야 지대의 나쁜 공기 때문에 최대한 공기가 맑고 건강에 좋은 고지대로 거처를 옮길 수밖에 없었다.

농업인구 외에도 농업에 종사하지 않는 수많은 외국인과 영주민이 매우 이른 시기부터 로마에 정착했다. 부분적으로 습지와 사구를 포함하여 최대 302.5제곱킬로미터 면적의 로마가 초기 국가 체제에 따라 자유민 3300명의 병력을 갖고 있었으며, 따라서 당시 로마에 최소 1만 명의 자유 시민이 살고 있었다는 사실은 이렇게 말고는 달리 설명할 길이 없어 보인다. 로마 인과 로마사에 밝은 사람들이 모두 동의하는 바와 같이, 로마적 개방성과 사생활을 중시하는 성향은 도시적·상업적 요인에 기인하며, 로마 인들과 라티움 내지 이탈리아 사람들의 차이점은 도시인과 촌사람의 차이점이라고 하겠다. 물론 로마는 코린토스나 카르타고와 같은 상업 도시는 아니었다. 라티움 지방은 본래 농경 지역이었으며, 로마도 일차적으로는 다른 무엇보다 라티움 농경 지역에 속한 도시였다. 그럼에도 로마가 라티움 지방의 다른 도시들보다 돋보였던 것은 무역 활동과 이를 통해 형성된 시민들의 생각이었다.

로마가 라티움 지방의 요충지라고 할 때, 그것은 라티움이 농업경제를 유지하는 동안에도 로마는 이를 넘어 도시경제를 활발하고 신속하게 발전시켰으며 이를 통해 라티움의 다른 도시들과는 구별되는 위치를 갖게 되었기 때문이라는 점은 쉽게 이해할 수 있다. 도시 로마가 상업적이고 전략적인 면에서 어떻게 성장하고 팽창했는지 살펴보는 것은, 중요하지 않고 서로 별반 다르지 않은 초기 공동체를 세세히 분석하는 무의미한 작업보다 훨씬 중요하고 가치 있는 일이다. 우리가 로마의 도시 발전을 어느 정도 가늠할 수 있는 것은 로마가 성채를 쌓았으며 성읍 주변에 성벽을 둘렀다는 전승을 통해서인데, 이는 로마 공동체가 도시로 발전하는 과정과 보조를 맞추어 진행되었음이 분명하다.

팔라티움

수세기에 걸쳐 성장한 로마의 도시 기반은, 신뢰할 만한 증거에 따르면 팔라티움 언덕에만 국한된다. 팔라티움 언덕은 사각형을 하고 있어 후대에는 '사각의 로마'(Roma quadrata)라고도 불렸다. 팔라티움 언덕의 성문들과 성벽은 제정기까지 남아 있었다. 이들 가운데 벨라브로의 성 조르조 성당 근처에 있는 '로마 성문'(Porta Romana)과 티투스 개선문 근처에 있는 '무기오 성문'(Porta Mugionis)은 오늘날에도 토대가 남아 있다. 또한 아벤티누스 언덕과 카일리우스 언덕을 향한 쪽에 국한된 것이긴 하지만, 타키투스가 팔라티움 성벽을 묘사한 것이 남아 있다.

  많은 증거를 통해 이곳이 도시의 원래 정착지이자 중심지였음을 알 수 있다. 팔라티움 언덕에는 정착의 신성한 상징물인 '소우주'(mundus)라는 건물이 세워졌으며, 초기 정착민들은 그곳에 충분한 양의 생활필수품 일체와 사랑하는 고향의 흙을 보관했다. 또한 언덕에는 각 동회에 속하는 화덕을 전부 모아놓은 건물(*curiae veteres* : 의사당 구관)이 있었으며, 여기에 동회들 각각은 종교 등 다양한 목적으로 모였다. 또한 마르스의 신성한 방패가 보관되어 있었으며, 마르스 사제들이 모이는 회관(*curia saliorum* : 마르스 사제 회당)이 있었으며, '늑대 동굴'(*lupercal*)이라는 성소와 유피테르 사제의 집이 있었다. 언덕과 주변을 주요 무대로 로마 건국신화가 펼쳐지는데, 로물루스의 초가, 그를 양육해준 파우스툴루스의 오두막, 쌍둥이 형제를 실은 상자가 흘러가 닿은 곳의 무화과나무, 도시의 건립자가 아벤티누스 언덕에서 '대경기장'(*circus*)이 위치한 계곡을 가로질러 팔라티움의 성벽을 향해 던진 창의 자루에서 자라났다는 층층나무 등 수많은 성지가 여기에 위치한다.

이 당시에는 본격적인 신전들이 아직 세워지지 않았기 때문에 팔라티움 언덕에는 그 옛날의 신전 자체가 남아 있지 않다. 공동 회합 장소들은 일찍이 다른 곳으로 이전되어 흔적을 찾아볼 수 없게 되었다. 단지 우리는 '소우주' 주변의 광장, 후에 아폴론 광장이라고 불리는 장소가 시민들과 원로원의 가장 오래된 회합 장소이며, '소우주' 앞에 설치된 무대가 로마 공동체의 가장 오래된 재판소였을 것으로 추측할 뿐이다.

일곱 언덕

'일곱 언덕 축제'(*Septimontium*)에는 팔라티움 언덕 주변에서 형성되어 점차 확장된 정주의 기억이 남아 있다. 언덕 주변에 작은 마을이 한둘 형성되면서 각각 나름대로 허술하나마 방벽을 따로 갖추었는데, 이 방벽은 마치 수로의 주요 제방과 주변 제방이 서로 이어지듯 팔라티움 성벽에 연결되어 있었다. 여기 일곱 언덕에는 우선 팔라티움 언덕이 포함된다. 또 케르말루스 고지는 팔라티움 언덕과 카피톨리움 언덕 사이에서 티베리스 강으로 펼쳐진 늪지(*Velabrum*) 근처에 위치한 팔라티움의 산자락이다. 또 벨리아 고지는 후에 제정기의 건축물들로 거의 사라져버린, 팔라티움 언덕과 에스퀼리아이 언덕을 이어주는 팔라티움 언덕의 배후다. 또 파구탈 고지, 오피우스 고지, 그리고 키스피우스 고지는 에스퀼리아이 언덕에 위치한다. 마지막으로 수쿠사 혹은 수부라는 카리나이에 새로 세워진 마을을 방어하려는 목적으로 쌓은 방벽의 바깥쪽인데, 빈콜리에 있는 성 피에트로 성당 아래 에스퀼리아이 언덕과 퀴리날리스 언덕 사이 계곡에 세워진 요새를 가리킨다. 이렇게 조금씩 계속해서 형성된 마을들을 통해 팔라티움 언덕 시절의 로마사를 어느 정도 확인할 수 있으며, 나중에 확정된 세르비우스의 분구 획정과 이 마을들의 구분을 연관시킬 때 더욱 그러하다.

팔라티움 언덕 주변의 초기 정착

팔라티움 언덕은 로마 공동체의 원거주지이며, 가장 오래된 것으로서 원래는 유일한 성채였다. 그러나 도시 형성은 다른 지역과 마찬가지로 로마에서도 성채 내부가 아닌 바깥쪽에서 시작되었고, 우리가 알고 있는 가장 오래된 마을들은 팔라티움 성채를 끼고 주변에 형성되었다. 팔라티움 언덕 주변의 마을들은 후에 세르비우스 도시 구획에서 첫 번째와 두 번째 분구가 되었다. 케르말루스 고지에도 마을이 형성되었으며, 이 마을에는 에트루리아 골목이 형성되어 카이레 사람들과 로마 인들이 팔라티움 언덕 시절부터 활발하게 무역했음을 상기시킨다. 또 벨리아 고지에도 마을이 형성되었는데, 이 마을은 케르말루스 고지의 마을과 함께 후에 세르비우스 분구 획정을 통해 팔라티움 언덕과 함께 하나의 분구가 된다.

두 번째 분구를 이루는 마을로는 우선 카일리우스 언덕의 마을이 있는데, 이 마을은 아마도 카일리우스 언덕의 꼭대기에서 대경기장에 이르는 지역에 국한되는 듯하다. 또 에스퀼리아이 언덕에서 팔라티움 언덕으로 이어지는 카리나이 지역에 세워진 마을이 속한다. 마지막으로 계곡과 수부라 요새가 여기에 속하는데, 두 번째 분구의 이름은 이 요새의 이름에서 유래한다.

이 두 분구는 초기 로마를 구성했다. 수부라 분구는 요새 아래쪽, 그러니까 대략 콘스탄티누스 개선문에서 시작하여 빈콜리의 성 피에트로 성당을 거쳐 그 아래에 있는 계곡까지 뻗어 있다. 이 분구는 세르비우스 분구 획정에 의해 팔라티움 언덕과 하나의 분구로 묶인 마을들보다 훨씬 훌륭하고 고풍스럽게 보인다. 분구 서열로는 수부라 분구가 후자보다 앞선다. 이 두 분구의 반목을 기억하고 있는 주목할 만한 흔적이 이후 로마의 오랜 종교 관습 중의 하나에 남아 있는데, 마르스 연병장에서 매년 시월마다 말을 희생물로 바치던 제사가 그것이다. 이 제사는 나중까지 이어졌는데, 이때 벌어지는 말 머리 각축전에서 수부라의 남자들과 신성 가도의 남자들이 서로 경쟁을 벌였다.

그리고 승리자는 말 머리를 수부라에 있는 마밀리우스 탑(위치 미상)에, 아니면 팔라티움 언덕 아래의 왕궁에 내걸었다. 이 행사를 통해 초기 도시 로마를 이루는 두 분구가 서로 겨루었던 것이다.

당시에 에스퀼리아이 언덕 지역은 그 이름의 의미에 비추어 카리나이 지역을 제외한 그 외곽(*colere*에서 *in-quilinus*가 유래하는 것에 비추어 *ex-quilinae*를 풀어 이해한다면) 혹은 주변 지역을 가리킨다. 이 지역은 후에 분구 획정에서 세 번째 분구가 되며, 수부라 분구와 팔라티움 언덕의 분구에 비해 덜 중요시되었다. 또한 거기에 이웃한 카피톨리움 언덕, 아벤티누스 언덕에도 이웃한 일곱 언덕의 공동체가 거주했을 수도 있다. 무엇보다도 티베리스 강의 하중도를 교각으로 삼아 이어진 '나무다리'는—'목교관'(*pontifex*)은 이에 대한 증거로 충분하다—당시 이미 만들어졌으며, 사람들은 다리 건너 에트루리아 쪽 강변에 자리한 야니쿨룸 언덕을 소홀히 하지 않았다. 하지만 로마도 에트루리아도 이곳에 성채를 세우지는 않았다. 제례 규범으로 후대까지 지켜진 규정에 따르면, 이 다리는 철이 아닌 오로지 나무로만 만들어져야 했다. 이것은 원래 실용적 목적에 따른 것이었다. 다시 말해 다리는 단지 임시적으로 건설된 것이며, 언제든지 쉽게 부수고 불태울 수 있어야 했던 것이다. 이를 통해 우리가 알 수 있는 사실은 오랫동안 로마 공동체가 강을 건너는 일에 확신을 갖지 못했으며, 그래서 일시적으로 중단하곤 했다는 것이다.

아주 오래전부터 로마는 법적으로 세 부족 공동체로 나뉘어 있었는데, 이 공동체들이 이런 점차적인 도시 성장에서 어떻게 되었는지는 확정할 수 없다. 애초부터 서로 독립적이었을 것으로 보이는 람네스 부족, 티티에스 부족, 루케레스 부족은 각각 나뉘어 주거지를 마련했음에 틀림없다. 하지만 이들이 일곱 언덕 주변에 서로 단절된 성벽을 쌓고 정착하지 않은 것만은 확실하다. 합리적 연구자라면, 고대 혹은 현대에 만들어진 이와 관련된 허구를 타르페이아와 팔라티움 전투처럼 재미있는 신화에 속한다고 치부할 일이다. 구도심의 두 구역, 수부라와 팔라티움 및 그 주변을 각각 다시 삼분하여 람네스 부족, 티티에스 부족, 루케레스 부족이 정주했을 것이다. 이것은 수부라와 팔라티움, 그리고 나중에 덧붙여진 도시 구역들마다 세 쌍의 '아르게이 사당'이 마련되어 있었다는 사실과 연결시킬 수 있다.

팔라티움의 일곱 언덕도 아마 나름대로 역사를 갖고 있었을 것이다. 하지만 이것 말고 우리에게 남은 다른 어떤 전승도 없다. 사람들 눈에는 잘 보이지 않지만 숲의 나뭇잎들이 새로운 봄을 준비하듯, 흔적을 남기지는 않았으되 일곱 언덕의 팔라티움 도심이 로마 역사의 터전을 준비한 것은 틀림없다.

퀴리날리스 언덕의 로마 인들

나중에 세르비우스 성벽으로 둘러싸인 구역 내에 진작부터 존재했던 도심은 팔라티움 도심만이 아니었다. 팔라티움 도심에서 아주 가까운 곳에 또 다른 도심이 있었고, 퀴리날리스 언덕에 자리 잡고 있었다. 퀴리날리스의 '옛 성채'(*Capitolium vetus*)에는 유피테르와 유노와 미네르바 삼위를 모시는 신전이 있었으며 국가적으로 중요한 조약들이 모셔지는 '신의의 신'을 모시는 신전도 있었다. 이는 나중에 카피톨리움 언덕에 세워진 유피테르와 유노와 미네르바 삼위 신전, 그리고 국가적 주요 문서 보관서로 쓰이던 '신의의 신'을 모시는 신전과 정확히 일치한다. 이는 퀴리날리스 언덕도 한때 독립적인 공동체가 형성된 주요 거점이었다는 사실을 증명한다.

똑같은 것이 팔라티움의 마르스 신전과 퀴리날리스 언덕의 마르스 신전의 경우에도 적용된다. 더 나아가 마르스 사제(*Salii*)와 늑대 사제(*Luperci*) 등 아주 오래된 사제들의 경우, 후에 로마에서 복수로 존재한다는 사실도 이와 연관된 것으로 보인다. 팔라티움의 마르스 사제와 더불어 퀴리날리스 언덕에 마르스 사제가 있었으며, 팔라티움 언덕에 퀸크티우스 씨족의 늑대 사제가 있었다면 파비우스 씨족에도 늑대 사제가 있었을 개연성이 상당히 높은바 퀴리날리스 언덕에 위치했던 것으로 보인다.[5] 이런 모든 증거는 그 자체로 매우 중요한 의미를 지니는 것이다.

한편 팔라티움 구도심의 일곱 언덕이 퀴리날리스 언덕을 배제하고

---

[5] 퀸크티우스 씨족 늑대 사제가 파비우스 씨족 늑대 사제 집안에 비해 중요성을 갖는다는 생각은, 신화를 기록한 사람들이 로물루스에게 퀸크티우스 씨족이, 레무스에게 파비우스 씨족이 속한다고 말한 것에 그 이유가 있다(오비디우스《로마의 축제일》2, 373행 이하. 위(僞)아우렐리우스 빅토르《황제전 개요 : 로마의 기원》22). 파비우스 씨족이 야산 로마 인에 속한다는 사실은 그들이 퀴리날리스 언덕에서 가문의 제사를 지낸다는 사실에서 알 수 있다(리비우스《로마사》5, 46, 52). 물론 이 제사가 늑대 축제의 일부일 수도 있지만 말이다.

더불어 늑대 사제가 비문(Orelli 2253)에서 '*Lupercus Quinctialis vetus*'라고 불리며, 늑대 축제와 상당히 연관이 깊은 이름 '*Kaeso*'(*Römische Forschungen* Vol. 1, p. 17을 보라)는 오로지 퀸크티우스 씨족과 파비우스 씨족 사람들에게만 나타나는 이름이다. 작가들의 기록에서 나타나는 '*Lupercus Quinctilius*'와 '*Quinctilianus*' 등의 표기는 오기이며, 이를 토대로 늑대 사제가 상대적으로 나중에 생겨난 퀸크틸리우스 집안에서 나왔다고 할 수 없으며, 제관은 이보다 훨씬 오래된 가문인 퀸크티우스 씨족에 속한다. 반대로 알바롱가의 씨족 가문들을 언급하는 가운데 퀸크티우스 씨족(리비우스《로마사》1, 30) 혹은 퀸크틸리우스 씨족(할리카르나소스의 디오뉘시오스《로마 고대사》3, 29)이 언급될 경우, 여기서는 '퀸크틸리우스'가 더 나을 수 있으며, '퀸크티우스'는 고대 로마의 씨족으로 여기는 것이 좋겠다.

있으며, 세르비우스 분구 획정에 따른 세 구역은 옛 팔라티움에 해당하는 데 반해, 이와 독립적으로 퀴리날리스 언덕과 비미날리스 언덕이 묶여 다른 구역을 형성한다는 사실에 주목한다면 그 중요성은 더욱 커진다. 에스퀼리아이 언덕과 퀴리날리스 언덕 사이에 위치한 계곡에 수부라라는 외곽 시설을 도심 성곽 외부에 설치한 이유가 무엇인지가 이로써 설명된다. 즉, 양측의 경계가 수부라 지역이었으며, 팔라티움 언덕의 사람들이 수부라의 저지대를 손에 넣게 되자 퀴리날리스 언덕의 사람들을 방어할 목적으로 성을 쌓았다고 할 수 있다.

마지막으로 덧붙이자면, 퀴리날리스 언덕 사람들과 팔라티움 언덕 사람들이 서로 다르게 사용하는 이름이 남아 있다. 팔라티움 도심은 '일곱 언덕'이라고 불렸고 거기 사는 사람들은 '일곱 언덕의 사람들'(montani)이라고 불렸는데, '언덕'이라는 명사는 팔라티움 사람들의 지역 어디에서나 쓰이는 이름으로 특히 팔라티움 언덕에 붙여졌다. 그런데 팔라티움 언덕보다 높으면 높았지 결코 낮지 않은 퀴리날리스 언덕과 비미날리스 언덕도 마찬가지로 정확히 그들의 언어 습관에 따르면 '야산'(collis)으로 불렸다. 종교적 기록에 따르면, 퀴리날리스 언덕은 다른 어떤 설명도 없이 '야산'으로 기록되어 있다. 퀴리날리스 언덕에서 밖으로 나아가는 성문은 흔히 '야산 성문'(porta collina), 그곳에 위치한 마르스 사제들은 '야산 마르스 사제'(Salii collini)로 불렸다. 반면 팔라티움의 마르스 사제들은 '팔라티움의 마르스 사제'(Salii Palatini)라고 했다. 세르비우스에 의해 퀴리날리스 지역을 중심으로 구획된 분구는 '야산 분구'라고 불렸다.[6] 또한 지역에 따라 로마 인도

---

[6] 야산 로마 인이 정주한 고지대에 대하여 나중에 '퀴리날리스 언덕'이라는 이름을 갖게 되었다

언덕 사람들과 야산 사람들로 구분되었을 것으로 보이는데, 후자는 '야산 로마 인'(Romani collini)이라고 불렸다. 두 이웃의 이런 차이를 민족의 차이로 설명할 수도 있겠지만, 라티움 지방에 세워진 어떤 공동체가 타민족의 공동체임을 증명할 증거가 특히 퀴리날리스의 공동체에 대해서는 전혀 없다.[7]

고 해서, 퀴리날리스 언덕 위의 요새를 가리키는 '퀴리날리스'라는 이름이 '야산 로마 인'보다 우선되었다고 볼 수는 없다. 확인된 모든 고대의 흔적은 '야산 로마 인'을 지지하고 있으며, 또 논쟁의 여지가 없는데, 퀴리날리스라는 이름은 본래적으로 완전 시민권을 가진 사람들을 가리키는 명칭이며, '언덕 로마 인'과 '야산 로마 인'의 대립과는 전혀 관련이 없다(5장을 보라). '퀴리날리스 마르스 축제'(Quirinalis)라는 용어와 관련하여, 창을 들고 다니는 죽음의 신 '퀴리날리스 마르스'는 본래 팔라티움과 퀴리날리스 언덕에서 아주 오래전에도 역시 공히 모셔지던 신이었으며, 또 나중에 퀴리날리스 신전이라고 불리는 곳에서 발견된 비문들은 바로 그 '마르스 신'을 가리키지만, 나중에서는 구분을 위해 언덕 로마 인이 모시는 신에 대하여 '마르스'라는 이름이 선호되었고, 야산 로마 인이 모시는 신에 대하여 '퀴리날리스'라는 이름이 선호되었다. 퀴리날리스 언덕은 또한 '희생제의 야산'(collis agonalis)이라고 불리는데, 이는 다만 '야산 로마 인'들의 제전 중심지라는 것만을 의미할 뿐이다.

[7] 이에 대한 증거는(예를 들어 Schwelger, *Römische Forschungen* vol. 1, p. 480을 보라), 크게는 바로가 제시했으며 나중 사람들도 이에 대하여 모두 동의하는 어원적·역사적 가정에 기초한다. 즉 라티움 어(*quiris quirinus*)는 사비눔 지역의 도시 이름 쿠레스(*Cures*)와 유사하며, 이에 따라 퀴리날리스 언덕은 쿠레스에서 이주한 사람들이 거주한 것이라는 가정이 그것이다. 이런 단어의 유사성이 분명하다 하더라도 이를 근거로 역사적 추론이 이루어져서는 안 된다. 퀴리날리스 언덕(여기에 또한 '라티아리스 언덕'이 자리한다)의 고대 신전들이 사비눔풍이라는 주장이 있었으나, 이는 증명되지 않았다. '퀴리누스 마르스'(*Mars quirinus*), '태양신'(*Sol*), '건강의 여신'(*Salus*), 꽃의 여신(*Flora*), 곡식의 신(*Semo Sancus*), 신의의 신 등은 사비눔 사람들이 모시는 신들이지만, 동시에 라티움 사람들의 신이기도 하다. 아마도 사비눔 사람들과 라티움 사람들이 아직 갈라지지 않았을 때 이런 신들이 만들어진 것으로 보인다. 나중에는 중요성이 감소하는 퀴리날리스 언덕의 성소들에는, 예를 들어 '곡식의 신'(*Semo Sancus*)이라는 이름이 붙어 있는데(이와 관련된 이름 *porta sanqualis*), 이런 이름은 또한 티베리스 강의 하중도에서도 발견되는바, 공정한 시각을 가진 연구자라면 이를 다만 이런 신앙이 오래되었음을 증명하는 사실로 받아들일 것이며, 근처 사비눔 지역에서 차용한 것으로 보지 않을 것이다. 고대의 종족 대립이 작용했을 가능성도 배제할 수는 없지만, 이는 우리에게 전혀 알려진 바가 없으며, 로마에서 사비눔의 요소를 찾으려는 우리 동시대인들의 연구는 사상누각을 세우려는 작업이 되지 않을까 하는 엄중한 경고를 받아들여야 한다.

팔라티움과 퀴리날리스 공동체의 관계

그래서 이 시기의 로마는 팔라티움 언덕 로마 인과 퀴리날리스 야산 로마 인이 차지하고 있었다. 두 공동체는 서로 마주하고서, 의심의 여지 없이 많은 면에서 근대 로마로 치면 몬띠지아(Montigia) 사람들과 뜨라스떼베레(Trasteverini) 사람들의 불화와 어느 정도 유사한 상태에 있었다. 팔라티움 공동체가 일찍부터 퀴리날리스 공동체를 제압했다고 추론할 수 있는데, 언덕 공동체가 새로운 지역과 그 주변으로 넓게 확장되었다는 사실과 야산 로마 인이 열악한 지역을 받아들였으며 후에 세르비우스 분구 획정에서도 그것을 인정할 수밖에 없었다는 사실에 근거한다.

팔라티움 도심에서도 거주민들이 순수하고 완전하게 융화되지는 않았던 것으로 보인다. 우리는 이미 수부라와 팔라티움이 해마다 말머리를 두고 어떻게 경쟁했는지 살펴보았다. 각 언덕, 그러니까 각 동회도 아마 서로를 하나로 느끼기보다는 오히려 남남이라고 생각했을지 모른다. 또 로마 전체도 하나의 도시라기보다는 도시형 주거 집합이라고 그들은 생각했을지 모른다. 도시민 전체가 모시는 공공 제단은 없었던 데 반해 동회들이나 각자 모시는 세난을 다만 같은 지역에 모아두었던 것이다.

많은 유적에서 보이는 바와 같이 유력한 가문의 건물들은 마치 요새처럼 방어가 가능한 형태를 갖추고 있는데, 아마도 방어할 필요가 있었던 것으로 보인다. 세르비우스 툴리우스 왕에 이르러 커다란 성벽을 건축하여, 팔라티움 도심과 퀴리날리스 도심뿐만 아니라 주거지역으로 편입되지 않은 카피톨리움과 아벤티누스 언덕까지도 하나의 울타리로 둘러쳤다. 이로써 새로운 로마, 세계사에 빛나는 로마가 탄생했다.

　물론 이런 엄청난 성벽이 만들어지기 훨씬 이전부터 이미 로마와 로마 주변의 역학 관계는 완전히 변모되어 있었다. 일곱 언덕의 로마뿐만 아니라 라티움 지방 전반에 걸쳐 농업이 도입되고, 평시에는 비어 있다가 전시에는 피난처로 사용되던 언덕 꼭대기마다 상시 주거지가 생겨나기 시작하던 시기는 라티움 계통이 무역 등의 활동이 없이 살았던 초기 역사에 해당한다. 그리고 팔라티움의 일곱 언덕에 정주지가 번창하고 로마 인이 티베리스 강 하구를 차지하고, 라티움 사람들과 활발하고 자유로운 교역이 이루어지고, 특히 로마에 도시 문화가 발달하고, 각 국가와 연맹체가 강력한 정치적 연합을 발전시킨 것은 그 후라고 할 수 있다. 그렇다면 단일 거대도시의 토대를 만든 세르비우스 성벽을 만든 시기는 도시 로마가 라티움 동맹의 패권을 놓고 경쟁할 수 있게 되었으며 마침내 장악하게 되는 시기에 해당한다.

제5장
로마의 초기 국가 체제

로마 가족

일반적으로 가족을 구성하는 요소는, 일부다처로 인해 가모 자체가 무의미해지지 않는다면, 가부장과 가모, 아들과 딸, 토지와 주택, 노예와 가재도구다. 문화 수준에 따라 민족들은 저마다 이런 자연적인 구분을 다르게 이해하는데, 때로는 좀 더 단순하게, 때로는 좀 더 복잡하게, 때로는 좀 더 윤리적으로, 때로는 좀 더 법적으로 파악하고 관철시킨다. 자연적으로 주어진 것들을 법률적으로 이해하고 단순하고 단호하게 이를 관철시키는 데에서 로마 민족을 따라올 민족은 없다.

가부장과 그 권한

가족은 아버지의 죽음으로 그 권한을 물려받은 자유민, 그리고 사제를 모시고 물과 불의 공찬혼(*Confarreatio* : 共饌式 婚姻)을 통해 그와 혼인한 가모, 그리고 이들의 아들과 손자들, 그 합법적인 아내들, 또 가부장의 미혼 딸들과 아들들의 딸들, 그리고 가족 구성원의 모든 소유물과 재산으로 이루어진 단일체다. 반면 딸의 자식은 가족에서 제외되었다. 딸이 혼인하여 출산한 경우라면 남편의 가족에 속하고, 혼인 외적으로 출산한 경우라면 어떤 가족에도 속하지 않는다. 자기 가족과 축복받은 자식들을 갖는 것은 로마 시민에게 인생의 본질이자 목적으로 간주되었다. 죽음은 불가피한 것이기에 불행은 아니었지만 가족의 멸문 내지 씨족의 멸족은 공동체에도 불행이었으므로, 공동체는 일찍이 이런 불행을 피하기 위해 아이 없는 가족에게 타인의 자식을 입양하도록 법적 장치를 마련했다.

처음부터 로마 가족은 구성원들이 따라야 할 윤리적 위계질서라는 고도의 문화를 근간으로 한다. 가부장이 될 수 있는 것은 오직 남성뿐이었다. 여성은 남성과 마찬가지로 재산과 부를 소유했고 유산 상속에서도 딸은 아들과 동등하고 가모는 자식들과 동등했지만 그럼에도 여성은 지역 공동체가 아니라 항상 반드시 가족에 귀속되어 딸은 아버지에게, 아내는 남편에게,[1] 아버지를 여읜 미혼 여성은 부계의 가장

---

[1] 아주 오래된 공찬혼(*matrimonium confarreatione*)을 통해서, 또한 민사혼(*matrimonium consensu*)을 통해서도 남편은 아내에 대한 권리를 확보한다. 전통적으로 공매혼(*coemptio*)과 사용혼(*usus*) 등의 법적 개념도 그대로 혼인에 적용되었으며, 이를 통해서도 남편은 아내에 대한 권리를 획득할 수 있었다. 이때 남편이 아내를 얻을 때까지, 사용혼이 완성될 때까지의 기간 동안, 마치

가까운 남성 친척에게 복속해야만 했다. 필요한 경우 왕이 아니라 남성 친족이 미혼 여성을 법적으로 대리했다. 그러나 여성은 가족 내에서 하인이 아니라 주인이었다. 로마의 사고방식에 따라 가모는 하인에게 귀속되는 곡식 빻기와 요리 같은 노동으로부터 해방되어 본질적으로 오로지 하녀들의 감독에 전념했으며, 그 밖에 쟁기질이 남자의 일이라면 여자의 일인 물레질을 맡았다.[2]

또한 로마 민족은 자식에 대한 부모의 도덕적 의무를 크고 깊게 느꼈다. 아버지가 자식을 돌보지 않거나 상하게 하거나 혹은 자식들에게 불이익이 돌아갈 정도로 가산을 탕진할 경우, 이는 심각한 악행으로 간주되었다. 법률적으로 가족은 무조건적으로 가부장(*pater familias*)의 절대적 의지에 따라 통제되고 조정되었다. 가부장을 거역하고서는 어떤 것도 정당할 수 없었으며, 가족에 속한 모든 것은 황소와 노예는 물론이고 아내와 자식도 그러했다. 여인이 남자의 자유로운 선택에 따라 그의 부인이 되는 것처럼, 그 부인에게서 태어난 자식을 키우느

시험 기간(*causae probatio*)을 둔 나중의 혼인 방식에서처럼, 아내는 신부(*uxor*)가 아니라 준신부(*pro uxore*)였다. 완성된 로마법 체계에서도, 남편이 권리를 확보하지 못한 아내는 정식 아내가 아니라 다만 준아내로 간주한다는 조항이 유지되었다(키케로, *Topica* 3, 14).

[2] 상당히 후대의 것들 가운데 하나이지만 다음의 비문을 소개하는 것은 부가치한 일이 아니다. 석조 묘비에는 다음과 같이 쓰여 있다. "잠깐, 나그네여, 나의 말이니, 멈추어 이를 읽으시라. 아름다운 부인을 덮은 것은 조악한 비석이니, 부모들은 그녀를 클라우디아라고 불렀다. 가슴속의 사랑으로 그녀는 남편을 사랑했다. 두 아들을 낳았다. 하나는 세상으로 내보냈고 다른 하나는 대지의 품속에 묻었다. 그녀는 말씨가 얌전했고 맵시가 점잖았다. 집안을 돌보았고 물레질을 했다. 이것이 끝이다. 잘 가시게." 로마의 비문에서 흔하게 볼 수 있는 것으로, 여러 가지 도덕적 품성 가운데 하나로 물레질을 언급한다는 것은 매우 주목할 만하다. 그 외의 예는 다음과 같다. Orelli 4639 : *optima et pulchrrima, lanifica pia pudica frugi casta domiseda*. Orelli 4860 : *modestia probitate pudicitia obsequio lanificio diligentia fide par similisque ceteris probeis feminis fuit*. Turia 1, 30의 비문 : *domestica bona pudicitiae, obsequi, comitatis, facilitatis, lanificiis [tuis adsiduitatis, religionis] sine superstitione, ornatus non conspiciendi, cultus modici*.

냐 마느냐는 가부장의 자유의지에 달려 있었다. 이런 규율은 가족에 대한 냉정한 태도에서 비롯된 것이라기보다 오히려 가족을 꾸리고 자식을 두는 것이 도덕적 필연이며 시민의 의무라는 확신에 따른 것으로, 이는 로마 민족의 의식 속에 깊게 뿌리내려 있었다. 로마에서 공동체에 의해 집행된 공공 지원의 유일무이한 예는 아마도 세쌍둥이를 낳은 아버지에게 부조가 주어지도록 규정한 조항에서 볼 수 있다. 사람들이 영아 유기에 대해 어떻게 생각했는지를 보여주는 것은, 기형아인 경우를 제외하고는 아들은 어떤 경우에도 유기할 수 없으며 최소한 맏딸은 유기하지 못하도록 금했던 사실이다. 영아 유기가 공동체에 상당히 해로운 것이었음에도 유기 금지는 법률적 처벌에서 종교적 저주로 축소되기에 이른다. 왜냐하면 무엇보다 가부장권은 가족 내에서만큼은 절대적으로 보장되어야 했기 때문이다.

가부장은 가족 구성원을 엄격한 통솔하에 부양했을 뿐만 아니라, 그들에 대하여 사법적 판단을 내릴 권리와 의무를 갖고 있어 그들을 재량에 따라 처벌하거나 처형할 수도 있었다. 장성한 아들은 분가하여 자기 가족을 이룰 수 있으며, 혹은 로마식으로 말하자면 가부장으로부터 할당된 '특유 재산'(*peculium*)을 가질 수 있었다. 법률상 가족의 취득 재산 일체는, 그것이 자신의 노동을 통해 얻은 것이든 다른 사람의 증여로 얻은 것이든 가부장의 집에서 얻은 것이든 자기 집에서 얻은 것이든 가부장의 재산이었다. 가부장이 살아 있는 한 그에게 예속된 사람들은 절대로 자기 재산을 가질 수 없었다. 따라서 오로지 가부장의 명에 의해서만 재산이 상속되고 양도될 수 있었다. 이런 점에서 부인과 자녀는 노예와 처지가 같았다. 노예는 자기 가족을 이끌

수 있는 권한이 드물지 않게 주어졌고, 그들은 주인의 재가에 의해 그것을 양도하거나 매각할 수 있는 권한도 가졌다. 실제로 가부장은 아들을 노예처럼 제삼자에게 양도할 수도 있었다. 아들을 구입한 자가 외국인이면 아들은 그의 노예가 된다. 만일 그가 로마 인이면 로마 인은 로마 인의 노예가 될 수 없기 때문에, 그 아들은 최소한 노예에 준하는 지위를 갖는다.

가부장 및 남편의 권한은 악의적으로 남용될 경우에 법적 처벌과 종교적 파문을 당했다는 점에서 보듯이, 앞서 언급된 영아 유기의 권한을 제외하고 제약이 따랐다. 부인이나 장가든 아들을 파는 경우가 여기에 해당한다. 또한 가부장 혹은 남편의 아내와 자식에 대한 사법적 판단은 자신 내지 아내의 제일 가까운 친척들과 사전에 상의해야만 집행할 수 있는 관례가 정착되어 있었다. 그렇다고 친척들에게 가부장권을 제한할 권한이 주어져 있지는 않았는데, 가족 재판과 관련하여 친척들은 판결이 아니라 판결을 내리는 가부장에게 조언하는 역할만을 맡았던 것이다.

가부장권은 본질적으로 무제약적이며 세상 누구도 이를 제한할 수 없는, 가부장이 살아 있는 동안 훼손할 수 없는 절대적 권리였다. 희랍 법에서는 물론 독일 법에서도 장성하여 실제로 독립한 아들은 아버지에게서 법률적으로 독립된 존재다. 하지만 로마의 가부장권은 가부장이 살아 있는 동안에는 그의 노령에 의해서도, 그의 광기에 의해서도, 심지어 그의 자의로도, 가부장권자가 바뀌는 경우를 제외하고는 소멸될 수 없었다. 그러니까 아들은 입양을 통해서 가부장권자가 바뀌며, 딸은 합법적 혼인을 통해 아버지의 손에서 남편의 손으로, 자기 집안과 자기 집안 신의 보호로부터 남편 집안과 남편 집안 신의 보호로 옮겨지면 지금까지 아버지에게 그렇게 했던 것처럼 이제 남편에게 복종할 것이다. 로마법에서는 노예가 주인에게서 풀려나는 것이 아들이 아버지에게서 독립하는 것보다 차라리 간단했다. 노예의 자유 획득은 일찍이 아주 단순한 형태로 형성되었고, 아들의 자유는 훨씬 후대에 아주 먼 길을 돌아서만 가능했다. 실제 만일 주인이 노예를, 아버지가 아들을 팔고, 구매자가 둘 다에게 자유를 허락했을 경우, 노예는 자유를 얻지만 아들은 자유 획득을 통해 오히려 이전의 상태로, 즉 자기 아버지의 권한 아래로 되돌아간다.

로마 인들이 가부장 및 남편의 권한을 이렇게 이해했기 때문에 이에 따라 가부장 및 남편의 권한은 재산권으로 변모했다. 그러나 아내와 자식에 대한 가부장의 권한이 노예와 가축에 대한 소유권에 가까워졌음에도 가족 구성원은 재산과는 사실적으로, 그리고 법률적으로 엄격하게 구분되었다. 가부장권은 그것이 오로지 가족 내에 국한된다는 점 말고도 어떤 면에서는 임시적 대표의 성격을 갖는다. 아내와 자녀는 마치 재산이 오로지 주인을 위해, 절대 국가에서 신하가 오로지 임금을 위해 존재하는 것처럼, 단순히 가부장을 위해서만 존재했던 것은 아니었다. 그들은 가부장권의 대상물이지만 동시에 스스로 권리를 지닌 존재였다. 그들은 사람이지 물건이 아니었기 때문이다. 그들의 권리는 행사가 유보되었을 뿐이다. 왜냐하면 가족이라는 단위를 경영하는 일에는 대표자가 있어야 했기 때문이다. 가부장이 사망하면 아들들은 스스로 가부장이 되며, 지금까지 자기 아버지가 행사했던 자기 아내와 자기 자녀, 그리고 자기 가축에 대한 권리를 이제 그들이 획득하게 된다. 반면 노예들의 법적 지위는 주인의 사망으로 아무것도 변하지 않는다.

가족과 씨족

단위 가족은 대단히 강력하게 결속되어 가부장이 사망해도 와해되지 않는다. 가부장의 사망으로 이제 자권자가 되었음에도 자손들은 여전히 여러 측면에서 스스로 가족 구성원으로 남았다. 이는 유산 상속 등 여러 문제 때문에 생겨난 관습으로, 특히 미망인과 미혼 딸들의 지위를 정하기 위해서였다. 로마 인의 전통적인 생각에 따르면 여성은 타인은 물론 자기 자신에 대한 처분권조차 갖지 못하기 때문에 여성에 대한 처분권, 혹은 좀 부드러운 말로 하자면 후견권은 그녀가 속한 가족에 귀속되는데, 사망한 가부장을 대신하여 이제 망자의 제일 가까운 친척 남성 전체가 후견권을 행사한다. 일반적으로 어머니에 대한 후견은 아들이, 여자 형제들에 대한 후견은 남자 형제들이 맡았다. 이런 의미에서 가족은 일단 성립되면, 부계의 남성이 존재하는 한 변함없이 시속되었다.

 세대를 거치면 사실 유대는 느슨해지며 애초에 단일 가족이었음을 입증할 수 있는 가능성도 희박해진다. 오로지 이로 인해 종족(*agnati*)과 씨족(*gentiles*)의 구별이 생겨났다. 두 용어는 모두 부계를 가리키는데, 종족은 세대별로 거슬러 올라가며 종족 시조로부터의 대수(代數)를 확인할 수 있는 개인으로 구성되며, 씨족은 대수는 확인할 수 없으나 다만 공동 시조를 모시는 사람 전체를 아우른다. 이런 사정은 로마인의 성씨에 잘 반영되어 있다. 퀸투스(Quintus), 퀸투스의 아들, 퀸투스의 손자, 계속해서 퀸투스의 후손(Quintius) 등이 있는데, 이렇게 종족은 선조들 개개인을 확인할 수 있을 때까지 지속되다가 이렇게 할 수 없는 순간부터 자손들이 '퀸투스의 후손'이라는 이름을 공유하는 씨족이 시작된다.

가족의 의탁인

현재 살아 있는 가부장 한 사람의 통제 아래 하나로 묶인 매우 폐쇄적인 가족 공동체, 혹은 가족들의 분리를 통해 형성된 씨족 공동체를 구성하는 또 다른 구성원으로 피호민(cliens)이 있다. 이들은 빈객과는 달랐으며, 솔거노비와도 달랐다. 빈객은 다른 가족 내지 혈족 공동체에 속하는 대등한 사람으로 잠시 방문하여 머무는 사람을 가리키며, 노비는 법률적으로 가족의 구성원이 아니라 가족의 재산이다. 반면 피호민은 공동체의 자유민은 아니면서 자유를 보장받는 피보호자 신분을 가리킨다. 피호민은 망명하여 타국에서 보호자를 얻은 경우와 노비였으나 주인이 권리를 유보하고 사실적으로 자유를 허용한 경우로 나뉜다.

보호자와 피호민 관계는 매우 독특하여 빈객과 주인의 관계처럼 엄격한 법률적 관계는 아니다. 피호민은 자유민은 아니지만, 충성의 대가 혹은 오랜 관례에 따라 예속 상태가 완화된 사람이다. 따라서 한 가족의 피호민은 솔거노비와 함께 보호자(*patronus*)에게 귀속하는 가족(*familia*)을 구성한다. 보호자는 피호민의 재산을 일부 혹은 전부 몰수할 권리, 경우에 따라 피호민을 완전 예속 상태로 환원할 권리, 그리고 피호민을 극형에 처할 권리를 갖는다. 하지만 가부장권은 솔거노비에 비해 피호민에게 엄격하게 적용되지 않았으며, 반대로 가족을 돌보고 대표하는 가부장의 도덕적 의무는 솔거노비에 비해 피호민에게 더 크게 요구되었다. 피호민의 사실적 자유는 여러 세대에 걸쳐 이 관계가 지속될 경우 특히 법적 자유에 근접하게 된다. 노비를 해방시킨 주인과 해방된 노예 당사자가 사망한 경우, 노비를 해방시킨 주인의 상속자는 해방 노비의 후손에 대하여, 대단한 불충의 경우가 아니라면, 가부장권을 행사하지 않았다. 따라서 피호민의 지위는 솔거노비와도 다르며 대등한 씨족 구성원과도 달랐다.

로마 공동체

로마 국가는 구성 요소에서나 형식에서 이런 로마 가족들을 기반으로 한나. 로마 공동체는 오래된 로밀리우스 씨족, 볼티니우스 씨족, 파비우스 씨족 등의 여러 씨족이 일정한 방식으로 연합함으로써 만들어졌다. 따라서 로마 영토는 씨족들이 차지한 토지를 하나로 합친 지역을 의미한다(제1권 75~76쪽을 보라). 로마 시민은 씨족들 가운데 어딘가 한군데 귀속된 사람이었다. 로마에서 씨족들 사이에 관례에 따라 맺어진 혼인이 합법적 혼인으로 인정되었으며, 이로써 자녀들에게 시민권을 보장했다. 비합법적 혼인 혹은 혼외 관계에서 출생한 자는 공동체에서 배척당했다. 따라서 로마 시민들은 합법적으로 아버지를 가진 경우에만 스스로를 '아버지의 자식'(*patricii*)이라고 불렀다.

 씨족들과 그 가족들은 그대로 국가를 형성하며, 가족과 씨족의 영역은 국가 안에서 그대로 유지된다. 다만 국가에 대한 개인의 지위만이 변동되어 개인은 가족 내에서는 가부장 아래에 있지만, 국가적 의무와 권리에서는 가부장과 대등한 위치에 서게 된다. 가부장의 보호를 받는 사람들의 지위도 당연히 변동되어 해방 노비나 피호민은 각자가 속한 가부장의 동의 아래 공동체에 들어오는 것이 용인된다. 물론 그들은 그들이 속한 가족의 보호 아래 있으며 전적인 시민 권리 내지 전적인 시민 의무를 이들이 자동적으로 갖거나 부담하는 것은 아니었음에도, 종교 제전과 공동체 축제에서 각 가족의 피호민이 완전히 배제되는 것은 아니었다. 이것은 개별 가족이 아닌 공동체의 보호를 받는 피호민에게도 동일했다. 국가는 가족과 마찬가지로 내부인과 의탁인으로, 다시 말해 시민과 영주민으로 구성되었던 것이다.

왕

국가의 토대가 가족 기반의 씨족들인 것처럼, 국가 공동체의 체제도 세부 사항에서, 그리고 전반적으로 가족의 체제를 모방하고 있다. 자연은 가족에게 가부장을 부여했으며, 가부장과 함께 가족은 생겨나고 소멸한다. 그러나 국가 공동체는 영원무궁해야 할 실체로서 자연이 부여한 주인은 있을 수 없는바, 적어도 로마에서는 존재하지 않았다. 로마는 자유와 평등을 누리는 농민으로 구성되었으며, 로마에서는 어떤 귀족도 자신이 주인으로서 신적 소명을 받았다고 주장할 수 없었다. 따라서 시민들의 중의가 모여 그들 가운데 한 사람이 왕(*rex*), 즉 로마 공동체에 속한 가족들을 이끄는 '주인'으로 선출되었다. 물론 나중 일이긴 하지만 왕의 집 안에 혹은 집 근처에 영원한 불이 타고 있는 제단과 아무나 드나들 수 없는 공동체의 비축 창고가 만들어지고, 그곳에 베스타 신전과 가신(家神, *Penates*)이 모셔졌다. 이 가신은 로마의 최고 집안을 나타내는 상징물로서 로마 전체를 가리켰다.

왕위가 공석이 되어 후계자가 지명되면, 후계자의 왕직은 법적으로 즉시 시작된다. 하지만 공동체 전체가 왕에게 즉시 전적으로 복종하게 되는 것은 아니며, 왕이 무기를 들 수 있는 자유민을 모두 소집하여 민회를 열고 여기서 공식적으로 복종을 맹세하게 함으로써 시민들은 다음 왕에게 전적으로 복종하게 된다. 그 후 왕은 공동체 안에서 마치 가족 안에서 가부장이 가졌던 것과 같은 전권을 종신토록 갖게 된다. 왕은 그가 문의하고 복종하는 공동체 신(*auspicia publica*)과 소통하여 공동체와 신을 중재하며(공공의 신권 *auspicia publica*), 또 모든 남녀 사제를 임명한다.

왕이 공동체의 이름으로 외국과 맺은 조약은, 비록 그 조약이 공동체 구성원이 외국의 구성원과 직접 맺은 조약이 아니라 하더라도, 모두가 준수할 의무가 있다. 왕의 명령권(*imperium*)은 전시뿐만 아니라 평시에도 막강하여 왕이 공무로 가는 곳은 어디나 수행원(*licere*에서 파생된 *lictor*)들이 도끼와 속간(束桿)을 앞세워 수행한다. 왕만이 공적 연설의 권리를 가지며, 국고의 열쇠를 보관한다. 왕은 가부장과 같은 징계권과 사법권을 갖는다. 위법에 대해 처벌, 특히 군 복무 태만을 태형으로 징계한다. 그는 모든 민사재판과 형사재판에 참석하여 극형과 방면을 결정하는 절대적 권한을 갖는데, 시민을 다른 시민에게 노예처럼 복종하도록 만들거나 실제 노예로 만들어 외국에 팔아버릴 수 있다. 왕은 극형에 처해진 자의 사면을 민회에 요청할 권한을 갖는다. 그는 전시에 백성을 징집하고 통수권을 갖는다. 화재의 경우에도 그는 몸소 화재 현장을 지휘했음이 분명하다. 가부장이 가족 내에서 최고 권력을 가진 유일한 자인 것처럼, 왕은 국가 내에서 최고 권력을 가진 유일한 자다. 왕은 종교 계율 혹은 공동체 규율에 정통한 사람들을 중심으로 위원회를 구성하여 그들의 자문을 구할 수도 있다.

왕은 권력 행사의 효율성을 위해 이를 다른 사람에게 위임할 수도 있다. 예를 들면 시민들에게 포고령을 전달하는 일, 전시에 군을 지휘하는 일, 자잘한 소송에서 판결하는 일, 불법행위를 조사하는 일 등을 위임하기도 한다. 특히 왕이 부득이하게 도시를 벗어나게 될 때, 도시장관(*praefectus urbi*)에게 전권을 위임할 수도 있다. 왕권과 더불어 모든 공권력은 왕으로부터 나오며, 모든 공무원은 왕만이 임명하고 해임할 수 있다. 고대의 모든 공무원, 즉 보병(*milites*)과 기병(*celeres*)을 지휘하는 구대장(*tribus*에서 파생된 *tribuni*), 그리고 도시 장관은 다만 왕이 임명한 자들일 뿐이며, 나중에 보이는 정무관과는 다르다. 왕권은 법적 제약을 받지 않으며 그럴 가능성도 없다. 이는 마치 가족 내에서 가부장을 재판하는 자가 없는 것처럼 공동체 내에서 왕의 행동을 단죄할 자가 없기 때문이다.

왕권을 제약하는 유일한 것은 죽음이다. 새로운 왕은 원로원에서 선출되었는데, 새로운 왕이 선출될 때까지의 '공위 기간'(*interregnum*)에는 원로원이 그 권한을 승계한다. 왕의 선출에서 새로운 왕의 지명 직후에나 민회의 형식적인 참여가 가능하다. 왕은 법적으로 종신 원로원 위원(*patres*) 회의에서 선출되는데, 원로원 위원들이 공위 기간 동안 돌아가며 왕직을 대행하다가 종신직의 새 왕을 선출한다. "로마를 세운 신들의 큰 가호"가 최초의 왕으로부터 후계자들에게로 계속 이어져, 왕권을 물려받은 자들이 바뀌었음에도 국가의 정체성은 변함없이 유지될 수 있다.

로마 민족의 정체성은 종교적 영역에서는 로마의 유피테르를 통해 드러나고, 법의 영역에서는 군주를 통해 대표된다. 따라서 왕의 차림새는 최고신의 그것과 같다. 대개의 사람이 걸어 다니는 거리를 마차로 지나다니며, 독수리 상이 장식된 상아 왕홀을 손에 들고 있으며, 얼굴에는 붉은 화장을 하며, 금관을 쓴 것은 로마 신을 모방한 것이다. 그렇다고 로마의 정체를 신정 체제로 여기는 것은 큰 잘못이다. 이탈리아 사람들은 아무도 신과 왕을 이집트나 동방에서처럼 동일시하지 않는다. 왕은 백성의 신이라기보다는 오히려 국가의 소유자다.

로마 인은 어떤 집안에 내려진 특별한 가호나 어떤 신비로운 마법이 있어 왕의 자질이 다른 사람들과 구별된다고 여기지 않았다. 왕이 되는 데 고귀한 혈통 내지 선왕과의 관계가 유리하게 작용하기도 하지만 반드시 필요한 조건은 아니다. 오히려 일정한 나이에 이른 몸과 마음이 건강한 로마 인이라면 누구든 합법적으로 공직에 나아갈 수 있다.[3]

---

[3] 디오뉘시오스는 신체장애인이 왕직에서 배제되었다고 전한다(5권 25). 로마 시민권이 집정관

왕은 그저 평범한 시민일 따름이다. 업적 혹은 행운 혹은 특히 한 집안에는 반드시 가부장이 있어야 한다는 필연성이 그를 동료 시민들의 가부장으로 뽑아놓은 것으로, 왕은 농부들을 다스리는 농부, 전사들을 다스리는 전사일 뿐이다. 아들은 아버지에게 절대적으로 복종하지만 자신이 아버지보다 미천하다고 생각하지 않듯, 시민은 통치자에게 복종하지만 통치자가 자신보다 더 귀하다고 생각하지 않는다.

    여기서 왕권의 도덕적·실제적 제한이 생긴다. 왕일지라도 지나치게 부당한 행위를 저지르는 것은 국법을 위반하는 행위다. 왕은 병사들에게 분배되는 전리품을 줄이고, 지나친 강제 부역을 부과하고 따르지 않으면 벌금을 부과해 시민의 재산을 부당하게 침해할 수도 있다. 하지만 그것은 자신의 절대적 권한이 신으로부터가 아니라 자신이 대표하는 시민들로부터 신의 승인하에 부여된 것임을 망각하는 행위다. 반면 만일 시민이 왕에게 서약한 충성의 맹세를 잊는다면, 누가 왕을 보호할 수 있을까? 왕은 법을 만들기 위해서가 아니라 집행하기 위해 왕권을 부여받았다는 사실 때문에 왕권이 법적으로 제한된다. 왕은 법을 위반할 경우에는 예외 없이 사전에 민회와 원로원의 동의를 얻어야 한다. 그러지 않는다면 이는 법적 효력이 없는 폭군의 행위였다. 로마의 가족제도가 오늘날 어디에서도 찾아볼 수 없는 것인 만큼, 로마 왕정은 도덕적으로, 그리고 법적으로 오늘날의 주권과는 전혀 다른 토대를 갖고 있다.

    혹은 왕직의 필수 조건이었음은 당연한 사실이다. 쿠레스(*Cures*)의 시민들과 관련된 설화를 명시적으로 반박하려는 노력 자체가 무의미하다.

공동체

시민들은 동회(*curia* : *curare*=*coerare*에서 파생, κοίρανος와 흡사)를 단위로 조직되었다. 10개의 동회가 하나의 분구(*tribus*)를 이루는데, 각 동회는 100명의 보병(보병 *miles*는 1000명의 보병에서 유래한다), 10명의 기병, 그리고 10명의 원로 의원을 두었다. 부족 연합 공동체에서 각 단위 부족(*tribus*)은 전체 공동체(움브리아 어와 오스키 어에서는 *tota*라고 함)의 기초단위가 되며, 공동체의 크기는 기초단위의 숫자에 따라 증가한다. 이런 구분은 시민 전체의 인적 구성에 따른 것으로, 또한 지역이 나뉘어 있을 때 그 지역 구분에도 적용되었다. 단위 공동체가 지역별로 나뉘어 있었던 것처럼 동회도 지역별로 할당된 경계를 갖고 있었음은 지금까지 전해진 소수의 동회 이름 가운데 파우키아(Faucia)처럼 씨족 이름에서 유래한 것과 더불어 벨리엔시스(Veliensis)처럼 지역 이름에서 유래한 것도 있다는 사실에 비추어 의심의 여지가 없다. 동회들 각각은 토지 공유의 아주 먼 옛날, 이미 언급했던 것처럼(제1권 52쪽) 상당수의 씨족 할당 지역을 아우르고 있었다.

 이러한 아주 단순한 체제는 나중에 로마의 영향으로 생겨난 라티움 단위 공동체, 다시 말해 분구에서 발견되며 이들 단위 공동체의 원로원 위원 숫자는 예외 없이 100명(*centumviri*)이었다.[4] 이런 숫자 체제는 유구한 로마의 삼분구체에 예외 없이 관철되어 로마 전체적으로 동회

---

[4] 10개 동회를 묶는 가장 단순한 체제는 일찍이 로마에서 사라졌지만, 실제적으로 계속해서 사용되었다. 우리의 법 전승이 알고 있는 모든 것 가운데 가장 오래된 것이라고 믿을 만큼 충분한 근거가 있는 공식 행사인 공찬혼에서도 나타난다. 이때 증인 10명이 동회 10개에서 비롯되었다. 이는 수행원 30명이 동회 30개에서 비롯된 것과 마찬가지 경우다.

30개, 기병 300명, 원로원 위원 300명, 보병 3000명 등이 정해졌다.

무엇보다 분명한 것은 이런 오래된 체제는 로마에서 처음 생겨난 것이 아니라, 아주 먼 옛날 모든 라티움 사람이 공유하던 것으로 아마도 민족의 분화 이전으로 거슬러 올라간다는 것이다. 시민사회의 여타 모든 구분에 대하여 나름의 역사를 갖고 있는 이런 매우 신뢰할 만한 로마 국가 체제가 말해주는 것은, 도시가 생겨날 때부터 동회의 구분이 있었다는 것이다. 이것과 완벽하게 일치하는 동회 체제는 나중에 생겨난 라티움 법체계 안에서도 국가 법질서의 본질적 부분으로 등장한다.

이런 체제의 핵심은 공동체를 동회로 구분하고 유지하는 데 있다. 따라서 '분구'(*tribus*)는 결코 중요한 요소가 아니다. 왜냐하면 분구의 등장은 그 숫자만큼이나 우연적이었기 때문이다. 분구들은 존재했지만, 분구들은 분구들이 공동체 전체를 나타내던 시절에 대한 기억만으로 존재했을 뿐 결코 다른 의미를 갖지 못했다.[5] 어디에서도 분구가 독자적으로 의원들을 갖거나 의회를 소집했다는 전승은 존재하지 않는다. 개연성이 높은 것은, 공동체 통합과 관련하여 공동체 전체를 구성하는 분구들에 실제 이런 역할을 결코 허용하지 않았다는 점이다. 군대는 분구마다 보병 지휘관을 두 명씩 뽑았지만, 각 쌍이 저마다의 분구 소속 부대를 지휘하는 것이 아니라 각 지휘관이 서로 협력하여 모두가 보병 전체를 지휘했던 것이다.

씨족들은 각각의 동회에 나뉘어 귀속되는데, 이때 씨족의 경계는

---

[5] 이는 이미 그 명칭에서 드러난다. 법학자의 입장에서 볼 때 '부분'(*tribus*는 '부분'을 나타낸다)은 과거에 전체였음을, 혹은 장차 전체가 될 것임을 나타내며 지금 이 순간은 실제적 '전체'가 아님을 나타낸다.

가족과 마찬가지로 자연에 의해 정해진다. 입법자들이 이런 경계에 개입하여 이를 수정함으로써 큰 씨족 집단을 분파로 나누어 여태보다 두 배의 수로 세거나 혹은 작은 씨족 집단 여럿을 하나로 합치는 일은 로마 역사에서 전혀 흔적이 발견되지 않는다. 일어나더라도 이런 일은 매우 제한적으로 일어났기에 씨족의 동질성에는 아무런 변화를 가져오지 못했다. 이를 통해 확인하거니와 부족 구성원의 수, 더 나아가 가족 구성원의 수는 법적으로 고정되어 있지 않았다. 만일 동회가 보병 100명과 기병 10명을 제공해야 했을 때, 각 씨족에서 기병 한 명, 각 가족에서 보병 한 명을 차출했다는 전승은 존재하지 않으며 이를 믿을 만한 근거도 없다.

구체제에서 유일하게 기능하는 단위는 동회였다. 동회 10개가 분구 하나를 구성하는바, 다수의 분구가 존재할 경우 각 분구마다 동회 10개를 갖고 있었다. 이런 동회는 실제적 협력 단위이며, 그 구성원들은 최소한 공동 축제 때에는 한자리에 모였다. 각 동회에는 동회 사제(*curio*) 한 명과 동회 대사제(*flamen curialis*) 한 명이 있었다. 동회별로 징집과 세금 징수가 이루어진 것은 당연하며, 재판이 있을 경우 시민들은 동회별로 투표를 했다. 이런 규칙은 결코 투표를 염두에 두고 만들어진 것은 아닌네, 만약 그랬다면 전체 투표 단위의 숫자를 홀수로 했을 것이기 때문이다.

시민의 평등

시민과 비시민의 구별은 매우 분명하며, 시민들 간의 법적 평등은 매우 철저하다. 로마 인만큼 전자는 물론 후자를 가혹할 정도로 엄격하게 실행한 민족은 없을 것이다. 로마 인에게서 시민과 비시민의 엄정한 구별은 아마도 명예시민법이라는 오래된 제도에서 가장 뚜렷하게 나타나는데, 이 제도는 원래 시민과 비시민의 구별을 완화하려는 목적으로 마련된 것이었다. 외국인이 공동체의 결정에 의해 시민권을 획득할 경우 그는 지금까지의 시민권을 포기하고 새로운 공동체에 완전히 귀화할 수도 있었지만, 이와 달리 옛 시민권과 새로 얻은 시민권을 동시에 유지할 수도 있었다. 이는 매우 오래된 관습으로 희랍에서는 줄곧 그래왔으며, 한 사람이 여러 공동체의 시민권을 동시에 보유하는 예는 나중에도 드물지 않았다. 하지만 공동체 의식이 강하게 발달한 라티움에서는 이를 용인하지 않았는데, 한 사람이 동시에 두 개의 다른 공동체에 속한다는 것은 있을 수 없는 일이었다. 새롭게 시민권을 획득한 자가 지금까지의 시민권을 포기할 의사가 없을 경우 그런 자에게는 명목상의 시민권을 부여했는데, 이는 외국에서 온 손님들에게 그간 주어졌던 것과 같은 우정과 보호를 의미했다.

  외부인에 대해서는 구별을 매우 엄격하게 유지했던 반면 로마 시민들 사이에서는 구성원 간의 여하한 법적 차별도 절대적으로 금지되었다. 가족 단위에서 존재하는 차별은 아예 없앨 수는 없었는데, 다만 최소한 공동체 차원에서는 무시되었다고 앞서 언급했다. 아들로서는 아버지에게 종속되어 있지만, 시민의 한 사람으로서 공동체 차원에서는 아버지를 지휘할 수 있는 경우도 있었다. 특권 신분은 존재하지 않았다. 티티에스 사람들이 람네스 사람들보다, 이 두 민족이 루케레스 사람들보다 먼저 등장했다는 사실은 그들의 법적 평등에 영향을 미치지 않았다.

기병대는 특수부대라기보다 오히려 엘리트 부대 혹은 예비부대로서, 당시 기병 또는 보병이 구축한 최전방에서 단독 전투를 펼치던 매우 부유하고 장비를 잘 갖추고 잘 훈련된 병사들로 구성되었다. 따라서 보병 부대보다 훨씬 귀한 대접을 받았다. 하지만 이런 차별은 다만 사실적 차이일 뿐, 기병대 입대는 모든 귀족 가문에 허용되었다. 이것만이 법률적 차별을 보여주는 시민사회의 유일무이한 합법적 구분일 뿐, 그 밖에 모든 영역에서 모든 구성원은 심지어 외모에 있어서조차 법적으로 평등했다. 공동체 구성원들과 구분하여 대표자임을, 아직 군대에 들어갈 나이가 되지 못한 소년과 구분하여 군역을 행할 수 있는 성인 남자임을 표시하는 정도의 의복이 있을 뿐이었다. 부자이며 귀족인 사람도, 가난하며 태생이 미천한 사람도 공개적인 자리에서는 모두 똑같이 흰색 모직의 단순한 옷인 토가(toga)를 입었다.

이런 완벽한 법적 평등은 의심할 바 없이 원래 인도·게르만 국가 체제의 전통에 속한다. 하지만 이를 엄격하게 구분하고 실행한 것은 라티움 민족의 분명하고 성공적인 고유성 중의 하나다. 이탈리아로 이주하면서 라티움 민족은 문화가 뒤떨어져 복속될 수밖에 없는 선주민을 만난 사례가 없었다는 점(제1권 34~35쪽), 그리고 그들이 인도의 신분제, 스파르타와 테살리아 등 희랍의 귀족 신분, 독일의 신분제와 연관된 어떤 계기를 만나지 못했다는 점을 되새겨 볼 수 있을 것이다.

시민의 공역

국가 존망이 시민에 기초함은 분명한 사실이다. 시민의 가장 중요한 의무는 군역이다. 오로지 시민만이 무기를 잡을 의무와 권리를 갖고 있다. 따라서 시민은 동시에 병사다(인민을 뜻하는 *populus*의 어원은 황폐화시킨다는 의미의 *populari*에서 유래한다). 고대의 기도문에는 전쟁의 신 마르스의 축복을 받은 '창을 든 병사들'(*pilumnus populus*)이 등장하며, 왕이 이들을 호명할 때 사용하는 '퀴리테스'(*Quirites*)는 창병을 의미했다.[6] 앞서 어떻게 '군단'(*legio*)이 구성되는지를 언급했다. 군단은 로마의 세 분구에서 각각 100명씩 차출된 기병(*celeres* 혹은 *flexuntes*) 백인대

---

[6] *Quiris*, *quiritis* 혹은 *quirinus*는 고대에 '창병'을 의미했는데, *quiris* 혹은 *curis*는 '창 + ire'의 합성이다. 이는 *samnis*, *samnitis*와 *sabinus* 등과 일치하는데, 이들은 고대에 창을 의미하는 *saunion*에서 유래했다. 이런 어원 분석은 *arquites*(궁수), *milites*(천 명의 병사), *pedites*(보병), *equites*(기병), *velites*(경무장 보병) 등의 단어와 연관을 갖는다. 물론 이런 어원 분석이 옳지 않을 수도 있지만, 아무튼 이것은 시민에 대한 로마식 개념에서 자라났다. *Juno quiritis*, *Mars quirinus*, *Janus quirinus* 등은 창을 휘두르는 신들을 염두에 둔 표현이다. 이 단어가 사람에게 사용될 때 이는 병사를 의미한다. 다시 말해 완전 시민권자를 가리킨다. 이는 단어의 용례와 일치한다. 장소를 가리킬 때는 *quirites*라는 말이 전혀 사용되지 않고 언제나 *Roma*라는 단어가 쓰였다. *urbs Roma*, *populus*, *civis*, *ager Romanus* 등처럼 말이다. *Quiris*는 *civis* 혹은 *miles*와 달리 장소적 함의를 갖고 있지 않다. 또한 이런 표현들을 서로 함께 쓸 수 없다. *civis quiris*라는 말을 쓰지 않는데, 왜냐하면 비록 다른 관점에서이긴 하지만, 두 단어는 모두 동일한 법적 개념을 표현하고 있기 때문이다. 시민의 주검을 두고 장식적으로 표현할 때 '*ollus quiris leto dato*'(죽음을 맞이한 병사)라고 하거나 왕이 민회 앞에서 연설할 때 시민들을 *Quirites*라고 부른다거나, 재판의 경우에 '*ex iure quiritium*'(스스로를 방어할 수 있는 자유민의 권리에 따라)(이 말은 나중에 *ex iure civili*와 동일한 뜻이다)이라는 말을 사용했다. *Populus Romanus*, *quirites*(*populus Romanus quiritium*이라는 표현은 신빙성이 떨어진다)는 공히 '공동체와 각각의 시민'을 가리킨다. 이런 이유에서 고대 공식 문구에서(리비우스 1, 31) *populus Romanus*에 *prisci Latini*가 대응하고 *quirites*에 *homines prisci Latini*가 대응한다(Becker의 교과서 제2권 20쪽 이하). 이런 사실들에 반하여 다만 언어적·역사적 허구가 다음과 같은 생각을 여전히 만들어내고 있다. 일찍이 로마 공동체는 그와 동질의 창병 공동체와 대결했는데 이들을 나중에 수용하는 과정에서 새로 편입된 창병 이름이 종교 및 법적 언어에서 받아들인 이들의 이름을 밀어낸 것이라는 생각이 바로 그것이다. 제1권 100쪽을 보라.

(*centuriae*) 셋과 기병 백인대를 이끄는 기병 구대장(*tribunus celerum*)[7] 셋, 그리고 세 분구에서 각각 1000명씩 차출된 보병(*milites*) 대대 셋과 보병 대대를 이끄는 보병 구대장 셋으로 구성된다. 보병은 추측건대 분구에서 차출 가능한 장정들의 핵심이었을 것이다. 이에 덧붙여 전열을 벗어나 전투를 벌이는 경무장 보병 상당수가 있었으며, 특히 궁수로 구성되어 있었다.[8] 야전 사령관은 일반적으로 왕이 맡았다. 군역 이외에 시민들은 또 다른 부역의 의무를 겼는데, 전시 혹은 평화 시 왕이 내리는 과업을 수행할 의무(제1권 114쪽), 왕의 토지를 경작할 의무와 공공건물을 보수할 의무가 주어졌다. 도시 성곽 건설이 얼마나 중요한 의무였는지를 보여주는 것이 '도시 성곽'(*moenia*)이라는 이름 자체인데, 이는 바로 '부역'을 의미한다.

---

[7] 누마 시대의 8개 종교 기관을 언급하는 가운데 디오뉘시오스는(2, 24) 동회 사제 및 동회 대사제에 이어 세 번째로 기병대 대장들(οἱ ἡγεμόνες τῶν Κελερίων)을 언급한다. 프라이네스테 지방의 책력에 따르면, 3월 19일에 그 지방 축제가 개최되었다. [*adstantibus pon*]*tificibus et trib*[*unis*] *celer*(*um*). 발레리우스 안티아스(할리카르나소스의 디오뉘시오스, 1, 13과 3, 41)는 가장 오래된 로마 기병대를 기병 구대장 한 명과 기병 백인대 셋으로 구성했다. 반면 《명인록(*De viris illustribus*)》에는 한 명의 기병 구대장에 대해 다만 하나의 기병 백인대가 언급된다. 왕을 축출할 당시에 브루투스는 기병 구대장이었는데(리비우스 1, 59), 디오뉘시오스에 따르면(4, 71) 기병 구대장의 권한으로 타르퀴니우스 왕족의 축출을 제안했다고 한다. 마지막으로 이와 유사하게 리두스는 부분적으로 아마도 폼포니우스를 근거로 기병 구대장을 안티아스의 기병 구대장, 공화정 시대의 독재관 하위의 기병 장관(*magister equitum*), 황제정 시대의 친위대 사령관과 동일시했다(*Dig.* 1, 2, 2, 15 ; 19).

기병 구대장에 관해 존재하는 이런 몇몇 전거 가운데 마지막 전거는 후기의 전혀 신뢰할 수 없는 증인들에게서 나온 것일 뿐만 아니라 '기병대의 일부를 이끈 사람'이라는 뜻의 명칭과도 모순된다. 무엇보다 다만 예외적으로만 언급되었으며 나중에는 아예 언급조차 되지 않는 공화정 시대의 기병 구대장을 3월 19일 축제에 반드시 참석해야 하는 상설적인 관직과 동일시하는 것은 있을 수 없는 일이다. 점점 더 불확실성이 높아져 가는 브루투스에 대한 역사적 일화에 근거한 것이 분명한 폼포니우스의 보고를 기피하는 것이 얼마나 필연적인지를 이해한다면, 기병 구대장의 숫자와 역할이 보병 구대장의 숫자와 역할과 완벽하게 일치한다는 점이, 그리고 기병 구대장은 기병대의 수장으로 기병 장관과 전혀 다른 존재라는 점이 분명해진다.

[8] 아주 오래된 조어가 분명한 *velites*와 *arquites*와 또 나중의 군단 조직이 이 점을 보여준다.

정기적인 직접세 징수는 정기적인 국가 재정지출만큼이나 드문 일이었다. 공공 지출을 위해 공동체는 세금을 징수할 필요가 없었는데, 국가는 군대와 부역 등 일반적인 공공 의무에 대한 보수를 지급하지 않기 때문이다. 만약 이런 보수가 있다면, 그것은 의무 대행자에게 해당 분구가 혹은 공공 의무를 수행할 수 없거나 수행하고자 하지 않는 사람이 지불해야 했다. 공적인 종교의식에 쓰일 희생 제물은 일종의 재판세를 걷어 충당했는데, 재판에서 진 사람은 소송 대상물의 값어치에 비례하는 신성도금(*sacramentum*)을 국가에 헌납해야 했다.

시민들이 왕에게 가져다 바치는 공납은 존재하지 않았다. 그 대신 관세가 왕에게 지속적으로 흘러 들어갔다(제1권 69쪽). 그뿐만 아니라 국유지에서 나오는 수입, 즉 국유 농지에서 가축을 먹여 키운 자가 납부하는 방목세(*scriptura*)와 국가 농지에서 지대 대신 납부하는 농산물의 일부인 농지대(*vectigalia*)로 지불해야 했다. 이에 덧붙여 가축으로 지납한 벌금, 몰수 재산과 전리품에서 수입을 얻기도 했다. 마지막으로 비상시에 강제로 추렴했다가 상황이 좋아지면 돌려주는 추렴 기금(*tributum*)이 있었다. 그런데 추렴 기금이 시민 일반에게 부과된 것인지 아니면 영주 외국인에게만 한정된 것인지에 관해 아직 논쟁이 있으며, 아마도 후자가 유력한 것으로 보인다.

왕은 국가 재정을 관리했다. 왕의 개인 자산은 로마의 마지막 왕족인 타르퀴니우스 가문의 상당한 토지 소유에 대한 언급으로부터 추론할 수 있는데, 엄청난 크기였음에 틀림없다. 하지만 개인 자산과 국유 재산은 따로 관리되었으며, 전쟁으로 얻어진 토지는 지속적으로 국유지로 할당되었을 것으로 보인다. 왕이 공공재산을 관리하는 데에서 관습적으로 제약이 있었는지, 있었다면 어느 정도 제약을 받았는지 등은 더 이상 확정적으로 말할 수 없다. 다만 후대의 발전 과정을 보면, 시민들은 이 문제에 전혀 개입할 여지가 없었던 데 반해 추렴 기금의 부과 문제 및 전쟁으로 획득한 토지의 분배 문제에 관해 원로원에 의견을 구하는 것이 일반적인 관례로 자리 잡는다.

시민의 권리

로마 시민들은 단순히 의무를 수행하고 공역을 부담할 뿐만 아니라 공공 행정에도 참여한 것으로 보인다. 부녀자 및 무기를 들 수 없는 어린아이를 제외한 모든 공동체 구성원, 다시 말해 '창병들'(*Quirites*)은 왕이 이들에게 공지 사항을 전달하기 위해 소집할 경우 공회(*conventio, contio*)에 참석했으며, 혹은 왕이 공식적으로 셋째 장날에(*in trinum nundinum*) 각 동회의 뜻을 확인하기 위해 동민회를 소집할 경우 민회(*comitia*)에 참석했다. 왕은 관습에 따라 1년에 두 번, 3월 24일과 5월 24일에 그와 같은 공식적인 동민회를 소집했으며, 그 밖에도 그런 공회가 필요하다고 판단될 경우마다 그렇게 했다. 왕은 시민들을 모으되 그들의 생각을 듣기보다 늘 그들에게 자신의 생각을 알렸고, 의견을 묻기보다는 늘 가부를 물었다. 집회에서의 발언권은 왕에게만 있었으며, 때로 왕이 허락한 경우에만 허락받은 자에게 주어졌다. 시민들의 발언은 다만 왕의 하문에 대한 가부뿐이었고, 설명과 논거는 전혀 없었으며 어떤 단서와 의문도 허락되지 않았다.

그럼에도 로마 시민 공동체는 독일 내지 추측건대 고대 인도·유럽 어족 일반과 마찬가지로 주권의 본래적·궁극적 담지자(擔持者)였다. 주권은 만사가 순리대로 돌아갈 때는 전혀 부각되지 않으며, 시민들이 왕에 대한 자발적 복종에 스스로를 구속시킨다는 점에서만 확인될 뿐이다. 이런 이유에서 왕은 왕위에 오르고 나서 동민회를 소집하여 그에게 충성하고 순종할 것인지, 그리고 그와 그의 수행원들(lictores)을 관습에 따라 인정할 것인지를 묻는다. 물론 이 질문에 대해서는, 충성 맹세를 일절 거부할 수 없었던 세습 왕정에서와 마찬가지로, 거부가 허용되지 않았다. 이로써 비록 주권자이긴 하지만 로마 시민은 공무의 처리 절차에 개입하지 않았음을 알 수 있다. 공무가 기존 법질서 내에서 집행될 경우 본래적 주권일지라도 이에 개입할 수도 없고 개입해서도 안 되었는데, 입법자가 아니라 법률이 통치했던 것이다.

하지만 기존 법질서를 변경하는 등 특별한 경우에 법질서로부터 벗어나지 않을 수 없는 때에는 사정이 달랐다. 이 경우 로마 시민은 예외 없이 로마 국가 체제의 주권자로 등장하여 왕 혹은 왕권 대행자와 긴밀히 협력하여 일을 처리했다. 통치자와 피통치자의 권리관계가 구술 문답을 통한 계약관계로 신성하게 맺어졌던 것처럼, 이제 또한 공동체의 모든 주요 사안은 왕이 동민회의 다수가 이에 동의하는지를 묻는 의견 조회(rogatio)를 통해 결정되었는데 이 경우에는 당연히 시민들이 거부권을 행사할 수 있었다. 따라서 로마 인에게 법률은, 우리에게서처럼 전체 공동체의 주권적 명령이 아니라, 우선 국가를 구성하는 권력들 상호 간의 문답을 통해 맺어진 계약을 의미했다.[9] 이런 입법 계약

---

[9] lex는 '맺음'(어떤 것을 연결시킬 때 동사 legare가 쓰인다)을 뜻하는 단어로, 분명하게 계약을 가

은 정상의 법적 과정을 벗어나는 모든 경우에 법적으로 요구되었다.

일반적인 법률행위에서 누구나 제약 없이 자신의 소유물을 자신이 원하는 임의의 사람에게 양도할 수 있다. 이런 양도는 그것이 즉시 일어나는 경우에 한하여 유효하며, 만약 양도물이 임시로 원소유자에게 남아 있다가 원소유자의 사망 시점에 인도되었다면 그 법률행위는 무효가 된다. 하지만 장을 보기 위해 모인 시민들이든 전쟁을 위해 소집된 시민들이든 시민 공동체가 이에 동의하는 경우에 이는 합법적 행위가 된다. 이것이 유언의 기원이다.

일반적인 법에서 자유민은 자유를 잃거나 양도할 수 없다. 그래서 가부장에게 예속되지 않은 자권자는 양자로 예속될 수 없다. 하지만 시민 공동체가 이에 동의한다면 예외로 한다. 이렇게 입양되는 것을 자권자 입양(*adrogatio*)이라고 한다.

일반적인 법에서 시민권은 출생을 통해서만 얻게 되고 그것을 포기할 수 없다. 하지만 공동체는 시민권을 부여할 수도 있고, 혹은 시민권 포기를 허용할 수도 있다. 이때 시민권 부여와 시민권 포기 허용은 동민회의 결정만으로 유효하다.

일반적인 법에서 사형에 처할 범죄자는 공정한 재판에 따라 왕이나 수행원이 판결한 후 단호하게 집행되었다. 이때 왕은 판결만 할 수 있고 사면할 수는 없다. 하지만 사형을 선고받은 시민이 시민 공동체에 사면을 요청한 후 재판관이 그에게 사면을 위한 절차를 밟도록 할 경우는 예외로 한다. 이것이 상소권(*provocatio*)의 시초인데, 상소권은 범

리킨다. 좀 더 정확하게는 제안자가 조건을 공표하고 상대방이 단순히 동의하거나 거부하는 방식의 계약을 의미한다. 예를 들어 공개 경매가 바로 이 경우다. *lex publica populi Romani*는 왕의 제안이며 인민의 수용이다. 따라서 인민의 제한적 참여는 언어적으로 암시되어 있다.

죄 사실을 부인했으나 유죄가 밝혀진 죄수에게는 허락되지 않고, 범죄 사실을 시인하는 자에게 감형의 사유로 인정되었다.

일반적인 법에서 외국과 체결한 조약은 영구히 파기되지 않는다. 하지만 로마 시민이 입은 손해로 인해 시민 공동체가 조약 파기를 원한다면 예외로 한다. 따라서 상대방의 침략으로 평화가 깨진 경우라면 몰라도 로마가 공격 전쟁을 개시할 경우 조약을 파기할 것인지에 대해 시민 공동체의 의견을 조회하는 것은 필연적이었다. 물론 이런 의견 조회는 일반 민회가 아니라 군대에 제기했던 것으로 보인다.

마지막으로 왕이 기존 법의 개정과 같은 새로운 일을 계획할 때도 시민에게 반드시 의견 조회를 해야만 했다. 고대 로마의 입법권은 왕의 단독 권한이 아니라 왕과 공동체의 공동 권한이었다. 이와 유사한 모든 경우에서 왕이 시민 공동체와 협의하지 않았다면 이는 법적으로 무효가 된다. 왕이 단독으로 누구에게 시민권을 부여한 경우, 공동체의 참여가 없었다면 이는 법적 효력이 있다. 따라서 이 경우 시민권을 부여받은 자는 사실적으로는 몰라도 법률적으로는 시민이 아니었다. 이렇게 볼 때 민회는 비록 제한적이긴 하지만 고대 로마의 주요 구성 요소였고, 법의 관점에서는 왕보다 상위에 위치했다.

원로원

한편 초기 국가 체제에 왕과 민회와 함께 제3의 권력기관이 나타나는데, 왕처럼 법을 집행하기 위한 것도 아니며 민회처럼 의결하기 위한 것도 아니었지만, 양자와 더불어 독립된 권력을 확보하고 있었다. 이 기관이 원로들의 회의, 다시 말해 원로원(senatus)이다. 원로원은 씨족 체제로부터 기원한 것이 분명하다. 초기 로마에서 모든 가부장이 원로원을 구성했다는 옛 전승은, 후기 로마의 씨족들 가운데 나중에 이주한 경우가 아닌 모든 씨족은 초기 로마의 이 가부장들 가운데 하나를 자신들의 시조로 삼고 있다는 점에 비추어 법적 측면에서 올바르다고 하겠다. 로마 내지 라티움 지방에서 과거 언젠가 한 시기에 국가는 물론 그 최하위 단위인 씨족들마저 흡사 왕정처럼 조직되어 씨족 전체를 씨족 구성원 모두의 선출 혹은 전임자의 선임 혹은 세습에 의해 결정된 한 명의 최고 연장자가 다스렸다고 할 때, 같은 시기의 원로원도 이런 씨족 최고 연장자들의 총체와 다르지 않았을 것이다. 따라서 왕 내지 민회와는 독립된 기관으로, 시민 전체가 직접 참여하는 민회와는 달리 일종의 대표자 회의였을 개연성은 충분하다.

그런데 각 씨족의 국가에 준하는 독립성은 상상할 수 없을 정도로 일찍이 라티움 부족에서 사라졌으며, 씨족에서 국가로 이행하는 아마도 가장 어려운 첫걸음이라고 할 수 있는 씨족 최고 연장자의 배제는 적어도 로마 건국 훨씬 이전에 라티움 지방에서 실현되었다. 그래서 우리가 로마 씨족에 관해 아는 한, 로마 씨족에는 가시적 수장이 존재하지 않으며, 생존해 있는 씨족 구성원들 가운데는 공동 시조라고 주장되는 선조를 대리하는 특별한 위치를 가진 인물, 다시 말해 그의 사망으로 그 유산과 후견이 씨족 전체에 귀속된다고 할 만한 인물이 없었다. 그럼에도 최고 연장자 회의라는 초기 형태가 로마 원로원에도 다양하고 상당한 영향을 미쳤다. 간단히 말해 원로원은 단순한 자문 의회와 다른 그 이상의 조직이었으며 일정한 수의 신뢰할 만한 사람들이 모인 조직으로, 왕은 이들의 자문을 듣는 것이 바람직하다고 생각했다는 것에 비추어, 원로원은 애초에 일찍이 호메로스가 묘사한 것처럼 왕의 주변에 모인 통치자와 인민 대표의 회의와 유사했다고 하겠다.

원로원이 씨족 수장들로 구성될 당시에는 원로원의 수는 고정되지 않았는데, 씨족의 수가 일정하지 않았기 때문이다. 하지만 아마도 이미 로마가 생겨나기 이전부터 원로 회의의 구성원 숫자는 당시 존재하는 씨족 숫자와 무관하게 100으로 고정되었으며 나중에 세 개의 초기 부족이 연합함에 따라 연합 이후 구성원 숫자를 300으로 확대 고정한 것은 법률적으로 필연적 결과였다. 예전부터 원로들은 종신직이었다. 나중에는 종신제가 법적이라기보다는 오히려 당연한 것으로 받아들여지고 종종 원로원 명부의 개정을 통해서 존경할 가치가 없거나 용납하기 어려운 원로들을 배제할 기회가 생겨났을 때, 이런 경향은 시간의 흐름과 함께 더욱 굳어져 버렸다. 원로의 선출은 씨족 수장들이 더 이상 존재하지 않게 된 이후 왕에게 맡겨졌다. 하지만 씨족의 독립성이 여전히 뚜렷이 남아 있을 당시에는 아직 관례적으로 왕은 전임자와 동일 씨족 내에서 씨족이 추천한 경험 많은 사람을 뽑아 공석을 채웠다. 민족 공동체가 점차 통합되고 내적으로 통일되었을 때 원로의 선출은 이로부터 벗어나 완전히 왕의 자유에 맡겨졌다. 그래서 원로의 공석을 비워두는 왕은 그 소임에 태만한 것으로 보일 정도였다.

원로원의 권한

이런 최고 연장자들의 회의는 씨족들로 구성된 공동체의 통치권이 법적으로 전체 씨족의 최고 연장자들에게 있다는 생각에서 출발한다. 이미 로마 인들의 가족 단위에서 뚜렷이 각인된 일인 지배라는 원칙에 입각하여 국가의 통치권 또한 항상 원로들 중 한 명, 다시 말해 왕에 의해 행사되었던 것이다. 원로원의 모든 구성원은 그 자격에서는 공동체의 왕과 대등했다. 그 때문에 원로들의 차림새는 왕의 차림새보다 수준이 떨어지긴 하지만, 왕과 같은 종류의 차림새를 하고 있었다. 원로는 왕처럼 붉은 신발을 신었는데, 왕의 신발이 좀 더 높고 근사했다. 또한 이와 관련하여 이미 언급했던 것처럼(제1권 92쪽), 로마 공동체에서 왕의 자리는 결코 공석일 수 없었다. 왕이 죽으면 원로들은 즉시 이를 대신하여 왕권을 행사했다.

그런데 오직 한 사람이 통치한다는 불변 원칙에 따라 통치자는 원로들 가운데 한 명이 맡았다. '대행 왕'(*interrex*)은 종신 왕과 임기만 다를 뿐 권한에는 차이가 없었다. 왕권 대행 기간은 각 대행자별로 최장 5일을 넘지 않도록 정해졌다. 종신 왕의 선출이 마무리될 때까지 원로들끼리 돌아가며 대행 왕으로 5일 동안 재위하고 다른 대행 왕에게 5일 동안의 임무를 넘겨주었다. 원칙적으로 대행 왕에게 공동체는 충성의 맹세는 하지 않았다. 대행 왕은 왕의 임무를 수행하면서 동시에 종신 왕을 추천할 권리와 의무를 가졌다. 하지만 첫 번째 대행 왕은 예외적으로 왕을 추천할 권리를 갖지 못했는데, 이는 아마도 추천자 없이 왕권 대행자로 지명된 것을 결격사유로 생각했던 것이 아닌가

한다. 따라서 원로원은 명령권(*imperium*)과 최고 신권(*auspicia*)의 궁극적 담지자로서, 세습제가 아닌 로마적 일인통치제가 로마 공동체 안에서 동일하게 유지되도록 보증했다. 그래서 원로원이 나중에 희랍 사람들에게 왕들의 회합처럼 보였다면 그것은 그럴 법한 것이었는데, 사실상 원래 그런 것이었다.

국헌의 수호자 원로원

영원한 왕국이라는 개념이 원로원에서 생생하게 표현되었는데, 원로원은 로마 국가 체제의 중요한 부분이었다. 최고 연장자 회의는 왕권 집행에 개입할 수 없었지만, 왕이 군대를 지휘하거나 재판을 주재할 수 없는 경우에 왕은 그의 대리자를 원로들 가운데에서 지명했다. 이런 이유로 나중에도 최고 명령권 지위는 원로에게 주어졌으며 재판관도 원로들 가운데에서 우선 지명하는 것이 일반적이었다. 하지만 원로원 그 자체가 군대 지휘와 재판 진행에서 권한을 갖는 것은 아니었으며 나중에도 군통수권과 사법권이 원로원에 부여되지는 않았다. 원로원은 다만 현행 국가 체제의 수호자로서 왕은 물론이려니와 민회와도 대립하는 존재였다. 따라서 원로원은 다음의 임무를 수행했다. 왕의 지시에 따라 시민이 의결한 모든 사항을 심의하여 시민이 현행법과 어긋나는 것을 의결했을 때 이를 거부했다. 마찬가지로 법적으로 공동체 결의가 요구되는 모든 경우, 그러니까 새로운 시민을 받아들일 경우와 선전포고를 할 경우 등 국헌을 수정해야 할 모든 사안에서 원로원은 거부권을 행사했다.

  하지만 이를테면 마치 오늘날의 상하원 양원에게 공히 그러한 것처럼 당시 원로원과 시민에게 공히 입법권이 주어졌다고 생각해서는 안 된다. 원로원은 입법자가 아닌 법의 수호자였으며, 민회가 월권하여 신들과 외국에 대해 정해진 의무를 소홀히 하는 경우에, 혹은 공동체가 공동체의 유기적인 조직을 스스로 손상시키는 결의를 하는 것으로 보일 경우에 원로원은 거부할 수 있었다. 그래서 예를 들어 왕이 선전포고를 제안하고 시민이 결의했을 때, 그리고 외국 공동체가 지급해야 하는 것으로 보이는 배상이 이행되지 않았을 때, 전령이 그 부당함의 증인으로 신을 부르며 이렇게 말하는 것은 무엇보다 중요한 일이었다. "우리는 우리의 권리를 어떻게 회복할 수 있을지를 원로원에 묻고자 합니다." 원로원이 동의한다고 선포할 경우에야 비로소 시민들이 의결한 전쟁이 원로원의 재가로써 왕에 의해 공식적으로 선포되었다. 원로원은 시민의 결의에 항상 개입하며, 이런 감시를 통해 시민이 그 주권을 박탈당한다는 것은 법률이 의도한 것도 그에 따른 결과도 아니었다. 다만 최고 공직이 공석이 되었을 때 원로원이 국가 체제의 지속을 보장하는 것처럼, 이번에도 원로원은 최고 권력기관인 민회에 대항하는 법질서의 수호자였다.

자문기관으로서의 원로원

마지막으로 짐작건대 아주 오랜 관습에 연결시킬 수 있는 바와 같이,

왕은 민회에 보낼 사안을 사전에 원로원에 보내 원로원의 모든 구성원이 각 사안에 대해 의견을 제시하게 했을 가능성이 높다. 원로원은 결의된 사안을 파기할 수 있는 권리가 있었기 때문에, 결의에 대해 원로원이 거부권을 행사하지 않을 것임을 사전에 확인하는 것은 왕에게 중요한 일이기 때문이었다. 한편 중요한 일에 대해 다른 사람들의 조언을 듣고 나서 결정하는 것이 로마의 일반적인 관습이기도 하지만, 다른 한편 원로원은 그 구성에서 공동체의 수장을 보좌하는 자문기관의 역할을 하기 때문이었다. 나중의 원로원 권한은 지금까지의 어떤 기능보다 이런 자문 기능에서 유래한다.

  원로원의 시작은 초라했다. 애초에 원로들은 오로지 질문을 받았을 때만 발언할 수 있었다. 재판과 군사 이외의 중요 사안에서 민회 결의를 요청하는 것과 무관하게, 예를 들어 부역과 과세, 군역을 위한 시민 소집, 점령 지역에 대한 처분 등의 사안은 사전에 원로원에 의견을 구하는 것이 통상적이었다. 물론 통상적이긴 하지만 그렇다고 이런 사전 의견 조회가 법률적으로 필수적인 것은 아니었다. 왕은 문제가 주어지고 그렇게 하길 원할 때 원로원에 의견을 구했다. 원로원은 자문을 요청받지 않았을 경우 의견을 말할 수 없었으며, 이런 요청 없이 원로원이 소집되지도 않았다. 물론 왕의 공석으로 대행 왕이 차례로 왕을 대신할 경우는 예외로 했다.

  한편 왕은 원로원 위원들에게는 물론 신뢰하는 다른 사람들에게도 자문을 구했을 가능성이 아주 높다. 원로원 의견은 명령이 아니었다. 왕은 그 의견을 받아들이지 않을 수 있었다. 원로원은 앞서 언급한 거부권(아무 때나 사용할 수도 없었다) 이외에 자신들의 의견을 관철시킬

다른 수단을 갖고 있지 않았다. "내가 너희를 선택한 것은 너희가 나를 이끌게 하려는 것이 아니라, 내가 너희에게 명령을 내리기 위함이다"라고 로물루스가 말했다고 후대의 작가가 기록했는데, 이 말은 원로원의 위상을 매우 정확하게 표현하고 있다.

로마의 초기 국가 체제

이상을 종합하면, 주권은 항상 로마 시민 공동체 민회에 있다. 민회는 절대 독자적으로 행동하지 않으며, 법에 따라 함께 움직였다. 민회와 더불어 종신직인 최고 연장자 모임이 있었는데, 마치 왕위 계승자 회의처럼 왕위가 공석이 되면 이 모임의 구성원이 최종적으로 왕위를 계승할 때까지 왕권을 대행했으며 또 민회가 법에 위배되는 결정을 했을 경우 이를 거부할 권리를 가졌다. 왕권은 살루스티우스가 말한 것처럼 절대적인 것이면서 동시에 법적 제약을 받는 것(*imperium legitimum*)이었다. 절대적이라 함은, 왕의 명령은 타당하든 그렇지 않든 우선 무조건 집행되어야 하기 때문이었다. 법적 제약을 받는다 함은, 전례에 어긋나고 신성한 수권인 시민의 동의를 받지 못한 명령은 지속적으로 법적 효력을 가질 수 없었기 때문이었다. 따라서 가장 오래된 로마 정치체제는 이를테면 전도된 입헌군주제의 모습을 띠고 있다. 입헌군주는 국가권력의 소유자이자 담지자로서, 예를 들어 사면은 오로지 그에 의해 가능하고 시민 대표들과 관리들이 이를 실행했다. 그에 반해 로마에서는 영국의 왕이자 사면권의 담지자에 해당하는 것이 바로 시민 공동체였다. 예외를 인정할 권리는 영국에서는 왕에게 있었지만, 로마에서는 시민 공동체에 있었다. 물론 모든 집행권은 공동체의 대표자가 가지고 있었지만 말이다.

  마지막으로 국가와 그 개별 구성원들의 관계를 묻는다면, 국가 로마는 느슨하게 조직된 단순한 부족 연합체도 아니며 그렇다고 현대적 국가 이념인 절대 국가도 아니다. 공동체는 공역을 부과하고 범법 행위를 처벌함으로써 시민 개개인을 다스렸다. 하지만 전혀 불법일 수 없는 행위를 빌미로 특정 개인을 처벌하거나 위협하는 법은 형식적 하자가 없다 하더라도 로마 인에게 횡포와 불의로 여겨졌다. 재산권, 그리고 이와 밀접하게 연관된, 아니 오히려 하나인 가족권과 관련하여 공동체의 힘은 훨씬 더 제한적이었다. 리쿠르고스의 경찰국가에서 그러했던 것처럼 가족을 희생시켜 공동체를 유지하는 일은 로마에서는 일어나지 않았다. 아주 오래된 로마 국가 체제가 지켜온 절대 사라질 수 없는 원칙이며 동시에 가장 주목할 만한 원칙은, 국가가 시민을 구속하고 처형할 수 있지만 그의 자식이나 그의 토지를 그에게서 빼앗을 수 없으며, 또 지속적으로 그 한 사람에게만 세금을 부과할 수 없다는 것이다. 이러한 사안에서는 시민 공동체조차 시민에 대해 제한을 받으며, 이런 제한은 개념적으로만 존재하는 것이 아니라 기본법에 위배되는 시민 공동체의 모든 결정을 부정할 수 있는 원로원의 합법적 거부권 행사에서 실질적으로 관철되었다. 어떤 다른 시민 공동체도 로마 시민 공동체처럼 그 영역 내에서 절대권을 갖지 못했으며, 또 건실하게 살아가는 로마 시민만큼 다른 시민들과 국가에 대하여 절대적인 법적 보호를 누린 시민 공동체도 없었다.

로마 공동체는 이렇게 통치되었다. 로마 시민은 자유를 누리는 한편 법에 복종할 줄 알았으며, 일체의 미신을 단호히 거부했다. 법 앞에서, 그리고 그들 상호 간에 무조건적 평등이 보장되었으며, 나중에 설명하겠지만 외국에 대해서도 관대하고 개방적이었다. 이런 국가 체제는 만들어지거나 차용된 것이 아니라 로마 시민 가운데 그들과 함께 성장한 것이었다. 이런 체제가 이탈리아의, 희랍·이탈리아의, 인도·게르만의 국가 체제에서 기인하는 것은 분명하다. 그러나 호메로스 서사시나 타키투스의 《게르마니아》 보고에서 묘사된 국가 체제와 로마 공동체의 국가 체제 사이에는 상당히 머나먼 국가 발전의 단계들이 놓여 있다. 희랍의 집회 함성, 게르마니아의 방패 두드리기 또한 시민 공동체 주권의 표현이었다. 하지만 이것들은 라티움 동민회의 조직적인 권리 표현과 규정된 의사 표시와는 상당한 거리가 있다. 오히려 로마 왕정은 자색 망토와 상아 왕홀을 에트루리아가 아닌 희랍로부터, 마찬가지로 열두 명의 수행원 등 기타 외형적인 요소를 외부로부터 수용한 것으로 보인다. 하지만 로마 국법의 발전이 로마 혹은 라티움 지방에 따른 요소에 의해 얼마나 결정적으로 좌우되었는지, 이때 차용된 요소는 얼마나 작고 미미한 역할을 했는지는 이를 표현하는 모든 개념에 라티움의 성격이 분명하게 선반적으로 각인되었다는 사실로 증명된다.

이런 국가 체제는 이후 로마 국가 이념의 영원한 토대를 실질적으로 결정했다. 모습은 수없이 변모되었지만 로마가 존재하는 동안 흔들리지 않은 것은, 행정 담당자가 집행하고, 원로원이 국가 최고의 권위를 갖고, 모든 예외적 결의에는 주권자의, 다시 말해 시민 공동체의 동의가 필요하다는 것이다.

제6장
비시민과 국가 체제의 개혁

팔라티움 지역과 퀴리날리스 지역의 융합

각 민족의 역사, 특히 이탈리아 민족의 역사는 다른 무엇보다 거대한 정주 융합의 역사다. 이미 상고시대 로마는 우리가 알고 있는 한, 세 부족이 하나의 정주를 형성했으며 로마 공동체가 완전히 굳어진 시점 이후 이와 유사한 융합은 더 이상 발생하지 않았다. 람네스 부족과 티티에스 부족과 루크레스 부족의 융합 과정은 가장 오래전에 일어난 것으로, 이를 제외하고 유사한 것으로 제일 빠른 융합 활동은 팔라티움의 언덕 로마 인과 야산 로마 인이 합쳐진 것이다. 융합 무렵에 두 공동체의 질서는 본질적으로 동일했으며, 통합에 의해 제시된 과제는 우선 행정조직 등을 이중적으로 운영할 것인가 아니면 한쪽 조직을 해소하고 남은 한쪽 조직을 통해 통합된 전체 공동체를 관장하도록 할 것인가를 놓고 양자택일을 하는 것이었다.

종교 및 사제 관련 사항에서는 전반적으로 첫 번째 방식을 택했다. 통합 로마 공동체는 지속적으로 마르스 사제와 늑대 사제를 이중으로 유지했으며, 두 종류의 마르스 신이 있고 두 종류의 마르스 사제가 있었으며, 그중 팔라티움 언덕의 사제는 나중에 마르스 사제, 퀴리날리스 언덕의 사제는 퀴리누스 사제라고 불렸다. 더 이상 확정적 증거는 없지만 신뢰할 만한 것인데, 조점관, 목교관, 베스타 신녀, 조약관 등 상고시대의 로마 제관 전체는 동일한 방식으로 처리되어 팔라티움 측과 퀴리날리스 측에서 각각 선출된 사제가 나란히 제관단을 구성했다.

한편 팔라티움은 수부라, 팔라티움, 팔라티움 외곽이라는 세 개의 분구로 나뉘어 있었으며, 야산 로마의 퀴리날리스 지역은 네 번째 분구로 덧붙여졌다. 그런데 본래적 정주 융합일 경우 새로 덧붙여진 지역은 융합 이후에도 최소한 새로운 독립구로 인정되며 그와 함께 어느 정도는 정치적으로 이를 유지하는 것이 보통인 데 반해, 퀴리날리스 로마의 융합 및 나중의 융합과 관련해서도 본래적 정주 융합은 보이지 않는다. 로마 공동체는 이 융합 이후에도 각각 10개의 동회로 나누어진 세 분구 체제를 그대로 유지했다. 야산 로마 인은, 그들이 나름대로 여러 부분으로 구분되어 있었든지 아니었든지 무관하게 지금까지 존재하던 세 분구와 그 동회로 재편되었다. 아마도 융합은 각 분구와 각 동회가 새로운 융합 시민들을 일정 비율로 나누어 받아들이는 방식으로 진행되었을 것으로 보이며, 이런 융합 방식을 채택했음에도 구시민(*priores*)과 신시민(*posteriores*) 간의 완벽한 통합은 일어나지 않았다. 오히려 아마도 각 분구에는 두 층위가 생겨나게 되었으며, 티티에스 분구, 람네스 분구, 그리고 루크레스 분구 등은 각각 구시민과 신시민의 두 층위로 갈라졌다.

아마도 이런 사정으로 인해 공동체의 사회제도 전반에서 쌍수 형태를 취하고 있는 것으로 보인다. 베스타 신녀들은 세 쌍인데, 각 쌍은 각 분구를, 또 한 쌍의 각 쪽은 구시민과 신시민을 대표하는 것이 분명하다. 모든 골목길마다 쌍으로 세워진 라레스는 추측건대 이런 방식으로 해석될 수 있겠다. 무엇보다 이런 쌍수의 형태를 취한 조직이 군대다. 융합 이후에 세 분구의 각 층위는 각각 100명의 기병대를 구성했다. 이로써 로마 기병대는 600명까지 증편되었으며, 이후 기병 구대장의 숫자도 아마도 셋에서 여섯으로 늘어났을 것이다. 이에 상응하는 보병 증편에 관해서는 전해지는 것이 없지만, 군단을 언제나 두 개씩 소집하는 후대의 관행이 이와 관련되었을 수도 있다. 또한 이런 쌍수 방식의 소집에서, 애초에 그랬을 수도 있는 세 명의 보병 구대장이 아니라 여섯 명의 보병 구대장이 군단을 지휘하는 관행이 생겨났을 수 있다. 이에 상응하는 원로들의 증편은 일어나지 않았다. 300명의 원로원 숫자는 애초에 그렇게 정해진 채로 로마 건국 700년까지 내내 그대로 유지되었다. 이것은 새로 편입된 시민 공동체의 원로들 가운데 상당수가 수용되었을 수도 있다는 점과 모순되지 않는다. 행정조직도 그대로 유지되었다. 융합된 공동체에서도 여전히 왕은 한 명이었으며, 주요 안건의 대리자들, 이른바 수행원들도 그대로 유지되었다.

이로써 보건대 야산 로마 인의 종교 조직은 유지되었으며, 병역에서는 두 배로 늘어난 시민 숫자만큼 병력이 두 배로 증편되었던 반면,

여타의 사항과 관련하여 퀴리날리스 로마와 팔라티움 로마의 융합에서 퀴리날리스 로마가 예속되었다고 하겠다. 팔라티움 출신의 구시민과 퀴리날리스 출신의 신시민 사이에 존재하는 알력을 다시 람네스와 티티에스와 루케레스 분구의 일등 시민과 이등 시민 사이의 알력으로 환원할 수 있다면, 퀴리날리스 출신 시민들은 이등 시민 혹은 열등 시민이라 할 수 있다. 하지만 이런 차별은 법적인 것이 아니라 명예와 관련된 것이었다. 원로원에서 결정투표가 행해진 경우 구시민 출신의 원로들이 먼저 투표하고, 신시민 출신의 원로들이 나중에 투표했다. 마찬가지 방식으로 야산 분구의 시민들은 순위에서 팔라티움 외곽 지역민들보다 후순위였다. 퀴리날리스 마르스 사제는 팔라티움 마르스 사제보다, 퀴리날리스 늑대 사제는 팔라티움 늑대 사제보다 뒤에 위치했다.

  팔라티움 로마가 퀴리날리스 로마를 흡수한 정주 융합은, 람네스 부족과 티티에스 부족과 루케레스 부족의 제1차 정주 융합과 이후 모든 정주 융합의 중간 단계였다. 새로 편입된 시민들은 자신들의 고유 지분을 새로운 융합 공동체에서 유지하지 못했다. 다만 기존 분구에서 일부가 그들에게 할애되었다. 그들의 종교 조직은 그대로 유지되었을 뿐만 아니라, 예를 들어 알바롱가를 편입한 이후에 발생한 일이긴 하지만, 공동체 전체의 종교 조직으로 승격되었는데, 이런 방식의 승격은 이후에는 일어나지 않았다.

시민과 영주민

본질적으로 동일한 두 개의 공동체가 융합된 이런 사건은 기존 공동체의 내부적 개편이라기보다는 오히려 양적 증가를 의미한다. 그런데 이때부터, 점진적으로 진행되었으나 첫 번째 융합보다 훨씬 더 깊은 영향을 남긴 두 번째 융합이 시작된다. 그것은 시민과 영주민의 융합이다. 진작부터 로마 공동체 안에는 시민과 함께 이른바 피호민(*clientes*)이 있었는데, 이들은 각 시민 가족에 귀속된 사람들이었다. 혹은 정치에 참여하지 못한다는 이유에서 그저 상민(*plebs*는 *pleo*, *plenus*에서 유래함)이라고 불리는 사람들이 있었다.[1] 이들은 자유민과 노예 사이의 중간자적 존재였으며, 앞서 언급한 것처럼(제1권 89쪽) 진작부터 로마에 존재하고 있었다.

그러나 이들은 두 가지 이유에서 사실적으로, 그리고 법적으로 공동체 내에서 점차 비중이 커졌음에 틀림없다. 언젠가 공동체에는 노예와 유사하면서 반쪽 자유를 누리는 피호민들이 생겨났을 수 있다. 특히 도시를 정복하고 해체하는 과정에서 왕왕 정복자들에게는 피정복 도시의 시민들을 노예로 처분하지 않고 기존의 자유를 사실적으로 인정하는 것이 오히려 합목적인 것으로 보였다. 그리하여 이들은 공동체의 해방 노예 신분, 혹은 각 씨족의 해방 노예 신분, 혹은 왕에 대해 피호민 신분을 갖게 되었다. 다음으로 시민 공동체와 그 권력은 법적으로는 정당한 주인이 권리를 남용하지 못하도록 영향력을 행사

---

[1] "그는 상민을 지도층과의 피호 관계에 따라 나누었다"(*Habuit plebem in clientelas principum descriptam*)(Cic. rep. 2, 2).

하여 피호민을 보호할 가능성을 갖고 있었다. 이미 아주 오래전부터 로마 국법에 영주민의 권리관계에 출발점이 되는 기본 사항인바, 주인이 유언·소송·인구조사 등 공적인 법률행위를 통해 주인의 권리를 명시적으로 혹은 암묵적으로 포기했을 때, 본인이든 상속자든, 해방노예 개인에게든 그 후손에게든, 이런 포기 행위를 임의로 취소할 수 없는 원칙이 자리 잡았다.

피호민들과 그 후손들은 시민권은 물론 외국인권을 갖고 있지는 않았다. 시민권은 공동체가 공식적으로 이를 수여하는 조치가 필요했고, 외국인권은 로마와 조약을 맺은 다른 공동체 내에서 시민권을 가진 사람이라는 것을 전제로 했다. 피호민과 그 후손에게 허락된 것은 법적 보호를 받을 수 있다는 사실상의 자유였을 뿐, 그들은 형식적으로 여전히 부자유한 상태였다. 따라서 아주 오랜 시간을 두고 계속해서 보호자에 대하여 그들의 재산권 관계는 주인에 대한 노예의 재산권 관계와 다르지 않았다. 따라서 보호자들이 그들의 소송사건에서 그들을 대리할 수밖에 없었다. 이런 사실은 보호자가 필요한 경우에 피호민들에게서 돈을 거두어들였으며, 범법 행위에 대하여 피호민들을 보호막으로 사용할 수도 있었다는 사실과 관련지을 수 있다. 하지만 점차적으로 영주민들은 이런 족쇄에서 벗어나게 되었다. 이들은 자신의 이름을 걸고 수입을 얻고 소비를 했으며, 보호자의 관여 없이 로마 법정에 권리 보호를 요청하고 이를 확보할 수 있었다. 혼인과 상속에서 시민들과의 법적 평등은, 시민이 아닌 부자유민인 이들에 앞서 외국인들에게 시간적으로 먼저 주어졌다(제1권 91쪽). 그러나 이들이 이들만의 영역 내에서 혼인하고, 혼인으로 발생하는 남편 혹은 아버지의 권리관계,

부계와 씨족의 법적 관계, 상속과 후견의 법적 관계를 맺을 때 시민들과 같은 방식으로 이를 구성하는 것을 막을 수는 없었다.

  외국인권에서도 부분적으로 이와 유사한 결과에 이르렀는데, 외국인권에 근거하여 상당 기간 로마에 체류하고 로마에 가족을 꾸린 경우에 그러했다. 이런 관점에서 볼 때 상고시대 이래로 로마에는 상당한 자유주의적 원칙이 지배적이었음이 분명하다고 하겠다. 로마법에서는 상속권의 한정 내지 토지 재산권 제한 등이 존재하지 않았다. 처분권을 갖는 모든 성인 남자에게는 생존 기간 동안 자신의 모든 재산을 무제약적으로 처분할 무한정한 권리가 주어졌다. 그리고 우리가 아는 한 로마 시민들과 거래하는, 심지어 외국인과 피호민을 포함한 모든 사람에게 동산을 획득하는 일, 토지가 일반적으로 개인 재산으로 인정된 이래로 로마에서 부동산을 취득하는 일(몇 가지 제한 사항이 있었지만)은 무제한적으로 허용되었다. 국제 교류에서 그 의미를 찾기 시작한 로마라는 무역 도시에서는 이렇게 영주권이 모든 이에게 주어졌는데, 다른 계급 간의 혼인에서 태어난 자손, 해방 노예, 고향의 시민권을 포기하고 로마로 이주한 외국인에게도 그 권리는 상당한 정도로 무제약적으로 보장되었다.

공동체 외곽에서 살아가는 영주민

처음에는 시민이 실제 보호자였고, 비시민권자는 피보호자였다. 자유로운 정착을 허용하면서 시민권에 폐쇄적인 모든 공동체와 마찬가지로 로마에서도 법적 관계와 사실관계를 조화시키는 일은 점점 더 어려워졌다. 왕래의 증가, 라티움 동맹을 통해 라티움 지방 사람들에게 보장된 토지 소유를 포함한 완벽한 사법적 평등, 번영과 함께 증가한 잦은 노예해방 등은 영주민의 숫자를 시민과 비교도 안 될 만큼 증가시켰다. 또 무력으로 정복되어 로마에 편입된 인근 도시의 시민들의 경우, 로마로 이주하든지 아니면 자신들의 고향에 머물러 있든지 상관없이 고향의 시민권은 로마의 영주권으로 바뀌는 것이 일반적이었다. 더군다나 전쟁은 오로지 시민들만이 부담했다. 따라서 시민권자의 후손은 점차 줄어들었던 반면, 영주민은 전쟁에서 피 한 방울 흘리지 않았음에도 전쟁의 혜택을 나누어 가졌다.

이런 상황에서도 로마 시민권자들이 실제 그다지 급격하게 줄어들지 않았던 것은 놀라운 일이다. 실제 상당 기간 상당수의 로마 시민 공동체가 유지되었는데, 이에 대해 몇몇 외국의 명문 씨족에게 로마 시민권을 부여한 것에서 그 이유를 찾는 것은 어려울 듯싶다. 왜냐하면 외국의 씨족들은 고향을 버리고 혹은 고향이 정복당하여 로마 시민권을 얻긴 했지만, 사실 시민권은 애초에 아주 드물게 부여되었으며, 로마 시민권의 값어치가 증가함에 따라 그나마도 점점 더 어려워졌기 때문이다. 아마도 민사혼의 도입이 점점 더 중요한 의미를 지니게 되었는데, 공찬혼이 아닌 민사혼에 의해 로마 시민에게서 출생한 아이는 공찬혼으로 출생한 아이와 대등한 시민권을 얻었다. 12표법 이전에 이미 로마에서 민사혼은 존재했다.[2] 하지만 로마에 애초에 없

---

[2] 사용혼(*usus*)에 대한 12표법의 규정은 민사혼이 이미 있었다는 것을 분명하게 보여준다. 동시에 민사혼이 아주 오래되었다는 것은 민사혼도 공찬혼과 동일하게 부권(夫權)이 내포되어 있다는

었던 민사혼은 로마 시민권자가 줄어드는 것을 막고자 도입되었을 것으로 보인다. 더불어 각 가족이 후손의 숫자를 크게 유지하려고 이미 오래전부터 도입했던 방법들도(제1권 106쪽) 이런 맥락에서 한몫했다.

영주민의 수는 필연적으로 꾸준히 증가하고 줄어들지 않았으며, 시민권자의 수는 줄어들지 않으면 다행이었다. 그 결과 영주민은 어느새 또 다른, 좀 더 자유로운 지위를 얻게 되었다. 비시민권자는 더 이상 해방 노예 혹은 피보호 외국인만이 아니었다. 전쟁으로 정복당한 여타 라티움 공동체들의 시민권자들이 있었으며, 무엇보다 왕이나 다른 시민들의 피보호자 신분이 아닌, 동맹에 따라 로마에 거주하게 된 라티움 지방 사람들도 포함되었다. 이들은 새로운 고향에서 재산권의 제약을 받지 않고 돈을 벌고 재산을 늘렸으며 시민권자들과 마찬가지로 재산을 아들과 손자에게 유산으로 남겼다. 또한 각 가족에게 예속된 상태는 점차 느슨해졌다. 해방 노예나 이주 외국인의 지위는 국가 내에서 완전히 고립되어 있었지만, 그들의 자식들은 더 이상 그렇지 않았으며, 그들의 손자들은 더욱 그런 것에 구애를 받지 않았고, 이와 함께 보호자와의 관계 또한 점차로 소멸되었다.

초기에 피호민은 오로지 보호자의 중재로만 법적 보호를 받았다. 하지만 후기에 국가가 더욱 강력해지고 씨족과 가족의 중요성은 점차 작아지자, 이에 따라 점점 더 빈번히 피호민은 보호자의 중재 없이 유일한 보호자인 왕에게 손해에 대한 공정한 재판과 배상을 구했음에

점에서 확인할 수 있다(제1권 83쪽). 또 부권 획득과 관련하여 공찬혼과의 차이점은, 공찬혼이 아내 획득과 관련되어 고유한, 법적으로 필수적인 획득 형태인 데 반해 민사혼은 재산 획득과 관련하여 다른 곳에서도 적용되는 일반적인 형태로서 부권(夫權) 취득이 효력을 가지려면 소유권자의 양도 내지 동의가 있어야 한다는 것이다.

틀림없다. 비시민권자들 가운데 상당수를 차지한, 과거 해체된 라티움 공동체의 구성원들은 일반적으로 앞서 언급한 것처럼, 아마도 애초에 왕과 그 외 유력 씨족들의 피호민이 아니었으며, 시민들과 마찬가지로 왕에게 복종했다. 궁극적으로 자발적인 복종에서 출발하여 시민을 통치하는 왕에게는, 예속된 피호민들 가운데서 자신에게 좀 더 긴밀한 복종의 의무를 가진 동료 시민들을 확보하는 것은 환영할 만한 일이었다.

상민

이리하여 시민 공동체 이외에 제2의 공동체가 성장했는데, 피호민으로부터 상민(常民) 공동체가 만들어진 것이다. 이런 명칭의 변화는 중요하다. 사실 법적으로 피호민과 상민은 아무런 차이가 없었지만, 피호민이 정치적 권리를 가진 공동체 구성원에게 예속된 상태를 의미하는 반면 상민은 단순히 정치적 권리의 결여만을 의미하기 때문이다. 특수한 예속의 정서는 사라지고, 정치적 소외의 정서가 자유로운 영주민에게서 나타났다. 하지만 모두를 공정하게 다스리는 왕의 통치만이 정치권을 가진 공동체와 정치권을 갖지 못한 공동체의 정치적 충돌을 막고 있었다.

세르비우스 개혁

두 공동체의 융합을 향한 첫걸음은, 그 대립이 암시하는 듯 보이는 혁명적 수단을 통해 시작된 것은 아니다. 역사 전승을 통해서가 아니라 나중의 제도들로부터 추론을 통해 알 수밖에 없는 시대의 모든 사건이 그러하듯, 세르비우스 툴리우스 왕의 이름으로 알려진 국가 체제 개혁이 어떻게 시작되었는지는 잘 알려져 있지 않다. 하지만 개혁의 핵심을 통해 미루어 보건대, 상민들이 개혁을 요구한 것으로 보이진 않는다. 왜냐하면 새로운 국가 체제에서 상민들은 권리가 아니라 단지 의무만을 갖게 되었기 때문이다. 개혁은 오히려 로마 왕들 가운데 한 명의 지혜 혹은 자신들이 전적으로 부담하고 있는 것의 경감과 비시민권자들의 분담을 요구하는 시민들에게서 비롯되었음이 분명하며, 비시민권자들도 일부 세금, 다시 말해 국가 비상시의 비용(*tributum*)과 부역을, 일부 군 복무를 분담하도록 요구했을 것이다. 이 두 가지가 세르비우스 법에 포함되었지만, 동시에 요구되었다고 보기는 힘들다. 추측건대 비시민권자의 분담은 경제적 부담에서 시작되었을 것이다. 토지 소유자들(*locupletes*) 내지 정주자들(*adsidui*)이 일찍이 이에 해당되었으며 '자식 생산자들'인 무산자들(*proletarii, capite censi*)은 제외되었다. 그 밖에 비시민권자들이 참여한 좀 더 중요한 정치적 분담은 군 복무였다.

군역은 이제 시민이 아닌 토지 소유자들(*tribules*)에게, 시민이든 영주민이든 무관하게 부과되었다. 인적 부담에서 물적 부담으로 전환된 것이다. 세부적으로는 다음과 같은 규정에 따랐다. 18세에서 60세에 이르는 모든 토지 소유 남성은 신분 고하를 막론하고 가부장을 포함하여 그 자식들까지 군역의 의무가 있었다. 그래서 물론 예외적인 경우이지만 만일 해방 노예가 토지를 소유했다면 그도 군역을 져야만 했다. 토지를 소유한 라티움 지방민의 경우(그 밖의 외국인은 로마에서 토지를 소유할 수 없었다), 물론 대부분의 경우 실제 그러했는데 이들이 로마에 거주지를 가졌다면 이들도 군역을 분담했다.

군 복무자들은 소유 토지의 면적에 따라 등급이 나뉘었다. 완전 복무자는 기준 면적을 소유한 자들로서 완전무장을 하고 출전해야 했으며, 그런 한에서 이들은 우선적으로 전투부대(*classis*)로 편성되었다. 기준 면적보다 작은 토지, 다시 말해 기준 면적의 4분의 3, 2분의 1, 4분의 1, 8분의 1의 토지를 소유한 자들은 군역을 분담했으되, 완전무장을 요구받지 않았다. 그래서 이들은 예비부대(*infra classem*)로 편성되었다. 당시 토지 소유에서 완전 복무자가 전체 토지의 반을 갖고 있었으며, 4분의 3, 2분의 1, 4분의 1 토지 소유자들 각각이 전체 토지의 8분의 1씩을 소유했으며, 8분의 1 토지 소유자들이 나머지 8분의 1을 소유했다. 그래서 보병의 경우 완전 복무자 80명에 대하여, 이하 세 계급에서 각 20명과 마지막 계급에서 28명이 징집되는 것으로 굳어졌다.

기병대의 경우도 대체로 이와 유사했다. 기병대는 셋 단위로 하위 부대를 편성했는데, 다른 점은 옛 이름을 가진 기존의 여섯 개 기병 구대는 시민(티티에스 분구·람네스 분구·루크레스 분구 각각의 구시민과 신시민)으로 편성되었으며, 12개의 새로운 예하 기병 부대는 주로 비시민권자로 편성되었다는 것이다. 그 이유는 아마도 당시 보병 부대는 출정할 때마다 신규로 편성되어 종전 후에는 해산되었지만, 기병대는 평상시에도 편성을 유지하여 정규 훈련을 계속했다는 점에서 찾을 수 있다. 이런 훈련은 후기까지 로마 기사 계급의 축제에서 계속 유지되었다.[3] 따라서 기존 기병 구대들은 개혁 이후에도 옛 이름을 계속 유지하게 되었다. 모든 시민이 기병에 들어갈 수 있게 하기 위해, 미혼 여성들과 미성년 고아들은 그들이 토지를 소유하는 한, 복무를 대신하여 기병 개개인(기병 개개인은 두 마리씩 말을 소유했다)에게 말을 제공하고 먹이도 제공했다. 전체적으로 보병 아홉 명에 기병 한 명을 유지했으나, 실제로 기병의 수는 이보다 적었다.

토지 소유자가 아닌 자들(병역의무자의 보조자라는 뜻에서 *adcensi*)은 부대 막일꾼이나 군악대로 편성되었으며, 또한 무장 없이(*velati*) 군대와 함께 행진하다가 전장에서 병력에 공백이 생기면 부상병과 전사자를 대신하여 그들의 무장을 들고 대열에 합류하는 보충병으로 편성되었다.

보병 징집을 위해서 도시는 네 개의 분구(*tribus*)로 나뉘었는데, 그로 인해 옛 세 분구는 적어도 지리적 의미가 사라지게 되었다. 옛 세 분구로는 벨리아를 포함하여 주변 팔라티움 언덕의 팔라티움 분구, 카리나이 지구와 카일리우스 언덕을 포함하여 수부라를 포함하는 수부라 분구, 에스퀼리아이 분구가 있었다. 그리고 카피톨리움과 팔라티움의 '언덕 로마'와 구분하여 '야산 로마'라고 불리는 퀴리날리스 언덕과 비미날리스 언덕을 포함한 야산 분구가 있었다. 앞서 팔라티움과 퀴리날리스의 두 도시로부터 어떤 방식으로 이런 지구들이 생겨나게 되었는지 설명되었지만(제1권 74쪽), 토지 소유 시민 모두가 이 분

---

[3] 같은 이유로 야산 로마 인의 융합 이후 기병대는 통합 징집으로 인해 기병대원의 숫자가 두 배가 되었는 데 반해, 보병은 통합 징집 대신 개별 징집을 통해 보병 부대가 두 배로 되었다.

구들 가운데 하나에 소속되도록 하는 일이 어떻게 진행되었는지는 설명할 수 없다. 하지만 그렇게 소속되었으며, 네 개 분구에는 거의 동일한 수의 남자들이 귀속되었다는 것을 징집 과정에서 동일한 수의 병사들이 차출되었다는 것에서 알 수 있다. 이러한 지구 구획은 우선 토지만을 근거로, 부차적으로 토지 소유자를 기준으로 삼아 전적으로 외적인 요소만을 고려했으며, 이러한 구획에는 어떤 종교적 의미도 전혀 고려되지 않았다. 각 지구마다 상당수의 정체 모를 아르게이 사당이 발견되지만 그렇다고 그 지구들이 종교적 의미를 갖는다고 할 수 없는 것이, 거리마다 라레스 제단을 세웠다고 해서 그 거리가 종교적 의미를 갖지 않기 때문이다.

네 개의 징집 분구 각각은 대략 전체 병력의 4분의 1씩을 담당해야 했으며, 또한 모든 하위 군사 조직에서도 4분의 1씩을 책임져야 했다. 각 보병 부대와 각 기병 부대에는 네 분구에서 징집된 병사들이 같은 비율로 편성되었는데, 이는 공동 복무를 통해 씨족 구분과 지역 차별을 지양하며 무엇보다 평균화된 군인 정신을 고취함으로써 영주민과 시민을 하나로 융합시키려는 것이었다.

복무 가능한 자들은 제1군과 제2군으로 나뉘어 징집되었다. 제1군은 현재 18세에서 46세의 남자로 구성된 '청년' 장병들이었으며 이들은 주로 야전에 활용되었다. 제2군은 '노병'들로서 향토방위에 활용되었다. 보병 군단은 이제 두 배로 증편되었는데(제1권 97쪽) 옛 도리아식으로 병사 6000명이 무장하여 도열한 밀집 방진이었으며, 이는 다시 여섯으로 구분되었는데 중무장 보병 1000명이 선두 대열을 맡았다. 여기에 경무장 보병(*velites*, 제1권 119~120쪽) 2400명이 추가되었다. 밀집 방진의 선두 네 전투부대(classis)는 완전 복무자로 편성되며, 다섯 번째와 여섯 번째 대열에는 부분 복무자의 두 번째와 세 번째 계층에 속하는 약간 덜 무장한 농부들이 배치되었다. 부분 복무자의 네 번째와 다섯 번째 계층에 속하는 사람들은 밀집 방진의 후위에 배치되거나 경무장 보병으로 전투에 참가했다. 이로써 우연히 사고로 밀집 방진에 균열이 생겼을 때 이를 쉽게 채울 수 있도록 했다. 따라서 하나의 보병 군단에는 백인대 84개 혹은 병사 8400명이 있었다. 이 가운데 중무장 보병은 6000명이었는데, 4000명은 완전 복무자 계급에서, 나머지 2000명은 상위의 두 부분 복무자 계급에서 각각 차출되었다. 경무장 보병 2400명 가운데 1000명은 네 번째 부분 복무자 계급에서, 또 1200명은 다섯 번째 부분 복무자 계급에서 차출되었다.

　각 징집 지구에서 군단으로 치면 2100명을, 백인대로 치면 25명의 인원을 제공했다. 이 규모의 보병 군단은 공격 부대였고, 똑같은 규모의 군단이 도시 방어를 위해 후방에 남았다. 따라서 보병 군단의 규모는 1만 6800명에 이르며, 완전 복무자 계급에서 백인대 80개가 만들어졌고, 하위 세 개의 부분 복무자 계급에서 각각 백인대 20개가 만들어졌다. 마지막 부분 복무자 계급에서 백인대 28개가 만들어졌다. 보충병 부대로 백인대 두 개와 막일꾼과 군악대로 백인대 두 개가 있었다. 여기에 말 1800필로 이루어진 기병대가 있었다. 보병 공격 부대에는 단지 전체 기병의 3분의 1만이 배치되었다. 제1군과 제2군을 합하여 로마 군대의 규모는 일반적으로 개혁 이후 거의 2만 명에 육박했다. 이 숫자는 분명 개혁이 이루어진 시점에서 복무 가능자들 가운데 실제 병력의 숫자를 의미했을 것이다. 인구가 증가함에도 백인대의 숫자는 더 이상 늘어나지 않았으며, 다만 차출 정원은 그대로 둔 채 각 복무 계층에서 늘어난 인구만큼 병력은 강화되었다. 이는 흔히 로마에서 정원이 굳어져 법적으로 정해진 인원이 있음에도 이 이상의 구성원을 받아들이는 경우와 마찬가지였다.

인구조사

국가에서는 군대 정비와 더불어 토지 소유에 대한 세심한 감독을 진행했다. 토지대장이 이때 도입되었거나 혹은 좀 더 상세하게 기록되었는데, 토지대장에는 개별 토지 소유자들의 토지와 권리관계와 노예와 가축 등 관련 사항을 기록했다. 공개적으로 증인 앞에서 행해지지 않은 모든 토지 매매·양도 행위는 무효로 간주되었으며 토지대장의 갱신은 매 4년마다 이루어졌는데, 이는 동시에 징집 근거로도 활용되었다. 이렇게 세르비우스의 군대 정비에 따라 공시적 토지 거래 및 토지조사에 관한 법률이 등장했다.

세르비우스 군대 정비의 정치적 효과

이런 제도개혁은 본질적으로 군사적 개혁으로 보였다. 제도 전체를 살펴보아도 백인대에 관한 순전히 군사적 결정 이외의 다른 어떤 결정은 전혀 찾아볼 수 없다. 하지만 이런 일을 고민하는 데 익숙한 사람은 이후의 개혁을 위해 이것이 정치적 목적으로 사용되었다는 것을 어렵지 않게 알 수 있을 것이다. 개연적이지만 아주 오래전부터 60세 이상 된 자를 백인대에서 제외시키는 일은, 백인대 민회가 동민회의 부차적인 혹은 유사한 시민 대표라고 애초 규정된 한에서 큰 문제가 되지 않았을 것이다. 그러나 백인대 개혁이 다만 영주민들을 끌어들여 시민사회의 전투력을 강화하는 데 목적이 있었을지라도 세르비우스 개혁으로 로마에 금권정치가 도입된 것으로 이해하는 데 문제가 없는 한에서 말하자면, 영주민에게 군역을 부가한 새로운 조치는 영주민들의 정치적 지위에도 상당한 영향을 미쳤다. 국가의 기강이 바로 서 있는 한, 병졸이 되어야 한다는 것은 곧 장교가 될 수도 있다는 것을 의미한다. 물어볼 필요도 없이 로마에서는 이제 상민도 백인대장과 구대장으로 임명될 수 있었다. 더 나아가 비록 지금까지 동민회를 통해 대표되던 시민들의 정치적 특수 지위가 백인대 개혁으로 인해 축소되지는 않았다 하더라도, 불가피하게 지금까지 시민이 동민회가 아닌 징집된 시민으로서 행사하던 권리는 이제 시민·영주민 백인대 민회로 넘어가야만 했다.

여전히 백인대 민회는 왕이 공격 전쟁을 시작하기 전에 동의를 구해야 하는 그런 존재였다(제1권 107쪽). 후에 보게 될 백인대 민회의 발전과 관련하여 이렇게 백인대 민회가 공적인 일에 참여하게 되는 단초를 살펴보는 것은 매우 중요하다. 무엇보다 백인대 민회를 통한 이런 권리 획득은, 의도적으로 시도되었다면 얻었을지 모를 그 어떤 것보다 많은 결과를 낳았다. 동민회는 세르비우스 개혁을 전후하여 여전히 본래적 의미에서의 민회로서 왕이 그 의견을 따르지 않을 수 없었던 존재였다. 토지에 기초한 시민이 새로 등장함과 더불어 라티움 연맹 출신의 거주 외국인들은 공식적 공역, 세금과 부역에 참여하는 존재가 되었는데, 이들을 부역민(municipes)이라고 했다. 분구에 속하지 않으며 토지를 소유하지 않고 군 복무와 투표권을 갖지 않는 시민들은 다만 조세 납부의 의무를 가진 자로 간주되었는데, 이들을 속인(aerarii)이라고 했다.

지금까지 공동체 구성원이 두 계급, 즉 시민과 피보호자로 나뉘어 있었다면 이제는 이처럼 세 개의 정치 계급이 확정되었는데, 이는 이후 수백 년 동안 로마 국가 체제가 된다.

언제, 그리고 어떻게 로마의 이런 새로운 군대 조직이 등장했는지에 관해서는 추측만 가능할 뿐이다. 새로운 군대 조직은 우선 네 개의 징집 분구를 전제로 하는데, 즉 개혁이 단행되기 전부터 세르비우스 성벽이 세워져 있어야만 한다. 또 이런 도시 징집 지구는, 완전 복무자 8000명과 그만큼의 부분 복무자 내지 그 아들들을 제공할 수 있으려면 애초의 자연 경계를 현저하게 벗어났음에 틀림없다. 우리는 완전 복무자를 결정하는 기준 면적을 알지 못한다. 하지만 기준 면적을 20모르겐(대략 5만 1064제곱미터)[4] 이하로 볼 수는 없다. 최소 1만 명의

---

[4] 이미 기원전 480년 무렵에 7모르겐(1만 7872제곱미터)의 토지 소유자는 땅을 적게 가진 사람으로 등장한다(발레리우스 막시무스 3, 3, 5. 콜루멜라 《농장에 관하여》 서문, 14, 1, 3, 11. 플리니우스 《박물지》 18, 3, 18. 14모르겐(3만 5745제곱미터)의 면적 언급 : Ps. Aur. Vict. 33. 플루타르코스 《왕과 장군에 관한 격언집》 뒤프너 판, 235쪽. 이에 따르면 플루타르코스 《카시우스 전기》 2장의 내용은 정정되어야 한다.)

독일의 상황도 같은 결과를 보여준다. 유게룸과 모르겐은 원래 둘 다 면적의 단위보다는 오히려 노동의 단위 같은 것으로 여겨졌다. 독일의 농장이 일반적으로 30모르겐(약 7만 6596제곱미터), 드물지 않게 20모르겐(약 5만 1064제곱미터) 혹은 40모르겐(약 10만 2128제곱미터)으로 구성되고, 최소한 앵글로색슨의 소규모 농장이 그 10분의 1이라고 할 때, 기후의 다양성과 2

완전 복무자가 있었을 것으로 계산한다면, 이는 495제곱킬로미터의 농지에 해당한다. 또 목초지와 주거지와 미개간지 등을 적절히 고려할 때 개혁이 단행된 시점에 로마의 영토는 최소한 1100제곱킬로미터 혹은 그 이상이었을 것이 분명하다.

전승을 토대로 할 때 복무 가능 토지 소유자의 수는 8만 4000명이었음에 틀림없다. 세르비우스 왕의 첫 인구조사 때 이렇게 계수되었다고 전한다. 하지만 지도를 보면 이 숫자는 믿기 어려운 숫자임을 알 수 있다. 이 숫자는 신빙성이 높지 않은 그저 추측일 뿐이다. 보병의 평소 정원인 1만 6800명에 대하여 평균적으로 가족을 다섯 명으로 잡을 때 8만 4000명이라는 숫자가 만들어지는데, 이를 복무 가능자의 숫자와 혼동한 것이다. 좀 더 평균적으로 계산해도 단위 농장 1만 6000개와 복무 가능자 약 2만 명, 그 세 배에 이르는 여자와 어린이와 노인 및 비거주자와 노예를 포함하는 주민이 거주할 토지에 있어, 세르비우스 개혁 이전에 티베리스 강과 아니오 강 사이의 지역뿐만이 아니라 알바롱가 지역이 정복되었다는 것을 전제로 하며 전설 또한 이와 일치한다. 시민과 상민의 비율이 군대 내에서 병사 숫자와 관련하여 어떠했는지는 아직도 연구된 바 없다.

전체적으로 다음의 사실은 분명하다. 세르비우스 제도는 계급투쟁에서 시작된 것이 아니라 오히려 뤼쿠르고스, 솔론, 잘레우코스 같은 개혁 입법자의 흔적이 역력하다. 한편으로 이 제도는 희랍의 영향하에 생겨났다는 것이다. 하지만 몇몇 유추는 오류일 가능성이 있는데,

---

모르겐 크기의 로마 세습 농장을 고려했을 때 20모르겐이 로마 기준 면적이라는 가정은 적절해 보인다. 단지, 이에 대한 전승이 우리를 혼란스럽게 만드는 것은 유감스러운 일이다.

예를 들어 코린토스에서도 기병대 소속 말의 먹이를 과부와 고아가 담당했다는 사실로부터 나온 잘못된 유추는 이미 옛사람들이 행한 것이다. 희랍 중무장 보병의 무기와 진영 구축 방법의 차용은 결코 우연한 일이 아니었다. 로마 건국 200년 뒤에 희랍 국가들이 남부 이탈리아에 순수한 혈족 체제로부터 재산 소유자들에게 무게를 실어주는 방향으로 변화했다는 사실을 고려한다면,[5] 우리는 여기서 세르비우스 개혁의 출발점을 보게 된다. 그것은 본질적으로 똑같은 기본 사상에서 출발하며 엄격한 왕정 체제를 구축했던 로마가 이로부터 벗어나게 되는 그런 체제 개혁이었다.

---

[5] 또한 이른바 세르비우스 체제와 아티카의 거류 외국인에 대한 처우 방법 사이에 유사성이 나타나는 것은 당연하다. 로마와 마찬가지로 아테네도 비교적 일찍 영주민에게 문호를 개방했고 조세를 똑같이 부담시켰다. 도시 집중화와 도시 발전을 통해 양자의 직접적인 유사성이 나타남에 따라 도처에서 동일한 결과가 나오는 것은 당연하다.

제7장
라티움 지방에서 로마의 패권

로마의 영토 확대

이탈리아 사람들 가운데 과감하고 열정적인 축에 속하는 민족에게 대내외적으로 갈등이 없었던 적이 없었다. 지역 번영과 문화 발전과 함께 갈등이 점차 전쟁으로, 약탈이 정복으로 변화되었으며, 정치권력이 형성되기 시작했음에 틀림없다. 아이들이 놀이와 장난을 통해 어른으로 성장하듯, 초기의 갈등과 약탈 가운데 민족의 성격이 형성되고 표출되었는데, 우리에게 이에 관해 전해주는 이탈리아의 호메로스는 존재하지 않는다. 더불어 라티움 부족 간의 권력관계가 외형적으로 어떻게 발전했는지를 다만 대략적인 정도만이라도 전해줄 역사적 전거 또한 남아 있지 않다. 기껏해야 로마에 관해 그들의 권력과 영토 확장을 대략적으로만 추적할 수 있을 뿐이다.

확인된 것으로 로마의 가장 오래된 국경에 관해서는 앞서 언급했는데(제1권 67쪽), 국경은 로마의 도심으로부터 육로를 따라 평균적으로 약 7.4킬로미터 정도 떨어진 곳에 위치하며 유일하게 해안 쪽으로는 22킬로미터 이상 떨어진 티베리스 강 하구(오스티아)까지 뻗어 있었다. 스트라본은 옛날의 로마를 묘사하는 가운데 "크고 작은 부족들이 새로운 도읍을 둘러싸고 있으며, 이들 가운데 일부는 독립된 지역에 거주했으며 부족 연맹에 종속되어 있지 않았다"라고 적고 있다. 이는 초기 로마의 국경 확장이 벌써 동족의 공동체를 넘어서고 있음을 시사하는 것이다.

아니오·알바롱가의 영토

티베리스 강 상류, 그리고 티베리스 강과 아니오 강 사이에 위치한 라티움 공동체들로 안테나이, 크루스투메리움, 피쿨네아, 메둘리아, 카이니나, 코르니쿨룸, 카메리아, 콜라티아 등이 있다. 이들은 로마와 가장 가깝고 긴밀하게 접촉한 공동체들로, 이미 이른 시기에 로마의 무력으로 인해 녹립성을 상실한 것으로 보인다. 이 지역에서 나중에 오로지 노멘툼만이 독립된 공동체로 남았는데, 이들은 로마와 연맹을 맺음으로써 자유를 지켰을 것이다. 에트루리아에서 다리 건너 티베리스 강 좌안에 위치한 피데나이를 차지하기 위해 라티움과 에트루리아는, 다시 말해 로마 인들과 베이이 사람들은 갈등을 벌였다. 아니오 강과 알바롱가 사이에 위치한 평야에 살던 가비이 사람들과의 갈등은 오랜 기간 팽팽히 균형을 유지했다. 아주 나중까지 계속해서 가비이 사람들의 의복은 전투복의 대명사로 쓰였으며 가비이 공동체는 적국의 원형이 되었다.[1] 이들을 점령함으로써 로마의 영토는 약 495제곱킬로미터까지 확장되었다.

이런 아련한 전쟁들보다 훨씬 생생하게, 비록 신화의 껍데기를 쓰고 있긴 하지만, 후대의 기억 속에 남아 있는 로마 인들의 또 다른 옛 전쟁이 있다. 이로 인해 다름 아닌 알바롱가, 라티움 지방의 아주 오래된 거대도시가 로마 인들에 의해 점령되고 파괴되었다. 어떻게 전쟁이 시작되었으며 어떻게 진행되어 판가름 났는지에 관해서는 전해지지 않는다. 로마의 세쌍둥이와 알바롱가의 세쌍둥이가 전투를 벌였다는 이야기는 다름 아니라 아주 가까운 친척뻘의 두 거대 권력이 벌였던 전쟁을 의인화한 것이다. 적어도 로마 인들은 세 부족의 융합체였다. 우리가 아는 것은 그저 로마가 알바롱가를 정복했고 파괴했다는 사실이 전부다.[2]

---

[1] 가비이 사람들과 피데나이 사람들에 대한 저주의 문구들 또한 인상적이다(Macr. *Sat.* 3, 9). 하지만 이 도시들에 대한 실제 역사적 도시 파괴, 예를 들어 베이이·카르타고·프레겔라이 사람들에게서 실제 벌어졌던 것과 같은 것은 어디에서도 증명되지 않았으며 개연성이 많이 떨어진다. 아마도 앞의 두 적대적 도시에 대한 오래된 저주의 문구가 만들어져 나중에 호고적(好古的) 인사들에 의해 역사적 자료로 간주되었던 것으로 보인다.

[2] 최근 제기되어 주목받는 것으로, 알바롱가를 파괴한 것이 실제 로마인지에 관한 의문은 사실 아무런 근거도 없는 것으로 보인다. 알바롱가의 파괴를 조목조목 묘사한 보고는 전혀 개연적이지도 가능하지도 않은 주장의 연속이라고 보는 것이 옳다. 이것들은 신화 속에 엮어 들어간 역사적 사실에 관한 것들이라고 하겠다. 알바롱가와 로마의 전쟁에서 다른 라티움 지방 공동체가 어떤 태도를 취했는지에 관한 물음에 우리는 어떤 답도 줄 수 없다. 질문 자체가 잘못되었기 때문이다. 라티움 지방 동맹체가 두 라티움 지방 공동체 사이에 벌어진 개별 전쟁을 절대적으로 금지했다는 것은 증명된 바 없다(제1권 58쪽). 알바롱가의 상당수 가문이 로마의 시민 공동체에 수용되었다는 것은 로마가 알바롱가를 파괴했다는 것과 전혀 모순되지 않는다. 카푸아에 로마를 지지하는 세력이 있었던 것처럼 왜 알바롱가에 로마 지지 세력이 없었겠는가? 로마가 종교적으로나 정치적으로 알바롱가의 계승자가 되었다는 것은 결정적인 정황이라고 하겠다. 계승

물론 단순히 추측에 머무는 수준이지만 로마가 아니오 강과 알바롱가를 점령했던 같은 시기에, 나중까지 인근 여덟 개 공동체의 대표자였던 프라이네스테·티부르 등 다른 라티움 공동체들도 마찬가지로 자신들의 영토를 확장했으며 이후 상대적으로 강력한 권력을 다졌을 것이다.

초기 정복지에 대한 처분

전쟁사보다 우리의 관심을 끄는 것은 이런 라티움 지방 초기 정복이 갖는 법적 성격과 법적 결과에 대한 보고다. 여기서 대체로 의심할 바 없이 분명한 것은, 앞서 세 개의 로마 부족이 그랬던 것처럼 동일한 정주 융합 방식에 따라 정복이 이루어졌다는 점이다. 다만 다른 점은 앞선 최초 정주 융합의 세 부족과는 달리 이렇게 무력을 통해 병합된 공동체들은 공동체의 한 분구로서 상대적 독립성을 유지한 것이 아니라, 완벽할 정도로 흔적 없이 나뉘어 흡수되었다는 것이다(제1권 142~143쪽). 라티움 공동체의 패권이 유지되는 한에서 라티움 공동체는 아주 오랜 옛날부터 결코 자신의 주요 거점을 벗어난 곳에 다른 정치적 중심지를 조성하지 않았으며, 독립적인 정주지를 마련하지도 않았다. 페니키아 사람들과 희랍 사람들이 그렇게 식민 도시를 세워 그곳에 장차 모국의 견제 세력이 될지도 모를, 잠정적으로는 피호 도시를 건설했던 것과는 전혀 다른 방식이었다.

자로서의 권리는 개별 씨족들의 이주가 아니라 다만 알바롱가의 정복에 의해 확인되었다.

이와 관련하여 아주 흥미로운 것은 로마가 오스티아에 대해 취한 태도다. 사실상 도시가 오스티아에 생겨나는 것을 누구도 반대하거나 막지 않았으며, 다만 그곳에 정치적 독립을 허용하지 않았다. 그리하여 오스티아 거주자들에게는 오스티아의 시민권을 인정하지 않고, 기존에 시민권을 갖고 있는 자들에 한하여 로마 시민권을 부여했다.[3] 이런 기본 원칙에 따라 이후 무력에 의해 혹은 자발적인 복속에 의해 병합된 공동체들의 운명이 결정되었다. 복속 공동체의 요새는 철거되었으며, 이들의 국경은 정복자의 국경에 병합되었으며, 복속 공동체의 수호신들과 백성들은 정복자의 주요 거점에서 새로운 고향을 마련했다. 이러한 이주가 흔히 오리엔트 지역에서 볼 수 있는 예에서처럼 무조건 복속민들에 대한 형식적 이주라고 이해되어서는 안 된다. 라티움 도시들은 당시 요새와 농부들의 주말 장터 이상이 아니었다. 일반적으로 시장 등 유통 공간을 새로운 거점으로 이주시키는 것으로 충분했다. 신전 건물 자체는 왕왕 옛 자리에 그대로 두었다는 것을 알바롱가와 카이니나의 예를 통해 확인할 수 있는데, 이 도시들에서는 파괴 이후에도 여전히 일종의 유사 종교 행사가 그대로 보존되었음이 분명하다. 공동체의 요새가 파괴되고 나면 토지 소유자들의 실질적 이주가 필요함에도, 농지 경작을 고려하여 토지 소유자들에게 종종 옛 시장이 있던 마을에 요새를 마련하지 않고 거주하는 것을 허용하기도 했다. 드물지 않게 복속민 전체 혹은 일부를 정복자의 주요 거점에 정착시킬 필요가 있었음이, 라티움의 신화시대에 만들어

---

[3] 여기서 해상 및 육상 식민지(*colonia civium Romanorum*)에 대한 법적 개념이 발전한다. 다시 말해 실제적으로는 독립되었으나 법적으로는 종속되어 제 뜻대로 할 수 없는 공동체의 개념이 등장한다. 이 공동체는 아들의 재산이 가부장의 재산에 속하듯 이와 유사한 관계를 모국에 대하여 취하며, 지속적으로 복무를 한다고 여겨 로마 군단 복무를 감면받았다.

진 그 어떤 이야기보다 훌륭하게 다음과 같은 로마법 조항을 통해 증명된다. 영토를 넓힌 사람만이 오로지 '시 외곽 성역'(pomerium)을 확장시킬 권리를 가진다는 조항이 바로 그것이다. 당연히 복속민들은 이주와 상관없이 일반적으로 피호민의 신분을 갖게 되었다.[4]

물론 몇몇 씨족에게는 시민권이 선사되었다. 황제정 시대에도 아직, 고향의 파괴 이후 로마에 편입된 알바롱가계 씨족을 확인할 수 있다. 율리우스 씨족, 세르빌리우스 씨족, 퀸크틸리우스 씨족, 클로일리우스 씨족, 게가니우스 씨족, 쿠리아티우스 씨족, 메틸리우스 씨족 등이다. 이들이 고향을 기리도록 하기 위해 고향 알바롱가의 신전들은 그대로 유지되었으며, 그 가운데 보빌라이에 있던 율리우스 씨족 신전은 황제기에 다시 웅장한 모습을 갖추었다.

작은 여러 공동체를 거대도시로 집중시키는 일은 물론 로마만의 독특한 생각은 아니었다. 라티움과 사비눔의 발전이 민족적 중앙 집중과 지역적 독립의 대립적 긴장 사이에서 진행된 것처럼, 희랍에서도 이와 동일한 방식으로 발전이 이루어졌다. 라티움의 로마에서뿐만 아니라 아티카의 아테네에서도 여러 공동체가 하나의 국가로 융합되는 현상이 일어났다. 철학자 탈레스가 위기에 처한 이오니아 도시 연맹에 대하여 그늘 민족의 독립을 유지할 수 있는 유일한 방법으로 이러한 융합을 제시했다. 이런 공통된 생각을 이탈리아 반도의 어떤 공동체들보

---

[4] 12표법의 다음 규정은 분명 이것과 연관되어 있다. "*Nex[i mancipiique] forti sanatique idem ius esto*(충성한 자와 회심한 자는 사법적 관계에 있어 평등하다)." 이와 관련하여 라티움 동맹을 관련지을 수는 없다. 왜냐하면 라티움 동맹에 속하는 공동체의 법적 지위는 라티움 동맹에 의해 규정되는바, 12표법은 다만 일반적으로 국내법에 해당하기 때문이다. *sanates*는 *Latini prisci cives Romani*를 가리키는데, 로마 인에 의해 상민 신분으로 강제 편입된 라티움 공동체를 의미한다.

다 성공적으로, 그리고 진지하게 유익한 방향으로 받아들인 공동체가 바로 로마였다. 희랍에서 아테네의 지배적 위치는 일찍이 이루어진 중앙 집중의 결과라고 할 때, 로마도 거대 제국을 이룩하는 데에서 중앙 집중 체제를 훨씬 더 적극적으로 수용한 덕을 보았다고 하겠다.

기본적으로 로마의 라티움 정복을 동질적인 인접 지역 및 공동체로의 확장으로 이해할 수 있다면, 알바롱가에 대한 복속은 매우 특별한 의미를 지닌다. 신화에 알바롱가의 복속이 매우 특별하게 부각되어 있는데, 그것은 알바롱가가 지배한 상당한 영토와 일정한 국부 때문만은 아니었다. 알바롱가는 라티움 연맹의 거점 도시였으며 30개의 연맹 도시를 거느린 대표 도시였다. 알바롱가의 파괴와 함께 연맹체는 붕괴되었지만, 그 붕괴의 정도는 테베의 파괴 이후 보이오티아 연맹체가 붕괴되었을 때와는 달랐다.[5] 전쟁과 관련된 라티움 법률의 엄격한 사권(私權)적 성격에 부합하여 로마는 이제 알바롱가의 권리를 계승한 후계사로서 연맹체에 대한 권리를 주장하게 되었다. 이런 권리 주장을 어느 공동체가 먼저 수긍했는지 누가 나중에 받아들였는지에 관해서 우리는 언급할 수 없다. 일반적으로 라티움에 대한 로마의 패권이 즉각적으로 인정받고 관철되었던 것으로 보인다. 물론 몇몇 공동체, 예를 들어 라비키 사람들과 특히 가비이 사람들은 상당 기간 이를 거부했던 것으로 보인다. 벌써 이때부터 로마는 육지 세력이라기보다는 해양 세력, 촌락이라기보다는 도시, 연맹체라기보다는 단일국가였던

---

[5] 알바롱가의 영토 한 부분에 보빌라이 공동체가 만들어져 알바롱가 당시에 자치 독립 라티움 지방 도시들 가운데 하나가 되었던 것으로 보인다. 보빌라이 공동체가 알바롱가에서 유래한다는 것을 율리우스 씨족과 *Albani Longani Bovillenses*라는 그들의 이름에서 알 수 있다(Orelli-Henzen 119, 2252, 6019). 그들의 자치권은 디오뉘시오스(5, 61)와 키케로(Planc, 9, 23)를 보라.

것으로 보인다. 벌써 이때부터 로마를 통해 라티움 사람들은 카르타고·희랍·에트루리아 사람들에 대항하여 해안을 방어했으며, 호전적인 사비눔 사람들에 대항하여 국경을 수호하고 확장할 수 있었다.

알바롱가를 점령함으로써 로마가 획득한 물질적 성장이 안템나이나 콜라티아의 합병으로 얻어진 무력의 성장에 비해 규모가 컸는지에 관해서는 단정적으로 말할 수 없다. 로마가 알바롱가를 정복함으로써 비로소 라티움에서 가장 강력한 공동체가 된 것은 아니며 이미 오래 전부터 그랬을 가능성이 크다. 하지만 알바롱가를 손에 넣음으로써 로마는 라티움의 대표가 되었으며, 이로써 장차 로마가 전체 라티움 동맹에 대해 패권을 장악할 기반이 다져졌다고 하겠다. 이런 결정적인 사건을 가능한 한 좀 더 정확하게 살펴보는 것은 중요하다.

로마와 라티움의 관계

라티움에 대한 로마의 패권 형태는 대체로 로마 공동체와 라티움 동맹 간 대등한 연합이었다. 이로써 전 지역에 영원한 평화가 찾아왔고 공격과 방어를 위한 영원한 연합체가 만들어졌다. "천지가 계속되는 한 로마와 모든 라티움 공동체 사이에 평화가 있으리라. 서로 전쟁하지 말고, 적들을 본토로 들이지 말 것이며, 적들의 진로를 허락하지 말라. 공격당하는 자에게 모두 손을 합해 도움을 주도록 하라. 함께 싸워 획득한 것은 동등하게 나누도록 하라." 상거래와 신용, 그리고 상속 등과 관련하여 명시된 대등함은 언어와 풍습의 동일함으로 인해 이미 하나였던 공동체들을 수많은 상거래 관계를 통해 더욱 견고하게 결합시켰는데, 이는 오늘날로 치자면 관세장벽 폐지에 준하는 것이다.

물론 각 공동체는 형식상 각자의 법을 갖고 있었으며, 동맹시 전쟁 때까지 라티움 지방법은 로마법과 완전히 일치하지는 않았다. 예를 들면 로마에서는 약혼에 대해 강제이행을 청구하는 것이 초기에 이미 폐지되었지만, 라티움 공동체에는 남아 있었다. 하지만 라티움 지방법의 단순하고 대중적인 발전으로 인해, 그리고 가능한 한 법률적 동질성을 확보하려는 노력으로 인해 결국 사권(私權)이 라티움 전체에 걸쳐 내용과 형식상 근본적으로 같게 되었다. 법률적 동질성은 시민 개인의 자유 침해와 회복 규정에서 극명하게 드러났다. 라티움 부족의 옛 법조문에 따르면 시민은 그가 시민권을 가진 나라에서 노예가 되거나 시민권을 상실할 수 없었다. 따라서 만일 시민이 자유, 즉 시민권을 상실하는 형벌을 받아야만 한다면 그는 반드시 추방되어 영토 밖에서 노예가 되어야만 했다. 이런 법문은 연합의 모든 지역에 확장되었고, 연맹의 어떤 시민도 라티움 연합 안에서 노예로 살 수 없었다. 이런 원칙이 적용된 사례들이 12표법의 법규 안에 나타나는데, 지급불능의 채무자를 채권자가 노예로 팔기 원한다면 반드시 티베리스 강 건너, 그러니까 라티움 동맹 밖에서 팔아야 한다. 로마와 카르타고의 제2차 조약에도 카르타고가 잡은 포로가 로마 연합의 시민이라면 어디든 로마의 항구에 발을 딛자마자 자유를 회복한다는 조항이 보인다. 비록 연합 내의 일반적 통혼이 아직 없었을지는 모르지만, 앞서 언급한 것처럼(제1권 80쪽) 공동체 간의 통혼은 종종 있었다.

모든 라티움 지방인은 우선 오로지 시민으로 등록된 곳에서만 정치권을 행사할 수 있었지만, 라티움 지방 내의 어디에서든 거주할 수 있는 대등한 권리를 갖고 있었다. 오늘날의 용어로 말하자면 개별 공동체의 특수 시민권 이외에 거주 이전에 관한 보편적인 연맹법이 존재했다. 상민들이 로마에서 시민으로 인정된 이후 이 권리는 로마에서는 훨씬 더 크게 확대되었다. 이것은 라티움 지방에서 유일하게 도시적 교류와 도시적 직업과 도시적 오락을 제공했던 수도 로마에 유리하게 작용했다. 라티움 지방이 로마와 영원한 평화를 누리게 된 이래로 로마 인구가 폭발적으로 성장한 것은 이로써 충분히 설명된다.

체제와 행정에 있어서 몇몇 공동체는 연맹 의무를 저버리지 않는 조건으로 자치와 독립을 유지했다. 좀 더 중요한 것은 30개 공동체의 연맹이 한 단위로 로마에 대하여 자치권을 갖고 있었다는 점이다. 연맹에서 알바롱가의 지위가 로마보다 더 상위에 있었다든가, 연맹 공동체들이 알바롱가의 붕괴 이후 자치권을 얻게 되었다든가 하는 주장이 힘을 얻으려면, 알바롱가가 원래 동맹의 일원이었으며 로마는 연맹의 일원이라기보다 연맹에 대하여 독립국가의 지위를 지녔음이 분명한 경우에만 가능한 일이다. 예를 들어 독일제국의 소국들이 한 사람에게 종속되어 있었고 형식적으로 라인 연맹은 자치권을 갖고 있었던 것처럼, 실제 알바롱가의 통치권은 독일 황제와 마찬가지로 명예직이었고 로마의 섭정이 나폴레옹의 섭정과 마찬가지로 명령권이었을 수도 있다(제1권 92쪽). 사실 알바롱가가 연맹 회의의 의장국이었던 것으로 보인다. 반면 로마는 겉보기에는 자체적으로 선택한 지도자의 지도하에 라티움 대표들이 자문단을 구성하도록 했고, 스스로는 로마와 라티움의 동맹 축제에서 명예 대표를 맡는 일에 만족했고, 다만 연맹의 제2 성소인 디아나 신전을 로마 아벤티누스 언덕에 건립하게 했는바 제물은 로마와 라티움에서 로마와 라티움을 위해 바쳐졌던 것이다. 라티움과의 조약을 통해 로마가 어떤 라티움 공동체와도 특별한 동맹을 맺지 않도록 의무를 지우는 것—이런 조항에서 강력한 지배 공동체에 대한 동맹의 우려는 충분한 근거를 갖고 있음이 확인된다—은 적잖이 동맹의 이익과 관련되어 있었다.

군사에 있어 로마의 위치는 내부에서가 아니라 라티움과의 관계에서 극명하게 드러난다. 연합 병력은, 후기 징집 방식에서 분명히 알 수 있듯, 동일한 전투력을 가진 로마 부대와 라티움 부대로 편성되었다. 총사령관은 계속해서 로마 장군들이 맡았다. 해마다 라티움 부대는 로마의 성문 앞에 출두해야만 했고 그곳에 모여, 앞서 라티움 연맹 의회로부터 위임을 받은 로마 인들이 조점을 통해 신들의 동의를 확인하고 선출한 사령관을 환호하여 자신들의 지휘관으로 받들었다. 전쟁에서 획득된 토지와 재산은 로마 인의 평가에 따라 연맹 구성원들에게 분배되었다.

외부와의 접촉에서 로마만이 로마·라티움 연맹을 대표했다고 주장할 수 없다. 연맹 규정은 로마 또는 연맹 구성원들이 각자 자신들의 이익에 따라 침략 전쟁을 시작하는 것을 금하지 않았다. 만일 연맹 결의에 따라 또는 방어를 위해 연맹이 전쟁을 결의한 경우 라티움 연맹회의도 전쟁의 수행과 종결에 합법적으로 관여할 수 있었다. 실제로 로마는 당시 패권을 지녔음에 틀림없다. 왜냐하면 단일국가와 연맹국가가 지속적인 동맹 관계를 맺을 경우 흔히 무게중심은 전자에 놓이기 때문이다.

알바롱가 몰락 이후 로마의 확장

알바롱가의 몰락 이후 이제 비교적 중요한 지역의 맹주이자 아마도 라티움 연맹의 수장이 된 로마가 어떻게 인접 지역으로 영토를 확장시켰는지 우리는 더 이상 추적할 수 없다. 피데나이를 차지하고자 에트루리아 인들, 특히 베이이 인들과의 싸움이 끊이지 않았다. 이로 미루어 볼 때 로마 인들이 로마로부터 대략 7.5킬로미터 밖 라티움 연안의 에트루리아 전초기지를 상당 기간 손에 넣고 이 위협적인 공격기지에서 베이이 사람들을 몰아냈을 것 같지는 않다. 하지만 로마 인들은 야니쿨룸 언덕과 티베리스 하구의 양안을 차지한 것으로 보인다. 사비눔 사람들과 아이퀴 사람들에 비해 로마가 우월한 지위를 가진 것으로 보인다. 좀 더 멀리 떨어진 헤르니키 사람들은 나중에는 매우 가까운 관계로 발전하는데, 이들과의 관계는 최소한 왕정기에 시작되었으며, 라티움 연맹과 헤르니키 사람들은 그들 동쪽의 이웃들을 양쪽에서 압박했다. 계속적인 분쟁 지역은 남쪽 국경 지대였는데, 루툴리 사람들의 지역과 특히 볼스키 사람들의 지역이었다.

이런 방향으로 라티움 영토는 확장되었다. 여기서 우리는 우선 로마와 라티움에 의해 적진에 건설되어 자치 정부를 이룬 라티움 연맹 도시들을 발견하는데, 이들을 일컬어 라티움 식민 도시라고 한다. 식민 도시들 가운데 가장 오래된 도시는 왕정기까지 거슬러 올라가는 것으로 보인다. 왕정 말기 로마 권력 아래에서 영토가 어디까지 확장되었는지는 확정해서 말할 수 없다. 인접한 라티움 공동체들과 볼스키 공동체들의 다툼에 관해 언급한 왕정기의 연보들은 충분하다 못해 너무 많다. 하지만 이 가운데 아마도 폼프티누스 평원의 수에사를 점령한 기록 정도만이 역사적인 사실을 포함하고 있을 것으로 보인다. 왕정기에 로마가 정치적 토대를 마련했을 뿐만 아니라 대외적으로 패권의 기초를 수립했다는 것은 의심할 수 없다. 라티움 동맹의 일원이 아니라 라티움 동맹을 넘어서는 로마의 지위는 공화정 초기에 이미 공고히 굳어져 있었는데, 왕정기에 이미 외부를 향한 패권 확장의 기세가 두드러졌음을 알 수 있다. 분명 이 시기의 위대한 업적과 적잖은 성과는 지금은 잊혔지만, 그 영광은 로마 왕정기에 빛나고 있었으며 타르퀴니우스의 왕궁에는 멀리 석양처럼 아련하게나마 드리워 있었다.

수도 로마의 확장 : 세르비우스 성곽

라티움 부족이 로마의 지도 아래 통일됨에 따라 영토는 동서로 확장되었다. 로마는 행운과 시민의 능력에 힘입어 분주한 상업 및 농업 도시에서 번성하는 지역의 강력한 중심 도시로 변모했다. 로마 공동체의 이런 내적 변화와 밀접하게 연관을 맺고 있는 것이, 우리가 세르비우스 국가 체제라고 부르는 군대 개편과 그 중심에 놓인 정치 개혁이다. 외적으로도 로마의 성격은 풍부한 자금의 유입, 높아지는 사회적 요구 및 확장된 정치적 지평으로 인해 변모되었다. 퀴리날리스 공동체와 팔라티움 공동체의 융합은, 이른바 세르비우스 개혁이 시작되었을 때 이미 마무리되었음에 틀림없다. 이런 개혁 가운데 시민 군대는 강력하고 통일된 모습을 갖추게 되었다. 이로써 시민들은 예전처럼 개별 언덕마다 수많은 주거지를 건설하여 언덕별로 제각각 성채를 형성하는 데만 머물 수는 없었으며, 또 예를 들어 티베리스 강의 유수를 통제하기 위해 하중도와 맞은편 강둑을 차지하는 것으로 만족할 수 없었다. 라티움의 수도는 또 다른 완벽한 방어 체계를 요구했고, 세르비우스 성곽을 건설하기에 이른다.

하나로 이어진 새로운 성곽은 아벤티누스 아래 강가에서 시작하여 아벤티누스 언덕을 감싸 안고 있다. 최근(1855년) 이 언덕의 두 장소에서 발굴이 이루어졌는데, 한 장소는 언덕 서쪽 자락의 강가이며 다른 장소는 반대편 동쪽 자락이다. 여기서 웅장했던 성곽의 거대한 유적이 드러났다. 이 유적은 알라트리(Alatri) 성곽과 페렌티노(Ferentino) 성곽 정도의 높이로, 정사각형으로 잘린 거대한 응회암 벽돌을 쌓아 올린 것이다. 강력했던 시대를 증명하기 위해 무덤에서 되살아난 것처럼 사라지지 않고 남아 있는데, 사실 그 시대의 정신적 업적은 이 건축물보다 더 많은 영향을 끼쳤으며 앞으로도 영원히 이어질 것이다.

또한 이 성곽은 카일리우스 언덕을 감싸고 있으며, 에스퀼리아이와 비미날리스와 퀴리날리스 지역 전체를 안고 있다. 여기서도 최근(1862년) 성곽 구조물이 대규모로 세상에 모습을 드러냈는데, 바깥쪽은 회색 응회암 성벽을 두르고 해자를 파서 방어하고 있으며, 안쪽은 흙으로 도심을 향해 경사진 거대한 둔덕을 쌓아 올린 형태로 오늘날까지도 위풍당당하다. 이 성곽은 천혜의 요새가 가진 단점을 보강한 것으로, 여기서 카피톨리움 언덕으로 이어진다. 마르스 연병장을 마주 보는 카피톨리움 절벽은 도시 성곽의 일부를 이룬다. 이 성곽은 하중도 상류 부근에서 다시 티베리스 강을 만난다. 티베리스의 하중도는 물론 말뚝다리와 야니쿨룸 언덕은 도시에 속한 지역은 아니었다. 하지만 야니쿨룸 언덕에는 아마도 따로 방벽을 설치했을지도 모른다.

지금까지 팔라티움 언덕이 성채 역할을 해왔다면, 이제는 카피톨리움 언덕에 수도의 중요 건축물들이 들어섰다. 그리고 사방으로 뚫려 있고 적절한 크기로 방어에 용이한 타르페이아 언덕이 새로운 성채(*arx, capitolium*)가 되어,[6] 세심한 주의를 기울여 건설한 지하 우물(*Tullianum*), 국고(*aerarium*), 감옥이자 옛 집회 장소(*area Capitolina*) 등이 들어섰다. 맨 마지막 장소에서는 이후에도 계속해서 음력의 매월이 바뀌었음을 선포하는 의식이 거행되었다. 상시적 개인 주거지가 들어서지는 않았다.[7] 카피톨리움 언덕의 두 봉우리 사이의 공간은 복수의 신(*Ve-diovis*)에게 바쳐진 신전 혹은 이후 희랍화 시기에 아쉴룸(*Asylum*)이라고 불린 곳으로, 숲으로 뒤덮여 있었고 아마도 홍수나 전쟁으로 인해 농부들이 평원을 떠나야 했을 때, 그들과 가축 떼를 받아들이는 곳이었다. 명실상부하게 카피톨리움은 로마의 아크로폴리스로서 독립된 공간이었으며, 수도의 함락 이후 방어 요새였다. 요새의 성문은 분명 후에 로마 광장이 생겨나는 쪽에 위치했을 것이다.[8] 비록 작은

---

[6] 두 개의 명칭 모두 후에 지명으로 사용되는데 '카피톨리움'은 티베리스 강을 향한 곳에 위치한 봉우리를, '아륵스'는 퀴리날리스 언덕을 향한 쪽의 봉우리를 가리킨다. 두 명칭은 희랍어 ἄκρα와 κορυφή와 마찬가지로 보통명사다. 따라서 라티움 지방 도시들은 나름의 카피톨리움을 갖고 있었다. 로마의 카피톨리움 언덕은 고유한 이름으로 타르페이아 언덕(*mons Tarpeius*)이라는 이름을 갖고 있다.

[7] "시민 누구도 아륵스나 카피톨리움에 거주해서는 안 된다"(*ne quis patricius in arce aut capitolio habitaret*)라는 결정은 토지의 사유화만을 금지하는 것으로, 이곳에 집을 지어서는 안 된다는 금지는 아니다. W. A. Becker, *Topographie der Stadt Rom* (Becker, Handbuch, 1) Leipzig, 1843, s. 386 참조.

[8] 이곳으로부터 주요 도로인 '신성 가도'가 성채를 향해 뻗어 있다. 세베루스 개선문 근처에서 '신성 가도'가 왼쪽으로 휘어진 모습에서, 성문 쪽으로 휜 도로의 자취가 뚜렷이 드러난다. 성문 자체는 후에 카피톨리움 언덕에 생겨난 커다란 건축물 속에 사라졌을 것이다. 이 성문은 야

형태였지만 아벤티누스 언덕에도 비슷한 요새가 있었으며, 이곳에도 상시적 주거지는 없던 것으로 보인다. 이것은 수돗물의 공급 등 본격적 도시 기반을 위해 로마 거주자들은 원거주민인 언덕 로마 인(*montani*)과 원거주민은 아니었지만 나중에 도시 성곽 안쪽에 거주하게 된 주민(*pagani Aventinenses Ianiculenses, collegia Capitolinorum et Mercurialium*)[9]으로 구분되었다는 점과 연관되어 있다. 이제 새로운 성곽은 팔라티움과 퀴리날리스 외곽에 위치했던 카피톨리움과 아벤티누스를 이어주는 요새와 나아가 야니쿨룸까지 둘러싸게 되었다.[10] 이

누스 혹은 사투르누스 문이라고 불리기도 하는데, 전쟁 때에는 항상 열어두어야 하는 카피톨리움 언덕의 가장 가파른 곳에 위치한 문은 단지 종교적 기능만을 가지고 있었으며 실질적인 성문으로 사용되지 않았다.

[9] 이런 사람들을 네 부류로 나눌 수 있다. (1) 카피톨리움 인(Cic. *ad Q. fr.* 2,5,2). 이들은 자체의 관리(Henzen 6010, 6011)를 가지고 있었으며 매년 자체적인 경기(Liv. 5. 50)도 개최했다. CIL I. 805 참조. (2) 메르쿠리아 인(Liv. 2, 27 ; Cic. Ibid. ; Preller, *Roemische Mythologie*. Berlin 1858. Bd. 1, p. 597). 이들 또한 관리(Henzen 6010)를 가지고 있으며 메르쿠리우스 신전이 위치한 대경기장 계곡에서 유래한 이들이다. (3) 아벤티누스 인. 이들 역시 자체적인 관리를 가지고 있다(Henzen 6010). (4) 야니쿨룸 인. 이들 역시 자체의 관리를 가지고 있다(CIL I, 801, 802). 로마의 네 지역 분구로부터 생겨난 네 부류가 세르비우스 성벽으로 둘러싸인 카피톨리움과 아벤티누스와 동일한 성곽의 일부인 야니쿨룸에 속한다는 것은 결코 우연이 아니다. 그리고 다음의 사실과도 연관이 있는데, 로마에 정주하는 도시민들을 지칭하는 말로 '*montani paganive*'라는 용어가 사용되었다는 것이다. 잘 알려진 Cic. *dom* 28 ; 74를 제외한다면 페스투스의 글에서 '*sifus*' 항목 아래 특히 수도 공급에 관한 법이 보인다. [*mon*]*tani paganive si*[*fis aquam dividunto*]. 언덕 로마 인(*montani*)은 네 지역에 거주하는 원래 수도 토지 소유자 전체를 일컫는 말이었다. '*pagani*' 라는 말은 확실히 분구 밖에 거주하는 아벤티누스와 야니쿨룸의 '시골 사람들'(*pagani*)과 카피톨리움과 대경기장 계곡에 사는 비슷한 '단체들'(*collegia*)을 가리키는 말이다.

[10] 원래 종교적인 의미에서 "일곱 언덕의 도시"는 여전히 팔라티움 언덕의 옛 로마를 의미한다. 물론 세르비우스 시절의 로마는 키케로가 살았던 시절에도 "일곱 언덕의 도시"로 여겨졌는데 (Cic. *Att.* 6, 5, 2 ; Plut. *q. Rom.* 69 참조), 아마도 이는 제정 시대에도 여전히 일곱 언덕을 기리는 축제가 일반적인 도시 축제로 여겨져서 활발히 진행되었기 때문일 것이다. 그러나 세르비우스 성벽 안에 둘러싸인 언덕들 중에서 어떤 것이 일곱 개에 속하는지에 대해서는 의견이 일치하지 않는다. 우리에게 일반적으로 알려진 일곱 언덕인 팔라티움, 아벤티누스, 카일리우스, 에스퀼리아이, 비미날리스, 퀴리날리스, 카피톨리움을 고대의 어느 누구도 '로마의 일곱 언덕'이라고 부른 적은 없다. 그것들은 도시의 점차적인 생성 과정에 관한 전승에서 구성된 것일 뿐이다(Jordan, *Topographie der Stadt Rom im Altertum*. Bd. 2, Berlin 1885, s. 206 이하). 그

리하여 가장 오래된 도심인 팔라티움은 이제 카피톨리움과 아벤티누스로 이어지는 성곽의 중간에 위치하게 되었으며, 새로운 성곽은 팔라티움을 마치 화관처럼 둘러싸게 되었다.

하지만 성곽은, 외부로부터 어렵게 방어된 공간에 강물이 드나드는 한, 완벽한 방어를 유지할 수 없었다. 아마도 팔라티움과 카피톨리움 사이의 계곡에는 지속적으로 강물이 들어와 심지어 배가 드나들었던 것으로 보인다. 아무튼 카피톨리움과 벨리아 사이의 계곡, 그리고 팔라티움과 아벤티누스 사이의 계곡에는 늪지대가 발달되어 있었다. 오늘날까지 존재하는 화려한 사각형 돌들로 쌓아 올린 지하수로는 후대인들이 왕정기 로마의 작품이라고 경탄했지만, 실은 다음 시대에 속하는 것이다. 수로에는 담색 석회석이 사용되었는데, 이것은 공화정 시대의 새로운 건축물에서 많이 언급되는 것이다. 지하수로는 성곽이나 카피톨리움의 기반 시설보다 후대의 것이지만 설계 자체만은 분명 왕정기에 속한다.

이 배수구를 통하여 물이 빠진 자리에는 새로운 대도시가 필요로 하는 공공시설이 자리 잡았다. 지금까지 카피톨리움 언덕 위 광장에 있었던 민회 장소는 산성으로부터 도심으로 내려온 평지(*comitium*)로 옮겨졌는데, 여기서 벨리아 쪽으로 팔라티움과 카리나이 지구의 중간

러나 이때에 야니쿨룸은 간과되었으며, 그렇지 않다면 여덟 개의 언덕이 되어야 할 것이다. '로마의 일곱 언덕'을 지칭하는 가장 오래된 문헌인 콘스탄티누스 대제 시절의 기록에는 일곱 언덕으로 팔라티움, 아벤티누스, 카일리우스, 에스퀼리아이, 타르페이아, 바티카누스, 야니쿨룸을 말하고 있다. 퀴리날리스와 비미날리스는 단지 "*colles*"로 표현하며 일곱 언덕에서 제외되었고 그 대신 티베리스 강 우안에 위치한 두 개의 "*montes*"가 추가되었는데, 이 중에서 바티카누스는 세르비우스 성벽 바깥쪽에 위치한 것이었다. 훨씬 후대의 일곱 언덕에 대한 목록은 세르비우스의 주석(*Aen*. 6, 783)과 베르길리우스 *Georgica*(2, 535)에 대한 베른의 연구 주석과 뤼두스(*mens*. p. 118 Bekker)에 등장한다.

지점까지 넓게 자리를 차지했다. 민회 장소에서 카피톨리움 방향에는, 민회 장소를 굽어보는 도시 성곽 위에 난간을 마련하여 원로들이나 외빈들이 축제나 민회 때에 앉는 상석을 배치했다. 민회 장소 북쪽에 원로원 건물이 세워졌는데, 이 건물은 후에 호스틸리우스 의사당이라고 불린다. 재판관석(*tribunal*)이 설치될 연단과 시민이 연설을 행하는 연단(후에 *rostra*) 역시 민회 장소 북쪽에 세워졌다. 민회 장소가 벨리아 쪽으로 확장되면서 로마 광장(*forum Romanum*)이 새롭게 생겨났다.

로마 광장 끝, 팔라티움 아래에도 공공건물이 생겼는데, 왕의 집무실, 도시 공동 화덕, 그리고 원형의 베스타 신전이 포함된다. 거기에서 멀지 않은 광장의 남쪽에는 또 다른 원형 건물인 공동 저장소 혹은 페나테스 신전이 위치했다. 이 신전은 오늘날에도 성 코스마와 성 다미아노 교회의 현관으로 아직 남아 있다. 팔라티움 로마 시절에 건물 하나에 통합되었던 30개의 동회 화덕과 별도로 세르비우스의 로마에서 '일곱 언덕의 로마'와 전혀 다른 새로운 방식으로 이렇게 도시 화덕을 건설했다는 것은 주목할 만한 일이다.[11]

로마 광장 동서로는 길게 푸줏간 등 상점이 늘어서 있었다. 아벤티누스와 팔라티움 사이의 계곡에는 경주를 위한 원형경기장이 말뚝으로 표시되어 있었는데, 그것은 나중에 대경기장이 된다. 강가에 바로 인접한 곳에는 우시장이 생겨났고, 곧 이곳은 인구밀도가 높은 구역

---

[11] 두 신전의 위치와 정방형 로마의 외곽에 위치한다는 디오뉘시오스의 증언(2, 25)에서 알 수 있는바, 이 건물들은 팔라티움이 아니라 세르비우스의 도시계획과 연관되어 있다. 만일 후대 사람들이 베스타 신전을 포함한 왕의 집무실이 누마 시대의 시설물이라고 생각했다면, 이렇게 생각한 이유는 아주 분명하며 거기에 따로 무게를 둘 필요는 없을 것이다.

중의 하나가 된다. 모든 언덕의 정상에는 신전과 성소가 건설되었는데, 특히 아벤티누스 정상에는 디아나 여신의 공동 신전이 있었고, 카피톨리움 정상에는 멀리서도 눈에 띄는 유피테르의 신전이 있었다. 이 신전은 로마 백성에게 찬란하게 위용을 과시했으며, 로마가 주변국들에 대하여 그러한 것처럼 피정복민들의 신들 위에 당당한 모습을 자랑했다.

거대도시의 건설을 지휘했던 사람들의 이름은 아주 오랜 옛 전투에서 승리를 거둔 자들의 이름처럼 거의 사라졌다. 전설에 따라 여러 건축물은 여러 왕과 연결되었는데, 원로원은 툴리우스 호스틸리우스에게, 야니쿨룸 언덕과 말뚝다리는 안쿠스 마르키우스에게, 대하수구와 대경기장과 유피테르 신전은 노(老)타르퀴니우스에게, 디아나 신전과 성곽은 세르비우스 툴리우스에게 연결되어 있다. 이 전설들은 대부분 사실일지도 모르는데, 새로운 성곽 건설이 시기와 주창자를 고려할 때 성곽의 지속적인 방어를 고려한 새로운 군사 제도와 연관을 갖고 있는 것은 결코 우연이 아니다. 일반적으로 우리는 전승에 다음과 같은 사실이 드러났다는 것에 만족해야 한다. 즉, 로마의 두 번째 창조는 라티움에 대한 패권의 시작과 군사 조직의 재편과 밀접한 관계가 있다는 것, 그리고 동일한 생각에서 시작되었으나 그것이 모두 한 사람, 한 세대의 작품은 아니라는 것이다.

로마 공동체의 이러한 재편 가운데 희랍의 영향력이 컸다는 사실은 의심할 여지가 없으나, 이런 발달 과정에서 어떻게 어느 정도 영향을 끼쳤는지를 입증하는 것은 불가능하다. 세르비우스의 군사 조직 체제가 본질적으로 희랍 방식을 따랐다는 것은 앞서 이야기되었고(제1권

135쪽), 대경기장에서의 놀이가 희랍의 모범에 따라 조직되었다는 사실은 나중에 설명될 것이다. 또한 도시 화덕과 새로운 왕궁은 완전히 희랍의 프뤼타네이온처럼 지어졌다. 원형 건물로 동쪽을 향하고 있으며, 조점관이 봉헌식을 행하지 않는 베스타 신전은 이탈리아가 아니라 철저히 희랍 의례를 따르고 있다. 따라서 로마·라티움 연맹체가 소아시아 지방의 이오니아 연맹체를 사례로 삼고 있으며, 또 아벤티누스의 공동 신전이 에페소스의 아르테미스 신전을 모방했다는 이야기는 전혀 믿지 못할 것은 아니다.

제8장
움브리아·사비눔 부족 : 삼니움 부족의 시작

움브리아·사비눔 부족의 이주

라티움 부족들보다 나중에 움브리아 부족들의 이주가 시작된 것으로 보인다. 이들은 라티움 부족들과 마찬가지로 남쪽으로 이주했는데, 주로 이탈리아 반도의 중부 내륙, 동해안 쪽에 치우쳐 있었다. 이들에 관해 설명하는 것은 매우 힘든 일인데, 왜냐하면 우리가 알고 있는 정보란 마치 바다에 가라앉은 도시에서 들려오는 종소리처럼 아련하기 때문이다. 헤로도토스는 움브리아 부족이 알프스 자락까지 분포했다고 전하는데, 움브리아 부족은 먼 옛날 북부 이탈리아 전체에 거주했으며, 동쪽으로 일뤼리아 부족들의 영역에 맞닿아 있었을 개연성이 있다. 이들은 서쪽으로 리구리아 지역에 접해 있었으며, 리구리아 사람들과 움브리아 부족들의 전쟁이 신화에 전해진다. 먼 옛날 움브리아 부족의 남쪽 경계는, 예를 들어 리구리아 사람들이 일바테스 섬이라고 부르는 일바 섬 등 몇몇 지명에서 추측할 수 있다.

크게 세력을 확장한 시기의 움브리아는 파두스 강의 유역, 아트리아(검은 마을), 스피니아(가시 마을) 등 아주 오래된 주거지역에 남아 있는 이탈리아 어계의 지명에 흔적을 남겼다. 또한 남부 에트루리아에도 수많은 흔적을 남겼다(움브로 강, 쿨시움의 옛 지명 카마르스, 아메리눔 요새). 에트루리아 사람들보다 앞서 에트루리아 남쪽 지역, 그러니까 키미누스 숲(비테르보 아래쪽)과 티베리스 강 사이의 지역에 거주한 이탈리아 부족에 대한 흔적도 이를 뒷받침하고 있다. 스트라본의 증언에 따르면, 움브리아와 사비눔에 면한 에트루리아의 국경도시 팔레리이는 에트루리아 종족들과 전혀 다른 언어를 사용했다고 한다. 최근 이와 관련된 비문들이 발견되었는데 거기 적힌 문자와 언어는 에트루리아와 연관성을 갖고 있었지만, 그럼에도 일반적으로 라티움 어와 유사한 언어였다.[1]

이 도시의 문화도 사비눔의 문화 흔적을 보여준다. 로마와 카이레 사이에 나타나는 아주 오래된 종교 등의 연관성은 동일한 범주에 속하는 흔적이다. 아마도 에트루리아 사람들은 이 남쪽 지역을 키미누스 숲의 북쪽 지역보다 나중에 움브리아 사람들에게서 빼앗았으며,

---

[1] 문자에서 특히 눈에 띄는 것은 문자 r가 에트루리아의 형태인 D와 z(エ)가 아니라 라티움 어의 R라는 것이다. 이는 원시 라티움 어에서 유래하며 이에 대한 설명은 매우 신뢰할 만하다. 언어 자체는 옛 라티움 어에 가깝다. *Marci Acarcelini he cupa*를 라티움 어로 옮기면 *Marcius Acarcelinius heic cubat. Menerva A. Cotena La. f.···zenatuo sentem···dabet cuando···cuncaptum*을 라티움 어로 옮기면 *Minerva A(ulus?) Contena La(rtis) f(ilius)···de senatus sententia dedit quando*(=*olim*의 뜻) *conceptum*. 이런 유의 예와 함께 몇 가지 비문이 발견되었는데, 거기 적힌 문자는 위와 달리 분명 에트루리아 언어와 문자였다.

에트루리아 지방을 점령한 후에도 움브리아 사람들을 그곳에 살게 두었던 것이다. 로마가 에트루리아 지방을 점령하고 나서도 에트루리아의 언어와 문화를 끈덕지게 유지했던 북부 에트루리아에 비해 남부 에트루리아가 눈에 띌 정도로 빠르게 로마에 동화된 것은 아마도 이런 사정에 근거한다고 하겠다. 북쪽과 서쪽으로부터 움브리아 종족이 힘겨운 전투를 벌이며 아펜니노 산맥의 두 지맥이 감싸 안은 산악 지역으로 내몰려 이후, 오늘날 그라우뷘덴 사람들이나 바스크 사람들처럼, 그곳 산악 지역에 머물게 되었다. 에트루리아 사람들이 움브리아 사람들에게서 삼백 도시를 빼앗았다는 전설이 전해지며, 이보다 유력한 증거로 오늘날에도 남아 있는 움브리아의 도시 이구비움 지역에서는 다른 어떤 민족보다 에트루리아 종족이 국가의 적으로 저주되었다고 한다.

추측건대 북쪽으로부터 가해진 압박의 결과, 움브리아 사람들은 남쪽으로 내려왔으며 주로 산악 지역에 정주하게 되었는데, 평야 지역에는 이미 라티움 사람들이 살고 있었기 때문이다. 하지만 이들은 같은 계통의 라티움 종족 지역으로 종종 접근하고 침범했는데, 서로 쉽게 어울리기도 했다. 왜냐하면 언어적으로나 문화적으로 서로 심하게 다르지는 않았기 때문이다. 레아테 사람들과 사비눔 사람들이 라티움 지방으로 쳐들어왔고 로마 인과도 싸움을 벌였다고 하는 신화도 이런 범주에 속한다.

유사한 현상이 오랫동안 서해안 지역에서 반복되었다. 일반적으로 사비눔 사람들은 산악 지역에 거주했으며, 이 지역은 라티움 지방에 인접한 지역으로 그들 종족의 이름으로 불렸다. 이들은 볼스키 지역에도 거주했다. 왜냐하면 아마도 여기에는 라티움 인구가 없었거나 다른 지역에 비해 밀도가 높지 않았기 때문이다. 인구밀도가 높은 평야 지대는 이보다 저항이 강했을 것이지만, 예를 들어 티티에스 부족과 로마의 클라우디우스 씨족 등 몇몇 개별 부족의 유입은 전혀 막을 수 없었거나 막지 않았다(제1권 63쪽). 이렇게 여러 종족이 섞여 살았으며 볼스키 사람들과 라티움 사람들이 수많은 관련을 맺고 있는데, 이는 사비눔 지역을 비롯해 이 지역이 그렇게 일찍이, 또한 그렇게 순식간에 로마에 동질화된 이유를 설명해준다.

삼니움 부족

그러나 움브리아 부족 가운데 중심 세력은 사비눔 지역에서 동쪽으로 아브루초 지역과 여기에서 남쪽으로 이어진 구릉지대로 이주했다. 이들은 서해안 지역에서처럼 산악 지역에 자리 잡았는데, 그런 지역이라야 인구밀도가 낮아 이주민들에게 양보되거나 복속될 수 있었던 것이다. 반면 아풀리아의 평야 지대에는 해안을 따라 이미 오래된 거주민인 이아퓌기아 종족이 살고 있었으며, 루케리아와 아르피 지역의 북쪽 국경 지역에서는 끊임없이 분쟁이 이어졌지만 그럼에도 이들은 전반적으로 아풀리아를 고수했다.

 움브리아 부족의 이주가 언제 발생했는지에 대하여 당연한 일이지만 확인할 수는 없다. 추측건대 로마의 왕정기 무렵에 일어났던 것 같다. 신화에 따르면, 사비눔 사람들은 움브리아 사람들에게 밀리게 되었을 때 굳게 맹세했는데 전쟁 기간에 태어나는 아들과 딸을 그들이 장성했을 때 국경 밖으로 내보낼 것이며, 그리하여 신들이 자식들을 죽이든 아니면 새로운 땅을 마련해주든 신들의 뜻에 맡기겠노라 했다. 일단의 무리가 전쟁의 신 마르스의 황소를 따라 이주했다. 이들이 사비눔 부족 혹은 삼니움 부족이 되었다. 이들은 우선 사그루스 강가의 산악 지대에 자리 잡았으며, 이후 마테세 산맥 동쪽, 티베리스누스 수원지 근처 아름다운 평야 지대까지 팽창했다. 그들은 초기 정착지 아그노네 시에서나 나중의 정착지 보야노 시에서나 그들을 이끌고 왔던 황소를 기념하여 회합 장소를 보비아눔(Bovianum)이라고 불렀다. 다른 무리들은 전쟁의 신 마르스의 딱다구리가 이끌었다. 이들이 딱따구리 부족인 피켄눔 종족이며, 오늘날의 아콘티아나 지방을 차지했다. 세 번째 무리는 늑대(hirpus)가 이끌었는데, 이들은 베네벤툼 근처에 자리 잡았으며 히르피니 종족이 되었다. 이와 유사한 방식으로 그들은 같은 계통의 여러 소규모 부족으로 갈라졌다. 테라모의 프라이투티이 부족, 그란사소의 베스티니 부족, 치에티의 마루키니 부족, 아풀리아의 경계 지역에 사는 프렌타니 부족, 마엘라 산악 지대의 파이리그니 부족, 마지막으로 볼스키 부족들과 라티움 부족들과 접촉하며 푸키누스 호숫가에 자리 잡은 마르시 부족 등이다. 이들 여러 갈래 부족 모두에게는 사비눔에서 연원했다는 민족적 동질감이 앞서 신화에서처럼 생생하게 남아 있었다.

    움브리아 사람들이 상대방의 적수가 되지 못하고 전쟁에서 패했을 때 그들의 서쪽 갈래 부족들은 라티움 혹은 희랍 민족에 흡수되었던 반면, 사비눔 사람들은 깊은 산악 지대의 외딴 지역에서 에트루리아 민족, 라티움 민족, 희랍 민족 등과 접촉하지 않고서 번영했다. 그들은 도시를 형성하지 않았으며, 혹은 도시를 이루었어도 매우 낮은 수준에서였다. 지리적 여건으로 말미암아 대규모 상업적 왕래는 거의 없었으며, 방어를 위해서는 다만 산꼭대기와 성채 정도만으로 충분했다. 농부들은 방어 시설이 없는 촌락에 살았으며, 혹은 자신이 원하는 대로 샘, 숲, 초원이 펼쳐진 곳이면 어디든지 거주했다. 따라서 그들의 국가 체제는 애초의 모습 그대로 변하지 않았다. 희랍의 아르카디아 지방에서와 마찬가지로 여기서도 공동체의 융합은 발생하지 않았으며 기꺼해야 느슨한 동맹 체제 정도가 고작이었다. 무엇보다 아브루초 산악 지대의 험난한 지형은 대외적으로는 물론이려니와 대내적으로 각 부족 간의 완전한 고립을 야기했던 것으로 보인다. 이로 말미암아 이 산악 부족들은 서로 별다른 접촉 없이 여타의 이탈리아 지역과는 완전히 고립된 채 살았으며, 용맹했으면서도 이탈리아의 여러 부족 가운데 가장 적게 이탈리아 반도의 역사 발전에 개입했다.

하지만 이탈리아 부족들 가운데 동쪽 계통에서는 삼니움 부족이 정치적 발전의 정점을 보여주었는데, 이것은 서쪽 계통에서 라티움 부족이 그러했던 것과 유사하다. 삼니움 부족은 일찍이 아마도 이주 초기부터 상대적으로 강력한 정치적 연합을 결성했다. 이는 삼니움 부족이 나중에 로마와 이탈리아 반도의 패권을 놓고 대등하게 경쟁할 수 있는 강력한 힘을 마련해주었다. 이런 연합이 어떻게 언제 시작되었는지, 그리고 이들 연합의 국가 체제는 어떤 것인지 우리는 전혀 모른다. 다만 분명한 것은, 삼니움에서는 어떤 한 공동체가 다른 공동체를 압도한다거나 혹은 삼니움 부족을 하나로 연결한 거점 도시, 예를 들어 라티움에서의 로마와 같은 중심 도시가 생겨나는 일은 없었다. 지역의 힘은 개별 농장에서, 지역의 권력은 개별 농장 대표들의 모임에서 나왔다는 것이다. 필요한 경우 이들이 연합 사령관으로 지명되었다. 이와 관련하여 동맹의 정치는 로마의 것처럼 공격적이지 않았으며 동맹의 국경을 방어하는 일에 국한되어 있었다.

오로지 통일국가 체제하에서만 강력한 국력과 진취적 야망이 생겨나며, 이로써 국토 확장이 일사불란하게 이루어진다. 로마와 삼니움의 전체 역사에서 극단적으로 상이한 모습을 보여주는 것이 식민지 정책이다. 로마 인이 획득한 것은 곧 국가가 획득한 것이다. 삼니움 사람들이 얻은 것은 일단의 자발적인 사람들이 정복한 것이었으며, 땅을 얻고자 떠난 이들이 이에 성공하건 실패하건 모두 그들의 몫이었다. 하지만 삼니움 부족의 튀레눔 해와 이오니아 해 등의 해안 도시 정복은 상대적으로 늦은 시기에 속한다. 이들이 우리가 나중에 이들을 발견하는 지역들을 비로소 정복한 것은 로마의 왕정기 무렵이었다.

삼니움 부족의 이주로 인해 야기된 일련의 민족이동이 낳은 사건으로 여기에서 한 가지 사례를 들자면, 튀레노이 사람들과 움브리아 사람들과 다우니아 사람들이 쿠마이 도시를 로마 건국 230년(기원전 524년)에 공격한 일이다. 매우 낭만적으로 채색된 보고에 따르면, 흔히 이 과정에서 밀어낸 부족과 밀려난 부족이 연합군을 결성하는 일이 흔히 벌어진다. 이때에도 에트루리아 사람들은 적군인 움브리아 사람들과 하나가 되었으며, 움브리아 이주자들에 의해 남쪽으로 쫓겨난 이아퓌기아 사람들이 움브리아 사람들과 하나가 되었던 것이다. 이 공격은 결국 실패로 끝났는데, 희랍의 탁월한 전술과 참주 아리스토데모스의 용맹이 침략하는 이방인들을 아름다운 해안 도시에서 몰아내는 데 성공했던 것이다.

제9장
에트루리아 인

에트루리아 민족

라티움과 사비눔의 이탈리아 인, 그리고 희랍인에 대해 에트루리아 민족 혹은 그들이 스스로를 부르듯 라스 인[1]은 뚜렷한 차이를 보인다. 에트루리아 인은 신체 조건에서 다른 두 민족과 구별된다. 희랍 사람과 이탈리아 사람의 조각상은 키가 크고 마른 모습인 데 반해 에트루리아의 조각상은 키가 작으며 통통하고 큰 머리와 굵은 팔을 가진 모습이다. 우리가 알고 있는 에트루리아의 풍습과 풍속 또한 희랍·이탈리아 민족과는 깊고 근원적인 차이를 보여준다. 특히 에트루리아 인의 종교는 모호하고 몽환적인 요소를 가지고 있으며 알 수 없는 숫자놀이와 거칠고 잔인한 생각과 관습을 보여주는데, 이것은 로마 인의

---

[1] *Ras-ennae*는 민족을 나타내는 어미(語尾)다. 이에 대해 제1권 171쪽에서 설명할 것이다.

뚜렷한 합리주의와 인간적으로 쾌활한 희랍의 신상 숭배와 거리가 멀다. 여기에 암시된 것들이 무엇인지를 알려주는 것은 한 민족의 가장 중요한 기록인 언어인바, 그들의 언어 가운데 일부가 해독에 실마리를 제공할 만큼 많이 남아 있다. 하지만 그들이 완전히 고립되어 있었던 탓에, 완벽한 해독은 말할 것도 없고 에트루리아 어를 언어 계통에 따라 분류하는 것조차 지금까지 성공하지 못했다.

우리는 에트루리아 어를 두 시기로 구분할 수 있다. 첫 단계에서 유성음화가 완벽히 진행되어 자음 충돌이 거의 예외 없이 사라졌다.[2] 다음 단계에서는 모음 및 자음 어미를 탈락시키고 모음을 약화하고 생략함으로써 부드럽고 풍부한 소리의 언어가 점차 딱딱하고 참을 수 없을 정도로 거친 언어로 변해버렸다.[3] 예를 들어 '라무타스'(*ramuϑas*)가 '람타'(*ramϑa*)로, '타르퀴니우스'(*Tarquinius*)가 '타르크나프'(*Tarchnaf*)로, '미네르바'(*Minerva*)가 '멘르바'(*Menrva*)로, '메넬라오스'(*Menelaos*), '폴리데우케스'(*Polydeukes*), '알렉산드로스'(*Alexandros*)가 '멘레'(*Menle*), '풀투케'(*Pultuke*), '엘크센트레'(*Elchsentre*)로 변모했다.

발음이 얼마나 둔탁하고 거칠었는지를 가장 명확하게 보여주는 것은, 일찍이 에트루리아 인에게서 '*o*'와 '*u*', '*b*'와 '*p*', '*c*'와 '*g*', '*d*'와 '*t*'의 구분이 사라졌다는 사실이다. 동시에 라티움 어와 거친 희랍 사두리처럼 강세가 거의 첫 번째 음절에 놓였다. 그리고 기식 자음도 비슷한 처지였다. 이탈리아 사람들은 기식음화된 '*b*'(혹은 *f*)를 남기고 기식 자

---

[2] 예를 들면 카이레 지방의 토기에 나타난 명문이 이에 속한다. minice ϑumamimaϑumarmamlisiae ϑipurenaieϑeeraisieepanamineϑunastavhelefu 혹은 mi ramuϑas kaiufinaia.

[3] 예를 들면 페루시아의 명문 앞부분에서 이제 언어가 어떻게 들렸을지를 파악하는 데 도움이 될 단서가 보인다. eulat tanna larezu amevaxr lautn velϑinase stlaafunas sleleϑcaru.

음을 모두 폐기하고, 희랍 사람들은 반대로 기식음화된 'ƀ'를 버리고 나머지 기식 자음 'θ', 'φ', 'χ'를 유지했다. 그런데 에트루리아 인들은 가장 부드럽고 아름다운 음인 'φ'를 차용어의 경우를 제외하고는 완전히 없애버렸다. 이에 반해 나머지 세 기식 자음을 엄청나게 사용했는데, 심지어 적절하지 않은 곳에서도 사용했다. 예를 들면 'Thetis'가 'Thethis'로, 'Telphus'가 'Thelaphe'로, 'Odysseus'가 'Utuze' 혹은 'Uthuze'로 바뀌었다.

의미가 확인된 몇몇 어미 혹은 단어 대부분은 희랍·이탈리아 어의 동의어와 전혀 연관이 없다. 수사도 모두 마찬가지다. 어미 '-al'은 출신 고향을 나타내는 데 사용되며 주로 모계의 이름을 표현한다. 예를 들어 키우시(Chiusi)에서 발견된 이중 언어로 쓰인 비문에서 'Canial'이라는 단어는 'Cainnia에서 태어난' 이라고 번역되어 있다. 여성 이름의 어미 '-sa'는 여자의 시집을 나타낸다. 예를 들면 'Licinius'의 처는 'Lecnesa'이다. 'cela' 혹은 'clan' 및 격변화된 'clensi'는 아들을, 'sex'는 딸을, 'ril'은 해[年]를 뜻한다. 'Turms'는 헤르메스를, 'Turan'은 아프로디테를, 'Sethlans'는 헤파이스토스를, 'Fufluns'는 바쿠스를 뜻한다.

이렇게 어형과 소리가 다른 가운데 에트루리아 어와 이탈리아 언어의 몇몇 유사성이 나타난다. 고유명사는 본질적으로 이탈리아 어의 구조에 따라 형성되었다. 자주 등장하는 가문을 나타내는 어미 '-enas' 혹은 '-ena'는[4] 이탈리아 어에서도 등장하는데, 특히 사비눔 사람들의 성에서 어미 '-enus'는 자주 등장한다. 예를 들어 에트루리아 이름 'Maecenas'와

---

[4] 이런 식으로 Maecenas, Porsena, Vivenna, Caecina, Spurinna가 형성된다. 끝에서 두 번째 음절의 모음은 원래 장음이다. 그러나 강세가 첫 음절로 이동함에 따라, 자주 단음이 되기도 하고 심지어 생략되기도 한다. 이렇게 우리는 Porsēna 대신에 Porsĕna를, Caecina 대신에 Cecine를 발견한다.

'*Spurinna*'는 로마식으로 '*Maecius*'와 '*Spurius*'를 나타낸다. 에트루리아 기념물과 작가들에게서 나타나는 신들의 이름은 어간 혹은 부분적으로 어미를 볼 때 완전히 라티움 어를 따르고 있다. 따라서 이런 어휘들이 본래 에트루리아 어휘라면, 두 언어는 밀접한 연관을 갖고 있었음에 틀림없다. '*Usil*'(태양과 새벽 : *ausum*, *aurum*, *aurora*, *sol*에 가깝다), '*Minerva*'(*menervbare*), '*Lasa*'(*lascibus*), '*Neptunus*', '*Voltumna*' 등이 그러한 예다.

이러한 유사성은 에트루리아 인과 라티움 사람들 간의 후대에 생긴 정치적·종교적 관계, 그리고 이를 통해 생겨난 융화와 차용에서 비롯된 것일 수도 있기 때문에, 에트루리아 어와 전체 희랍·이탈리아 언어가 최소한 켈트 어와 슬라브 어의 차이만큼 서로 다르다는 결론, 여타의 많은 경험을 통해 얻은 이 결론이 뒤집어지지는 않는다. 적어도 로마 인들에게는 에트루리아 어와 갈리아 어는 이방인의 언어로, 오스키 어와 볼스키 어는 촌스러운 방언으로 들렸을 것이다. 에트루리아 어가 희랍·이탈리아 어파와는 너무나 달라, 에트루리아 어를 기존의 언어 계통에 넣으려는 시도는 지금까지 누구도 성공하지 못했다. 에트루리아 어와의 친연성을 발견하고자 다양한 방언을 때로는 단순하게 때로는 집요하게 조사했으나 예외 없이 모두가 헛수고였다. 심지어 지리 관계를 고려할 때 첫 번째로 떠오른 바스크 어와도 관련시켜보았지만, 결정적인 유사성을 끌어내지는 못했다. 지금까지 지명과 인명에 남아 있는 리구리아 어의 희미한 흔적에서 에트루리아 어와의 연관성은 거의 드러나지 않았다. 에트루리아 바다의 섬들, 특히 사르디니아 섬에 눌하겐(*Nurhagen*)이라 불리는 수수께끼 같은 돌무덤을 수천 개나 만들고 사라진 민족도 에트루리아와 관련시킬 수 없었는데, 에트루리아 지역에서 이와 유사한 어떤 조형물도 나타나지 않았기 때문이다.

많지는 않지만 상당히 신뢰할 만한 증거들에 따르면, 에트루리아 어는 대체로 인도·게르만 어족에 속하는 것으로 보인다. 수많은 고대 비문의 초반부에 나타나는 '*mi*'는 분명 희랍어 'ἐμί, εἰμι'이며, 3변화 명사의 속격 형태인 '*veneruf, rafuvuf*'는 고대 라티움 어에서도 발견되는바, 고대 산스크리트 어의 어미 '*–as*'에 해당한다. 또 에트루리아 어의 제우스 이름인 '티나' 혹은 '티니아'는 아마도 산스크리트 어의 날[日]을 의미하는 '*dina*'와 희랍어 'Zάv'의 동의어 '*diwan*'과도 연결되는 것 같다. 하지만 그럼에도 에트루리아 인들이 고립되지 않았다고 할 수 없으므로, "에트루리아 인들은 언어와 관습에서 다른 어떤 나라와도 동일하지 않다"라는 디오뉘시오스의 말에 우리가 덧붙일 것은 없다.

에트루리아 인의 고향

에트루리아 인들이 어디에서 이탈리아로 이주해 왔는지는 확실하지 않다. 하지만 이들의 이주는 분명 민족의 태동기에 속하며, 역사적 발전은 이탈리아에 들어와서 시작되고 마무리되었다는 사실을 주장하지 못할 정도는 아니다. 황제 티베리우스가 "헤쿠바의 어머니는 누구인가"라고 묻듯, 알아낼 수도 없고 알 만한 가치도 없는 것을 우선적으로 탐구하는 것이 고고학의 원칙이라고 할 때, 이들의 고향에 대한 물음은 그 무엇보다 열심히 탐구되었다. 가장 오래되고 중요한 에트루리아의 도시들은 내륙 깊숙이 자리 잡고 있는데, 포풀로니아를 제외하면 바닷가에 위치하면서 유명한 에트루리아 도시는 전무하다. 사실 포풀로니아는 우리가 분명하게 알고 있는 한, 고대 에트루리아의 열두 도시에 속하지 않는다.

유사 이래 에트루리아의 이동은 북쪽에서 남쪽으로 진행되었으므로, 그들은 육로를 통해 반도로 이동한 것으로 보인다. 우리가 발견한 에트루리아 인의 초기 문화는 바다로 이주했다는 가설과 잘 부합하지 않는다. 강을 건너듯 이미 일찍이 민족들은 해협을 건넜을 것이나, 이탈리아의 서해안으로 건너온다는 것은 이와는 전혀 다른 것들을 전제한다. 따라서 에트루리아 인의 고대 고향을 이탈리아의 서쪽이나 북쪽에서 찾아야만 한다. 에트루리아 인이 라이티 사람들의 알프스를 거쳐 이탈리아에 이주했을 개연성은 상당하다. 라이티 사람들은 그라우뷘덴과 티롤에 뚜렷한 정착지를 남겼고 역사시대 이후에도 에트루리아 어를 사용했는데, '라이티' 와 '라스' 는 소리부터 유사하다. 분명 일부 에트루리아 인들은 파두스 강에 정착했으며, 적어도 일부는 옛 정착지에 남아 있었을 것이다.

에트루리아 인의 뤼디아 기원설

이런 자연스럽고 간단한 견해에 반대하여 에트루리아 인이 아시아로부터 이주한 뤼디아 인이라는 주장이 있다. 이는 아주 해묵은 주장으로 헤로도토스의 책에 이미 등장하며 그보다 나중 저자들의 작품에서도 수많은 변형과 가필을 거쳐 거듭 나타난다. 디오뉘시오스와 같은 합리적 탐구자들은 그것을 강력히 반대했고, 종교·법률·관습·언어에서 뤼디아와 에트루리아는 전혀 유사성이 없다고 주장했다. 흩어져 있던 소아시아 해적 떼가 에트루리아에 당도했을 수 있고, 그들의 모험이 이런 신화가 생겨나는 근거가 되었을 가능성도 있다. 하지만 이런 주장은 단순한 오해에서 기인한다. 이탈리아에 정착한 에트루리아 인을 가리키는 '튀르센나이'(Turs-ennae : *Turs-ennae*는 희랍어 Τυρσ-ηνοί, Τυρρηνοί에, 움브리아 어 *Turs-ci*에, 라티움 어 *Tusci*, *Etrusci*에 나타난다)는 뤼디아 민족을 가리키는 '토레보이'(Τορρηβοί) 내지 '튀레노이'(Τυρρ-ηνοί)와 일치하는데, 후자는 '튀라'(Τύρρα)라는 도시 이름에서 유래한다. 이런 우연한 이름의 유사성이 그들 주장의 실제 유일한 근거로 보이는데, 사실 오래된 주장이라고 해서 더 확실하다고 말할 수는 없다. 또한 그들의 주장은 유사성에 근거하여 쌓아 올린 사상누각일 뿐이다.

 에트루리아 인의 고대 해상 교역을 뤼디아 해적과 관련시키고, 급기야 옳든 그르든 토레비 해적을 모든 바다에서 약탈을 일삼고 소란을 피우는 펠라스기 인과 동일시한 것은(투퀴디데스가 처음 이런 일을 했다) 역사적 전거라는 치유 불가능한 혼란만 가중시켰다. '튀레노이'라는 용어는 때로 호메로스 찬가 등 옛 전거에서처럼 뤼디아 토레비 인을 가리키는가 하면, 때로 다른 튀레노이·펠라스기 인 혹은 펠라스기 인에 속하는 튀레노이 인을 가리키다가, 때로는 이탈리아의 에트루리아 인을 가리키는 말로 쓰인다. 에트루리아 인은 펠라스기 인이나 토레비 인과 지속적인 교류가 없었고, 그 자손들 역시 전혀 그렇지 않았는데도 말이다.

에트루리아 인의 이탈리아 정착

에트루리아 인의 가장 오래된 분명한 근거지가 어디이며, 왜 그곳으로부터 이들이 이주를 시작하게 되었는지를 밝히는 일은 역사학적으로 흥미로운 주제다. 켈트 족의 대규모 침입 이전에 에트루리아 사람들은 파두스 강 북쪽에 분포했으며, 동으로는 아테시스 강에서 일뤼리아(알바니아)의 베네티 인과 국경을 접했으며, 서로는 리구리아 인과 접했다는 사실은 매우 신빙성이 높다. 이에 대해서는 특히 리비우스 시대까지 알프스의 라이티 사람들이 사용했다고 앞서 언급한 투박한 에트루리아 방언이 증언해주고 있다. 그뿐만 아니라 아주 늦게까지 만투아에 남아 있던 에트루리아 어도 그러하다.

　파두스 강 남쪽과 그 하구에서 에트루리아 인은 움브리아 인과 융합되었는데, 전자는 지배 세력이었으며 후자는 상업 도시 아트리아와 스피나를 건설한 선주민이었다. 에트루리아 인은 펠시나(볼로냐)와 라벤나를 건설한 것으로 짐작된다. 켈트 족이 파두스 강을 건너 쳐들어올 때까지 이 도시들은 오랫동안 유지되었다. 이 사건 이후 파두스 강의 우안에 에트루리아와 움브리아 사람들이 이전보다 더 깊이 뿌리내리게 되었다. 아펜니노 산맥의 북쪽은 일반적으로 한 민족에서 다른 민족에게로 너무 급격하게 패권이 넘어갔으며, 거기서 지속적인 민족 발전은 이루어지지 않았다.

에트루리아

역사적으로 좀 더 중요한 것은 에트루리아 인이 오늘날까지도 그들의 이름으로 불리는 넓은 지역에 정착한 사건이다. 리구리아 인 혹은 움브리아 인(제1권 157쪽)이 한때 여기에 살았을지도 모르는 일이지만, 그들의 흔적은 에트루리아 인의 정착과 문명으로 완전하다 싶을 정도로 사라져버렸다. 피사이에서 타르퀴니이까지의 해안 지대, 아펜니노 산맥의 동쪽 지역에서 에트루리아 인은 그들의 영원한 거처를 마련했고 로마 제정기까지 강인하게 스스로를 지켜냈다. 에트루리아 영토의 북쪽 경계는 아르누스 강이다. 아르누스 강에서 마크라 강 하구와 아펜니노 산맥에 이르는 북부는 때론 리구리아 인이, 때론 에트루리아 인이 소유한 분쟁 지역이었다. 그래서 그곳에는 더 큰 규모의 정착지가 만들어질 수 없었다. 남쪽 경계는 처음에는 비테르보 남쪽의 산맥들 가운데 하나인 키미니아 산맥이었고, 나중에는 티베리스 강이었다. 사투리움, 네페테, 팔레리이, 베이이, 카이레 등 키미니아 산맥과 티베리스 강 사이의 지역은 북부보다 상당히 늦은 시기까지 에트루리아의 소유가 되지 않았다는 사실을 앞서 언급했는데(제1권 158쪽), 로마 건국 200년(기원전 554년) 무렵에야 비로소 에트루리아 인들이 점령한 것으로 보인다. 이탈리아 원주민이 이 지역, 특히 팔레리이에서 비록 독립적이지는 못했지만 계속 거주했다는 것 또한 앞서 언급했다.

에트루리아와 라티움의 관계

티베리스 강이 에트루리아와 움브리아, 에트루리아와 라티움의 국경선으로 굳어진 이래, 이들 사이에는 전반적으로 평화로운 공존이 이루어졌으며 급격한 국경 변화는 발생하지 않은 것으로 보인다. 적어도 라티움 사람들과의 관계에서는 그러했다. 로마 인에게는 에트루리아 사람들은 남이며 라티움 사람들은 동포라는 의식이 생생하게 살아 있었다. 그러나 그들은 티베리스 강 우안으로부터의 공격과 위험보다는, 예를 들어 가비이 부족과 알바롱가로부터의 위협을 더욱 두려워했던 것으로 보인다. 그도 그럴 것이 넓은 강폭의 자연 경계가 그들을 보호하고 있었기 때문인 한편 로마가 상업적·정치적으로 발전함으로써 라티움의 로마에 맞설 만한 강력한 에트루리아 도시가 없었기 때문이기도 하다.

티베리스 강 건너 가장 가까이에 베이이 사람들이 살고 있었는데, 이들은 로마 및 라티움 도시들과 여러 번 매우 심각한 갈등 상황을 연출했던 부족이었다. 그것은 피데나이를 누가 갖느냐를 놓고 벌인 각축이었다. 좌안의 베이이 사람들에게 피데나이는 우안의 로마 인에게 야니쿨룸 언덕처럼 강을 건너가는 교두보였다. 따라서 때로는 라티움 사람들이, 때로는 에트루리아 사람들이 이곳을 차지하고자 했다.

반면 상당히 떨어진 카이레와는 같은 기간 주변의 다른 지역들과 비교했을 때, 전반적으로 훨씬 평화로운 호혜 관계를 유지했다. 라티움과 카이레의 갈등에 관해 아주 먼 옛날로 거슬러 올라가는 신빙성이 떨어지는 전설이 전해진다. 카이레의 왕 메젠티우스가 라티움 사람들과 싸워 커다란 승리를 거두었고, 이후 이들에게 포도주세를 징수했다고 한다. 이런 일회적인 갈등보다 분명하며 전승에 있어 확실한 것은, 각각 에트루리아와 라티움에서 상업과 해상 교통의 중심지였던 양 도시가 서로 누구보다 긴밀한 관계를 가졌다는 점이다.

에트루리아 사람들이 티베리스 강을 넘어 육로를 따라 확장했다는 확실한 증거는 전혀 없다. 아리스토데모스가 로마 건국 230년(기원전 524년) 쿠마이의 성벽 아래에서 괴멸시킨 이민족 군대 가운데(제1권 164쪽) 에트루리아 사람들이 제일 먼저 거명된다. 이러한 보고의 구체적 사항까지 믿을 만한 것으로 간주하더라도 이는 다만 에트루리아 사람들이 침략 전쟁에 참여했다는 사실 이상을 말해주지는 않는다. 이보다 중요한 사실은 에트루리아 사람들이 육로를 통해 티베리스 강 이남으로 이동하여 건설한 어떤 도시도 존재하지 않는다는 점, 그리고 특히 에트루리아 사람들이 라티움 사람들을 심각할 정도로 공격한 흔적이 전혀 발견되지 않는다는 점이다.

야니쿨룸 언덕과 티베리스 강 하구의 양안은, 우리가 아는 한 갈등 없이 계속해서 로마 인이 차지하고 있었다. 에트루리아 공동체가 로마로 이주한 문제와 관련해서 에트루리아 연보에서 유래한 매우 단편적인 보고가 있을 뿐인데, 볼시니이의 카일리우스 비벤나가 사망한 이후 그의 전우 마스타르나가 이끄는 에트루리아 집단이 로마로 이주했다는 것이다. 이는 가능성이 있는 보고다. 물론 카일리우스 언덕의 명칭이 이 카일리우스에서 유래한다는 주장은 다만 문헌학자의 날조이며, 이에 덧붙여 이 마스타르나가 세르비우스 툴리우스라는 이름을 쓰는 로마의 왕이 되었다는 주장은 다만 신화적 유사성에 매몰된 고고학자들의 무모한 추측에 지나지 않지만 말이다. 로마 내 에트루리아 사람들의 주거지역은 팔라티움 언덕 아래 '에트루리아 지구'였다 (제1권 74쪽).

타르퀴니우스 집안

로마 인을 지배했던 마지막 로마 왕족 타르퀴니우스 집안이 타르퀴니이 도시로부터 왔든지 아니면 최근에 발굴된 타르크나스 집안 묘지가 있는 카이레 도시에서 왔든지, 아무튼 에트루리아에서 유래했다는 것은 의심할 여지가 거의 없다. 전설 속에 들어 있는 여성 이름 '타나퀼' (*Tanaquil*) 혹은 '탄크빌'(*Tanchvil*)은 라티움 어가 아니며, 에트루리아에는 흔한 이름이다. 타르퀴니우스가 코린토스에서 타르퀴니이 도시로 이주한 희랍 사람의 아들이며 로마에는 영주민 신분으로 이주했다는 이야기는 역사도 전설도 아니며 사건의 역사적 조각이 왜곡되고 완전히 파편화된 예라고 하겠다. 이 이야기로부터 찾아낼 수 있는 것은, 에트루리아 출신의 씨족이 로마에서 왕홀을 거머쥐게 되었다는 단순하고 대단치 않은 사실 이상은 아니다. 하지만 에트루리아 출신의 사내가 로마를 다스렸던 일은 결코 에트루리아 혹은 에트루리아 공동체가 로마를 지배했다는 것을 의미하지 않으며, 또 남부 에트루리아에 대하여 로마가 지배권을 행사했다는 것을 의미하지도 않는다. 이런저런 주장에 대해 이렇다 할 무게를 갖는 근거는 전혀 존재하지 않는다. 타르퀴니우스 집안의 이야기는 에트루리아가 아닌 라티움에서 펼쳐졌고, 에트루리아는 로마의 왕정기에 언어적으로나 관습적으로 주목할 만한 영향을 끼친 바 없으며, 반대로 로마 혹은 라티움 연맹의 점진적 발전에 대하여 이렇다 할 방해를 끼친 것도 없다.

에트루리아 사람들이 이웃 라티움에 대해 가졌던 이런 소극적 태도의 이유를 부분적으로 에트루리아 사람들이 파두스 강 유역을 사이에 두고 켈트 족과 벌인 전쟁에서 찾을 수 있다. 켈트 족은 추측건대 로마 왕정의 철폐 시점 이후에는 파두스 강을 넘어 쳐들어왔다. 또 부분적으로는 에트루리아 민족이 해상 활동과 제해권을 추구했다는 점에서 찾을 수 있다. 이와 관련해서는 이들의 캄파니아 주거지역이 결정적 역할을 했는데, 다음 장에서 이에 관해 좀 더 다룰 것이다.

에트루리아의 국가 체제

에트루리아의 국가 체제는 희랍과 라티움과 마찬가지로 도시 문화를 갖추어가는 공동체를 근간으로 한다. 에트루리아 사람들의 초기 지향점이 된 항해와 무역과 산업은, 에트루리아가 이탈리아의 다른 지역과 달리 급속하게 본격적 도시 문화를 발전시키는 토대가 되었다. 이탈리아 반도의 도시들을 통틀어 희랍 문헌에 최초로 등장하는 도시가 카이레다. 반면 우리는 에트루리아 사람들이 로마 인들이나 사비눔 사람들에 비해 일반적으로 전쟁에 뒤떨어지거나 비교적 덜 호전적임을 알고 있다. 용병 고용이라는 비(非)이탈리아 문화를 우리는 에트루리아 사람들에게서 매우 이른 시기에 발견한다.

에트루리아 공동체의 가장 오래된 국가 체제는 전반적으로 로마의 국가 체제와 유사하다. 왕 혹은 루코몬(Lucomon)들이 다스렸고 로마와 유사한 신분 표장을 사용했다. 따라서 유사한 신분 권력을 갖고 있었을 것이다. 귀족과 상민은 명확히 구분되었다. 로마와 유사한 씨족 체제를 갖고 있었음을 이름 체계에서 유추할 수 있다. 다만 에트루리아에서는 모계가 더 큰 중요성을 갖고 있다는 점이 다를 뿐이다.

연맹 체제는 매우 느슨하게 짜여 있었을 것으로 보인다. 연맹은 에트루리아 민족 전체를 포괄하는 것이 아니었으며, 북부의 에트루리아 사람들, 캄파니아의 에트루리아 사람들, 본래적 에트루리아 사람들은 각각 독립 연맹체를 구성했다. 각 연맹은 12개의 공동체로 구성되었으며 이들은 거점 도시를 정하여 그곳에서 특히 희생제를 치렀는데, 이곳을 연맹 수도 내지 최고사제좌라고 불렀다. 하지만 12 공동체는 모두 평등한 지위를 누렸던 것으로 보이며, 부분적으로 강력했으되 그렇다고 패권이 형성된다거나 중앙집권이 가능할 정도는 아니었다.

본래적 에트루리아의 거점 도시는 볼시니이였다. 거점 도시에 딸려 있던 나머지 12 공동체 가운데 우리가 확실하게 알 수 있는 것은 다만 페루시아, 베툴로니움, 볼키, 타르퀴니이가 전부다. 에트루리아 공동체들에서 단체 행동은 라티움 동맹에서 개별 행동이 드물었던 만큼이나 매우 드물었다. 전쟁을 담당한 것은 개별 공동체였으며, 이해를 같이하는 이웃 공동체를 가능한 경우 끌어들였다. 예외적으로 동맹이 전쟁을 벌일 경우에도 흔히 몇몇 도시는 여기서 빠지기도 했다. 에트루리아 연맹에는 다른 이탈리아 민족 동맹들과는 달리, 지속적이며 강력한 지도 체제가 본래 없었던 것으로 보인다.

제10장
이탈리아의 희랍인
: 에트루리아 인과 카르타고 인의 제해권

이탈리아와 주변 민족들

고대의 민족사에서 순식간에 밝아오는 것은 없다. 여기서도 하루의 시작은 동녘에서부터 밝아왔다. 이탈리아가 아직도 일출 직전의 어둠에 잠겨 있을 때, 지중해 동부에서는 모든 영역에서 크게 발달한 문화가 모습을 드러냈다. 발전의 첫걸음에서 이웃 민족을 선생이자 지도자로 모시는 것이 대부분 민족의 운명인 것처럼, 이탈리아 반도의 민족들에게는 더더욱 그러했다. 그런데 지리적 측면을 고려할 때 이러한 발전은 육로를 통해서 이루어지기는 불가능하다. 오랜 옛날 이탈리아와 희랍 사이에 놓인 험난한 육로를 이용했다는 흔적은 어디에서도 발견되지 않았다. 물론 아주 먼 옛날부터 이탈리아에서 알프스 너머에 이르는 무역로가 있었을지도 모른다. 아주 오래된 호박 무역로가 발트 해에서 파두스 강까지 걸쳐 있으며—이 때문에 희랍 전설에서는 파두스 강 하구의 삼각주가 호박의 원산지로 등장한다—아펜니노 산맥을 넘어 이탈리아 반도의 반대편 피사이에 이르는 또 다른 길이 이 호박 무역로와 연결되어 있다. 하지만 문명의 요소들이 이곳으로부터 이탈리아 인에게 이르렀다고 볼 수는 없다. 일찍이 이탈리아에 닿은 외래문화를 이탈리아로 가져온 사람들은 동부 지중해에 위치한 해상 민족들이었다.

이탈리아의 페니키아 사람들

지중해의 가장 오래된 문명 민족인 이집트 인들은 바다를 넘어 진출하지 않았으며 이탈리아에 어떤 영향도 주지 못했다. 페니키아 인도 역시 그러했다.

물론 페니키아 인들은 동부 지중해 끝에 위치한 고향을 떠나, 우리에게 알려진 민족들 중에서 최초로 바다 위에 고향을 마련했던 민족이다. 처음에는 물고기와 조개 때문이었으나 이후 교역도 그 이유가 되었다. 그들은 최초로 해상 교역을 시작했으며 아주 오랜 옛날 서부 지중해 끝에 도달하기도 했다. 지중해의 거의 모든 해안에 페니키아 해상 거점 지역이 희랍의 것보다 먼저 등장하는데, 크레타와 퀴프로스 등 희랍 땅은 물론 이집트, 리뷔아, 에스파냐, 그리고 이탈리아 서해안에도 등장했다. 투퀴디데스가 시킬리아 주변에 관해 말한 것에 의하면, 희랍인들이 시킬리아에 도래하기 전에, 혹은 최소한 그들이 그곳에 대규모로 정착하기 전에, 페니키아 인들은 이탈리아 반도 끝부분과 시킬리아에 거점을 세웠으며, 이 거점들은 땅을 차지하기 위해서라기보다는 다만 현지인들과의 교역을 목적으로 세워진 것이라고 한다.

 이탈리아 반도에서는 사정이 좀 다르다. 페니키아 인들의 이탈리아 반도 정착에 관해서 지금까지 단 하나의 경우에서만 확실히 증명되었는데, 카이레 근방에 페니키아의 거점이 있었다는 것이다. 이에 대한 증거로, 하나는 카이레 해안가의 작은 마을 푸니쿰이며, 다른 하나는 카이레의 또 다른 이름 아귈라(*Agylla*)다. 이 지명은 사람들이 근거 없이 이야기하듯이 펠라스기 인들에게서 유래한 것이 아니라 페니키아 어에서 유래한 것으로, 카이레를 해안에서 바라볼 때 그러한 것처럼 '둥근 도시'를 뜻한다.

 이 정착지 및 이탈리아 내의 유사한 페니키아 정착지들이 별로 중요시되지 않았으며 오래 지속되지도 않았음을 정착지들이 흔적 없이 사라져버렸다는 사실에서 알 수 있다. 페니키아 인들의 정착지가 똑같은 해안에 비슷한 성격을 가진 희랍 정착지들보다 더 오래되었다고 생각할 근거는 전혀 없다. 최소한 라티움 지방이 희랍인들을 통해서 비로소 페니키아 사람들을 알게 되었다는 무시할 수 없는 증거는, 페니키아 사람들을 가리키는 라티움 어가 희랍어에서 차용된 말이라는 점이다. 더욱이 동방 문명과 이탈리아의 제일 오래된 접촉은 결정적으로 모두 희랍을 통해서 이루어졌다. 카이레에 페니키아가 정착한 것을 희랍에 앞선 시대라고 생각하지 않는다면, 그것은 무역 도시국가 카이레와 카르타고 간에 나중에 생겨난 익히 알려진 관계를 통해 설명될 수 있다.

실제로 초기 항해가 본질적으로 해안선을 따라 이루어졌다는 점을 생각한다면, 페니키아 인들에게는 지중해에 위치한 어느 땅보다 이탈리아 본토가 먼 땅이었다. 그들은 희랍 서해안을 거쳐서, 혹은 시킬리아를 통해서 그곳에 닿을 수 있었다. 그리고 희랍 항해술이 페니키아 사람들을 앞질러 아드리아 해와 튀레눔 해를 항해할 만큼 충분히 발달했다는 것은 상당히 믿을 만하다. 그러므로 페니키아 인들이 이탈리아 인들에게 직접적으로 영향을 주었다고 할 근거는 전혀 존재하지 않는다. 지중해 서부에서 페니키아 사람들이 튀레눔 해의 이탈리아 인들과 나중에 어떤 관계를 유지했는지는 뒤에 다룰 것이다.

이탈리아의 희랍인 : 희랍 식민지

모든 면에서 볼 때, 동부 지중해에 근거를 둔 사람들 가운데 희랍 선원들이 이탈리아로 항해한 첫 번째 사람들이었다. 희랍 선원들이 어느 지역에, 어느 시기에 그곳에 닿았는가 하는 중요한 질문에 대해 우리는 다만 지역에 관해서만 상당히 확실하고 충분하게 답할 수 있다. 소아시아의 아이올리아와 이오니아 해안은 처음 희랍 해상 무역이 대규모로 펼쳐진 곳이었으며, 거기에서 희랍인들은 한편으로 흑해 안쪽을, 한편으로 이탈리아 해안을 개척했다. 이오니아 해라는 이름은 에피로스와 시킬리아 사이의 해역에 붙여진 것이고 이오니아 만은 초기 희랍인들이 아드리아 해를 지칭하는 용어였는데, 두 용어 모두 이오니아 선원들이 이탈리아의 남동 해안을 발견했다는 사실을 말해준다. 이탈리아에 있는 최초의 희랍 정착지인 쿠마이는 그 이름과 전설에 따르면 아나톨리아 해안 도시 쿠마이의 사람들이 건설한 것이다.

신뢰할 만한 희랍 전승에 따르면, 소아시아의 포키스 사람들이 희랍인 가운데 제일 먼저 서부 지중해 끝까지 항해했다. 또 다른 희랍인들이 소아시아의 포키스 인들이 개척했던 항로를 곧 뒤따라갔는데, 낙소스 출신과 에우보이아의 칼키스 출신의 이오니아 인, 아카이아 인, 로크리스 인, 로도스 인, 코린토스 인, 메가라 인, 메사나 인, 스파르타 인 등이 그러했다. 이것은 마치 신대륙 발견 이후 유럽의 문명국들이 서로 앞다투어 원정대를 보내어 개척하고, 개척자들은 원주민들 속에서 유럽인으로서의 연대감을 이전에 유럽 본토에서보다 훨씬 강하게 의식한 것과 같은 이치였다. 그래서 서쪽으로 항해하여 서쪽에 정주하는 것은 희랍 개별 지역이나 종족의 재산이 아니라 범희랍의 공동재산이 되었다. 북아메리카를 개척할 때 영국·프랑스·네덜란드·독일의 개척자들이 서로 섞여 살았듯이, 다양한 희랍 종족도 서로 구분하지 않고 혼화되어 시킬리아와 '대희랍'(*Graecia Magna*)에 섞여 살았다.

히포니온과 메드마 등 로크리스 인들의 정주지들과 이 시기 말에 세워진 포키스 인들의 정주지 휠레(*Velia, Elea*) 등 비교적 작은 규모로 세워진 정주지들을 제외한다면, 일반적으로 희랍 정주지들은 세 가지로 분류된다. 첫째 부류는 칼키스계의 도시들로 근본적으로 이오니아 식민 도시들인데, 여기에 이탈리아 반도의 쿠마이와 베수비우스와 레기온 등 여타 희랍 정주지들, 시킬리아의 장클레(이후 메사나), 낙소스, 카타나, 네온티니, 히메라가 속한다. 둘째 부류는 아카이아 식민 도시들인데, 쉬바리스와 '대희랍'의 도시 상당수가 속한다. 셋째 부류는 도리아 식민 도시들인데, 쉬라쿠사이, 겔라, 아그리겐툼, 시킬리아의 식민 도시 대부분이 포함되며 이탈리아 반도에서는 오로지 타라스(타렌툼)와 그 위성도시 헤라클레이아만 여기에 속한다.

전반적으로 이주민들 가운데는 희랍 본토에 옛 거주민들인 이오니아 인과 도리아 인들의 이주 이전에 펠로폰네소스에 살던 종족들이 주를 이루고 있다. 도리아 인들 중에는 코린토스나 메가라와 같이 혼성 공동체가 이주에 우선적으로 참여했으며, 도리아계의 순수 공동체는 매우 낮은 수준으로 참여했다. 왜냐하면 이오니아계는 고대로부터 상업과 해상에 밝았지만, 도리아계는 상대적으로 후기에 산간 내륙에서 해안으로 내려왔기에 해상 교역에는 늘 거리를 두었기 때문이다.

이주 집단들의 차이는 특히 화폐에서 뚜렷이 드러난다. 포키스 이주민들은 아시아에서 통용되는 바빌로니아 표준에 따라 화폐를 주조했다. 칼키스계의 도시들은 아주 먼 옛날 유럽 쪽의 희랍계 전체에서 통용되던 아이기나 표준을 따랐으며, 특히 나중에 에우보이아에서 다시 보게 되는 변형을 따랐다. 아카이아 공동체는 코린토스 표준에 따라 화폐를 주조했으며, 도리아 식민지들은 나중에 솔론이 아티카에 도입한(로마 건국 160년, 기원전 594년) 화폐단위를 사용했다. 타라스와 헤라클레이아는 주로 시킬리아 화폐단위가 아니라 이웃한 아카이아 식민지들의 화폐단위를 사용했다.

희랍 식민지 활동의 시기

초기의 이주와 정주의 시기를 결정하는 문제는 앞으로도 영원히 깊은 어둠 속에 있게 될 것이다. 하지만 이주 순서에 관해서는 어느 정도 알 수 있다. 초기 서부 지중해와의 교역처럼, 소아시아 이오니아 사람들의 가장 오래된 문학작품인 호메로스의 서사시들에서도 역사의 지평은 동부 지중해를 넘어서지 못한다. 폭풍에 의해 서부 지중해에 닿은 선원들은 서부 지중해가 존재한다는 것과 더 나아가 소용돌이와 불을 뿜는 섬 이야기를 소아시아에 전했을 것이다. 하지만 호메로스 서사시의 시대만 해도 서부 지중해와 교역을 행하던 희랍 지역에서조차 시킬리아와 이탈리아에 대한 믿을 만한 정보는 부족했다. 그리고 동부 지중해의 이야기꾼들과 시인들은 서쪽이 당시 동쪽에 대하여 그러했던 것처럼, 텅 빈 서쪽 세계를 허상만으로 멋대로 채워 넣었다. 헤시오도스의 서사시에서 드디어 이탈리아와 시킬리아의 윤곽이 좀 더 뚜렷해진다. 그의 서사시는 두 지역에 살고 있는 민족 이름, 산과 도시의 이름을 알고 있었지만, 여기서도 아직 이탈리아는 한낱 섬에 불과했다.

반면 헤시오도스 이후 문학에서 시킬리아와 심지어 이탈리아 해안 전체는 적어도 희랍인들에게 잘 알려진 곳으로 간주된다. 이에 따라 희랍 이주의 순서는 어느 정도 정할 수 있다. 투퀴디데스는 분명하게 쿠마이를 서쪽의 초기 유명한 정착지로 언급했다. 분명 실수하지 않았을 것이다. 또한 희랍 선원들은 몇몇 상륙 지점에 대하여 상세히 알고 있었다. 폭풍우와 이민족을 피하는 데는 이스키아 섬보다 적합한 곳이 없었으며, 그 섬에는 이전부터 도시가 있었다. 무엇보다 이곳 정주지에서 이런 요소들을 고려했다는 것을 나중에 이탈리아 본토에 선정된 정주지에서 확인할 수 있는데, 아나톨리아 모도시의 명예로운 이름을 그대로 간직한 쿠마이는 방어에 적합하고 가파른 절벽 지형에 위치한다.

쿠마이처럼 이렇게 소아시아의 전설을 분명하고 생생하게 확인할 수 있는 지역은 이탈리아 어디에도 없다. 서쪽 세계의 놀라운 이야기로 잔뜩 부푼 기대를 안고 초기 서부 개척자들은 이 전설의 땅에 첫발을 내디뎠으며, 세이레네스 바위와 하계로 인도하는 아베르누스 호수를 발견하고는 이를 자신들이 믿었던 전설 세계의 흔적이라고 생각했다. 쿠마이에서 희랍 인들이 처음으로 이탈리아 인의 이웃이 되었는데, 쿠마이 주변의 이탈리아 사람들을 처음 만나서 이들을 '오피코이'라고 부르게 되었다. 이런 이유에서 이 이름이 나중에는 수백 년 동안 이탈리아 민족 전체를 가리키는 용어로 사용되었다. 한편 신뢰할 만한 전승에 따르면, 이탈리아 남부와 시킬리아에 대거 이주한 희랍인들은 아주 멀리 쿠마이에 정주지를 세우게 되었고, 쿠마이로 이주할 때에 칼키스와 낙소스 출신의 이오니아 인이 안내했다. 시킬리아의 도시 낙소스는 이탈리아와 시킬리아에 건설된 모든 희랍 식민지 가운데 가장 오래된 도시이며, 그 후 아카이아 인들과 도리아 인들의 식민지 활동이 뒤를 이었다.

일련의 사건에 대하여 분명한 연도를 근사하게마나 밝히는 것조차 불가능해 보인다. 아카이아 인들의 도시 쉬바리스가 세워진 로마 건국 33년(기원전 721년)과 도리아 인들의 도시 타라스가 세워진 로마 건국 46년(기원전 708년)이 이탈리아 역사상 가장 오래된 연도라고 할 수 있는데, 이 연도들은 적어도 개연적으로는 받아들일 수 있다. 가장 오래된 이오니아 인들의 식민지가 이보다 얼마나 일찍이 건설되었는지는 헤시오도스 작품이 만들어진 시기만큼, 아니 더 나아가 호메로스의 작품이 만들어진 시기만큼이나 불분명하다. 헤로도토스가 호메로스의 생몰 연대를 언급한 것이 옳다면, 로마 건국 이전 100년(그러니까 기원전 854년) 무렵에도 여전히 희랍 사람들은 이탈리아 사람들에 대해 전혀 몰랐다. 하지만 헤로도토스나 그 밖에 다른 사람들이 추정한 호메로스의 생몰 연대는 확실한 증언이 아니라 다만 추론에 지나지 않는다는 점에 주목해야 한다.

또한 이탈리아 문자 연구에 주목해야 하며, 이탈리아에 희랍 민족이 출현하기 이전에 이미 이탈리아 사람들은 희랍인들에 대해 알고 있었다는 점에 주목해야 한다. 또한 이탈리아 사람들은 일찍이 민족 분할 시기에 희랍 땅으로 떠나버렸던 희랍인들을 '그라이'(*Grai*) 혹은 '그라이키'(*Graeci*)라고 지칭했다는 사실에도 주목해야 한다.[1] 따라서

---

[1] '그라이키'라는 이름이 에피로스 내륙과 도도네 근방을 이르는 말인지 아니면 아이톨리아 서해안에 이르는 지역을 이르는 말인지는 불분명하다. 이 이름은 일찍이 희랍 본토를 주도한 민족이거나 민족들을 가리키는 말이었는데, 나중에는 희랍 사람들 전체를 가리키는 말로 쓰였음이 분명하다. 헤시오도스의 책 《에호이엔》에서 이 이름은 다른 이름보다 먼저 희랍 민족을 가리키는 이름이었는데, 고의적으로 부차적인 것으로 취급되어 '헬라스'라는 이름의 하위로 밀려나게 되었다. 헬라스라는 이름은 호메로스 시대에는 아직 생겨나지 않았으며, 헤시오도스 이외에는 로마 건국 50년(기원전 704년) 아르킬로코스에게서 등장하며 상당히 일찍이 등장했을 수 있다(M. L. Duncker, *Geschichte des Altertums*, Berlin, 1852~1857, Bd. 3, S. 18, 556). 이 이전에 이탈리아 사람들이 희랍 사람들을 알고 있는 수준은, 정작 희랍에서는 오래전에 사라진 '그라이키'라는 이름이 그들에게는 여전히 희랍 민족 전체를 가리키는 이름으로 남아 있었다는 점에서 확인할 수 있다. 희랍 민족의 정체성이 사실 자신들에게보다는 오히려 남들에게 일찍이, 그리고 뚜렷하게 각인되었다는 것, 민족 전체를 일컫는 이름이 희랍보다 이탈리아에서 더 분명하게 정착되었지만 가까이 사는 다른 희랍 민족들에게는 그렇지 않았다는 것은 당연한 일이다. 이런

매우 일찍부터 이탈리아 사람들과 희랍 사람들은 상당히 의미 있는 수준에서 빈번히 왕래했다고 하겠다.

희랍 이주민들의 성격

이탈리아 이주 희랍인과 시킬리아 이주 희랍인의 역사는 결코 이탈리아 역사에 속하지 않는다. 오히려 이탈리아 서해안에 세워진 희랍 식민 도시들은 본국과 긴밀한 관계를 지속적으로 유지했으며 본국의 축제와 규범에 참여했다. 하지만 희랍 정착지들의 다양한 성격을 확인하고, 희랍인의 식민지 건설이 이탈리아에 미친 중요한 영향을 적어도 기본적 흐름에서 이해하는 것은 이탈리아를 이해하는 데에도 매우 중요한 일이다.

아카이아 식민 도시들

희랍 식민 도시를 통틀어 가장 집중적이면서 가장 배타적인 식민 도시들은 아카이아 인들이 세운 도시들이었다. 시리스, 판도시아, 메타

점과 로마 건국 100년 전에 이탈리아는 소아시아 희랍인들에게 전혀 알려지지 않았다는 점을 어떻게 조화시킬 수 있을지는 설명하기 어렵다. 문자에 관한 설명이 나중에 있을 것인데, 여기서도 완전히 동일한 결론에 이른다. 그런 관찰 결과를 무시하고 호메로스 시대에 관한 헤로도토스의 언급을 도외시한 것을 이상하게 여길 수도 있을 것이다. 하지만 이런 종류의 물음에서 전승을 맹신하는 것은 무모한 일이 아닐까?

부스 내지 메타폰티온, 쉬바리스와 그 형제 도시들인 포세이도니아와 라오스, 크로톤, 카울로니아, 테메사, 테리나, 픽소스 등이 있다. 이들은 대체로 독특하지만 도리아 방언과 제일 닮은 방언을 사용했으며, 이미 다른 희랍 지역에서는 널리 사용되는 새로운 희랍 문자를 따르지 않고 예전부터 쓰던 희랍 문자를 고집했으며, 이방인들에게는 물론 여타 희랍 계통에게조차 배타적인 자신들만의 고유한 연맹 체제를 수립했다. 폴뤼비오스가 펠로폰네소스 반도의 아카이아 군사동맹에 관해 언급한 것을 우리는 이탈리아의 아카이아 사람들에게도 그대로 적용할 수 있다. "그들은 맹세와 우정으로 다져진 공동체를 이루고 살았으며, 또한 그들은 모두 동일한 법률, 동일한 무게, 동일한 척도, 동일한 화폐를 사용했으며, 하나같이 최고 통치자와 원로들과 기사 계급을 두고 있었다."

 아카이아 식민지들은 본래적 의미에서의 식민지였다. 이들은 항구를 갖고 있지 않았으며 겨우 크로톤만이 작은 정박지를 갖고 있었는데, 이들은 독자적인 교역을 하지 않았다. 쉬바리스 사람들은 석호를 건너다니는 다리에서 나이를 먹는다고 자랑스럽게 말했는데, 그들을 위해 밀레토스 사람들과 에트루리아 사람들이 교역을 대신해주었다. 반면 이 희랍인들은 해안가를 차지하는 한편 바다를 따라 '포도의 땅'(Οἰνωτρία)과 '소의 땅'(Ἰταλία) 혹은 '대희랍'을 지배했다. 타고난 농부였던 원주민들은 피호민 혹은 노예 상태로 이들을 위해 농사를 짓고 세금을 바쳤다. 당시 최대의 도시였던 쉬바리스는 네 개의 이민족과 그들의 마을 25곳을 지배했으며, 다른 곳에서 라오스와 포세이도니아를 건설했다. 놀라울 정도로 많은 소득을 가져다준 크라티스와 브라다노스의 식민 활동으로 쉬바리스 사람들과 메타폰티온 사람들은 상당한 이익을 얻었다. 아마도 이 지역들에서 처음으로 본국 송출을 위한 농경이 이루어졌을 것이다.

이런 도시국가들이 믿을 수 없을 만큼 짧은 시간에 크게 번영했다는 것을 생생하게 보여주는 증거는 우리에게 전해지는 이 아카이아 인들의 예술 작품이다. 이들이 사용한 동전은 엄격하고 고풍스러운 아름다움을 자랑하는 작품으로 이들의 예술과 문자를 알려주는데, 이탈리아에서 발견된 가장 이른 시기의 유물이다. 이 동전들은 로마 건국 174년(기원전 580년)에 이미 주조되기 시작한 것으로 밝혀졌다. 이 동전들을 통해 서부 지중해의 아카이아 인들이 당시 본국에서 유행하고 있던 조형예술을 공유했을 뿐만 아니라, 기술적으로는 본국을 능가했음을 알 수 있다. 왜냐하면 같은 시기에 본국 혹은 이탈리아의 도리아계 식민 도시에서는 단면에만 문양을 새기고 대체로 아무런 문자를 넣지 않은 형태의 두툼한 은화가 널리 사용된 반면, 이탈리아의 아카이아 인들은 상당한 수준의 숙련된 솜씨로 만든 은화를 사용했기 때문이다. 이들의 은화는 양면에 요철이 뚜렷한 동일한 문양을 갖고 있으며 문자를 새겨 넣은 얇은 형태의 은화였다. 당시의 위조화폐(저급한 금속에 은을 도금하여 만든 화폐)로부터 스스로를 보호했던 이런 섬세한 주조 방식은 그들의 식민지가 높은 문화를 누렸음을 말해준다.

하지만 이런 빠른 성장은 결실을 맺지 못했다. 원주민들이 강력하게 저항한 것도 아니며 힘겹게 중노동을 감수한 것도 아니지만, 오히려 힘들 것 없는 여유로운 생활로 인해 희랍인들의 육체적·정신적 긴장이 너무 일찍 풀어졌기 때문이다. 시킬리아는 시킬리아를 노래한 수많은 시인을 갖고 있었으며, 이탈리아 반도에 있던 칼키스 사람들의 식민지 레기온은 시인 이뷔코스를, 도리아 사람들의 식민지 타렌툼은 아르퀴타스를 들 수 있는 반면, 희랍 문학과 예술에서 빛나는 명성을 누리던 사람들 가운데 누구도 이탈리아의 아카이아 인들을 노래한 바 없다. 삽을 들고 늘 정주지 주변을 맴돌던 이들에게 주먹질 말고 다른 무엇이 번성했을 리 만무하다.

일찍이 각 공동체에서 정치적 권력을 장악했으며 유사시에는 협력하여 서로에게 군건한 버팀목이 되었던 엄격한 귀족 지배 체제는 참주의 출현을 막았다. 하지만 최선자들의 통치 체제가 곧 소수자들의 지배 체제로 왜곡될 위험은 상존했으며, 특히 각 공동체의 권력자 집안들이 결탁하여 서로를 지원할 경우에는 더욱 그러했다. 이런 경향은 피타고라스로 대표되는 결사체에서도 엿보이는데, 이들은 지배계급을 '신처럼 공경할 것'과 피지배계급은 '짐승처럼 복종할 것'을 가르쳤다. 그런데 이런 가르침과 실천은 피타고라스 '형제들'을 제거하고 과거의 지배 체제를 부활시키는 가공할 만한 역작용을 불러왔다. 광기 어린 당파 분쟁, 노예의 폭동, 온갖 종류의 사회적 불공정, 실행 불가능한 국가철학의 실행 등 간단히 말해 타락한 사회의 온갖 악덕은 아카이아 인들의 식민지 사회가 마침내 그에 대한 정치력을 완전히 상실할 때까지 미친 듯이 이어졌다.

이렇게 볼 때 아카이아 인의 식민지들이 여타 희랍인들의 식민지들보다 미약하게 이탈리아 문명에 영향을 끼친 것은 그리 놀라운 일도 아니다. 국경 넘어 바깥세상까지 영향력을 넓히는 것은 이런 농경 국가가 아니라 무역 국가다. 그들의 영역 내에서 아카이아 인은 원주민을 착취했으며, 원주민들의 국가적 발전을 막고 그 싹을 잘라버렸으며, 또 이탈리아 사람들에게 희랍 문화를 수용하여 새로운 미래를 개척하도록 허용하지도 않았다. 쉬바리스와 메타폰티온, 크로톤과 포세이도니아 등에서는 희랍적 요소가 그 어떤 지역보다 빠르고 철저하게 흔적도 없이 사라져버렸다. 다른 지역에서는 정치적 와해가 일어나도 희랍적 요소는 강력한 생명을 유지했는데 말이다. 또한 상당수를 차지했던 이탈리아 원주민들과 아카이아 인들과 새롭게 이주한 사비눔 종족이 뒤섞여 만들어진 이중 언어를 쓰는 혼성 민족들은 이후에도 그다지 융성하지 못했다. 물론 이런 대이변은 시간적으로 다음 세대에 벌어지는 일이다.

이오니아·도리아 식민지

여타 희랍인의 식민 도시들은 이와는 다른 종류였으며 이탈리아에도 다른 영향을 가져왔다. 물론 이들도 농업과 농지 획득을 경시하지는 않았다. 하지만 이는 결코 희랍적 방식이 아니었으며, 적어도 희랍인들이 이민족의 땅에서 페니키아 사람들처럼 특정 지점에 온 힘을 다해 식민 요새를 건설하는 것으로 만족하게 되면서부터는 더욱 아니었다. 모든 식민 도시는 다른 무엇보다 무역을 위해 건설되었다. 따라서 아카이아 인들을 제외한다면 이들은 철저하게 항구나 정박지에 유리한 장소를 골라 도시를 세웠다.

이 식민지들의 출신과 동기와 시기는 다종다양하다. 하지만 이 식민지들 사이에 공통점이 없는 것은 아니었다. 이들은 모두 공통적으로 새로운 희랍 문자를 사용했으며,[2] 예를 들어 쿠마이처럼 약하나마 본래 이오니아 방언을 사용하던 도시들에까지 이른 시기에 도리아 방언이 침투했다.[3] 이탈리아의 발전에서 이 식민 도시들이 가진 중요성은 매우 커다란 차이를 보인다. 여기서는 이탈리아 반도의 민족들에게 결정적인 역할을 담당한 식민 도시들만을 고려하는 것으로 충분하다. 도리아 사람들의 식민지 타렌툼과 이오니아 사람들의 식민지 쿠마이가 바로 그런 식민 도시들이다.

타렌툼

타렌툼은 이탈리아에 있는 희랍 식민지 중에서 가장 훌륭한 모습을 보여주었다. 이탈리아 남해안 전체에서 가장 훌륭한 항구를 가진 이 도시는 남부 이탈리아의 교통 중심지였을 뿐만 아니라 아드리아 해의 교역 중심지가 되었다. 타렌툼만의 풍부한 어류와 최고급 양모 생산, 조개류를 이용한 자줏빛 염색 가공은 수많은 일자리를 제공했으며 중계 무역의 수출품을 증가시켰다. 특히 양모 생산법과 염색법은 소아시아의 밀레토스에서 들여온 것으로, 염색은 튀로스와 견줄 정도였

---

[2] 세 종류의 고대 오리엔트 형태로 $i(s)$, $l(\wedge)$, $r(p)$가 있고 이것들과 쉽게 혼동되는 s, g, p에 대한 문자로 I R 등이 있었는데, 전자의 세 가지는 상고시대 식민지에서 배타적으로 혹은 상당히 우세하게 널리 사용되었다. 반면 나머지 이탈리아의 희랍 식민지와 시킬리아의 희랍 식민지에서는 종족을 가리지 않고 배타적으로 혹은 상당히 우세하게 새로운 형태가 널리 쓰였다.

[3] 이에 대한 예를 들면, 쿠마이에서 발견된 옹기에는 "ταταίες ἐμὶ λέϙυθος ϝος δ' ἄν με κλέφσει θυφλὸς ἔσται"라고 적혀 있다.

다. 동전은 이탈리아의 희랍 식민지들 가운데 타렌툼에서 가장 많이 주조되었으며, 더 나아가 금화도 꽤 많이 주조되어 타렌툼의 교역이 활발했음을 말해주고 있다. 타렌툼이 아직 쉬바리스 등 이탈리아 남해안의 희랍 식민지들과 패권을 다툴 무렵에도 타렌툼의 교역은 이미 넓게 확장되어 있었다. 하지만 그렇다고 해서 타렌툼이 아카이아 인들의 식민지 건설 방식을 따라 자신들의 영토를 끊임없이 확장시킨 것은 아니었다.

베수비우스 근처의 식민 도시들

이탈리아 식민지들 가운데 동쪽 끝에 위치한 식민지들이 대부분 빠른 속도로 성장하고 있을 때, 북쪽 끝에 위치한 베수비우스 근처의 식민지들도 상당히 번영을 누리고 있었다. 그 가운데 비옥한 아이나리아(오늘날 이스키아) 섬에서 본토로 건너와 해안 언덕에 제2의 고향을 건설한 쿠마이 인들이 있었다. 그 주변에 디카이아르키아(오늘날 푸테올리) 항구와 '신도시' 네아폴리스가 건설되었다. 쿠마이 사람들은 이탈리아와 시킬리아에 위치한 대부분의 칼키스 식민 도시들과 마찬가지로 카타나의 카론다스가 제정한 법률에 따라(로마 건국 100년, 기원전 654년) 국가 체제를 구성했는데, 그것은 인구조사를 통해 가장 부유한 사람들 가운데 뽑힌 소수가 국가권력을 쥐는 것이긴 했지만 민주정이었다. 이는 폭군은 물론 천민 독재로부터 국가를 보호할 수 있는 국가 체제였다. 이 캄파니아 식민지들의 대외 관계에 관해 우리는 거의 아는 바가 없다. 이들은 마지못해서이든 자진해서이든 타렌툼 사람들보다 집요하게 한 좁은 지역을 고집했다. 이들은 정복과 억압이 아닌 평화적 교역을 위해서 원주민들과 교류했으며, 이들은 번영을 이루는 동시에 이탈리아에 희랍 문명을 전파하는 선구자 역할을 맡았다.

아드리아 해 지역의 희랍인들

레기움 해협의 양편, 다시 말해 이탈리아 남해안 전체와 베수비우스까지의 서해안, 그리고 시킬리아의 동쪽 절반이 희랍 식민지인 데 반해, 베수비우스 이북의 서해안과 동해안 전체는 상황이 전혀 달랐다. 아드리아 해의 이탈리아 연안에는 희랍 식민지가 전혀 없었으며, 이는 맞은편 일뤼리아 해안과 그 근처의 수많은 섬에도 희랍 식민지가 상대적으로 드물고 덜 중요했던 것과 연관이 있다. 일뤼리아 해안에 세워진 상업 도시 에피담노스 또는 뒤라키온(오늘날 두라초. 로마 건국 127년, 기원전 627년)과 아폴로니아(아불로나 근처. 로마 건국 167년, 기원전 587년)는 로마 왕정기에 건설된 것이다. 그 북쪽으로는 '검은 코르퀴라'(오늘날 쿠르졸라. 로마 건국 174년?, 기원전 580년)라는 보잘것없는 식민지를 제외하면 희랍 식민지가 전혀 발견되지 않는다.

왜 이 방향으로 희랍 식민지 건설이 이루어지지 않았는지는 아직까지도 충분하게 설명되지 않는다. 자연조건으로 보면 희랍 사람들의 왕래가 빈번할 법도 하고, 실제 나중에는 코린토스와 로마 건국 직후(로마 건국 44년, 기원전 710년) 건설된 코르퀴라(오늘날의 코르푸)에 의해 만들어진 무역로가 있었고, 이 무역로의 중심지로 이탈리아 해안, 파두스 강 하구에 스피나와 아트리아가 건설되었는데도 말이다. 아드리아 해는 폭풍이 잦고 일뤼리아 해안은 거칠고 그 원주민이 사납다고 해서 희랍 식민지가 확장되지 않았던 이유가 충분히 설명되지는 않는다.

이렇게 이탈리아 동해안이 그 동쪽 문명의 영향을 직접 받지 못하고 이탈리아 서해안을 통해서 받았다는 사실은 이탈리아 역사에서 중요한 의미를 지닌다. 코린토스와 코르퀴라와 더불어 '대희랍'의 동쪽 끝 상업 도시 타렌툼은 아드리아 해상 교역에 참여했다. 타렌툼은 휘드루스(오늘날의 오트란토)를 얻음으로써 아드리아 해로 진출하는 통로를 확보했다. 파두스 강 하구에 있는 항구들을 제외하면 당시 이탈리아 동해안에는 이렇다 할 중심지가 없었다. 앙콘(오늘날 안코나)이 번성한 것은 나중 일이며, 브룬디시움이 성장한 것은 더 나중 일이다. 그래서 에피담노스와 아폴로니아의 선원들이 타렌툼에 화물을 빈번하게 내렸다는 사실이 충분히 이해된다. 또한 타렌툼 사람들은 육로로 아풀리아와 많은 교역을 하고 있었기에 이탈리아의 남동부에서 발견되는 희랍 문화는 그들 덕분이었다. 물론 이는 단초에 지나지 않는 것으로, 아풀리아의 희랍 문화는 나중에 발전한 것이다.

이탈리아 서해안의 희랍인들

베수비우스 이북의 이탈리아 서해안은 일찍부터 희랍인들과의 교류가 있었으며 곶과 섬에 희랍의 영향을 받은 상거래 지역이 있었다는 것은 의심할 여지가 없다. 아마도 이런 교류의 가장 오래된 증거는 사람들이 오뒷세우스 모험의 배경을 튀레눔 해로 생각하고 있었다는 점이다.[4] 이오니아 선원들은 리파라 제도에서 아이올로스의 섬들을, 라키니움 곶에서 칼륍소의 섬을, 미세눔 곶에서 세이레네스의 섬을, 키르케이우스 곶에서 키르케의 섬을 발견했으며, 가파른 타라키나의 곶에서 엘페노르의 흙무덤을 보았다. 또 라이스트뤼고네스 인들은 카이에타와 포르미아이 근처에 살고 있었으며, 오뒷세우스와 키르케의 두 아들 '야만의' 아그리오스와 라티누스가 '신성한 섬들 깊은 구석에서' 튀레눔 인들을 다스리게 되었으며, 또 나중의 이야기에 따르면 오뒷세우스와 키르케의 아들은 라티누스이며, 오뒷세우스와 칼륍소의 아들은 아우손이라고 불린다고 했는데, 이는 모두 이오니아 선원들의 이야기다. 이오니아 선원들은 튀레눔 해를 지나며 제 고향을 그리워했을 것인데, 이런 애절한 그리움의 배경을 쿠마이 주변과 쿠마이 선원들이 왕래하던 지역 전체에 위치시킨 오뒷세우스 모험을 다룬 이오니아 서사시에서도 확인할 수 있다.

  이런 아주 오래된 왕래의 또 다른 흔적은 아이탈리아(일바 혹은 엘바) 섬에 나타나는 희랍식 이름인데, 이 섬은 아이나리아 섬과 함께 초기 희랍 정착지에 속하는 것으로 보인다. 또 에트루리아에 있는 항

---

[4] 튀레눔의 오뒷세우스 전설은 희랍 작가들 중에서 헤시오도스의 《신들의 계보》에 가장 먼저 등장하며, 이후 알렉산드로스 시대 직전의 작가들, 나중에 스큄노스라는 사람에게 전설을 전하는 에포로스와 스퀼락스라는 작가에게서 나타난다. 이런 초기 자료들은 이탈리아가 희랍인들에게는 아직 섬으로 간주되던 시기에 속하는데, 굉장히 오래된 것임에 틀림없다. 결국 이런 전설의 기원은 대체로 로마 왕정 시대에 속하는 것으로 보인다.

구도시 텔레몬도 그 흔적이라고 하겠다. 카이레 근처 해안의 두 정착지 퓌르기(오늘날 산타 세베라 근처)와 알시온(오늘날 팔로 근처)은 누구도 부정할 수 없는 희랍식 이름이며, 퓌르기의 도시 성곽은 여타 카이레 혹은 에트루리아 성곽 구조와 확연히 구분되는 매우 독특한 모습을 하고 있다. '불의 섬' 이라고 해석할 수 있는 아이탈리아 섬은 풍부한 청동과 특히 철의 산지였기 때문에 이런 왕래의 중심지 역할을 했을 것으로 보이며, 이 섬에 찾아온 이방인들은 정착지 내지 원주민들과의 거래를 위한 거점을 확보하고 있었을 것으로 보인다. 숲도 없는 작은 섬에서 본토와의 왕래 없이 광석에서 청동을 뽑아내는 일은 불가능했을 것이다. 아이탈리아 섬과 마주 보고 있는 본토의 포풀로니아에는 은광이 있었는데, 아마도 이 또한 희랍인에게 알려져 그들에 의해 운영되었을 것이다.

이방인들은 무역 외에도 해적질과 노략질을 자행하는 것이 당시 일반적이었는데, 여건이 허락하는 한에서 원주민들의 주거지를 불태우고 그들을 노예로 끌고 갔다. 원주민들 또한 자신들의 입장에서 이에 대한 보복 행위를 감행했다. 이런 일에 라티움 사람들과 에트루리아 사람들은 열심이었는데 이탈리아 남부 지방보다 상대적으로 운이 좋았다는 점을 관련 신화가 시사하고 있을 뿐만 아니라 실제적 효과가 말해주고 있다. 두 지역의 주민들은 이방인들을 막아내는 한편 그들의 상업 도시나 무역항의 패권을 지켜냈거나 이내 되찾았으며 더 나아가 자국 바다에서 패권을 유지했다.

희랍인들의 침입은 남부 이탈리아를 압박하고 원주민들을 몰아냈는데, 이로 인해 중부 이탈리아의 민족들은 그들의 의사와는 무관하게 어쩔 수 없이 항해를 배워 도시 건설에 나서지 않을 수 없었다. 이 때문에 이탈리아 민족들은 우선 나룻배와 조각배를 페니키아와 희랍식의 원양 노선으로 교체했음이 분명하다. 또한 이 때문에 거대한 상업 거점들이 세워졌는데, 남부 에트루리아의 카이레와 티베리스 강 하구의 로마가 그것들이다. 명칭이나 해안에서 멀리 떨어진 위치를 놓고 판단하건대, 파두스 강 하구에 자리한 동일한 종류의 무역 도시들, 다시 말해 아트리아와 스피나, 그리고 그 남쪽의 아르니눔과 마찬가지로 이 도시들은 희랍 식민 도시가 아니라 이탈리아 사람들이 세운 도시였다. 이민족의 침입에 대한 이탈리아 민족들의 이런 저항을 역사적 흐름에 따라 이해하는 것은 우리의 한계를 벗어나는 일이다. 하지만 분명한 것은, 라티움과 남부 에트루리아의 저항이 중부 에트루리아 내지 그 인근 지역의 저항과는 다른 양상을 보이며 이는 이후 이탈리아 발전에 매우 중요한 의미를 갖는다는 사실이다.

희랍과 라티움

전설은 놀랍게도 라티움을 '야만의 튀레눔'과 대비시키고, 티베리스 하구의 평화 지역을 볼스키의 적대적 해안과 대비시켜놓았다. 이를 근거로 희랍 식민지 건설이 중부 이탈리아의 일부에서는 용납되었으나 여타 지역에서는 용납되지 않았다고 주장할 수는 없다. 역사시대에 베수비우스 이북에는 일반적으로 어디에도 독립된 희랍 공동체가 존재하지 않았다. 퓌르기가 그 가운데 하나일 수도 있겠지만 이 도시는 우리가 가진 전승 이전에 이미 이탈리아 사람들의 수중에, 다시 말해 카이레 사람들의 수중에 들어왔음에 틀림없다.

하지만 남부 에트루리아, 라티움, 그리고 동해안에서 이방 상인들의 왕래는 여타의 지역들과는 달리 평화롭게 진행되고 유지되었다. 무엇보다 카이레의 역할이 주목할 만하다. 스트라본이 전하는 바에 따르면, 카이레는 희랍 사람들에게 용맹과 정의감으로 높은 평가를 받았는데 그들은 그렇게 용맹하면서도 강탈을 멀리했기 때문이라고 한다. 하지만 이것이 해적질을 의미하는 것은 아닌 것이 카이레의 상인들도 여타의 상인들과 마찬가지로 해적질을 행했기 때문이다. 다만 카이레가 페니키아 상인과 희랍 상인들이 자유롭게 출입할 수 있는 일종의 자유항이었음을 의미할 뿐이다. 우리는 이미 페니키아 상인의 거점(나중에 푸니쿰이라고 불리는 도시, 제1권 182쪽)으로 퓌르기와 알시온 두 도시를 언급할 만한데, 카이레 사람들은 이 도시들을 약탈하지 않았다. 열악한 정박지만을 갖추고 있었으며 근처에 이렇다 할 광산을 갖고 있지 못하던 카이레가 일찍이 그와 같이 번성했고, 희랍인들의 무역과 관련하여 천혜의 조건을 갖춘 이탈리아의 여타 도시들—예를 들어 티베리스 강 하구와 파두스 강 하구의 도시들—보다 훨씬 더 중요한 의미를 갖고 있었던 것은 바로 이런 이유 때문이라고 하겠다.

여기 언급된 도시들은 오랜 옛날 희랍 땅과 종교적 왕래가 있었던 도시들이다. 이방인들 가운데 최초로 올륌포스의 제우스에게 경배를 올린 사람은 에트루리아의 왕 아림노스다. 이 사람은 아마도 아리미눔을 다스렸을 것이다. 스피나와 카이레 인들은 델포이의 아폴론 등 여타 신전들을 정기적으로 방문했으며, 그곳에 자신들의 금고를 마련해두었다. 아주 오래된 카이레와 로마의 신화 전승은 쿠마이 신탁만큼이나 델포이 신전과도 연관을 갖고 있다. 이탈리아 사람들이 평화롭게 개방하여 이방의 상인들과 자유롭게 거래한 이런 도시들은 다른 도시들보다 풍요롭고 막강했으며, 희랍 상품뿐만 아니라 희랍 문명의 맹아가 뿌려지기에 적합한 장소였다.

희랍과 에트루리아

'야만의 튀레눔'에서는 사정이 이와 전혀 딴판이었다. 티베리스 우안의 남부 에트루리아와 파두스 강 하구의 북부 에트루리아(중부 에트루리아 지방보다 에트루리아의 패권이 더 크게 작용했던 지역)에서, 그리고 라티움에서 지역민으로 하여금 외래 해양 세력에 맞서 자유를 추구하도록 만든 똑같은 원인들이 중부 에트루리아에서는 전혀 다른 결과를 낳았다. 약탈과 폭력에 익숙한 민족적 성향 때문인지 아니면 다른 어떤 이유 때문인지 이들은 해적 행위 등 독자적 해상 활동으로 나아갔다. 아이탈리아와 포풀로니아에서 희랍인들을 축출하는 것으로 만족하지 않았다. 여기서는 어떤 상인도 허락되지 않은 것으로 보이며, 에트루리아 해적선이 바다를 종횡무진 누볐으며, 희랍인들은 '에트루리아'라는 이름만으로도 겁을 먹을 지경이었다. 그래서 적선 나포용 갈고리를 에트루리아 사람들의 발명이라고 한다거나 이탈리아 서해안을 에트루리아의 바다라고 부르는 것은 이유가 없지 않다.

이런 해적선들이 얼마나 재빠르게, 얼마나 강력하게, 특히 튀레눔 바다를 장악했는지를 제일 잘 보여주는 것은 라티움과 캄파니아의 해안을 그들이 장악한 사실에서 확인할 수 있다. 라티움 본토는 라티움 사람들이, 베수비우스 근처는 희랍 사람들이 장악했지만 그럼에도 양자의 중간 지역 내지 주변 지역에서 에트루리아 사람들은 안티움과 수렌툼을 확보했다. 볼스키 사람들은 에트루리아 사람들의 피호민이 되었다. 볼스키 사람들의 산악 지역에서 에트루리아 사람들은 노선을 제작하기 위해 목재를 확보했다. 로마가 안티움을 정복하고서야 그들의 해적 행위가 끝났다는 사실을 볼 때, 우리는 왜 희랍 뱃사람들이 이 지역을 라이스트뤼고네스의 땅이라고 불렀는지를 이해할 수 있다. 바다로 뻗어 나온 소렌토와 접안이 어려운 가파른 절벽으로 구성된 카프리 섬은 네아폴리스 만과 살레르눔 만으로부터 튀레눔 바다를 내다보면서 해적을 감시하기에 적합한 장소였는데, 이 지역을 일찍이 에트루리아 사람들이 차지했다. 이들은 캄파니아까지도 그들의 12도시 동맹을 건설했으며, 역사시대까지 이 지역의 내륙에는 에트루리아어를 말하는 사람들이 살았다고 전한다. 아마도 이런 정주지들은 에트루리아 사람들이 캄파니아의 바다를 장악했기 때문에, 그리고 베수비우스 주변 쿠마이 사람들과의 경쟁 관계에서 생겨났을 것이다.

하지만 에트루리아 사람들이 결코 약탈과 노략에만 매달린 것은 아니었다. 그들은 희랍 도시들과의 평화적 거래를 통해 금화와 은화를 만들어냈는데, 그것들은 적어도 로마 건국 200년(기원전 554년) 무렵에 포풀로니아 등 에트루리아 도시에서 희랍 양식을 모방하여 희랍 방식으로 제조되었다. 그런데 이런 화폐들이 '대희랍'의 양식을 따르지 않고 오히려 아티카, 심지어 소아시아풍을 따라 주조되었다는 사실은 아마도 에트루리아 사람들이 이탈리아에 정착한 희랍인들에 대하여 적대적이었음을 시사한다. 실제로 에트루리아 사람들은 무역에서 유리한 위치를 점하고 있었으며, 라티움 사람들보다는 훨씬 많은 장점을 가지고 있었다. 바다를 통해 그들은 서해안에서는 대희랍의 자유항구들을, 동해안에서는 파두스 강 하구와 오늘날 베네치아 지방을 돌아다녔다. 또 이들은 아주 옛날부터 튀레늄 바다의 피사이 지방에서 아드리아 해의 스피나에 이르는 육로를 확보했으며, 남부 이탈리아에서는 카푸아와 놀라의 풍요로운 평야 지대를 확보했다.

에트루리아 사람들은 이탈리아의 중요 무역 품목을 확보하고 있었는데, 아이탈리아의 철광석, 볼라테라이와 캄파니아의 청동, 포풀로니아의 은은 물론 발트 해로부터 유입되는 호박도 그들의 수중에 있었다(제1권 180쪽). 해적의 비호 아래, 그러니까 야만적 방식의 해양 활동을 통해 그들의 무역 활동은 활발히 전개되었다. 쉬바리스에서 에트루리아 상인과 밀레토스 상인은 경쟁을 벌였으며, 해적과 무역으로 무진장의 무의미한 사치가 생겨나자 이런 가운데 에트루리아의 힘 또한 고갈되었다.

희랍과 페니키아의 경쟁

이탈리아에서는 에트루리아 사람들이, 그리고 미미하지만 라티움 사람들이 희랍인들을 막아내고 일부는 적대적으로 대립했다. 이런 충돌은 어느 정도 필연적으로 당시 교역과 교통에서 지중해를 주름잡던 페니키아 인들과 희랍인들의 경쟁 관계에 영향을 미쳤다. 로마의 왕정기에 위대한 두 민족이 어떻게 모든 지중해 해안, 희랍과 심지어 소아시아, 크레타와 퀴프로스, 아프리카, 에스파냐와 켈트 해안에서 패권을 놓고 다투었는지 여기서 상세하게 설명하지는 않겠다. 이런 패권 경쟁이 이탈리아에서 직접적으로 일어나지는 않았지만 오랜 시간 깊은 영향을 미쳤다. 젊은 경쟁자의 활력과 재능은 사방에서 장점으로 작용했다. 희랍인들은 페니키아 인들을 유럽과 아시아의 고향에서 몰아냈을 뿐만 아니라 크레타와 퀴프로스에서도 페니키아 인들을 축출함으로 이집트와 퀴레네에서 발판을 얻고, 이탈리아 남부와 시킬리아 섬의 동쪽 절반을 차지했다. 희랍의 활발한 식민지 활동으로 페니키아 인들의 소규모 무역 거점들은 자리를 빼앗겼다. 이어 서부 시킬리아에도 셀리누스(로마 건국 126년, 기원전 628년)와 아크라가스(로마 건국 174년, 기원전 580년)가 건설되었고, 소아시아의 용감한 포카이아 인들은 서쪽 먼바다를 건너가 켈트 해안에 마살리아를 세우고(로마 건국 150년, 기원전 604년) 에스파냐 해안을 탐색했다.

그런데 기원전 6세기 중반 희랍 식민지 활동은 갑자기 봉쇄된다. 희랍의 공세로 페니키아 민족 전체가 위험에 빠지자 페니키아 도시들 중 가장 강력한 리뷔아의 카르타고가 들고일어났기 때문이 분명하다. 이로써 지중해에서 해상 교역을 개척한 민족이 신생 경쟁자 때문에 지중해 서부에 대한 독점권을 빼앗기고 지중해 동부와 서부의 중계무역로를 확보하지 못하여 동방과 서방의 독점적 지위를 빼앗겼을 때, 적어도 사르디니아와 시킬리아의 서쪽에 대한 패권은 동방 민족들에게 남아 있게 되었다. 하지만 이를 유지하기 위해 카르타고는 아람 족 특유의 강인함과 신중함을 발휘했다. 페니키아 식민지의 확장과 방어는 전혀 다른 성격을 갖는다. 고대 페니키아 식민지는 투퀴디데스가 시킬리아에 있는 식민지를 묘사한 것처럼 상품 공장이었다면, 카르타고는 영토 확장을 꾀하여 많은 복속민을 정복하고 강력한 요새로 건설했다. 지금까지의 페니키아 식민지는 희랍에 저항하며 흩어져 있었으나, 이제 강력한 리뷔아는 희랍 역사상 아무도 견주지 못할 강인함으로 동족의 모든 군사력을 그곳으로 집결시켰다.

하지만 이런 대응의 중요한 결과는 뒤이어 약체의 페니키아 인들이 희랍인들에게 저항하기 위해서 이탈리아와 시킬리아 원주민들과 단합하게 되었다는 점이다. 크니도스 인들과 로도스 인들은 로마 건국 175년(기원전 579년) 무렵 시킬리아에 있는 페니키아 식민지 릴뤼바이움에 정착하려 했지만, 원주민들[세게스타의 엘뤼미(Elymi) 사람들]과 페니키아 인들에 의해 쫓겨났다. 포카이아 인이 로마 건국 217년 무렵 카이레의 맞은편 코르시카 섬의 알랄리아(알레리아)에 정착했을 때, 그들을 추방하기 위해 에트루리아와 카르타고 함대가 120척 규모로 연합한 것 같다. 역사상 가장 오래된 해전에서 포카이아 함대가 겨우 절반의 병력으로 승리하기는 했지만, 카르타고 인들과 에트루리아 인들은 이 공격으로 자신들이 목표했던 바를 성취했다. 포카이아 인들은 코르시카를 포기했고, 오히려 외부에 덜 노출된 루카니아 해안의 휠레(혹은 벨리아)에 정착했다. 에트루리아와 카르타고의 조약은 물품 수입과 거기에 수반되는 권리에 관한 규정을 세웠을 뿐만 아니라 군사동맹(συμμαχία)을 포함시켰는데, 군사동맹에 대한 중요성은 알랄리아 전투에 잘 나타난다. 카이레의 광장에서 포카이아 포로들을 돌로 쳐 죽이고 속죄를 위해 델포이의 아폴론 신전에 사절을 보냈다는 이야기는 카이레 인들의 태도를 단적으로 보여준다.

라티움은 희랍인들을 적대하는 데 동조하지 않았다. 오히려 로마 인들과 포카이아 인들은 매우 이른 시기에 벨리아와 마실리아에서 우호적인 관계를 유지했으며, 전하는 바에 따르면 아르데아 사람들이 자퀸토스 사람들과 공동으로 에스파냐에 나중에 사군툼이라고 불리는 식민지를 건설했다고 한다. 하지만 라티움 인들이 희랍인들을 편들었던 것은 매우 드문 일이었다. 라티움 인들과 카르타고 인들 사이의 고대 교역의 흔적, 카이레와 로마 사이의 밀접한 관계 등이 이들의 중립적 태도를 입증한다. 가나안 땅의 사람들은 희랍인을 거쳐 로마 인들에게 알려졌는데, 이는 앞에서 언급했듯이 이들을 늘 희랍식 이름으로 거명한다는 점에서 알 수 있다(제1권 181쪽). 하지만 로마 인들이 카르타고라는 이름[5]은 물론 아프리[6]라는 민족명을 희랍인들로부터 차용하지 않았다는 것, 그리고 특히 이전의 로마 인들은 튀로스 인의 물건을 사라누스[7]의 물건이라고 불렀는데 여기에 희랍인들의 중계 가능성이 전혀 없다는 것은 라티움과 카르타고가 (나중에 양자가 상호 조약을 맺는 것처럼) 이른 시기에도 상호 직접 교역을 행하고 있었음

---

[5] 페니키아식 이름은 '카르타다'(Karthada)이고, 희랍식 이름은 '카르케돈'(Karchedon)이고, 로마식 이름은 '카르타고'(Karthago)다.

[6] '아프리'라는 이름은 스키피오 아프리카누스(Scipio Africanus)에서 볼 수 있듯이 이미 엔니우스와 카토 시절에 빈번하게 나타나는데, 희랍어가 아니라 아마도 히브리 어와 동족어일 것이다.

[7] '사라누스'(Sarranus)라는 형용사는 이른 시기부터 로마 인들이 튀로스 자주색 염료와 튀로스 피리를 지칭할 때 사용했다. 사라누스는 적어도 한니발 전쟁 무렵부터 이름에도 사용되었다. '사라'(Sarra)는 엔니우스와 플라우투스 때 도시 이름에 나타나는데, 원래 이름인 'Sor'에서 온 것이 아니라 아마도 'Sarranus'에서 유래한 것 같다. 희랍식 형태인 '튀로스'(Tyros) 내지 '튀리오스'(Tyrios)는 아프라니우스 이전 로마 작가에게서는 나타나지 않고 있다(Festus p. 355 M.). F. K. Movers, Die Phoenicier. Bonn/Berlin 1840~56. Bd. 2, 1, S. 174를 보라.

을 증명한다.

 이탈리아 인들과 페니키아 인들은 사실 힘을 모아 서부 지중해 절반을 장악하는 데 성공했다. 솔룬툼과 파노르무스 등의 주요 항구를 포함한 시킬리아의 북서부와 아프리카로 향한 지점인 모튀아 섬은 직간접적으로 카르타고 인들의 소유로 남게 되었다. 퀴로스 왕과 크로이소스 시대, 즉 현자 비아스가 이오니아 인들에게 소아시아로부터 이주하여 사르디니아에 정착하도록(로마 건국 200년 무렵, 기원전 554년) 조언했던 바로 그때에 카르타고의 말쿠스 장군은 그들보다 앞서 이 섬의 상당 부분을 무력으로 정복했다. 반세기가 지난 후 사르디니아의 해안 전부는 카르타고 공동체의 소유로 분명하게 나타난다. 반면 코르시카는 알랄리아와 니케아와 함께 에트루리아 인들이 차지했고, 원주민들은 가난한 섬의 생산물인 역청·밀랍·꿀을 공물로 바쳤다. 더구나 에트루리아와 카르타고가 동맹을 맺어 시킬리아와 사르디니아의 서쪽 바다는 물론 아드리아 해도 통치했다.

 물론 희랍인들도 이런 경쟁을 포기하지는 못했다. 릴뤼바이움에서 쫓겨났던 로도스 인들과 크니도스 인들은 시킬리아와 이탈리아 사이의 섬들을 차지하여 리파라를 건설했다(로마 건국 175년, 기원전 579년). 마실리아는 고립되어 있었음에도 번성했고, 곧 닛사에서부터 퓌레네(Pyrene) 지역의 교역을 독점했다. 리파라의 형제 도시 로다(현재 로사스)가 퓌레네에 건설되었고, 자퀸토스 인들이 사군툼에 정착했으며, 심지어 희랍 군주가 마우레타니아의 팅기스(탕헤르)에서 통치했다. 하지만 희랍인들의 확장은 이것으로 마무리되었다. 아그리겐툼이 건설된 이후 희랍인들은 아드리아 해나 서부 지중해에서 영토를 확장하는

데 성공하지 못했고, 에스파냐 근해와 대서양에서 배제되었다. 매년 리파라 인들은 에트루리아 '해적들'과 충돌했고, 카르타고 인들은 마실리아 인들, 퀴레네 인들, 그리고 무엇보다도 시킬리아의 희랍인들과 충돌했다. 하지만 양쪽 모두 지속적인 성과를 얻지 못한 채 수 세기 동안 충돌이 계속되었으며, 대체로 이런 현상 유지 수준이었다.

비록 간접적이지만 이탈리아 사람들은 페니키아 인들에게, 적어도 이탈리아 중부와 북부가 식민지로 전락하지 않은 것과 특히 에트루리아가 해상 권력을 차지할 수 있었던 것은 감사해야 할 것이다. 하지만 페니키아 인들은 라티움 동맹에 대해서는 아니지만 최소한 에트루리아 동맹에 대해서는 해상 패권을 두고 일종의 질투심을 가졌음이 분명한데, 이는 해상 세력에는 종종 있는 일이다. 에트루리아가 카나리아 제도에 식민지를 건설할 때 카르타고 인들이 그들을 저지했다는 보고는 사실이든 거짓이든 이런 경쟁 관계를 말해준다.

제11장
법과 법정

이탈리아 역사의 현대적 성격

역사가 무한한 다양성을 가지는 민중의 삶을 모두 드러내 보일 수는 없다. 그저 전체의 발전을 기술하는 것으로 만족해야 한다. 개인의 창조와 행위, 사유와 문학은, 물론 이런 것들도 역사에 의해 이루어지는 것이긴 하지만, 역사의 대상은 아니다. 하지만 이런 것들을 대략적으로나마 음미해보려는 시도는, 특히 역사적으로는 이미 사라져버린 것이나 다름없는 시대를 다루는 경우에는 필수적이라고 하겠다. 왜냐하면 우리와 다른 고대 문명인들의 생각과 감정, 마치 깊은 심연처럼 놓인 차이점을 우리가 이런 영역에서나마 어느 정도 파악할 수 있기 때문이다. 혼란스러운 민족 이름들과 흐릿한 전설은 한때는 푸르렀으나 이제는 우리가 간신히 손에 넣은 마른 잎과 같은 모습을 하고 있다.

낙엽들이 부스럭거리는 소리를 듣거나, 코네스 사람들과 오이노트리아 사람들과 시킬리아 사람들과 펠라기스 사람들 등 민족의 조각들을 분류하는 대신, 옛 이탈리아 사람들의 실제적 삶이 법률적 관계에 어떻게 표현되어 있는지, 이상적 삶이 종교에 어떻게 각인되어 있는지, 경제나 상거래 활동은 어떠했는지, 어디로부터 문자 등 여러 교육적 요소들이 그들에게 도래했는지를 묻는 것이 훨씬 더 온당한 일일 것이다. 여기서도 우리의 지식은 많이 부족하며, 로마 인들에 대해서뿐만 아니라 사비눔 사람들과 에트루리아 사람들에 대해서는 더욱 그러하다. 하지만 이런 부족하고 모자란 정보나마 이를 통해 독자는 이름 대신 구체성 혹은 어떤 의견을 갖게 될 것이다.

　이런 탐구의 주요 결과는 다음과 같이 요약할 수 있다. 이탈리아 사람들, 특히 로마 사람들에게서 원시 상태의 것들이 여타 인도·게르만 어족들에 비해 상대적으로 적게 남아 있다는 것이다. 활과 화살, 전차, 여성의 사유재산, 부인의 매매, 원시적 매장 형식, 피의 복수, 공동체 권력과 투쟁하는 씨족 체제, 생생한 자연 상징체계 등, 그리고 이와 유사한 수많은 현상은 이탈리아 문명의 기초를 이루는 것으로 전제해야 하겠지만, 우리가 이를 관찰하기 위해 한 걸음 앞으로 다가서자마자 이 모든 것은 흔적도 없이 사라져버리고 만다. 단지 여타 민족들과의 비교를 통해서만 이탈리아 사람들에게도 이런 것들이 있었음을 알 수 있다. 그런 의미에서 이탈리아 역사는, 예를 들어 희랍이나 독일의 역사와 비교해서도 오히려 진보된 문명 단계로부터 시작한다고 하겠으며 그 자체적으로도 비교적 현대적 성격을 지닌다.

　이탈리아 민족이 가진 법 규정은 대부분 사라져버렸다. 오로지 라티움의 법만이 로마의 전승 가운데 일부나마 우리에게 알려졌다.

사법제도

모든 사법권은 공동체, 다시 말해 왕이 장악하고 있었다. 왕은 재판기일(*dies fasti*) 동안에 법정 상단(*tribunal*)의 고관 의자(*sella curulis*)[1]에 앉아 법정을 열었다. 즉 '명령'(*ius*)을 내렸다. 옆에는 수행원(*lictores*)이라 불리는 보좌관들이 서 있었으며, 앞에는 피고인 혹은 당사자(*rei*)가 서 있었다. 노예에 대해서는 일단 주인이, 여자에 대해서는 아버지 내지 남편 혹은 가장 가까운 남자 친척이 판결을 내렸는데(제1권 83쪽), 노예와 여자는 공동체의 구성원으로 인정받지 못했다. 가부장권하의 아들과 손자에 대한 판단을 놓고 가부장권과 왕의 사법권이 서로 경쟁했지만, 가부장권은 본래적 의미의 사법권이 아니라, 자식들에 대한 가부장의 소유권에 기인하는 권한이다.

하지만 씨족이 행사했던 사법권 혹은 왕의 사법권으로부터 위임받지 않은 재판권에 관해서 우리는 전혀 아는 바 없다. 자기방어 혹은 특히 보복 행위와 관련하여, 사망자의 친족에 의해 이루어진 살인자의 살해 혹은 불법적으로 살해자를 비호하는 자를 살해하는 것은 정

---

[1] '고관 의자'에 관한 다른 설명은 언어적으로 불가능한데(Serv. *Aen*. 1, 16을 보라), 가장 단순하게 다음과 같이 설명할 수 있다. 나라 안에서 오로지 왕만이 앉을 수 있는 것으로(제1권 94쪽), 나중에는 이런 권리가 최고 공직자들에게도 특별한 경우에 한해 허용되었다. 근본적으로는 주변보다 높여 만든 법정 상단이 아직 만들어지지 않았던 시대에 민회 등 왕이 원하는 곳에서 왕은 '고관 의자'에 앉아 판결을 내렸다.

당하다는 원시적 율법의 전설적 흔적이 아직 남아 있었다. 그러나 이런 율법을 전하는 전설은 이를 폐기해야 될 것으로 언급하고 있다.[2] 따라서 매우 이른 시기에 보복 행위는 로마에서 공동체의 권력이 강력하게 등장함으로써 억제된 것으로 보인다. 판결에 대하여 피고의 친구들과 그 주변 사람들이 영향을 미치는 모습이 옛 독일 법에 나타나지만, 이런 모습을 옛 로마법에서는 전혀 찾아볼 수 없다. 또한 옛 독일 법에서는 무력을 통해 자기주장을 관철시킬 의지와 권리는 필연적으로 합법적이며 허용될 수 있다고 생각했지만, 이런 것이 옛 로마법에는 나타나지 않는다.

왕이 직접 개입하는 경우 형사재판이고, 피해자가 청원하여 개입하면 민사재판이다. 형사재판은 다만 공공의 안녕을 침해하는 사건만을 다루었으며, 다른 무엇보다 국가 반역 내지 적과의 내통(*proditio*), 상관에 대한 폭력적 반란(*perduellio*) 등이 주요 대상이었다. 친족 살인(*parricida*), 남색, 처녀 및 유부녀 강간, 방화, 위증에 이어, 사악한 주술로 곡물 수확을 망친 자, 공공 제사를 위해 공동체가 관리하는 경작지에서 야간에 허락 없이 곡물을 추수한 자 등도 공공의 안녕을 파괴했다는 이유에서 대역죄에 준하는 죄인으로 다스렸다.

왕은 재판을 개최하고 주관했으며, 배석한 조언자들의 의견을 듣고

---

[2] 플루타르코스(*Rom*. 23, 24)가 전하는 타티우스 왕의 죽음에 관한 전설에 따르면, 타티우스의 친척이 라우렌툼에서 온 사신들을 살해했다고 한다. 타티우스는 망자들의 친족들에게 보복 행위를 금지했으며, 이들에 의해 타티우스가 살해되었다고 한다. 로물루스는 죽음을 죽음으로 갚았을 뿐이라며 타티우스의 살해자들을 석방했다고 한다. 그러나 두 도시에서 동시에 공포된 신성한 형법에 의해 최초 살해자뿐만 아니라 두 번째 살해자들도 로마와 라우렌툼에서 뒤늦게 법적인 처벌을 받았다고 한다. 이런 이야기는 '상소'의 도입에 관해 호라티우스의 신화가 그러하듯, 보복 행위의 철폐를 역사적으로 기록한 것처럼 보인다. 다른 데에 보이는 이 이야기의 유사 형태들은 원래 형태와는 상당히 다른데, 때로 앞뒤가 바뀌었거나 다르게 각색되어 있다.

나서 판결을 내렸다. 그러나 왕은 일단 재판을 개최하고 나서 이후의 진행과 판결을 대리자에게 위임할 수 있었으며, 대리자들은 일반적으로 원로원 위원들 가운데 지명되었다. 나중에는 반란 사건을 다룰 2인관(*duoviri perduellionis*)을 비상시적 대리자로 두었으며, 또 친족 살해 사건을 다룰 검찰관(*quaestores parricidii*)을 상시적 대리자로 설치했다. 검찰관의 주요 임무는 우선 살인범을 추적하여 체포하는 일로, 일종의 경찰과 같은 일을 맡았는데, 이 제도는 왕정기에는 없었지만 이 시기에도 나중에 검찰관 제도로 이어지는 어떤 제도가 있지 않았을까 한다.

재판이 진행되는 동안 피고인은 구속되는 것이 일반적 관례이지만, 보석금을 내면 피고인을 풀어줄 수도 있었다. 자백을 받기 위한 고문 행위는 오로지 노예에게만 가능했다. 공공의 안녕을 침해한 자로 유죄판결을 받은 자에 대한 처벌은 언제나 사형이었다. 사형 집행은 여러 가지 방식으로 이루어졌다. 위증을 범한 자는 절벽에서 떨어뜨렸으며, 곡물 절도죄를 범한 자는 교수형에 처했으며, 방화범은 화형에 처했다. 사면권은 왕이 아니라 공동체에 있었다. 왕은 다만 유죄판결을 받은 자가 상소(*provocatio*)를 신청하는 경우 허락하거나 거부할 수 있었다. 그 밖에 법률에서는 유죄판결을 받은 자가 신에 의해 사면될 수 있다고 적혀 있다. 즉, 유피테르의 사제 앞에서 무릎을 꿇은 자에게 같은 날 태형을 가하는 것은 금지되었다. 결박된 상태로 신전에 발을 들여놓은 자에 대해서는 묶인 줄을 풀어주어야 했다. 형장으로 가던 길에 베스타 신녀와 우연히 마주친 자는 사형을 면제받았다.

왕은 자신의 재량에 따라 질서 파괴와 위반 행위에 대하여 벌금형을 가할 수 있었다. 벌금은 많은 수(이로부터 벌금이 *multa*라고 불렸다)의 소와 양이었다. 또한 태형에 처하도록 명하는 것도 왕의 권한이었다.

민사재판

공공의 안녕이 아닌 개인 생활 침해의 경우에 국가는 오로지 피해자의 청원에 따라 개입했으며, 이때 피해자는 가해자에게 필요한 경우에는 무력을 행사하여 왕 앞에 자신과 함께 직접 출두하도록 요구했다. 당사자 양편이 모두 출두하여 원고의 요구 사항이 구술로 표명되고 피고의 이의가 역시 구술로 제기되고 나면, 왕은 이 사안을 직접 조사하거나, 아니면 사건을 대리자가 조사하도록 위임할 수 있었다. 침해에 따른 배상의 일반적인 원칙은 피해자와 가해자 사이의 화해였다. 국가는 다만 가해자가 피해자에게 충분한 배상금(*poena*)을 지불하지 않는 경우에만 추가적으로 개입했는데, 어떤 이의 재산을 타인이 점유한다든지 정당한 채권이 변제되지 않은 경우였다.

절도

이 당시 절도 피해자가 절도범에게 무엇을 요구할 수 있었으며 절도가 언제부터 일반적으로 속죄 가능한 죄로 여겨졌는지에 관해서는 확정할 수 없다. 절도 피해자는 현행 절도의 피해에 대하여, 한참 뒤에 발견된 절도 피해보다 훨씬 더 많은 보상을 요구할 수 있었다. 왜냐하면 죄를 물어야겠다는 분노가 후자에 비해 전자의 경우 더욱 컸기 때문이었다. 만약 절도가 도저히 속죄받을 수 없는 정도이거나 절도범이 피해자가 요구하고 재판관이 적당하다고 인정한 보상을 지급할 능력이 없는 경우라면, 재판관은 절도범을 절도 피해자의 노예로 귀속시켰다.

재산상의 피해와 마찬가지로 신체적 상해(*iniuria*)에 있어 정도가 가벼울 경우 피해자는 무조건적으로 가해자의 속죄를 받아들여야 했다. 반면 이런 행위로 수족이 절단된 경우 불구가 된 사람은 상대방에게 눈에는 눈, 이에는 이에 해당하는 속죄를 요구할 수 있었다.

초기에는 토지와 가옥이 아닌 '노예와 가축'(*familia pecuniaque*)만이 소유권의 대상이었는데, 그 이유는 로마 인의 경작지는 오랫동안 집단적으로 개간되다가 나중에야 분배되었기 때문이다. 강자의 권리가 소유권의 법적 근거로 작동하는 것이 아니었다. 모든 소유권은 공동체가 개별 시민에게 독점적 소유와 용익을 할 수 있게 해준 것으로 여겼기에 재산 소유는 시민에게만, 그리고 공동체 시민과 동일하다고 간주된 사람에게만 가능했다. 모든 재산은 자유롭게 양도되었다. 부동산에도 소유권이 인정된 이래로 로마법에서는 동산과 부동산의 실제적 구별이 없었다.

로마법에서는 가부장의 재산 내지 집안의 재산 가운데 자녀 등 여타 친척의 절대적 기대권은 인정하지 않았다. 그렇지만 가부장이라고 해서 자녀에게서 상속권을 임의적으로 박탈할 수는 없었는데, 왜냐하면 가부장은 결코 부권을 철회할 수 없었고, 이런 상황(부권 철회)에서

라면 동의하지 않을 수도 있으며 분명 동의하지 않을 공동체의 동의 없이 유언장을 작성할 수도 없기 때문이다. 물론 가부장은 생전에 분명 자식들에게 불리한 처분을 할 수 있었는데, 법은 개인의 소유권 제한에 소극적이었으며, 전반적으로 성인의 경우 재산권의 처분은 자유롭게 보장되었기 때문이다. 상속재산을 타인에게 양도하여 자식들에게 상속재산을 하나도 남기지 않는 사람은 정신이상자와 마찬가지로 당국의 보호를 받는 것이 관행이었다. 이런 관행은 아마도 경작지가 최초 분배되고 일반적으로 공동체에 사유재산이 훨씬 더 중요시된 시점부터 존재했다. 이런 방식으로 재산에 대한 무제한적 처분권과 가산의 보존이라는 상반된 두 원칙이 로마법 내에서 가능한 범위 안에 상호 조화를 이루고 있었다.

소유권에 대한 물권적 제한은, 경작을 위해 불가피한 정당성이 없는 한 결코 허용되지 않았다. 영구 소작권은 법적으로 불가능했다. 담보는 법적으로 인정되지 않았으며 매매 행위에서처럼 채권자에게 해당 소유권이 즉각 양도되었다. 이때 채권자는 다만 부채를 상환할 때까지 해당 재산을 제삼자에게 양도하지 않으며 채무자가 약속된 금액을 완제하면 채무자에게 다시 반환하겠다는 신탁 약속(*fiducia*)을 했다.

계약

국가와 시민 사이의 계약, 특히 국가에 제공해야 하는 것과 관련하여 보증인들(*praevides*, *praedes*)의 의무는 일정한 형식 없이 즉시 유효했다.

반면 시민 상호 간의 계약은 일반적으로 어떤 법적 도움을 국가 측에 요구하지 않았다. 채권자를 보호하는 유일한 방법은 상거래 관례에 따라 널리 행해지는 신탁 약속이 있었고, 더불어 빈번히 행해지던 서약의 경우에는 거짓 서약을 처벌하는 신들에 대한 공포도 한몫했다. 법적으로 고소가 가능한 것은 오로지 약혼한 신부를 넘겨주지 못한 신부의 아버지에게 사죄와 배상을 요구하는 약혼, 이와 더불어 악취 행위(*mancipatio*, 매매)와 구속 행위(*nexum*, 채무)가 있다.

악취 행위는 매도인이 목적물을 매수인의 손에 쥐어주는(*mancipare*) 동시에, 매수인은 증인들 앞에서 약정된 금액을 지불하는 것으로 법적으로 종결된다. 동편(銅片)이 양과 소를 대신해 일반 가치척도가 된 이래로 약정된 일정량의 동편을 제삼자가 정확하게 맞추어진 저울에 달아 주고받았다.[3] 이런 조건이 충족되면 매도인은 매수인이 목적물의 소유주가 될 것, 그리고 매도인과 매수인이 특별히 합의한 모든 약정이 이행될 것을 보증해야 했다. 상대방을 속인 경우에 목적물을 절취한 행위에 준하는 보상을 상대방에게 제공해야 했다. 언제나 매매에 대한 소송은 매매 행위가 쌍방에 의해 실제로 이행된 경우에만 가능했다. 신용(외상) 매매는 소유권을 주고받는 것이 아니므로 소송이

---

[3] 발전된 형태의 악취 행위는 세르비우스 개혁 이후일 수밖에 없는데, 매매 대상의 선정은 농지 재산의 확정을 전제하는 것이나 저울을 발명한 사람이 세르비우스라고 하는 전승을 볼 때 그러하다. 하지만 기원을 놓고 볼 때 매매는 이보다 훨씬 이전이다. 왜냐하면 악취 행위로서의 매매는 우선 손으로 잡을 수 있는 악취물에 해당하는 것으로, 이런 형식은 재산이 본질적으로 노예와 가축(*familia pecuniaque*)을 의미하던 시기에 만들어졌기 때문이다. 악취 행위를 통해 양도될 물건을 정한 것은 세르비우스 개혁에 따른 것이다. 매매 자체 및 동편과 저울의 사용은 이보다 오래된 일이었다. 의심할 여지 없이 악취 행위는 원래 매매의 보편적 형식이었고 세르비우스의 개혁 이후에는 모든 거래에 적용되었다. 특정 품목은 악취 행위를 통해서만 양도되어야 한다는 규정을 후대에 잘못 해석하여, 바로 그 특정 품목 외의 다른 물건은 악취 행위에 의하지 않을 수 있다는 식의 오해가 생겨났다.

성립하지 않는다. 소비대차 또는 채무 설정행위도 이와 유사하게 진행되었는데, 채권자는 증인들 앞에서 채무자가 갚아야 할 의무(*nexum*)를 설정하면서 약정된 일정량의 동편을 저울에 달아 채무자에게 주었다. 채무자는 원금 외에도 이자를 지불해야 했는데, 통상적으로 연이율은 총액의 1할이었다.[4] 채무 상환은 기한이 되면 동일 형식을 따라 진행되었다.

만일 채무자가 국가를 상대로 채무를 다하지 않는다면 어떤 절차도 없이 채무자와 그가 소유한 모든 것은 팔리게 되었다. 국가는 이를 위해 채무 사실을 확증하는 것으로 충분했다. 반면 시민이 왕에게 재산권의 침해를 고발할 경우(*vindiciae*), 혹은 채무 상환이 제대로 이루어지지 않았다고 고발할 경우, 소유권 소송에서는 사실관계의 확인이 주로 문제가 되지만, 소비대차 소송에서는 증인들에 의해 쉽게 확인될 수 있어서 사실관계 확인이 문제가 되지 않는다. 사실관계 확인은 일종의 도박을 통해 진행되었는데, 이때 당사자들은 패소할 경우에 지급하게 될 신성도금을 걸었다. 신성도금은 소 열 마리 이상에 해당하는 큰 사건의 경우 소 다섯 마리, 그 이하의 경우 양 다섯 마리로 했다. 판사는 누가 신성도금을 돌려받을지 결정하는데, 패소자의 신성도금은 몰수되어 공공 제사용으로 사제들에게 맡겨진다. 또한 신성노금을 잃은 경우 채무의 이행이 30일간 유예되었다.

이행 의무가 애초부터 확인된 자의 경우, 다시 말해 부채를 상환했다는 증인이 없는 채무자는 '나포'(*manus iniectio*)라는 절차를 밟았다.

---

[4] 1년을 10개월로 하는 이자는 총액에 대해 그 12분의 1(*uncia*)인바, 1년을 12개월로 할 때 총액의 1할에 해당한다.

원고는 채무자를 발견하는 즉시 붙잡아 법정으로 끌고 가 확인된 채무를 변제하게 만들었다. 나포된 자는 직접 변론할 수 없었고, 제삼자(vindex, 소송대리인)가 그를 대신하여 이런 폭력 행위가 잘못된 것임을 입증하면 절차는 여기서 마무리된다. 이런 대리 행위는 대리인의 개인적 책임을 전제하기 때문에 무산자인 경우 세금을 납부하는 시민의 대리인이 될 수 없었다. 만일 채무 이행이나 대리 행위가 없으면 왕은 나포된 자가 채권자에게 귀속된다고 판결하고 채권자는 그를 노예와 동일하게 취급할 수 있었다. 이후 60일이 경과하고 그 기간 동안 세 번에 걸쳐 채권자가 채무자를 시장에 데리고 나가 누군가 그를 동정하여 빚을 대신 갚을 자가 있는지를 물어, 아무도 나타나지 않을 경우 채권자는 채무자를 죽여 시체를 훼손하든지, 혹은 그를 자녀 및 재산과 함께 제삼자에게 노예로 팔든지, 아니면 자신의 집에서 노예로 일하도록 할 권리를 얻었다. 물론 로마법상 시민이 로마 공동체의 영토 내에 머물고 있는 한 완전한 노예가 될 수는 없었지만 말이다(제1권 145쪽). 아무튼 이렇게 함으로써 로마 공동체에 속하는 시민의 소유물과 재산을 절도나 훼손뿐만 아니라 불법적 점유자나 지급불능의 채무자로부터 매우 엄격하게 보호했던 것이다.

후견 제도

미성년자와 정신이상자 등 방어력이 없거나 자신의 재산을 지킬 수 없는 자들의 재산은 물론 부녀자들의 재산도 제일 가까운 상속인이 이들의 재산을 돌보게 함으로써 보호되었다.

상속 제도

망자의 재산은 제일 가까운 상속인들이 상속했다. 이때 여자를 포함하여 모든 동등권자에게 똑같이 분배되었고, 자녀가 있는 미망인에게도 분배가 이루어졌다. 법적 상속권의 박탈은 오로지 민회에서만 결정될 수 있었는데, 이때 박탈과 관련된 종교적 의무 때문에 사제의 의견을 사전에 구해야 했다. 이런 식의 상속권 박탈은 일찍이 매우 빈번했던 것으로 보인다. 박탈 조치가 사전에 완료되지 못한 경우 이를 보완하기 위해, 생전 자신의 재산을 처분할 자유가 완전하게 주어져 있었던 것에 근거하여 자신의 사망 후 전 재산을 자신의 뜻에 따라 나누어 주도록 친구에게 맡김으로써 이런 미비점을 어느 정도 보완했다.

노예해방

노예해방은 옛 로마법에서는 존재하지 않는다. 물론 소유권자는 소유권 행사를 하지 않을 수 있었다. 그렇더라도 주인과 노예 사이에 상호 의무는 불가능하다는 사실이 없어지거나, 노예에게 공동체 내의 영주권 내지 시민권이 주어지는 것도 아니었다. 따라서 노예해방은 초기에는 단순히 사실적 행위였을 뿐 법률적 행위가 아니었으며, 주인에게는 언제나 해방 노예를 자의적 판단에 따라 다시 노예로 취급할 가능성이 주어져 있었다. 그러나 이로부터 벗어나는 경우들이 있었으며, 이때 주인은 노예뿐만 아니라 공동체에 대해서도 그 노예가 계속해서 자유를 유지함을 확인해주어야 했다. 주인의 이런 확인 의무를 규정하는 특별한 법률적 형식은 존재하지 않았는데, 초기에는 아예 노예해방 자체가 존재할 수 없었다는 사실이 이를 제일 잘 증명한다. 이와 관련해서는 여타의 법적 장치가 활용되었는데, 유언과 소송과 호구조사 등이 있었다. 주인이 유언장을 작성하면서 민회를 통해 노예를 해방시키거나 혹은 주인이 노예가 법정에서 자신의 자유를 주장할 것을 그 노예에게 허락한다거나 호구조사 과정에서 그와 같이 등재함으로써 해방 노예는 시민이 될 뿐만 아니라 주인 및 그 상속자에 대해서도 자유를 확보했으며, 이후 그는 피호민이 되었고, 나중에는 상민(제1권 121쪽)이 되었다.

    노예해방보다 훨씬 어려운 일은 자식의 해방이었다. 주인과 노예 관계는 우연적이기 때문에 자의적으로 단절될 수 있지만, 아버지는 자식에 대하여 아버지이기를 그칠 수 없기 때문이었다. 따라서 자식은 아버지로부터 스스로를 방면시키기 위해 먼저 아버지의 노예가 되어야 했으며, 이후 노예 관계를 청산하면서 해방을 얻을 수 있었다. 그러나 당시까지 이런 해방은 존재할 수 없었다.

피호민과 영주민

로마의 시민들과 피호민들은 이런 법적 관계에 따라 살아갔으며, 그들 사이에는 우리가 아는 한 애초부터 완전한 의미에서 사법적 평등 관계가 존재했다. 반면 이주민은 로마 시민 가운데 보호자를 얻지 못하고 그래서 피호민으로 살지 못한다면, 자기 신체뿐만 아니라 재산에 대해서도 아무런 권리를 갖지 못했다. 로마 시민권자가 이주민에게서 무엇을 빼앗더라도, 이는 마치 바닷가에서 조개를 채취하는 것처럼 합법적 행위였다. 다만 국경 밖의 토지에 대해서는 로마 시민이 이를 사실적으로 소유할 수는 있었지만 법률적으로 해당 토지의 합법적 소유권자로 인정받지는 못했다. 왜냐하면 공동체의 국경을 확장할 자격이 시민 개인에게는 주어지지 않았기 때문이다. 전쟁 시에는 사정이 달랐다. 부대원으로 참전한 병사가 획득한 것은, 그것이 부동산이든 동산이든 전부 국가에 귀속되었으며 병사 개인에게는 주어지지 않았다. 국경을 확장할 것인지 혹은 유보할 것인지의 문제 또한 국가의 결정에 달려 있었다.

이런 일반적 법규로부터 벗어나는 예외는, 로마가 로마법의 테두리 안에서 외국의 시민들에게 보증한 특별한 조약에 의해 생겨났다. 특히 로마와 라티움 지방의 영원한 동맹은 로마 인과 라티움 인의 모든 계약을 합법적이라고 선포했으며, 동시에 이를 위한 기구로 선서로써 성립한 '중재 심판단'(*reciperatores*)이 주관하는 긴급 민사 법원을 두었다. 중재 심판단은 단독 심판관이 판결을 내리는 여타 로마의 전통과는 달리 다수의 중재 심판관을 홀수로 기용했는데, 로마와 라티움 양쪽에서 추천한 중재 심판관들과 위원장 한 명으로 구성되어 거래와 측량과 관련된 심판을 담당했다. 중재 심판단은 계약이 맺어진 장소에서 개최되었으며 열흘 안에 재판을 마무리 지어야만 했다. 로마 인과 라티움 인 사이에 행해진 거래 형태는 당연히 귀족과 상민 사이에 적용되는 일반적인 형태였다. 왜냐하면 악취 행위와 구속 행위는 원래 전혀 특별할 것 없는 형태로, 라티움 어를 쓰는 한에서 어디서나 적용되는 법률 개념의 함축적 표현이었기 때문이다.

엄밀한 의미에서의 외국인과 거래할 때는 다른 방식과 다른 형태를 취했다. 이미 일찍부터 카이레 등 여타 민족과 거래 및 그에 따른 의무에 대한 조약이 맺어졌는데, 이는 만민법(*ius gentium*)의 근간이 되었다. 이는 로마에서 국내법과 나란히 발전했다. 이런 법률적 발전의 흔적으로 눈에 띄는 것은 '소비대차'(*mutuum : dividuus*의 예처럼 *mutare*라는 동사에서 파생되었다)다. 이는 대부의 한 형태로, 증인들 앞에서 명시적으로 부채를 상환하겠다는 서약을 통해 스스로를 채무자라고 선포하는 구속 행위와 달리, 한 사람이 다른 사람에게 돈을 넘기는 단순 행위를 가리킨다. 내국인들끼리의 거래에서 구속 행위가 적용되듯이, 이는 외국인과의 거래에도 적용되었다. '무투움'(*mutuum*)이라는 단어가 시킬리아 희랍어에서 '모이톤'(μοῖτον)으로 나타난다는 것은 특이할 만한 점이다. 라티움 어 '카르케르'(carcer)가 시킬리아에서 '카르카론'(κάρκαρον)으로 나타난다는 점과 연관시켜 볼 수 있다. 이 두 단어가 어원적으로 라티움 어라는 것이 확실하므로, 시킬리아 방언에 이런 단어들이 나타난 것은 라티움의 배들이 시킬리아 섬을 자주 왕래했다는 유력한 증거다. 라티움 사람들은 시킬리아 사람들과 금전 거래를 했으며, 채무자는 흔히 고대의 법률에서 빚을 갚지 못한 경우에 그러하듯 노예가 되어야 했다. 반대로 쉬라쿠사이에서 감옥을 뜻하는 '라토미아이'(λατομίαι)라는 단어는 오래전 로마로 들어왔으며 '라우투미아이'(lautumiae)로 나타나는데, 증축한 국가 감옥을 가리키는 말로 쓰였다.

로마법의 특징

로마법에 대한 이런 전반적 설명은 대개 가장 오래된, 왕정 철폐 이후 반세기가 지난 시점에 기록된 관습법을 기준으로 한 것이며, 이미 왕정 시대에 부분적으로는 문제시되었으나 전체적으로는 널리 적용되던 것이었다. 이런 로마법 전반을 보건대 로마는 상당히 발전된, 자유스러우면서도 견고한 농경 및 상업 국가의 면모를 갖추고 있었다. 거기에는, 예를 들어 독일의 법률이 보여주는 것과 같은 상징 언어의 관례가 이미 완전히 지양되었다. 물론 당연히 이탈리아 사람들에게서도 이런 상징 언어가 한때 사용되었다는 것은 의심할 여지가 없다. 이에 대한 주목할 만한 예는 가택수색의 형태인데, 독일 관습과 마찬가지로 로마 관습에서도 수색하는 사람은 겉옷은 벗어두고 속옷만을 입고 수색에 임해야 했다. 또한 다른 무엇보다 아주 오래된 선전포고의 형식을 보면, 최소한 켈트 족과 게르만 족에게서도 볼 수 있는 두 가지 상징이 나타나는데, 고향 땅을 상징하는 '정결한 곡식'(*herba pura* : 프랑크어 *chrene chruda*)과 개전을 상징하는 '피 묻은 장대'가 보인다. 종교적 이유에서 보존된 고대의 관례, 예를 들어 제관들에 의해 이루어진 선전포고와 공찬혼 등을 제외한 거의 모든 영역에서 로마법은 우리가 아는 한 철저하게, 그리고 원칙에 따라 상징 언어를 퇴출시켰으며, 모든 경우에서 충실하고 완벽하게 있는 그대로의 의사 표현을 요구했다.

물론 물건의 양도, 증인 출석의 요구, 혼인의 체결 등은 양자가 의사를 분명한 방식으로 표명함으로써 성립되었다. 새로운 소유자가 물건에 손을 얹거나, 증인으로 부를 사람의 귀를 잡아당기거나, 신부의 얼굴을 가린 채 신부를 축제 행렬과 함께 신랑의 집으로 데리고 가는 등의 관례는 남아 있었다. 하지만 이런 오래된 풍습은 이미 아주 오래된 로마법에서조차 법률적으로는 무의미한 관례가 되어버렸다. 종교에서 모든 비유와 의인화가 철저하게 배제된 것과 마찬가지로, 로마법 체계에서 모든 상징은 철저하게 제거되었다. 또한 로마에서는 공동체의 권력이 공동체를 이루는 소단위의 씨족 혹은 부족의 권위와 경쟁을 벌이고 있던 희랍인과 게르만 족의 국가 체계에 나타나는 원시성이 완전히 사라져버렸다. 따라서 불완전한 국가권력을 보충하기 위한 국가 구성원들의 상호부조 결성, 피의 보복에 대한 엄숙한 수행 혹은 개인의 처분권을 제한한 가족의 공동소유 등은 흔적을 찾아볼 수 없다. 물론 이런 것들이 이탈리아 사람들에게서도 일찍이 존재했음은 분명하다. 몇몇 제의적 장치에서, 예를 들어 과실에 의해 살인을 저지른 자는 망자의 가장 가까운 친척에게 의무적으로 희생양을 제공해야 했는데 이 점을 그 흔적이라고 할 수도 있다. 하지만 우리가 파악할 수 있는 한 가장 오래된 시절에 이미 로마는 이런 것들을 오래전에 지양한 상태였다. 물론 씨족은 사라졌으나, 가족은 로마 공동체 내에서 사라지지 않았다.

그럼에도 국가의 각 영역에 미치는 국가의 이념적이고 실제적 권력은, 국가가 시민에게 자유를 부여하고 보증할 경우에라도 국가권력이 제한되지 않는 것과 마찬가지로, 가족에 의해 제한되지도 않았다. 궁극적 법률 토대는 언제나 국가다. 자유는 다만 가장 넓은 의미에서 시민권의 또 다른 표현일 뿐이다. 모든 사유재산은 명시적이든 묵시적이든 공동체가 각 개인에게 양도한 것이다. 계약은 오로지 공동체가 그 대리자를 통해 계약에 증인으로 참석할 때만 유효하다. 유언은 오로지 공동체가 이를 승인할 때만 유효하다. 공법의 영역과 사법의 영역이 명확하게 구분되어 나뉘어 있었다. 국가에 대한 범죄는 직접 국가의 법정으로 끌려와 언제나 사형으로 처리되었다. 이에 반해 시민 혹은 영주민에 대한 범죄는 우선 속죄나 보상을 통한 화해라는 방법으로 처리되었으며, 결코 목숨을 값으로 치르는 일도 없었고, 아무리 막중한 처벌이라도 자유의 상실 정도였다.

상업적 거래 행위에서 자유가 증가함에 따라 이와 나란히 처벌 제도 또한 엄격하게 발전했다. 오늘날 상업 국가에서 어음 발행이 일반화됨에 따라 준엄한 어음 관련 소송이 함께 등장한 것과 비견할 만하다. 시민과 피호민은 거래를 하는 데에서는 완전히 대등했다. 국가 간의 조약은 영주민에게도 포괄적 평등권을 보장했다. 여자는 그것을 행사하는 데 제한을 받았을 뿐, 법적 권리에서는 남자와 같은 선상에서 있었다. 완전한 성인이 되지 못한 미성년자도 마찬가지로 자신의 재산에 대해 완전한 포괄적 처분권을 가지는데, 처분권을 가진 사람은 일반적으로 마치 공적 영역에서 국가가 그러한 것처럼 자신의 영역에서 주권을 누렸다.

신용 제도가 가장 독특했다. 토지 저당은 존재하지 않았으며 담보라는 절차 없이, 오늘날에는 담보물 처리의 마지막 단계인 채무자가 채권자에게 소유물을 넘겨주는 양도 행위가 즉시 시행되었다. 반면 인적 담보는 무제한적이라고 말할 수는 없지만 굉장히 포괄적으로 허용되었다. 법률은 채권자에게 채무불이행자를 마치 절도범처럼 취급할 권한을 수여했으며, 샤일록이 자신의 적에게 농담 삼아 조건으로 내건 것을 로마에서는 법률적으로 진지하게 채권자에게 허용했다. 물론 너무 많이 살점을 잘라내는 문제와 관련해서는 샤일록이 행했던 것보다 훨씬 상세하게 이를 규정했다. 이는 독립적이며 부채에 시달리지 않는 농민 계층과 상업적 신용을 동시에 진작하여, 모든 종류의 가짜 소유와 채무불이행을 무엇보다 강력하게 억제하려는 로마법의 복적으로 보인다.

일찍이 인정된 라티움 인들의 거주 이전의 권리(제1권 146쪽), 마찬가지로 일찍이 표명된 민사혼(제1권 124쪽)의 적법성을 살펴볼 때, 우리가 확인할 수 있는 것은 다음과 같다. 시민에게 최고 수준의 의무를 요구하며 공동체 전체에 대한 개인의 복종이라는 개념을 발전시킨 이 나라는 어떤 나라에서도 유례를 찾아볼 수 없을 정도로 이를 성취할 수 있었는데, 그것은 로마가 거래를 제한하는 것만큼이나 거래의 제한 역시 철폐했고 그만큼 자유를 보장했기 때문이라는 것이다. 허용하는 경우이든 금지하는 경우이든 법은 늘 가차 없이 시행되었다. 피호민이 되지 못한 이방인은 추적당하는 들짐승처럼 취급되었지만, 영주민은 시민과 동등한 권리를 가졌다. 계약은 일반적으로 소송에 이르지는 않았지만 채권자의 권리가 인정되기만 하면 이는 절대적이었으므로, 채무자가 가난하다고 해서 어떤 구제 혜택이 주어지는 경우는 전무했으며 어떤 경우에도 인간적인 참작의 여지는 없었다. 그래서 마치 로마법이 사방으로 날카로운 이빨을 드러내 극단적으로 법적 판단을 집행하는 데서, 그리고 법이 가지는 독재적 성격을 둔한 지성에 폭압적으로 강요하는 데서 기쁨을 느끼는 것은 아닐까 싶을 정도다.

게르만 족의 법체계 내에서 활개 치는 시적 표현과 우아한 상징 등이 로마법에는 없다. 로마법은 전체적으로 명료하고 간략한바, 상징은 허용되지 않았으며 중언부언도 없다. 로마법이 잔혹하지는 않았다. 모든 것은 필요한 한에서 복잡한 절차 없이 집행되었으며, 심지어 사형도 마찬가지였다. 자유민에게는 고문을 가할 수 없다는 원칙은 로마법의 출발점이었는데, 이런 원칙을 확립하기 위해 다른 민족들은 실로 수천 년 동안 투쟁해야 했다. 로마법은 소름 끼칠 정도로 준엄하다. 인도적 원칙에 따라 순화시킬지라도 도저히 순화되지 않을 만큼 가혹한 엄정함을 가진 법이다. 왜냐하면 로마법은 인민이 세운 법이기 때문이다. 그것은 납으로 만든 집이나 고문실만큼이나 가혹하며, 가난한 자들이 산더미 같은 부채 속에서 보았던 일련의 생매장 무덤보다 훨씬 더 가혹하다. 하지만 인민이 스스로 법률을 제정하고 스스로 이를 지켜나간다는 로마의 위대함이 그 가운데 녹아 있다. 로마법에는 자유와 복종, 사유재산과 법률적 제한이라는 영원한, 오늘날에도 변함없는 원칙이 순수하고 엄격하게 지켜졌다.

제12장
종교

로마의 종교

로마 신들의 세계는 앞서 언급한 바와 같이(제1권 37쪽) 현실 세계의 로마를 좀 더 숭고하고 이상적인 차원에서 반영하되, 작은 것이나 큰 것이나 모두를 지독하다 싶을 정도로 그대로 반영하고 있다. 국가와 씨족, 개개의 자연현상 및 개개의 정신 활동, 모든 인간, 모든 장소와 모든 대상, 그러니까 로마법이 미치는 모든 곳에서 펼쳐지는 모든 행위가 고스란히 로마 신들의 세계에 투영되어 있다. 현실 세계의 존재들이 생성·소멸의 영원한 운동 가운데 있는 것처럼, 신들의 세계도 현실 세계와 함께 요동친다. 각 행동을 관장하는 수호신은 그 행동이 지속되는 동안 존재하며, 각 개인의 수호신은 그 개인과 함께 태어나고 사망한다. 이런 신적 존재들에게 영원성이 부여되는 것은 오로지 유사한 행동과 동일 유형의 인간과 그와 함께 동일 종류의 정신이 계속해서 새롭게 나타나기 때문일 뿐이다. 로마를 통치하는 로마의 신성이 있는 것처럼 외국의 공동체를 통치하는 나름의 신성이 있어, 로마 시민이 이방인에게 차갑게 대하는 것처럼 로마의 신성은 이방의 신성에 대해 차갑게 대할 수도 있겠지만, 그럼에도 이방인들과 이방의 신성들은 공동체의 결정을 통해 로마에 편입될 수도 있었다. 정복된 도시의 시민들이 로마로 이주했던 것처럼, 정복된 도시의 수호신들은 로마로 모셔져 새로운 성소를 갖게 되었다.

아주 오래된 로마 공공 축제

로마가 희랍 세계와 전혀 접촉이 없던 시절에 형성된 원형적 로마 신들을 우리는 로마 공동체들이 거행한 공공 축제의 명칭에서 알 수 있다. 그 명칭은 로마 공동체의 달력에 담겨 있으며, 이는 분명 우리에게 전해지는 로마 고대사 관련 문건들 가운데 가장 오래된 것이다. 신들 가운데 가장 높은 신성은 유피테르와 퀴리누스라고도 불리는 마르스다. 보름날(*idus*)은 모두 유피테르에게 바쳐진 날이며, 모든 포도주 축제 등 나중에 언급될 몇몇 날도 그러하다. 유피테르에 대립하는 신은 '악한 유피테르'(*Vediovis*)라 불리는데, 5월 21일(*agonalia*)이 그에게 바쳐졌다. 반면 마르스에게는 새해가 시작하는 3월 1일이 속하며, 마르스의 이름에서 유래한 3월에 개최되는 큰 전사 축제들이 그에게 바쳐졌다. '경마'(*equirria*)가 펼쳐지는 2월 27일이, 3월에는 방패 제작일(*equirria*

혹은 *Mamuralia*)인 14일이, 의회에서의 전사 군무일(*quinquatrus*)인 19일이, 나팔 봉헌일(*tubilustrium*)인 23일이 마르스에게 바쳐진 날들이다. 전쟁이 수행될 때 전쟁은 이런 축제일에 시작했으며 가을에 전쟁이 마무리되면 다시 마르스 축제가 열렸는데, 전쟁 헌정일(*armilustrium*)인 10월 19일 또한 마르스에게 바쳐진 날이다. 제2의 마르스인 퀴리누스에게는 2월 17일(*Quirinalia*)이 속한다.

다른 축제일들 가운데 농업 및 포도 농사와 관련된 축제일이 제일 중요하며, 목축 축제일이 그다음으로 중요한 축제였다. 무엇보다 4월에 개최되는 일련의 봄 축제일이 여기에 포함된다. 우선 4월 15일(*fordicidia*라고 해서 새끼를 밴 암소를 바친다)은 텔루스(*Tellus*), 즉 양육하는 대지의 여신에게 바쳐졌다. 4월 19일(*Cerialia*)은 케레스, 즉 움트는 새싹의 여신에게 속한다. 4월 21일(*Parilia*)은 다산하는 가축의 여신 팔레스에게 속한다. 4월 23일(*Vinalia*)은 포도나무와 이날 개봉되는 포도주 통을 수호하는 유피테르에게 속한다. 4월 25일(*Robigalia* : *Robigo*는 깜부깃병)은 이삭을 망치는 깜부깃병에 제물을 바치는 축제가 열린다.

또한 한 해 농사를 마치고 성공적인 가을걷이가 끝나면 콘수스(*Consus* : *condere*에서 파생)와 옵스(*Ops*)라는 남성 신과 여성 신을 동시에 모시는 축제가 개최된다. 우선 추수가 마무리된 직후인 8월 15일(*Consualia*)에 콘수스를 위해, 8월 25일(*Opalia*)에 옵스 여신을 위해 축제가 열렸으며, 이후 한겨울에 곡간에 대한 축복을 빌며 12월 15일(*Consualia*)과 12월 19일(*Opalia*)에 다시 한 번 똑같은 축제가 개최되었다. 옵스 여신을 위한 두 번의 축제 중간에, 축제를 만든 사려 깊은 옛사람들은 의미심장하게도 파종의 축제(*Saturnalia* : *Saeturnus* 혹은 *Saturnus*

에서 파생)를 12월 17일에 거행하도록 했다.

마찬가지로 포도즙과 치유의 축제(*meditrinalia*)가 10월 11일에 개최되었는데, 사람들은 신선한 포도즙이 치유의 효험을 갖고 있다고 믿었기 때문에 이렇게 불렀다. 이 축제는 포도 수확이 마무리된 이후 포도의 신 유피테르에게 바쳐졌다. 이 축제가 8월 19일에 개최되는 제3차 포도주 축제(*Vinalia*)와 어떤 연관을 갖고 있는지는 불분명하다. 이런 축제에 덧붙여 한 해를 마무리하는 때인 2월 17일에 목동들은 선한 목동의 신 파우누스를 기려 늑대 축제(*Lupercalia*)를 거행했다. 또 농부들이 거행하는 토지 경계의 축제(*Terminalia*)가 2월 23일에 열렸다. 또 7월 19일과 21일에 여름 숲 축제(*Lucaria*)가 두 번에 걸쳐 열렸는데, 이 축제는 숲의 신 실바누스에게 바쳐졌을 것으로 보인다. 샘물 축제(*Fontinalia*)가 10월 13일에, 새로운 태양이 시작되는 동지 축제(*Angeronalia* 혹은 *Divalia*)가 12월 21일에 열렸다.

이런 축제들에 못지않은 축제들이 있었다. 라티움의 항구도시 로마에서 열린 것이 당연하다 싶은 뱃사람 축제(*Neptunalia*)가 바다의 신을 모시고 7월 23일에 열렸다. 항구 축제(*Portunalia*)가 8월 17일에, 티베리스 강 축제(*Volturnalia*)가 8월 27일에 개최되었다. 수공업과 예술은 신들 가운데 오로지 불과 대장장이의 신 불카누스에 의해 대표되었으므로, 신의 이름을 딴 축제(*Vulcanalia*)가 8월 23일 개최된 것 외에도 나팔 봉헌 축제(*tubilustrium*)가 5월 23일에 열렸다. 또 예언의 축제(*Carmentalia*)가 1월 11일과 1월 15일에 열렸다. 이때 모셔지는 카르멘티스는 원래 주술과 노래의 여신이었는데, 이후 출생의 보호 여신으로 경배되었다.

가정과 가정생활 일반에 있어 가정 수호신 베스타와 곡간 정령 페나테스들에게 바쳐진 축제(*Vestalia*)가 7월 9일에 열렸다. 출생 신의 축제(*Matralia*)[1]는 7월 11일에, 리베르와 리베라에게 바쳐진 자녀 축제(*Liberalia*)가 5월 17일에, 망자의 축제(*Feralia*)가 2월 21일에, 세 번의 유령 축제(*Lumuria*)가 5월 9일, 11일, 13일에 열렸다. 사회적 관계에 있어 우리에게는 불분명한 두 개의 축제, 왕 추방 축제(*Regifugium*)가 2월 24일에, 인민 추방 축제(*Poplifugium*)가 7월 5일에 열렸다. 두 축제 가운데 적어도 후자는 유피테르에게 바쳐진 날이었다. 또한 일곱 언덕 축제(*Agonalia* 혹은 *Septimontium*)가 12월 11일에 열렸다. 또한 시작의 신 야누스에게 바쳐진 날(*agonia*)은 1월 9일이다. 복수의 여신 축제(*Furrina*)가 개최되는 7월 25일, 유피테르와 아카 라렌티아에게 바쳐진 축제일(*Larentalia*), 가정 수호신 라레스 축제(12월 23일) 등은 그 성격이 불분명하다.

마르스와 유피테르

이상의 축제 목록이 날짜가 변하지 않는 공공 축제의 전부다. 이런 고정된 축제일 외에도 분명 아주 먼 옛날부터 날짜가 변화하는 축제와 특별한 기회에 개최되는 축제가 존재했을 것인데, 이런 축제를 기록

---

[1] 이 신은 추측건대 원래 '새벽의 여신'(*Mater mutata*)이다. 여기서 기억해야 하는 것은, 이름으로 쓰이는 루키우스와 특히 마니우스가 보여주는 것처럼, 새벽 시간은 출생에 행운을 가져다주는 시간으로 여겨졌다는 점이다. 새벽의 여신은 나중에 레우코테아 신화의 영향으로 바다와 항구의 여신이 되었다. 이 여신이 특히 여자들에 의해 숭배받았다는 점은 이 여신이 원래 항구의 여신은 아니었음을 증명한다.

한 문서는 문서에 담긴 것뿐만 아니라 담기지 않은 것을 통해서도 우리에게 그 문서가 아니었다면 완전히 잊힌 시대를 들여다볼 기회를 제공한다. 옛 로마 공동체와 야산 로마 인의 병합은 이런 축제 목록이 완성될 즈음에는 이미 이루어졌는데, 여기서 우리는 마르스와 함께 퀴리누스가 언급되는 것을 볼 수 있다. 축제 목록이 작성될 즈음에는 아직 카피톨리움 언덕의 신전들이 세워지기 전이었다. 왜냐하면 목록에 유노 여신과 미네르바 여신이 빠져 있기 때문이다. 또 아벤티누스 언덕에 아직 디아나 신전이 건립되기 이전이며, 희랍인들에게서 종교관을 배워오기 전이었다.

로마뿐만 아니라 이탈리아의 종교 제사에 있어, 각 민족이 독립적으로 이탈리아 반도에 자리 잡을 무렵 그 중심은 모든 증거를 검토해보면 살육의 신[2] 마우루스 혹은 마르스 신이었다. 무엇보다 마르스는 창을 휘두르는 신, 가축을 보호하는 신, 적을 무찌르기 위해 시민을 이끄는 전투의 신으로 받들어졌다. 따라서 당연한 일이겠지만 각각의 공동체들은 저마다 나름대로의 마르스를 모셨으며, 모든 신 가운데 가장 강력하고 신성한 신으로 생각했다. 따라서 새로운 공동체를 건립하기 위해 고향을 떠나는 신성한 봄에 그들은 마르스를 수호자로 모셨다. 매월의 명칭 외에는 달리 신의 이름을 쓰지 않은 로마 월력에서, 더 나아가 라티움과 사비눔의 월력에서 첫 번째 달은 마르스에게

---

[2] 아주 오래된 어형인 마우루스(*Maurus*)는 'u'라는 글자를 예를 들어 *Mars, Mavors, mors*처럼 여러 가지로 변형함으로써 만들어졌다. 'ð'로의 변모음(Paula가 Pola로 변하는 등 다수의 예에서처럼)은 반복형에서도 나타난다. 예를 들어 *Mar-mor*(*ma-muris*)를 들 수 있으며 이 단어의 유사형으로는 *Mar-Mar, Mar-Mer*가 있다.

바쳐졌다. 신의 이름을 인명으로 쓰지 않던 로마 인들의 이름 가운데 마르쿠스, 마메르쿠스, 마무리우스 등은 예외적으로 아주 오래전부터 많이 사용되었다. 가장 오래된 로마 신화에서 마르스는 딱따구리와 연결되어 있다. 마르스에게 바쳐진 신성한 동물 늑대는 로마 시민의 상징이기도 했다.

민족 신화에서 로마 인들의 상상력은 오로지 전쟁 신 마르스, 제2의 마르스인 퀴리누스에서 출발한다. 신들의 아버지 유피테르는 로마 공동체의 본질을 전쟁의 관점보다는 문명의 관점에서 반영하고 있으며, 로마의 축제 이름들 가운데 마르스보다 넓은 영역을 차지하고, 유피테르의 사제는 전쟁 신의 사제 두 명보다 높은 지위를 부여받는다. 하지만 마르스도 축제 이름과 관련하여 그에 못지않은 중요한 역할을 맡았다. 다음의 사실은 매우 신뢰할 만하다. 축제가 만들어지는 과정에서 유피테르와 마르스가 마치 아후라 마즈다와 미트라처럼 나란히 기여했다는 것, 또한 전쟁을 치르는 로마 공동체에서 종교적 행사의 진정한 구심점은 당시 전쟁 신 마르스와 그를 위한 3월의 마르스 축제였는 데 반해 유피테르는 '근심을 잊게 해주는 포도주 신'이 희랍 사람들에 의해 로마에 알려지기 이전까지는 포도주의 신으로서 추앙받았다는 것이다.

로마 신들의 특징

로마의 신들을 자세히 서술하는 것이 이 글의 목표는 아니지만, 저변에 깔려 있는 내적 특징을 부각시키는 것은 역사에서 중요하다. 희랍 종교와 로마 종교의 본질은 추상화와 의인화다. 희랍의 신도 자연현상이나 추상개념에서 나왔다. 또 희랍인들뿐만 아니라 로마 인도 신들을 인성으로 표현하여 각각 남성이나 여성으로 파악했으며, 알 수 없는 신들에게 기도할 때조차 "그대 남신 혹은 여신이여"라고 불렀다. 또한 공동체의 진정한 수호신은 적들이 알지 못하도록, 행여 알고 수호신의 이름을 불러 국경 밖으로 불러내지 못하도록, 그 이름을 입에 올려서는 안 된다는 뿌리 깊은 믿음이 있었다. 이런 강한 감각적 이해의 잔재가 특히 이탈리아에서 가장 오래되고 가장 민족적인 신인 마르스에게 남아 있다.

하지만 종교의 기반이 되는 추상화는 점점 더 넓게 개념을 확장하려 하고 점점 더 깊이 본질에 이르려고 할 때, 반대로 로마 신들은 놀라울 정도로 낮은 수준의 직관과 이해에 머물고 있었다. 희랍의 경우 모든 중요한 동기가 일련의 인격신들로, 신화 세계와 이념 세계로 급속하게 확장되었다. 반면 로마의 경우 근본 생각은 본래적 모습 그대로 경직되어버렸다. 현세의 미화를 나타내는 아폴론 종교, 도취를 나타내는 디오뉘소스 종교, 심오하고 비밀스러운 대모신의 비의가 로마 종교에는 아주 희박한 유사성을 갖는, 원초적인 모습으로조차 나타나지 않는다. 로마 종교는 '악한 유피테르'와 망령과 유령, 그리고 나중이지만 오염된 공기의 신, 열병의 신, 질병의 신, 아마도 심지어 도적의 신도 알고 있었다. 로마 종교는 인간이 갈망하는 신비로운 공포를 자극할 줄 몰랐으며, 또한 자연이나 인간에 내재하는 심지어 악하기까지 한, 불가해한 것을 간파하지 못했다. 이는 인간이 거기에 몰입하기 위해 종교에 없어서는 안 될 요소였는데도 말이다. 로마 종교는 비밀스러운 어떤 것도 없었다. 도시를 수호하는 신들의 이름 페나테스를 제외한다면, 여타의 경우에 로마 신들의 본질은 모두에게 분명하게 드러난다.

로마의 국가 종교는 모든 측면에서 중요 현상과 성질을 분명하게 파악하려고 했으며, 이를 전문 용어로 이름 붙이고 체계적으로—우선은 사법 체계의 근간을 이루는 개인과 사물의 분류 방식에 따라—분류하려고 했다. 그리하여 이후 신들과 신들의 계통을 정확하게 이름 부르고 그 정확한 이름을 백성들에게 제시하고자 했다(indigitare). 아주 소박하고 반은 진지하고 반은 우스꽝스러운 단순함에서 나온 외형적 추상화를 통해 로마 종교는 형성되었다. 예컨대 파종(saeturnus), 경작(ops), 대지(tellus), 경계석(terminus)과 같은 개념마저도 아주 오래전부터 가장 신성한 로마 신들에 포함되었다. 로마 신들 중 가장 특별한 신, 이탈리아 특유의 숭배 의식이 존재하는 아마도 유일한 신은 머리가 둘 달린 야누스일 것이다. 야누스 신은 모든 행동을 시작할 때 '시작의 신' 야누스를 우선 불러야 한다는 로마 인의 늘 삼가는 신앙심을 잘 보여주고 있다. 또한 희랍 신들이 인격신에 더 가까울수록 각자 독립적으로 존재하는 것과 달리,[3] 로마의 신들은 연관된 것들끼리 짝을 이룰

---

[3] 성문과 문, 그리고 아침(ianus matutinus)이 야누스 신에게 바쳐졌고, 야누스는 줄곧 다른 신들에 앞서 간구의 대상이 되었으며, 심지어 유피테르와 다른 신들에 앞서 동전에 새겨졌다는 사실은 야누스 신이 개시(開始)를 추상화했다는 점을 분명하게 나타낸다. 양쪽을 볼 수 있는 두 개의 머리는 양쪽으로 열리는 문과 관련된다. 태양과 1년의 신으로 만들기에는 첫 번째 달이 아니라 열한 번째 달에 그 이름이 주어졌기 때문에 적합하지 않았다. 아마도 이 달은 한겨울 이후 토지의 일을 다시 시작하는 시기에서 그 이름을 따온 것 같다. 하지만 대개 1년을 시작하는 것 또한 야누스의 영역에 포함되는 것인데, 야누아리우스(Ianuarius)가 한 해의 첫 달이 된 이래로 이것은 분명한 일이 되었다.

수밖에 없다는 근본이념을 잘 드러내고 있다.

　아마도 가정과 창고를 보호하는 수호신에 대한 제례가 로마의 모든 제례 중 가장 진지했을 것이다. 이런 제례로 베스타와 페나테스에게 바치는 공적 제례가 있었으며, 숲과 들판의 신들, 실바누스 신들, 엄밀한 의미에서 가정의 신인 라세스 내지 라레스에게 바치는 가정 제례가 있었다. 라레스에게 매끼 일정한 음식이 바쳐졌고 심지어 카토 시대에는 라레스 앞에서 제사하는 것이 가장이 귀가해서 해야 할 첫 의무였다. 하지만 가정의 신들과 들판의 신들은 가장 높은 서열이라기보다 가장 낮은 서열이었다. 이는 이상화를 지양하는 종교에서 흔히 그러하듯, 가장 넓고 가장 일반적인 것이 아니라 그들의 신앙심이 뿌리내린 가장 좁고 가장 개인적인 것을 추상화한 것이다.

　이런 제한적 추상화는 앞서 축제력에서 분명히 설명한 것처럼 로마 종교의 실제적·실용적 경향과 일치한다. 농경과 목축과 해상 교역을 통한 재산 증대와 번영은 로마 인이 신들에게 간구했던 것인데, 그렇게 신의의 신(*deus fidius*), 행운의 여신(*fors fortuna*), 교역의 신(*mercurius*) 등이 모두 일상생활로부터 생겨나, 비록 고대 축제력에 아직 거명되지는 않지만 그럼에도 매우 일찍부터 로마 인들에 의해 여기저기서 숭배되었다. 엄격한 경제관과 상인적 기질이 로마의 본질에 닿아 있었고, 그래서 그들은 이를 신적 형상으로 매우 심오한 경지까지 발전시켰던 것이다.

정령

정령의 세계에 관해서는 언급할 것이 없다. 망자의 '영혼'(*manes*)은 육신이 모셔진 저승(*dii inferi*)으로 내려가 계속해서 존재하고, 살아 있는 사람들로부터 음식과 음료를 취한다. 그들은 지하의 깊은 곳에 거주하는데, 하계로부터 인간이 살아가는 지상이나 좀 더 높이 신들이 사는 곳을 이어주는 다리는 존재하지 않았다. 희랍과 같은 영웅 숭배는 로마 인들에게 낯선 것이었다. 로마의 건국신화가 얼마나 늦은 시기에 생겨난 조악한 것인지는, 로물루스가 퀴리누스라는 신으로 변신한다는 매우 비로마적인 요소가 증명하고 있다. 로마 신화에서 가장 오래되고 존경받는 누마는 로마에서 아테네의 테세우스 같은 신적 명예를 누리지 않았다.

사제

가장 오래된 공동체 사제는 마르스 신과 관련되어 있는데, 우선 종신직 공동체 신관으로서 번제를 주관하는 마르스 대사제(*flamen Martialis*)가 있고, 마르스 신을 기리며 마르스의 달인 3월에 군무를 추며 노래를 하는 열두 명의 젊은이로 구성된 마르스 사제(*Salii*)가 있다. 앞에서 이미 설명했듯이, 야산 공동체가 팔라티움 공동체와 융합되면서 마르스 신이 둘이 되는데 이때 제2의 마르스를 모시는 퀴리누스 대사제(*flamen Quirinalis*)와 야산 마르스 사제(*Salii collini*)가 도입되었다(제1권 118쪽).

여기에 덧붙여 다른 공적 제례들이 있는데, 일부는 그 연원을 따져 보면 로마 건국 훨씬 이전까지 거슬러 올라가는 제례이다. 예를 들자면 카르멘티스 제사, 불카누스 제사, 항구의 신 제사와 하신 제사에서처럼 각각 사제가 따로 임명되는 경우가 있는가 하면, 각각의 부락이나 씨족이 인민의 이름을 걸고 거행하는 제사도 있었다. 이와 같은 사제단의 하나로 추측건대 열두 명으로 구성된 '농업 신 사제단'이 있었는데, 5월에 '농업 신 디아'(*dea dia*)에게 씨앗의 성장을 기원했다. 물론 그들이 우리가 제정기에나 발견하는 특별한 명성을 이미 당시에도 누렸는지는 의심스럽다. 또 티티에스 사제단이 있었는데, 로마에 편입된 사비눔 족의 독특한 제의를 유지하고 지켰다(제1권 63쪽). 또 서른 개 동민회의 제단을 지키도록 임명된 서른 명의 동회 대사제(*flamines curiales*)도 있었다. 이미 언급된 '늑대 축제'는 가축을 보호하려고 2월에 '호의의 신'(*Faunus*)에게 제사를 드렸는데, 퀸크티우스 씨족과 나중에 유입된 야산 로마 인인 파비우스 씨족이 이들과 함께 거행했다. 이것은 본격적인 목자 축제로서 '늑대 사제'들이 염소 가죽을 허리에만 두른 채 벌거벗은 몸으로 뛰어다녔고, 이들은 만나는 사람들을 가죽끈으로 때렸다. 이런 식으로 다른 씨족 축제에서도 마찬가지로 공동체들이 축제를 공동으로 주관했다.

로마 공동체의 이런 아주 오래된 제례와 더불어 점차 새로운 종교 의식이 덧붙여졌다. 이 중 가장 중요한 것은 거대한 성곽과 성채의 건설을 통해 면모를 일신하여 새롭게 조성된 수도 로마와 관련된 제례였다. 카피톨리움 언덕에 최고선 유피테르, 즉 로마 인민의 수호신이 모든 로마 신 가운데 최고신으로 모셔졌으며, 그를 모시는 유피테르

대사제(*Flamen Dialis*)가 임명되었고 두 명의 마르스 대사제와 더불어 최고 삼위 사제단이 구성되었다. 이때 새로 마련된 도시 화로(베스타 여신) 및 이에 속하는 페나테스 신에 대한 제례(제1권 154쪽)가 시작되었다. 로마 가정의 딸들로 구성된 처녀 사제 여섯 명이 제례를 거행했으며, 이들은 공동 화로의 성화가 시민들에게 모범(제1권 50쪽)과 경계의 표시로 늘 불타고 있도록 지켰다. 가정적인 동시에 공적인 제례인 베스타 숭배는, 모든 이교도 풍습 가운데 가장 늦게까지 로마에 남아 기독교의 배척을 피할 수 있었을 정도로 로마의 모든 제례 가운데 가장 신성한 것이었다. 또 아벤티누스 언덕은 라티움 연맹(제1권 146쪽)을 대표하는 여신 디아나에게 봉헌되었기는 하지만, 특별히 이 여신을 위한 사제가 따로 임명되지는 않았다.

공동체는 그 밖에 수많은 신성을 시민 일반이 참가하는 축제에서 또는 해당 신성을 모시도록 특별히 임명된 사제단을 통해 받드는 일에 점차 익숙해졌다. 구체적인 예를 들자면, 꽃의 여신(*Flora*)과 과실의 여신(*Pomona*)을 위한 특별한 사제들이 임명되었고, 이들의 수는 최대 열다섯 정도였다. 앞서 언급한 삼위 대사제들(*flamines maiores*)은 아주 늦은 시기까지도 오로지 구시민들 중에서 선출되었다. 이들은 여타 사제들과는 크게 구별되는 사제들이었는데, 마치 팔라티움과 퀴리누스의 마르스 사제들(*Salii*)이 다른 모든 사제들보다 높은 지위를 갖고 있었던 것과 흡사하다. 그렇게 공동체의 신들에 대한 필수적이고 영구적인 제례 의식은 특정 사제단이나 정규 성직자들에게 종신토록 위임되었으며, 추측건대 적지 않았을 제사 비용은 각 신전에 할당된 토지에서, 혹은 공탁금(제1권 103쪽, 218쪽)에서 충당했다.

여타 라티움 공동체와 사비눔 공동체의 공공 제례도 근본적으로 이와 동일했으리라는 것은 의심할 여지가 없다. 밝혀진 대로 대사제들, 마르스 사제들, 늑대 사제들과 베스타 신녀들은 로마에만 특별한 것이 아니라 라티움에도 일반적이었다. 최소한 앞의 세 사제들은 같은 계통의 공동체에는 모두 나타나므로, 로마의 모범을 따라 나중에 만들어진 것으로 보이지 않는다.

마지막으로 국가가 국가의 신들을 모시는 것처럼, 유사하게 시민 개개인은 사적 영역에서 나름대로 신을 모셨다. 개인은 단순히 제사를 드리는 것뿐만 아니라 신전과 사제를 따로 두기도 했다.

신탁 중재자

따라서 로마에서는 사제단과 사제가 충분히 많았다. 하지만 신에게 청이 있는 자는 사제를 통하지 않고 신에게 직접 문의했다. 탄원자 및 문의자는 스스로 신에게 물었으며, 공동체는 왕을 통해서, 동회는 동회 사제를 통해서, 기병대는 기병 구대장을 통해서 물었다. 사제의 어떤 중재도 이런 근원적이고 단순한 관계를 가로막거나 흐릴 수 없었다. 하지만 신과 소통하는 것은 결코 쉬운 문제가 아니었다. 신들은 자신들만의 말하는 방식이 있었는데, 오로지 익숙한 사람만이 이해할 수 있었다. 그러나 신의 뜻을 이해하는 사람은 신의 뜻을 전달할 뿐만 아니라 이를 좌우할 수 있었는데, 유사시에는 신의 뜻을 유도하거나 강제할 수도 있었다. 따라서 자연스럽게 탄원자들은 정기적으로 이런 특별한 사람들을 찾아가 조언을 구하게 되었다. 이들이 모여 이탈리아 민족 고유의 제도인 신탁 중재자 조합이 만들어졌으며, 이들의 정치적 영향력은 개별 사제나 사제단보다 훨씬 중요하게 발전하고 작용했다.

신탁 중재자 조합은 사제단과 종종 혼동되는데, 이는 큰 잘못이다. 사제단의 소임은 특정 신들에게 제례를 거행하는 것이지만, 신탁 중재자의 소임은 제례의 정확한 수행을 위해 제례와 관련된 좀 더 일반적인 제반 사항을 변함없이 유지하는 것으로, 이를 충실히 유지하는 것은 국가의 이익이 달린 문제였기 때문이다. 이런 이유에서 당연히 시민으로 구성된 중재자들의 폐쇄적 조직은 예술과 학문의 보관소가 되었다. 로마 등 라티움 공동체에는 조점관과 목교관이라는 두 가지 신탁 중재관이 있었다.[4]

여섯 명의 '조점관'(*augures*)은 새가 나는 모습에서 신들의 뜻을 해석했는데, 그 해석은 매우 진지하게 행해졌고 거의 학문 체계에 준하는

---

[4] 이것에 대한 가장 분명한 증거는 라티움에서 조점관과 목교관은 라렌툼의 대조약관(*pater patratus*) (Orelli 2276)과 마찬가지로 어느 곳에서나 존재한다는 사실이다(예를 들자면, Cic. *leg. agr.* 2, 35, 96과 수많은 비문). 하지만 사제단은 그렇지 않다. 그래서 이런 중재자들은 10개 동회, 대사제, 마르스 사제, 늑대 사제와 마찬가지로 라티움의 아주 오래된 공통 유산이라 하겠다. 2인 예언서 박사(*Duoviri sacris faciundis*) 등은 30개 동민회, 세르비우스 분구, 백인대 민회 제도처럼 로마에서 기원하고, 그래서 로마에만 제한적으로 있었다. 반면에 목교관이라는 신탁 중재자들의 명칭은 로마의 영향으로 이미 오래전부터 있었던 여러 가지 이름을 대신하여 라티움 전체에 널리 퍼진 것이다. 혹은 언어적으로 '*pons*'라는 말이 원래 '다리'가 아니라 '길'을 의미하며, 따라서 '*pontifex*'는 '도로 건설자'를 의미한다고 주장되기도 한다.

조점관의 원래 숫자는 확정되지 않았다. 그 수가 반드시 홀수였다는 생각은 키케로가 반박하고 있다(Cic. *leg. agr.* 2, 35, 96). 하지만 리비우스(x. 6)는 단지 로마 조점관의 수는 3으로 나누고, 그래서 그 기본수는 홀수였다고 말한다. 리비우스에 따르면 오굴니우스 법이 만들어질 때까지 조점관의 수는 6이었고, 키케로는(*rep.* 2, 9, 14) 로물루스가 네 개의 조점관의 자리를, 누마는 두 개의 조점관 자리를 만들었다고 말한다. 목교관의 수에 관해서는 로마법을 다룬 제2권을 보라.

것이었다. 여섯 명의 '목교관'(*pontifices*)은 기능에서 이름이 파생되었는데, 이들은 티베리스 강에 나무다리를 놓거나 철거하는 것과 같은 정치적으로 중요하면서도 신성한 일들을 담당했다. 이들은 측량과 수학을 이해하는 기술자들이었다. 이들은 국가의 달력을 정하는 의무, 그러니까 음력 매월 초하루와 보름과 축제일을 정하고, 모든 제사와 재판이 언제 열려야 하는지를 살폈다. 또한 이들은 모든 제례를 관장하고, 필요한 경우 혼인과 유언, 자권자 입양 등의 종교법 위반 여부를 물었으며, '왕의 법'이라는 이름으로 알려진 공개적 제의 규례를 확정하고 공표했다. 물론 이 모든 업무를 이들이 맡게 된 것은 물론 왕정의 철폐 이후이며, 일반적으로는 로마 제례 및 그와 관련된 것들을 감독했다. 무엇인들 제례와 관련이 없겠는가? 이들은 스스로 자신들의 지식을 "신과 인간사에 관련된 학문"이라고 말했다. 사실 역사 기록은 물론 종교적이거나 세속적인 법 지식의 단초는 이들의 지식으로부터 출발했다. 모든 역사 기록이 이들의 달력 및 연보와 관련된 것처럼, 재판과 법조문에 대한 지식 또한—로마에 법정이 세워지면서 더 이상 전통이 유지되지는 못했지만—재판일과 종교법에 관해 조언하던 이들의 회의에서 전통적으로 다루어졌다.

 종교 지식에 조예가 깊고 존경받으며 오랜 역사를 지닌 신탁 중재자의 범위에는 조약관(*fetiales* : 어원은 불확실하다) 20명도 포함시킬 수 있는데, 이들은 이웃 공동체 간에 체결된 조약을 보존하는 보관소 역할을 했으며 조약 위반에 대해 권위 있는 판단을 내리며 필요에 따라 선전포고나 강화를 시도할 수 있었다. 목교관이 종교법에 대하여 그러했던 것처럼 조약관은 시민법에 대하여 비슷한 역할을 수행했는데,

이들은 판결을 내리는 것은 아니지만 판결을 제시했다.

신탁 중재자들은 항상 높은 평판을 누렸고, 권한은 중요하고 광범위했지만, 명심해야 할 것은 높은 지위일지라도 이들의 임무는 명령하는 것이 아니라 조언하는 것이고, 직접 신들의 대답을 구하지 못하고 문의자에게 신들의 대답을 설명했다는 점이다. 그래서 최고 성직자라도 그 서열은 왕 다음이었으며, 요청이 있을 때만 조언할 수 있었다. 새들을 관찰할지, 한다면 언제 할지를 결정하는 것은 왕의 일이었다. 조점관은 단지 왕의 옆에서 하늘 뜻을 전하는 전령의 언어를 해석할 뿐이었다. 마찬가지로 조약관과 목교관도 관련자들이 요구하지 않는 이상 조약이나 법에 관여할 수 없었다. 로마 인들은 이것을 매우 엄격하게 지켰는데, 종교 관련자는 제아무리 경건한 자일지라도 권력에서 완전히 배제되어야 하며, 그는 국가의 모든 명령에 구속되지 않았다. 하지만 다른 시민들과 마찬가지로 아주 미천한 관리에게라도 복종해야 했다.

라티움의 제례는 근본적으로 현세적 즐거움에 근거하며, 거친 자연의 힘에 대한 두려움은 단지 부차적일 뿐이다. 그래서 제례는 대개 즐거움의 표현, 시와 찬가, 놀이와 춤, 그리고 무엇보다 향연 속에서 진행된다. 농경에 종사하며 식물에서 양분을 얻는 민족들이 흔히 그러하듯, 이탈리아에서도 가축을 잡는 것은 집안 축제와 제사 때이다. 돼지는 일반적인 축제 음식이라는 이유만으로 신들에게 가장 환영받는 제물이었다. 하지만 절제하는 로마 인은 과도한 사치나 지나친 환락을 멀리했다. 오래된 라티움 제사의 뚜렷한 특징 중 하나는 매우 검소한 제례였다. 또한 국가의 도덕적 기강은 강철 같은 엄격함으로 자유로운 상상력마저 억눌렀기에 라티움 사람들은 무절제와 불가분의 관계인 과도한 상상력을 멀리했다.

인간의 엄격한 도덕성이 라티움 종교의 근간이었는데, 현세적 범죄와 현세적 형벌을 신들과 관련시켜 범죄는 곧 신들에 대한 범죄로, 형법은 신들에 대한 속죄로 여겨졌다. 범죄자의 사형 집행은 정의를 위해 일으킨 전쟁에서 적을 죽이는 것과 마찬가지로 신에게 바치는 속죄의 제례였다. 악한 적들은 죽음으로 대지의 여신과 선한 정령들에게 속죄하듯, 들판에서 곡식을 훔친 밤도둑은 교수대에서 케레스 여신에게 속죄했다. 심오하면서도 가공할 만한 대속의 이념은 여기서 등장한다. 신들의 분노가 공동체에 나타나고 특정인에게 책임이 드러나지 않을 경우, 희생을 자원한 사람(devovere se)이 신들의 분노를 가라앉혔다. 용감한 시민이 속죄 제물로서 갈라진 대지 속으로 몸을 던지거나 적에게 달려들면, 갈라졌던 대지는 다시 닫히고, 거의 패한 전쟁도 승리로 바뀌었다. 이와 흡사한 생각이 '신성한 봄'에도 나타나는데, 그 기간에 태어난 동물과 사람은 신들에게 바쳐졌다. 이것을 굳이 인신 공양이라 이름 붙인다면 이런 희생은 핵심적인 라티움 신앙이었다.

하지만 우리가 아는 한 이런 인신 공양은 법정에서 유죄판결을 받은 죄인이나 희생을 자원한 사에게만 국한되었다. 이와 다른 종류의 인신 공양은 희생제의 근본 개념과 모순되는 것으로, 최소한 인도·게르만 어족만을 놓고 볼 때 인신 공양이 행해진 어디에서나 나중에 생겨난 변질과 왜곡에 기인한 것임을 확인할 수 있다. 이런 변질과 왜곡을 로마 인들은 절대 허용하지 않았다. 아무리 혹독한 궁핍의 시기라도 미신은 거의 존재하지 않았고, 아무리 절망적인 상황에서도 잔인한 짓을 통한 비상식적인 구원을 추구하지 않았다. 로마 인에게 정령 숭배나 마법, 비밀 제의는 비교적 적게 발견된다. 희랍과 대조적으로 신탁과 예언은 이탈리아에서 결코 큰 비중을 갖지 않았고, 개인적 삶 내지 공적 삶을 심각할 정도로 지배하는 것은 결코 허용되지 않았다.

다른 측면으로 보면 라티움 종교는 놀라울 정도로 냉정하고 무미건조하며, 일찍부터 지독할 정도로 형식적인 제례였다. 이탈리아의 신들은, 이미 언급했듯이 매우 구체적인 현실적 목표를 성취하도록 돕는 도구로 변해갔다. 이는 현실적인 것과 당면한 것을 우선시하는 성향이 이탈리아 인의 종교관에 그대로 반영된 결과이며, 오늘날 이탈리아 인의 성인 숭배에서도 뚜렷이 나타난다. 신들은 마치 채권자가 채무자를 대하듯 인간을 대했다. 양자는 시혜와 봉사의 잘 짜인 질서를 갖고 있었다. 인생의 중요한 순간만큼이나 많은 신이 존재하며 중요한 매 순간을 다스리는 각각의 신들에게 바치는 예배를 소홀히 하거나 그릇되게 시행하면 해당 신의 보복을 받았다. 자신의 종교적 의무를 잊지 않는 것만으로도 이미 힘들고 고단한 과제였다. 따라서 종교적 법률에 능통하며 이를 알려주는 '목교관'은 무시할 수 없는 영향력을 행사했음에 틀림없다.

정직한 사람은 현실적 의무를 이행할 때와 같은 상업적 정확성을 기하여 제례가 요구하는 바를 행했으며, 신들이 그에게 다른 것을 행해주면 그도 또한 이에 상응하는 것을 이행했다. 신들과의 신용거래 또한 이루어졌다. 신 앞의 맹세는 명목상으로나 실질적으로나 신과 인간 사이의 신성한 계약으로, 인간이 신에게 은혜에 대한 보답을 약속하는 행위다. 로마법은 대리인 없이 계약이 체결될 수 없다고 말하고 있지만 이는 절대적인 법률이 아닌데, 라티움에서는 사람들의 종교적 행위에서 어떤 종류이든지 사제의 개입이 철저하게 배제되었기 때문이다.

로마 상인이 일반적인 법적 관계의 훼손 없이 다만 글자로 적은 계약서에 따라 의무를 이행했던 것처럼, 로마의 신학자들이 말하는바 신과의 거래에서도 ˚현물 대신 그 모상물이 거래되었다. 사람들은 하늘의 유피테르에게 사람 머리를 닮은 양파와 양귀비를 드렸으며, 유피테르는 사람 머리가 아닌 이것에 번개로 화답했다. 티베리스의 하신이 요구하는 제물을 대신하여 해마다 서른 개의 밀짚 인형이 강에 던져졌다.[5] 여기에는 신의 보호와 용서라는 이념에 경건한 속임수가 융합되었는데, 위협적인 주인을 가상 만족으로 달래고자 했던 것이다. 신들에 대한 로마 인의 두려움은 대중에게 강력하게 자리 잡았지만, 그것은 범신론이나 유일신에서처럼 만물을 주관하는 자연이나 전능한 신 앞에서 느끼는 공포는 아니었다. 오히려 매우 현실적인 특징을 지녔는데, 현실의 삶에서 보자면 채무자가 정직하고 매우 엄정하고 강력한 채권자에게 다가갈 때 느끼는 두려움과 별반 다를 것이 없었다.

이와 같은 종교는 예술적이고 사변적인 이념을 촉진하기보다는 오히려 억제했다. 희랍인은 순진한 원시적 사유라는 뼈대에 인간적 살과 피를 보탰으며, 이들의 신관은 조형예술과 문학의 요소가 되었고, 더 나아가 보편성과 유연성을 얻게 되었는데, 이는 인간 본성의 내밀

---

[5] 여기에서 고대 인신 공양의 흔적을 발견할 수 있다는 것은 잘못된 생각일 뿐이다.

한 특징인 동시에 모든 세계종교의 핵심이라고 하겠다. 이를 통해 단순한 자연관은 우주론이 되고, 단순한 도덕적 계율은 보편적 인간관으로 심화되었다. 오랜 기간 희랍 종교는 자연관과 우주관, 민족적 이상을 전부 수용할 수 있었고, 그 그릇에 담긴 상상과 사상 때문에 그릇이 터지는 일 없이 수용된 내용물과 더불어 깊이와 넓이를 더할 수 있었다.

하지만 라티움에서 신의 개념은 매우 구체적이었으며, 굳이 예술과 시인의 상상력을 필요로 하지 않을 만큼 분명했다. 라티움 종교는 항상 예술과 거리가 멀었으며, 심지어 적대적이기까지 했다. 라티움의 신은 현실적인 것이 신격화된 결과였으며, 현실 세계에는 신의 거소(*templum*)와 신상이 있었다. 사람이 만든 신전과 신상은 신적 표상을 흐리게 만들어 사람들을 오도하는 것으로 보였다. 그래서 본래 로마의 제례에는 신상도 신전도 없었다. 비록 라티움에서 아마도 희랍적 신상에 따라 일찍이 신상이 만들어지고 작은 사당(*aedicula*)이 봉헌되었지만, 신상을 만드는 일은 누마의 법에 어긋나며, 순수하지 못한 이방의 것으로 여겨졌다. 로마 종교는 두 개의 머리를 한 야누스 신의 경우를 제외하면 신의 특정 모습을 그리지 않았는데, 바로(Varro)도 대중이 인형과 조각 따위를 원한다며 조롱했다. 이렇게 로마 종교에 창조적 사유가 결여되었던 것은 다시 로마의 문학과 사색이 완성을 보지 못한 이유가 되었다.

이런 차이는 실제적 영역에서도 분명하게 드러났다. 로마 공동체가 종교로부터 얻은 실제적 이점은 목교관 등의 성직자들을 통해 발전되고 정식화된 관습법이었다. 이는 한편으로 국가가 아직 직접적인 치안을 위임받지 못한 시대에 사회질서를 유지하는 데 기여했으며, 다른 한편으로 신들의 심판 앞에서 도덕적 강제와 종교적 형벌의 근거가 되었다. 전자에는 휴일을 신성시하여 종교적으로 강제했던 것, 나중에 자세히 다루겠지만 밭농사와 포도 농사 기술을 신성시하고 돌보았던 것, 보건과 관련하여 라레스를 숭배한 것(제1권 238쪽) 등이 속한다. 그리고 아주 이른 시기, 희랍인들보다 훨씬 빠른 시기에 로마 인들은 생과 사의 합리적 이해에 바탕을 둔 화장 풍습을 받아들였다. 라티움 지방의 종교가 이와 유사한 혁신을 이루어낸 것은 결코 적지 않은 성과라고 할 것이다.

한편 이보다 더 큰 역할을 한 것은 종교의 도덕적 효과였다. 남편이 부인을, 아버지가 혼인한 아들을 매매하고자 할 때, 자식이 아비를, 며느리가 시아버지를 구타하고자 할 때, 후견인이 피후견인에게 성실히 의무를 준행하지 않을 때, 불의한 이웃이 토지 경계석을 옮겨놓고자 할 때, 도둑이 야간에 공동경작지의 곡식을 훔치고자 할 때, 신들의 저주는 범죄자를 두렵게 했다. 하지만 저주받은 자(*sacer*)라고 해서 법적 보호의 권리를 완전히 박탈당하는 것은 아니었다. 사회질서에 반하는 이런 권리 박탈은 신분 갈등이 첨예화된 시기에 종교 심판이 극단적으로 강력해진 예외적 현상일 뿐이다. 종교 심판의 권한은 시민 개인에게 혹은 실권 없는 성직자에게 귀속되지 않았다. 우선 저주받은 인간은 인간적 자의가 아니라 신적 처벌에 맡겨졌고, 이때 종교 심판의 토대인 경건한 신앙이 경박하고 사악한 인물에게 위력을 행사했다. 종교 심판은 여기서 끝나지 않았다. 왕은 종교 심판의 권한을 부여받은 존재로서, 저주의 법적 근거였던 사실관계가 왕의 양심적 판단에 따라 확증될 경우, 왕은 침해당한 신에게 침해한 인물을 속죄물(supplicium)로 바쳤다. 이로써 개인의 범죄로부터 공동체를 정화했다. 범죄가 사소한 것이라면 희생 제물이나 그에 상응하는 배상금으로써 사형을 대신했다. 이렇듯 모든 형사법은 궁극적으로 속죄라는 종교적 이념에 기초한 것이었다.

하지만 라티움 종교는 시민 질서와 윤리 의식을 진작시키는 것 이상의 무엇을 이룩하지는 못했다. 이 점에서 희랍은 라티움보다 상당히 앞섰는데, 희랍에서 종교는 모든 정신적 발전뿐만 아니라 가능한 범위의 민족적 통합을 이루는 데 크게 기여했던 것이다. 신탁과 축제, 델포이와 올륌피아, 종교의 딸인 시가(詩歌)들은 희랍인들 삶의 모든 위대함과 모든 민족 유산의 중심에 있었다. 그럼에도 라티움이 가진 장점은, 라티움 종교는 대중이 이해하기 용이한 차원으로 바뀌어 모든 이가 완전히 이해할 수 있었고 공적으로 접근할 수 있었으며 이를 통해 로마 공동체가 종교적 평등을 유지했다는 점이다. 반면 희랍 종교는 최고 지성의 수준에 닿아 있어 처음부터 전적으로 지식 지배계급의 축복과 저주 가운데 서 있었다.

라티움 종교도 다른 모든 종교와 같이 깊이를 짐작할 수 없는 종교적 심오함을 갖추고 있다. 수면만을 고찰해서는 수심을 알 수 없는 것처럼, 속이 다 들여다보일 정도로 투명하다고 해서 라티움 종교의 영적 세계가 일천하다고 보는 것은 잘못이다. 이런 내면적 신앙은 세월의 흐름과 함께 마치 아침 이슬이 해가 높이 뜨기 전에 사라지듯이 소멸하는 것이 필연적이며, 그 결과 라티움 종교는 쇠퇴하게 되었다. 하지만 라티움 사람들은 대부분의 다른 민족보다 더 오랫동안, 특히 희랍인들보다 더 오랫동안 신앙의 순수성을 유지했다. 색채가 작용하는 곳에서 빛의 의미는 퇴색하는 것처럼, 종교의 산물인 예술과 학문은 신앙의 파괴자이기도 했다. 발전과 파괴가 동시에 진행되는 것은 필연적이지만, 순수의 시대가 분명한 영향을 남기는 것 또한 그러하다. 후대에 이런 영향을 추적하는 것은 어쩌면 불가능한 일이다. 비록 완전하지는 못할지라도 종교와 문학의 통일을 이룩한 희랍인들의 강력한 지적 발전은 그들의 진정한 정치적 통일을 불가능하게 만들었다. 그들은 모든 국가적 통일에 필수적인 순수성, 유연성, 자기 헌신, 융합 가능성을 상실했던 것이다.

이제 유치한 역사관을 떼어버릴 때가 되었는데 희랍인의 장점을 로마 인의 단점에, 로마 인의 장점을 희랍인의 단점에 비추어 비교하려는 생각이 바로 그것이다. 장미 옆에 서 있는 떡갈나무처럼 서로를 견주어, 고대 세계가 이룩한 두 위대한 국가를 비난하거나 칭찬할 것이 아니라 각자가 자신의 결점을 토대로 자신만의 탁월함을 성취했다는 것을 이해해야 한다. 두 국가가 서로 상이하게 성장한 가장 깊고 궁극적인 이유는, 성장의 시기 동안 라티움은 근동과 접촉하지 않고 희랍은 접촉했다는 점이다. 지구 상에 어떤 민족도 혼자만의 힘으로, 희랍의 경이로움이나 이후 기독교 문화의 기적을 이룩할 정도로 충분히 위대하지 않았다. 역사는 유독 아람 족 종교의 이념이 인도·게르만 족 땅에 뿌리를 내린 곳에서만 이런 가장 화려한 결과를 만들어냈다. 하지만 만일 이런 이유로 희랍인이 순수 인간 발전의 원형이라면, 라티움은 민족 발전의 원형이라 해도 손색이 없다. 두 국가에 존경을 표하고 두 국가로부터 배우는 것은 그들의 계승자인 우리의 의무다.

외국 종교

따라서 로마 종교는 순수하고 간섭받지 않는 완전히 민족적 발전의 산물이며 그 결과다. 민족적 성격을 보이긴 하지만 외국에서 유래한 종교를 수용하는 데 초창기부터 제한을 두지는 않았다. 외국인 개인들에게 시민권을 부여한다고 해서 로마가 민족색을 잃는 것은 아닌 것과 마찬가지 이치다. 고대로부터 라티움 사람들 사이에 상품과 마찬가지로 신들을 주고받았음은 당연한 일이며, 주목할 만한 것은 같은 민족 계통에 속하지 않는 사람들의 신들과 종교를 로마에 옮겨온 것이다. 티티에스 부족에 의해 유지된 사비눔 족의 특별한 예배에 대해서 이미 언급했다(제1권 240쪽). 신의 개념을 에트루리아로부터 배워온 것인지는 불분명하다. 왜냐하면 라레스 신의 옛 명칭인 라세스 신(*lascivus*에서 파생)과 기억(*mens, menervare*)의 여신 미네르바는 흔히 기원을 에트루리아에 두고 있다고 하지만, 어원을 토대로 판단할 때 라티움 토착 신이다. 이는 매우 확실하며 로마의 교역에 관해 우리가 알게 된 모든 것과 일치하는데, 다른 어떤 종교보다 희랍 종교는 로마에서 일찍이 넓은 관심의 대상이 되었다.

신탁은 희랍 종교를 받아들이는 가장 오래된 계기를 제공했다. 로마 신들의 언어는 전적으로 가부(可否)의 의사 표현에 국한되며, 신의를 확인하는 방법은—아마도 이탈리아에서 기원하는 것인데—기껏해야 제비뽑기[6]가 고작이었다. 반면 동방에서 받은 자극 때문이긴 하

---

[6] '*serere*'(엮다)에서 '*sors*'(제비뽑기)가 나왔다. 이것은 아마 노끈으로 묶은 작은 목판으로 다양한 그림이 그려져 있었는데, 룬 문자를 연상시킨다.

지만 아주 오래전부터 말을 많이 하는 희랍 신들은 진정한 예언을 들려주었던 것이다. 로마 인들은 이런 예언을 모아두려 일찍부터 노력했다. 따라서 아폴론 신을 모시는 쿠마이의 무녀 시빌라의 예언이 적힌 잎사귀를 베껴 적은 사본은 캄파니아에서 오는 희랍인들의 귀한 선물이었다. 예언서를 읽고 해석하는 것은 조점관이나 목교관보다 서열이 낮은 관직이 초기부터 맡아본 일로, 희랍어에 능통한 노예 두 명과 함께 공동체가 비용을 지불하여 전문가 두 명으로 구성되었다(2인 예언서 박사). 이들은 예언서를 보관했으며, 사람들은 환란이 닥치는 것을 피하기 위해 언제 제사가 필요한지, 그리고 어떤 신들에게 또는 어떤 제의가 행해져야 하는지 의문이 생길 때마다 이들을 찾아갔다. 물론 신탁을 구하는 로마 인들은 일찍부터 델포이의 아폴론에게 직접 찾아가기도 했다. 이미 앞에서 언급한 전승(제1권 200쪽) 외에도 한편으로 델포이의 신탁과 밀접하게 관련된 단어(*thesaurus*)가 우리가 알고 있는 모든 이탈리아 어에 수용되었다는 사실이 이런 정황을 증명한다. 또 아폴론의 고대 로마 이름인 아페르타(*Aperta* : 계시자)가 도리아 어 '아펠론'(*Apellon* : 이런 맞춤법 오류는 이 단어가 아주 오래된 단어임을 말해준다)에서 변화되었다는 사실도 이런 정황을 보여준다.

또한 희랍의 헤라클레스가 일찍부터 헤르쿨루스, 헤르콜레스, 헤르쿨레스 등으로 이탈리아에 자리 잡았는데, 이탈리아에서는 특이하게도 이득을 도모하는 신이자 굉장한 부를 가져다주는 신으로 이해되었다. 그래서 장군은 전리품의 1할을, 상인은 얻은 재물의 1할을 가축 시장에 마련된 헤라클레스 제단(*ara maxima*)에 바쳤다. 헤라클레스는 일반적으로 상거래 계약의 신이 되었는데, 사람들은 일찍이 빈번하게 이 제단에서 계약을 체결하고 서로 맹세로써 이를 확정했다. 이런 점에서 라티움 지역의 신인 신의의 신(*deus fidius*)과 동일시되었다. 헤라클레스 숭배는 초기부터 매우 넓게 퍼져 있었다. 어떤 고대 작가의 말을 빌리자면 그는 이탈리아의 모든 부락에서 숭배되었고, 그를 위해서 도시나 변두리 길마다 제단이 세워졌다.

뱃사람의 신들은 카스토르와 폴뤼데우케스(로마의 폴룩스)이고, 교통의 신은 헤르메스(로마의 메르쿠리우스)이며, 치료의 신은 아스클레피오스 또는 아이스쿨라피우스였는데, 이런 신들에 대한 숭배는 후기에 시작되었지만 진작부터 로마 인들에게 알려져 있었다. 희랍의 다미온 또는 데미온에 해당하는 '선한 여신'(*bona dea*) 다이움 여신에게 바쳐진 축제도 마찬가지로 이 시대까지 거슬러 올라갈 것이다. 또 로마 인들의 오래된 '리베르 파테르'(*Liber pater*)는 후대에 '해방의 아버지'로 이해되어 희랍의 포도주 신인 '해방자'(Lyäos)와 동일시되었다는 점, 히계의 로마 신은 '부의 분배자'(*Dis pater*) 플루토와 그의 아내 페르세포네(로마에 도입되어 소리와 의미가 바뀌어 봄의 새싹을 깨우는 신 프로세르피나가 된다)와 동일시되었다는 점 등은 아주 일찍이 희랍으로부터 들어왔다는 증거다. 심지어 로마·라티움 동맹의 디아나 여신은 소아시아 이오니아 인들 연맹의 여신, 에페소스의 아르테미스를 모방한 것처럼 보이는데, 적어도 로마 신전에서 여신상은 에페소스 형태를 따르고 있다(제1권 155쪽). 일찍이 오리엔트의 영향을 받은 아폴론, 디오뉘소스, 플루토, 헤라클레스, 아르테미스 신화가 전해짐으로써 아람 종교는 이 시기에 다만 간접적으로 이탈리아에 영향을 끼쳤다. 여기서 우리는 희랍 종교의 소개가 특히 교역 관계와 연관을 갖고 있으며, 상인들과 선원들이 희랍의 신들을 이탈리아에 처음 들여왔다는 것을 파악할 수 있다.

하지만 외국에서 들어온 몇몇 경우는 다만 부차적인 의미를 지니는데, 카쿠스의 황소 전설(제1권 24쪽)에 나타나는 원시적 상징주의는 완전히 사라졌다. 전반적으로 볼 때 로마 종교는 우리가 아는 한 민족 고유의 창조물이다.

사비눔의 종교

사비눔과 움브리아의 종교는 우리가 알고 있는 얼마 안 되는 자료로 판단해볼 때 몇몇 지역적 특색을 보일 뿐 대체로 라티움 종교와 거의 동일하다. 라티움과 차이가 있다는 것은 로마에서 사비눔의 제례 의식을 보호하기 위해 특별한 조직을 만들었다는 것에서 매우 분명하게 드러났다(제1권 63쪽). 하지만 이것은 차이점이 있었음을 언급한 사례일 뿐이다. 두 종족 모두에게 새가 나는 모습을 관찰하는 것은 신들의 뜻을 묻는 통례적 방식이었다. 티티에스 조점관은 람네스 조점관이 사용하는 새와는 다른 새를 관찰했지만, 우리가 비교할 수 있는 모든 면에서 유사점이 존재한다. 두 종족 모두 신들을 현세적이고 비인격적인 자연물로 추상화했지만, 그것의 표현과 제의에는 차이가 있었다. 물론 당연히 이런 차이들은 당시 제례를 올리는 사람들에게 중요했을 것이지만, 특별한 차이가 있었다고 해도 그것이 무엇이었는지 우리는 더 이상 알 수 없다.

에트루리아의 종교

우리에게 전해진 에트루리아 제례 의식의 흔적에는 전혀 다른 영혼이 깃들어 있다. 엄숙하면서도 단조로운 비의(秘儀)가 성행했는데, 숫자 유희와 숫자 해석, 언제나 수많은 청중을 불러 모으는 바보 왕 즉위식이 거행되었다. 우리는 라티움 제례만큼 에트루리아 제례를 완전하게 속속들이 알 수는 없다. 후기의 무거운 분위기가 몇몇 전승을 주도했으며, 그래서 라티움 제례에는 매우 낯선, 엄숙하고 신비적인 계율이 우선적으로 우리에게 전승되었을 수도 있다. 하지만 두 가지 사실은 의심할 여지가 없는, 아니 이미 충분히 드러난 바와 같이 이들 종교의 비의성과 잔혹성을 에트루리아의 본래적 성격에 해당한다고 말할 수 있다.

  에트루리아 종교에 대한 우리의 부족한 지식으로 말미암아, 에트루리아 종교와 이탈리아 종교의 본질적 차이를 포착할 수는 없다. 하지만 전면에 드러나는 것으로 보건대 에트루리아의 신들은 포악하고 악의적이었으며, 그들의 제례 또한 잔혹했는데, 특히 포로들의 살육에서 잘 드러난다. 그들은 카이레에서 포카이아 포로들을 살육했고, 타르퀴니이에서는 로마의 포로들을 살육했다. 라티움 인들이 죽은 이들의 '선한 영혼들'이 지하 세계를 평화롭게 다스린다고 생각했던 것과 달리, 에트루리아 종교에서 하계는 적나라한 지옥의 모습을 보여준다. 불쌍한 영혼들은 망치를 휘두르며 짐승같이 야만스러운 노인의 모습을 한 날개 달린 저승사자에게 끌려 지옥으로 가고, 지옥에서는 몽둥이와 뱀으로 고문당할 운명에 놓였다. 이런 저승사자의 모습은 이후 로마의 검투사 시합에서 패자의 시체를 치우는 사람의 외모를 꾸미는 전범이 되었다. 지옥의 모습이 고문과 연결되어 있다면, 이제 지옥으로부터의 구원도 제공되었다. 어떤 비밀스러운 제사를 지냄으로써 불쌍한 영혼은 신들의 세계로 옮겨졌다. 사람들이 저승으로 끌려간다는 생각에 있어 에트루리아 인들은 희랍으로부터 이런 침울한 세계의 표상을 빌려왔다. 그래서 에트루리아의 종교 원리에서 아케론 강과 뱃사공 카론은 매우 중요한 역할을 했다.

　무엇보다 에트루리아 인들은 전조와 기적을 해석하는 데 몰두했다. 로마 인들은 자연 속에서 신들의 음성을 들었다. 새를 관찰하는 자는 단순한 전조만을 해석했으며, 길조인지 흉조인지를 대략적으로만 파악했다. 조점관은 자연의 일상적 운행이 파괴되는 것을 흉조로 여겼는데, 예를 들어 번개와 천둥이 칠 때 민회를 해산하는 등 일상적인 업무를 멈추도록 지시했다. 또한 기이한 현상을 없애는 조치를 취하기도 했는데, 예를 들어 기형으로 태어난 것들은 서둘러 없앴다. 반면 티베리스 강 반대편에서는 이것으로 만족하지 않았다. 불가사의하게도 에트루리아의 사제는 번개를 해석했으며, 또 희생 제물의 내장을 보고 사람들의 운수를 면밀히 살폈다. 신들의 음성이 이상할수록, 신들의 전조나 징조가 기이할수록, 사제는 더욱 의기양양 자신이 신들의 뜻을 전하고 불행을 피할 방법을 알려 줄 수 있는 척했다. 그래서 번개 해석법과 내장 해석법 등 비의 해석법이 생겨났으며, 특히 번개 해석법 가운데에는 머리카락을 둘로 쪼개는 것과 같이 터무니없는 것도 있었다.

　타게스라고 불리는 난장이는 백발의 어린아이로, 타르퀴니이의 어떤 농부가 밭을 갈다가 땅속에서 발견했다고 한다. 그런데 그는 에트루리아 사람들에게 비의 해석법을 알려주고 나서 바로 죽었다고 전한다. 타게스가 어린아이인 동시에 노인의 성향을 갖고 있음은 일종의 풍자라고 생각할 수 있다. 타게스의 제자들과 계승자들은 신들이 어떤 번개를 던지는지를 가르쳤는데, 신들마다 번개 위치와 번개 색깔이 다르다는 것이다. 또 번개가 연속적인지 일회적인지, 일회적이라면 확정된 시점을 갖는 것인지 아니면 어떤 기술로써 일정한 시점까지 지연될 수 있는 것인지를 구분했다. 떨어진 번개를 매장하는 방법과 위협적인 번개가 떨어지도록 만드는 방법과 이와 유사한 여러 가지 놀라운 지식을 말해주었다. 이런 것들에서 우리는 복채를 뜯어내려는 욕심을 엿볼 수 있다. 이런 마법에 로마 인들은 상당한 거부감을 보였는데, 나중에 로마에서도 그것이 사용되기는 했지만 자리 잡지는 못했다. 당시 로마 인들은 자신들의 고유한 신탁과 희랍의 신탁으로 만족했던 것 같다.

   에트루리아의 종교가 로마 종교보다 우위를 점하고 있던 것은 로마 종교에는 없는, 종교 형태로 위장된 사변적인 면을 단초적으로나마 발전시켰다는 것이다. 세상과 신들을 주관하는 것은 은폐된 신들이며, 에트루리아에서 유피테르에 해당하는 신도 그들에 따른다. 세상에는 종말이 있고, 세상이 생겨났던 것처럼 '세기'(*saeculum*)라고 하는 일정한 시간이 지나면 세상은 다시 소멸한다. 한때 에트루리아의 우주론과 철학이 가지고 있었던 이런 정신세계를 판단하기는 쉬운 일이 아니다. 오히려 맹목적인 숙명론과 무의미한 숫자 유희가 이들의 본질적 특징이 아닐까 싶다.

제13장
농업, 상업과 무역

농업과 무역은 국가 체제 및 국가의 외적 역사와 밀접하게 연관을 맺고 있기에 앞서 국가 체제를 설명하면서 다양하게 고찰되었다. 여기서는 앞서의 고찰과 관련지어 이탈리아, 특히 로마의 경제 체제를 정리하고 부연할 것이다.

농업

목축에서 농업으로의 이행은 이탈리아 인들이 이탈리아 반도에 도달하기 이전의 사건임을 앞서 언급했다(제1권 26쪽). 농업은 모든 이탈리아 공동체의 토대였으며, 사비눔과 에트루리아에서도 라티움 공동체에 못지않게 중요한 요소였다. 지리적 조건에 따라 정도의 차이가 있긴 해도 농업과 함께 목축을 행하는 것이 다른 민족들에게는 일반적인 일이었지만, 이탈리아 반도에는 본래적 의미의 유목민이 존재하지 않았다. 공동체가 얼마나 농업을 중요하게 생각했는지는, 새로운 도시를 건설할 때 장차 도시 성곽이 세워질 위치를 우선 쟁기로 도랑을 파서 표시하는 일로부터 시작했던 풍습에서 확인할 수 있다. 로마의 농업에 관해서만은 상당히 정확하게 말할 수 있는데, 로마에서는 특히 국가의 중심이 근본적으로 농업인구에 있었다.

항상 토지 소유자 전체가 공동체의 핵심이 될 수 있도록 정책이 이루어졌다는 사실을 가장 잘 보여주는 것은 세르비우스의 개혁이다. 시간의 흐름과 함께 농지의 상당 부분이 비(非)시민권자들의 손으로 넘어갔으며, 그 결과 시민의 의무와 권리는 더 이상 토지 소유와 일치하지 않게 되었다. 그러자 이런 불일치와 이에 따른 국가 위기를 일회적이 아니라 영구히 제거하기 위해 국가 체제를 개혁하면서 공동체 구성원들의 정치적 신분을 무시한 채 모든 토지 소유자가 수용되었으며, 모든 토지 소유자에게는 국방의 의무가 동일하게 부과되었다. 그 결과 자연스럽게 토지 소유자 일반에게 동일하게 적용될 법이 만들어졌다.

로마 인들이 보여준 전쟁 및 정복 정책 또한 이렇게 토지 소유 여부에 근거했다. 국가에서 오로지 토지 소유자만이 중요시되었던 것처럼 전쟁의 목적은 토지 소유자의 숫자를 늘리는 데 있었다. 정복된 공동체는 로마의 농민 신분으로 수용되었다. 만약 이런 궁극적인 목표에 이르지 못할 경우 단순한 전쟁 부과금 혹은 확정된 조공이 아니라 그들 토지의 상당량, 일반적으로 그들 영토의 3분의 1을 제공해야 했으며, 여기에는 일반적으로 로마 인들의 농장이 만들어졌다. 로마 민족처럼 많은 민족 역시 다른 민족을 물리치고 정복했다. 그러나 다른 민족들과 달리 로마 인들만이 유일하게 정복 토지를 스스로 땀 흘려 자신들의 토지로 만들었으며, 창으로 얻은 땅을 그들은 쟁기로 다시 한번 공고히 했다. 전쟁으로 얻은 땅은 전쟁으로 다시 빼앗길 수 있지만, 농부들이 이룬 정복은 결코 그렇지 않다. 로마 인들은 여러 전쟁에서 패배했지만, 그때마다 평화를 얻기 위해 로마의 토지를 양보하지는 않았다. 이는 농부들이 그들의 토지와 재산을 완고하게 고집했기 때문이다. 토지를 다스리는 일에서 개인과 국가의 힘이 생겨난다. 이렇게 시민들이 최대한 직접적으로 토지를 소유한 가운데 확고하게 자리 잡은 농부들의 공고한 단결에 근거하여 위대한 로마가 이룩되었다.

공동경작

아주 오랜 옛날 농토는 아마도 개개 씨족별로 공동으로 경작되었으며 소출은 씨족에 속한 각 가족에게 분배되었음을 앞서 짧게 언급했다(제1권 51쪽, 96쪽). 토지 공동소유와 씨족 공동체가 긴밀하게 연결되었으며 나중까지도 로마에서 공동소유자들의 공동생활과 공동경영이 빈번하게 등장했다.[1] 로마법 전승에서 확인할 수 있는 것은, 개인 재산은 우

---

[1] 독일의 공동 농장에서 볼 수 있는 바와 같이 개인 토지와 공동경작을 접목시킨 형태는 이탈리아에서 찾아보기 어렵다. 독일에서처럼 각자가 개별 토지의 소유자로서 전체 농지 가운데 경제적으로 분리된 일부를 소유하고 있었다면, 이탈리아에서도 나중에 생겨난 개인 농장은 수많은 개별 농장을 모아 만들어졌을 것이다. 하지만 오히려 이와 반대였다. 로마의 개별 농장 이름

선 가축과 토지 이용에 대한 권리였으며 나중에야 비로소 시민들끼리 토지를 분할 소유하기에 이르렀다는 것이다.² 이에 대한 유력한 증거로 개인 재산에 대한 가장 오래된 명칭으로 '가축'(*pecunia*) 혹은 '노예와 가축'(*familia pecuniaque*)이 사용되었다는 것, 혹은 자식과 노예의 특유 재산에 대해 '작은 가축'(*peculium*)이 쓰였다는 것을 들 수 있다. 또 재산 취득의 가장 오래된 형식을 '악취 행위'(*mancipatio*)라고 불렀는데, 이는 오로지 동산에만 적용되었다(제1권 217쪽). 또 소유지(*heredium* : 주인을 뜻하는 *herus*에서 파생됨)의 가장 오래된 단위는 약 5106제곱미터(2 유게룸) 정도의 크기로, 이는 농장이 아니라 기껏해야 정원에 해당했다.³ 농장의 분할이 언제 어떻게 발생했는지는 확정적이지 않다. 역사

(*fundus Cornelianus*)에서 분명히 볼 수 있는 것처럼, 로마에서 개인 토지 소유는 아주 오래전에는 실제 존재하지 않았다.

2 키케로(*res*. 2, 9, 14. 플루타르코스의 *Q. Rom*. 15)는 이렇게 쓰고 있다. "[로물루스 당대에는] 재산은 가축과 토지 소유를 의미했으며, 여기서 '가축 많은'과 '땅 많은'이라는 말이 만들어졌다(*tunc erat res in pecore et locorum possesionibus, ex quo pecuniosi et locupletes vocabantur*)." "[누마 시절에] 로물루스가 전쟁으로 얻었던 토지를 개인 시민별로 나누어 주었다(*primum agros, quos bello Romulus ceperat, divisit viritim civibus*)." 디오뉘시오스는 로물루스가 토지를 30개 동회별로 나누어 주었으며, 누마는 토지 경계석을 정하고 토지 경계 신의 축제를 만들었다고 전한다(1, 7 ; 2, 74. 플루타르코스의 *Num*. 16).

3 이런 주장은 계속해서 논쟁의 여지가 있으므로 숫자를 밝혀둔다. 공화정 후기와 제정의 로마 농업은 평균적으로 씨앗 다섯 말을 뿌려 다섯 배의 밀을 수확할 수 있는 크기를 유게룸이라고 했다. 따라서 소유지 하나에서 얻는 수확은, 집터와 기타 공터를 무시하고 그 전체를 농지라고 계산하고 휴경을 고려하지 않더라도, 50말 혹은 다음 해 뿌릴 씨앗을 빼고 40말이 고작이다. 카토(*agr*. c. 56)는 중노동하는 성인 노예가 1년에 51말의 밀을 소비한다고 계산했다. 소유지 하나에서 나온 곡물로 로마의 한 가족이 살아갈 수 있다는 점은 이에 비추어 너무도 분명한 일이다. 이를 반박하려는 시도는, 나중 시대의 노예는 옛날의 자유농민보다 다른 먹을거리 없이 오로지 곡물만을 소비했으며, 옛날의 농업 생산량을 다섯 배로 잡은 것은 너무 낮게 잡은 것이라는 주장에 근거한다. 두 근거는 물론 그럴듯하지만, 둘 다 한계를 갖고 있다. 의심할 것 없이 부차적인 곡물이 토지로부터 혹은 공동 초지로부터 생산되었으며, 무화과 열매, 채소, 우유와 고기(특히 돼지를 오래전부터 열심히 길렀다) 등을 얻었으며, 특히 아주 옛날에는 이런 것을 고려해야 한다. 그러나 이런 작물들은 물론 무의미하다고는 할 수 없으나 어디까지나 이것들은 부차적이었다. 로마 민족의 주요 식량은 악명 높게도 밀이었다. 또한 순수 곡물 생산량의 상당한 증가를 가

적으로 밝혀진 바에 따르면 가장 오래된 국가 체제는 토지 소유자가 아닌 씨족 공동체를 근간으로 한다는 것이며, 이에 반해 세르비우스 개혁에 의한 국가 체제는 토지 분할을 전제로 하고 있다는 것이다. 이에 따르면 토지 재산의 대부분은 보통 규모의 농장으로 분할되어 있으며, 이 농장은 한 가족에 의해 경작되어 그에 필요한 농작물을 제공했으며, 가축의 소유와 농기구의 사용을 포함하고 있다. 이런 로마 자작농이 소유한 일반적인 토지 면적은 확정적으로 언급할 수는 없으나 앞서 말했던 것처럼(제1권 134쪽) 최소 5만 1064제곱미터 정도였다.

농업은 기본적으로 밭농사에 주력했으며 주요 곡물은 스펠트 밀(라틴 어로 *far*)이었다.[4] 물론 콩과 당근과 채소도 널리 경작되었다.

저온 농업 생산성에 비추어, 물어볼 필요도 없이 당시 농부들은 그들의 농지에서 공화정이나 제정의 거대 농장 소유자들보다 훨씬 높은 생산성에 도달했다(제1권 50쪽 각주). 하지만 여기에서도 한계가 분명한데, 평균 생산성을 고려해야 하고, 또 농업 기술 발전이나 거대 자본 투여를 기대할 수 없던 시절의 농업을 고려해야 한다. 2할이 아닌 1할의 곡물을 남겨두는 것은 최소의 한계이며, 사실 그것으로는 충분하지 않았다. 소유지의 소출과 가족 생계에 필요한 곡물 간의 격차로 인해 생겨나는 이런 커다란 적자는 결코 단순한 생산량 증가로는 메워지지 않았다. 실제로 이런 반대 주장은 합리적인 농업경제의 도입이 이루어진 후에나 비로소 가능한 것이다. 채소를 통해 압도적으로 많은 식량을 얻는 민족의 경우라면 2유게룸에서 나오는 곡물로도 평균적으로 한 가족의 식량을 충분히 마련할 수 있을지도 모른다.

몇몇 사람은 역사시대조차 식민지 건설은 토지가 없는 자들에게 2유게룸의 토지를 나누어 주었다고 주장한다. 이와 관련된 유일한 예(리비우스 4, 47)로서 기원전 336년 라비키의 식민지를 들며 주장을 펼치는 학자들이 있는데, 이들의 수상을 반박하는 것은 의미가 있다. 분명 이런 예는 역사적인 세부 사항에 있어 신뢰할 만한 전승에 속하지 않으며 다른 종류의 숙고를 필요로 한다. 물론 식민지 건설이 아닌 경우 전체 시민들에게 토지를 나누어 줄 때는(*adsignatio viritana*) 아주 작은 크기의 토지를 나누어 주었다는 것은 분명하다(리비우스 8, 11, 21). 그러나 이때도 결코 추첨을 통해 새로운 농장을 만들어낸 것이 아니라, 다만 일반적으로 기존의 농지에 새로이 획득한 토지를 부분적으로 덧붙인 것이라고 할 수 있다(CIL I, 88을 보라). 분명한 것은 다른 어떤 가설도 사실 《성경》의 오병이어와 같은 맥락의 가설보다는 훌륭하다는 점이다. 로마의 농부들은 그들의 사관들보다 훨씬 검소한 삶을 살았다. 하지만 7유게룸의 농지 혹은 140말의 소출로 삶을 꾸려나갈 수 있다고 생각하지는 않았다.

[4] 라티움의 농부들이 2유게룸의 농지로 먹고살 수 있었다는 것을 증명하려는 최근의 상당히 힘겨운 시도가 근거로 삼고 있는 것은 바로(*rust*. 1, 44, 1)가 1유게룸에 뿌릴 씨앗으로 밀은 5말

포도 농사

이탈리아 포도 농사가 희랍인 식민지 정착민들이 이탈리아에 도래하면서 비로소 시작된 것은 아니라는 사실(제1권 27쪽)은 희랍인 도래 이전에 있었던 로마 축제 이름에서 확인되는데, 세 개의 포도주 축제가 있었다. 이 축제들은 유피테르에게 바쳐진 것으로서 새롭게 희랍에서 유래한 포도주와 해방의 신 바쿠스를 위한 것이 아니었다. 아주 오래된 전설에 따르면, 카이레의 왕 메젠티우스가 라티움 사람들 혹은 루툴리 사람들에게 포도주 조공을 요구했다고 한다. 또 이탈리아에 널리 분포하고 매우 다양하게 변모된 전설에서는 켈트 족으로 하여금 알프스 너머로 이동하게 만든 원인으로 이탈리아 사람들이 귀한 과실

을, 스펠트 밀은 10말을 잡고 있다는 점이다. 이에 근거하여 밀과 동일한 생산성을 적용하면 스펠트 밀은 일반 밀보다 두 배는 아니지만 그에 상응하는 정도의 생산성을 보인다고 추론한다. 하지만 아마도 그 반대일 것이다. 그렇게 많은 양의 파종과 추수는, 로마 인들이 밀이 경우 빻아 보관했다가 파종하지만 스펠트 밀의 경우 타작하여 낟알째로 보관했던 정황으로 설명된다(Plin. nat. 18, 7, 61). 이런 이유에서 오늘날도 스펠트 밀은 일반 밀보다 두 배나 많이 파종하고 두 배나 많이 추수를 하지만, 도정을 하고 나면 훨씬 적어진다. 뷔텐베르크의 G. 한센(G. Hanssen) 씨의 보고에 따르면, 평균적으로 뷔텐베르크 기준 1모르겐의 땅에서 밀 3말(파종할 때는 1/2 ~ 1/4말), 무게로는 275파운드(=825파운드)를 생산하며, 스펠트 밀의 경우 최소한 7말(파종할 때 1/2 ~ 1과 1/2말), 무게로는 150파운드(=1050파운드)를 생산하는데, 도정을 하면 약 4말까지 줄어든다. 따라서 스펠트 밀은 밀과 비교했을 때 전체 무게로만 따지면 두 배 이상을 수확할 수 있으며, 비슷한 정도의 토양이라면 아마도 세 배 정도를 수확할 수 있다. 하지만 타작 이전의 특정 무게를 기준으로 하면 그다지 많은 것은 아니며 도정 후 알곡만을 계산하면 절반 이하가 된다. 이런 종류의 어림짐작 계산에 있어 전승된 동일한 생산성을 적용하는 것은 사람들이 주장하는 것처럼 실수가 아니라 오히려 합리적인데, 밀에 적용된 위의 생산 비율을 스펠트 밀에 적용하는 것은 가능하다. 이때 계산은 크게 틀리지 않으며 수확량은 올라가기보다 오히려 떨어진다. 스펠트 밀은 토양과 기후에 영향을 덜 받으며 밀보다 위험이 적다. 하지만 밀은 무시할 수 없는 타작 비용을 고려한다면 일반적으로 상대적으로 높은 순수 생산량을 보인다(50년 평균으로 라인바이에른의 프랑켄탈 지역에서는 밀 1말터가 11굴덴 3크로이처에, 스펠트 밀 1말터는 4굴덴 30크로이처에 거래되었다). 남부 독일 지방의 경작 가능한 곳에서 밀 농사가 선호되며 농경이 발달함에 따라 스펠트 밀 경작 지역이 밀 경작에 밀려나곤 하는데, 이탈리아의 농경에서도 이와 비슷하게 밀 경작이 스펠트 밀을 밀어내는 현상이 있었음을 부정할 수 없다.

수, 특히 포도나무와 포도주를 알았기 때문이라는 것이 제시된다. 이로부터 우리는 이웃들의 질투심을 부른 귀한 포도 열매에 대한 라티움 사람들의 자부심을 느낄 수 있다.

일찍이, 그리고 보편적으로 라티움의 제사장들은 조심스럽게 포도 재배를 관리했다. 로마에서 포도 수확은 공동체의 최고 제사장인 유피테르 대사제가 이를 허락하고 직접 수확에 참여하는 것으로 시작되었다. 마찬가지로 투스쿨룸 지역의 법에 따르면, 햇포도주의 판매는 사제가 포도주 통 개봉 축제를 선언하기 전까지는 금지되었다. 희생제를 치르면서 포도주를 헌주하는 일반적인 제례 의식뿐만 아니라, 누마 왕의 법으로 알려진 규정, 즉 로마의 사제들은 가지 치지 않은 포도나무에서 생산된 포도주를 신들에게 헌주로 바쳐서는 안 된다는 명령 또한 이와 관련되어 있다. 이와 마찬가지로 곡물 건조 상태를 확보하기 위하여 건조되지 않은 곡물을 신들에게 바치는 것 또한 금지되었다.

올리브 재배

올리브 재배는 희랍인들이 이탈리아에 도래한 이후 비로소 새롭게 시작된 것이 분명하다.[5] 올리브 나무는 로마 건국 이후 두 세기가 끝나갈 무렵 서부 지중해 지역에서 비로소 경작되기 시작했다고 한다. 올리브 나뭇가지와 올리브 열매는 로마의 종교의식에서 포도주에 비해

---

[5] 올리브기름 'oleum'과 올리브 열매 'oliva'는 희랍어 'ἔλαιον'와 'ἔλαια'에서, 올리브 기름 거품 'amurca'는 'ἀμόργη'에서 유래한다.

상당히 낮은 역할을 담당했음이 분명하다. 하지만 로마 인들이 올리브 나무와 포도나무를 얼마나 귀하게 여겼는지는, 로마 광장 한가운데 쿠르티우스 호수에서 멀지 않은 곳에 두 나무를 심어놓았다는 것에서 확인할 수 있다.

무화과

사람들은 기타 과실수 가운데 특히 식용 가능한 것으로 아마도 이탈리아 토종의 무화과나무를 심었는데, 마찬가지로 로마 광장에 여기저기 여러 그루 서 있던 무화과나무는 로마의 건국신화와 아주 밀접하게 얽혀 있다.[6]

농가 경영

쟁기를 들고 농사일 전반을 주관하는 사람은 농부와 그의 아들들이었다. 노예들 혹은 품삯을 받는 일꾼들이 일반적으로 농사일에 공동으로 참여했을 가능성은 매우 낮다. 쟁기를 끄는 것은 수소였으며 간혹 암소도 있었다. 짐을 끄는 것은 말, 나귀와 노새였다. 고기와 우유를 얻기 위해 특별히 가축을 기르는 일은 적어도 씨족 단위의 농사에서

---

[6] 사투르누스 신전 앞에 있던 무화과나무가 로마 건국 260년(기원전 494년)에 벌목되었다는(Plin. *nat.* 15, 18, 77) 전승은 없다. '260'이라는 숫자는 모든 신뢰할 만한 필사본에는 빠져 있으며, 이는 아마도 리비우스 2, 21을 근거로 후대에 삽입된 것으로 보인다.

는 없었는데, 있었다면 매우 제한적인 경우였을 것이다. 소규모 초지에서 작은 가축을 기르는 것 외에 농장에서는 돼지 및 가금류, 특히 거위를 길렀다. 일반적으로 누구도 지치지 않고 밭을 갈고 또 갈았으며, 밭고랑을 촘촘히 만들어 써레질을 하지 않은 경우 밭을 잘못 간 것으로 여겼다.

농사일은 합리적이라기보다 노동 집약적이었다. 잘못된 밭갈이, 불완전한 수확 및 타작 방법은 늘 변하지 않았다. 이는 전래된 농업기술을 완고하게 고수했기 때문이라기보다 합리적인 농사법 개발에 별로 신경을 쓰지 못했기 때문이다. 현실적이었던 이탈리아 사람들에게는 물려받은 땅과 함께 전해진 농사 방법에 매달리는 것 이외의 유연한 태도를 갖는 것은 힘든 일이었다. 눈에 띄는 농업 개선, 예를 들어 사료작물의 재배와 목초지의 관개시설 등은 진작 이웃 민족들에게서 배웠거나 자체적으로 개발되었던 것으로 보인다.

하지만 로마 문학은 농업에 대한 이론적 고찰을 시작했다. 부지런하고 합당한 노동 뒤에는 즐거운 휴식이 뒤따랐다. 여기에서 종교는 여가 활동 등 좀 더 자유로운 인간 활동을 통해 하층민에게도 삶의 노고를 덜어주는 데 기여했다. 8일마다(*nonae*), 평균적으로 한 달에 4번씩 농부들은 시내에 모여 농산물을 사고팔았으며 그 밖의 업무를 처리했다. 본격적인 휴식은 오로지 몇몇 축제일에나 가능했으며, 특히 포도 농사가 마무리된 이후에 찾아오는 농한기(*feriae sementivae*)에나 가능했다. 이 기간 동안에 신들의 계명에 따라 밭갈이는 멈추었고, 이런 농한기의 여유는 농부뿐만 아니라 소와 노예에게도 주어졌다.

초창기 로마의 평균적인 농가는 대략 이렇게 경영되었다. 잘못된 농장 경영을 막기 위해 상속자가 사용할 별다른 보호 장치가 마련되어 있지 않았으며, 다만 흥청망청 상속 재산을 탕진하는 사람을 정신병자로 간주하여 후견을 받도록 하는 것이 고작이었다(제1권 215쪽). 또한 여성들에게는 원칙적으로 재산 처분의 권리가 주어져 있지 않았으며, 여성을 혼인시킬 때는 일반적으로 종족 관계의 남자에게 혼인시킴으로써 씨족의 재산을 보호했다. 법률은 토지 재산에 대한 과도한 부채를 막기 위해 때로 토지를 담보로 제공할 경우 저당 잡힌 토지에 대한 소유권이 잠정적으로 채무자에게서 채권자에게로 넘어가도록 했으며, 때로 단순한 채무의 경우 사실상 파산 조치가 이루어지는 즉시 집행이 이루어졌다. 하지만 이후에 밝혀질 것처럼 후자의 조치는 그 목적을 불완전하게 성취할 뿐이었는데, 소유 재산의 자유로운 분할이 법적으로 무제한 허용되었기 때문이다.

공동상속인들이 상속 재산을 분할하지 않고 하나로 묶어두는 일보다 바라마지 않을 일도 없었지만, 초기 법에서도 이미 이런 공농소유를 해체하여 각자의 몫으로 나누는 일이 늘 허용되었다. 형제들이 사이좋게 살아간다면 좋겠지만 이것을 강제한다는 것은 자유로운 로마법 정신에 비추어 있을 수 없는 일이었다. 세르비우스의 개혁에 따른 국가 체제는 이미 왕정기의 로마에도 빈농들과 쟁기질할 것도 없이 곡괭이 하나로 충분한 소규모 농장 소유자들이 없지 않았음을 보여준다. 토지 재산의 과도한 분할을 막을 장치는 다만 시민들의 관습과 건전한 사고방식이 전부였다. 이런 관습을 저버리지 않으며 소유 토지를 대개 함께 관리했다는 것을, 토지 재산에 하나의 고유한 이름을 부여하는 로마의 보편적 관습에서 확인할 수 있다. 공동체는 다만 간접적인 방식으로 이에 개입했는데, 식민지 개척자들을 파송할 때뿐이었다. 식민지 건설은 기본적으로 일정 수의 새로운 자작농을 양성하기 위한 것이었는데, 대개 소규모 농장 소유자들을 식민지 개척단으로 파송함으로써 빈농의 증가를 억제하는 데 기여했다.

대토지 소유

훨씬 어려운 것은 큰 규모의 소유 토지에 관해 고찰하는 일이다. 대규모 토지 소유자들이 무시할 수 없을 정도로 존재했다는 사실은, 기사 계급이 초기에 형성되었다는 사실에 비추어 의심할 여지가 없다. 이는 또 씨족 소유 토지의 분배에서 각 씨족 구성원의 머릿수가 다를 수밖에 없기 때문에 자연스럽게 좀 더 큰 토지를 가진 사람들이 생겨날 수밖에 없었으며, 부분적으로는 로마로 흘러든 엄청난 상업자본을 볼 때 당연한 일이었다. 하지만 나중에 나타나는 것처럼 상당 부분 노예 노동에 기초하는 본격적인 대토지 경영은 이 시점의 로마에서는 상상할 수 없는 것이었다. 오히려 이때에는, 마치 아버지가 아들들에게 나누어 주듯 상민들에게 토지를 나누어 줌으로써 원로들이 '아버지'라고 불리던 당시의 정의를 끌어들여야 할 것인데, 애초의 토지 소유주는 직접 경영할 수 없는 일부분의 토지 혹은 토지 전체를 작게 나누어 예속민들에게 경작하도록 나누어 주었음이 분명하다.

이는 오늘날의 이탈리아에서도 일반적인 일이다. 토지를 받은 사람들은 나누어 준 사람의 자식이거나 노예였을 것이다. 토지를 받은 사람이 만일 자유민이라면 이런 소유관계는 나중에 '허용 점유'(*precarium*)라고 불리는 그런 것으로, 토지를 받은 사람은 나누어 준 사람이 허용하는 한 토지를 보유했고, 이에 대항하여 자신의 권리를 방어할 법적 수단은 전혀 존재하지 않았다. 나누어 준 사람은 나누어 준 토지를 아무 때나 임의로 회수할 수 있었다. 토지 이용자가 토지 소유자에게 대가를 바치는 일은 이런 관계에서는 필연적인 것은 아니었다. 하지만 이런 일은 흔하게 일어났으며, 아마도 일반적으로 수확물의 일부를 제공했을 것이다. 이런 점에서 이후에 생겨나는 임차 관계와 유사한 면이 없지 않다. 그러나 근본적으로 임차 관계와 다른 점은, 우선 그 기간이 정해져 있지 않다는 점이다. 둘째, 이 경우 양자가 서로에 대하여 소송을 제기할 방법이 없지만 임차의 경우 전적으로 임대인의 계약 해지 권리에 대항하는 임차인의 법적 보호 장치가 마련되어 있다는 점이다. 따라서 이는 오로지 신의에 따른 관계였으며, 강력하고 종교적으로 신성시된 이유가 덧붙여지지 않고서는 유지될 수 없는 관계였다.

순전히 관습적이며 종교적인 제도인 피호민 제도는 분명 궁극적으로 이런 토지 이용권의 분배에 근거한다. 피호민 제도가 그렇다고 토지 공동소유의 해체에 의해 비로소 생겨난 것은 아니다. 왜냐하면 토지 공동소유의 해체 이후 개인이 그렇게 했던 것처럼 해체 이전에는 씨족이 씨족 토지의 공동 이용권을 예속민들에게 허용했을 수 있기 때문이다. 이는 분명 로마의 피호민 제도가 개인적 차원의 것이 아니라 본질적으로 보호자와 그 씨족이 피호민과 그 씨족에 대하여 보호와 신의를 약속하는 것이었다는 사실과 연관되어 있다. 로마에서 어떻게 대토지 소유자들로부터 도시 귀족이 아닌 향촌 귀족이 생겨나게 되었는지는 로마 농지 제도의 이러한 초기 형태에서 설명된다.

로마 인들은 국가를 병들게 하는 소작제도를 두지 않았기에 로마의 토지 소유자들은 임차인들과 농민들만큼이나 토지에 붙박여 있었던 것이다. 그는 직접 눈으로 보고 몸소 개입했으며, 제아무리 부유한 로마 인일지라도 훌륭한 농업인이라고 불리는 것을 최고의 명예로 여겼다. 그의 집은 농촌에 있었으며 도시에서는 다만 도시에서의 사무를 처리했는데, 무더운 때에 좀 더 신선한 공기를 들이켜기 위해 마련된 거소가 필요했다. 이런 질서에 따라 부자와 빈자의 윤리적 규범이 만들어졌으며, 이를 통해 그들 관계의 위험성이 현저하게 줄어들었다.

몰락한 농민 출신의 자유민인 '허용 점유' 임차인들과 피호민들과 해방 노예들은 대규모의 무산계급을 형성했다(제1권 125쪽). 이들은 소규모 임차인들이 대토지 소유자에 대하여 흔히 그랬던 것과는 달리, 토지 소유자들에게 크게 예속된 상태는 아니었다. 주인을 위해 토지를 일구는 노예들은 당연히 자유민 신분의 임차인들에 비해 훨씬 적었다. 이주한 민족들이 흔히 일정한 인구를 대규모로 노예로 삼지 않는다고 할 때, 노예들은 초기에는 다만 매우 제한된 범위에서 존재했을 것으로 보인다. 이에 따라 자유로운 노동자들이 우리가 나중에 보게 되는 것과는 전혀 다른 역할을 국가에서 맡았던 것으로 보인다. 희랍 땅에서는 초기에 '날품팔이'가 나중에 노예가 맡았던 일을 대부분 수행했으며, 일부 공동체에서는 예를 들어 로크리 사람들에게는 역사시대까지도 노예제도가 전혀 존재하지 않았다.

노예 자체는 일반적으로 이탈리아에서 유래한다. 볼스키, 사비눔과 에트루리아에서 잡혀온 전쟁 포로들은 주인들에 대하여 나중의 쉬리아 사람들이나 켈트 족과는 다른 입장을 가졌음이 분명하다. 그들은 토지 임차인으로서, 물론 법적으로는 아니지만 실질적으로 주인과 마찬가지로 토지와 가축과 아내와 자식을 가지고 있었다. 노예해방이 생겨난 이래(제1권 220쪽), 그들에게는 주인으로부터 독립은 아니지만 자유롭게 노동할 수 있는 가능성이 주어졌다. 초기의 대토지 소유가 이렇다고 할 때 그들은 결코 공동체의 곪아버린 상처가 아니라 공동체를 위해 아주 커다란 이익이었다. 그들은 전체적으로는 소수였지만 중규모와 소규모 토지 소유자들에 못지않은 기여를 하는 중요한 존재였다.

한편 상대적으로 높고 자유로운 지위를 누리던 토지 소유자들 가운데 공동체의 자연스러운 지도자와 통치자가 생겨났다. 이때 농업에 종사하면서 토지를 갖지 못한 '허용 점유' 임차인들은 로마의 식민지 정책에서 중요한 부분이었는데, 이들이 없었다면 식민지 정책은 성공할 수 없었을 것이다. 왜냐하면 국가는 무산자들에게 토지를 줄 수는 있지만, 농업을 전혀 모르는 사람에게 쟁기를 잡을 용기와 힘을 줄 수는 없기 때문이다.

공동 초지

목초지는 토지 분배의 대상이 아니었다. 공동 초지의 소유권자는 씨족 공동체가 아니라 국가였다. 공동 초지는 국가적 차원의 희생제 등의 목적을 위해 벌금 형식으로 거두어들인 가축을 늘 건강한 상태로 유지하는 데 사용되었다. 또 부분적으로는 일정한 방목세(*scriptura*)를 받고 개인 소유의 가축을 방목하도록 허용되었다. 공동 초지의 방목권은 애초 사실적 토지 소유관계에서 어느 정도 비롯되었을 수도 있으나, 공동 초지의 부분적 사용에 관한 특별한 권리를 개별 농민에게 법률적으로 허용한 사례는 로마에서 전혀 존재하지 않는다. 왜냐하면 이럴 경우 공동 초지의 소유권이 영주민들에게도 넘어갈 수 있었기 때문이다. 물론 예외적으로 영주민에게 공동 초지의 방목권이 왕의 호의에 의해 허용되는 경우도 있었다. 이 시대에 공동 초지는 국민경제에서 일반적으로 부차적인 역할만을 담당하고 있었음에 틀림없다. 애초에 지정된 공동 초지는 그다지 넓지 않았으며, 정복된 토지의 대부분은 즉시 씨족공동체에 혹은 나중에는 개인들에게 농경지로 분배되었다.

수공업

농경이 로마에서 최우선이자 가장 큰 경제활동이었지만 그 밖의 산업이 없었던 것은 아니다. 라티움 지방의 중심지에서 도시 문화가 일찍이 성장했다는 사실에서 이를 짐작할 수 있다. 실제 누마 왕 시대의 사회제도 가운데, 다시 말해 아주 오랜 옛날부터 로마에 존재했던 제도 가운데 여덟 개의 수공업 조합이 있었는데, 피리 연주자 조합, 금세공업자 조합, 동세공업자 조합, 목수 조합, 피혁공 조합, 염색공 조합, 도공 조합, 제화공 조합이었다. 제빵업자와 직업적 의사가 아직 등장하지 않았으며 여인들은 집 안에서 필요한 옷감을 직접 마련하던 오랜 옛날, 이 정도면 남의 주문에 따라 팔 목적으로 상품을 만드는 거의 모든 조합을 열거한 셈이다. 철을 다루는 장인 조합이 보이지 않는다는 것은 매우 이례적이다. 이는 라티움 지방에서 철 가공은 상대적으로 나중에야 시작되었음을 증명하는 또 다른 증거다. 이런 이유로 제례 의식에서, 예를 들어 제의용 쟁기 혹은 사제용 칼은 아주 나중 시기까지 오로지 청동만을 사용했던 것으로 보인다.

로마의 도시 문화에 비추어, 그리고 라티움 지방에서 로마의 위치를 고려할 때 이런 수공업자 조합은 당시로서는 매우 큰 의미를 지닌다. 이를 주인의 지시에 따라 작업하던 수공업 노예 집단에 의해, 그리고 사치품의 수입 증가에 따라 위축된 나중의 로마 수공업에 비추어 평가절하해서는 안 된다. 로마의 아주 오래된 노래에서는 강력한 전쟁의 신 마메르스(*Mamers*)뿐만 아니라 유능한 무기 장인 마무리우스(*Mamurius*)가 경배되었는데, 후자는 하늘로부터 떨어진 신들의 방패를 본떠 동료 시민들에게 똑같이 생긴 방패를 만들어주었다고 한다. 불의 신이자 대장장이 신인 불카누스는 아주 오래된 로마 축제 이름에 이미 등장했다(제1권 230쪽). 또한 옛 로마에서는 다른 지역에서와 마찬가지로 칼을 만들고 사용할 줄 아는 기술은 쟁기를 만들고 사용할 줄 아는 기술과 대등한 지위를 누렸으며, 나중에 보게 되는 바와 같은 수공업에 대한 경멸적 태도는 전혀 찾아볼 수가 없었다. 세르비우스 개혁에 따라 군역은 토지 소유자에게 부과되었고, 수공업자들은 법률적으로는 아니지만 일반적으로 토지 소유자가 아니라는 결격사유로 인해 사실적으로 군 복무에서 배제되었다. 물론 목수나 동세공업자 및 악공 조합의 경우, 이들은 별도의 독자적인 부대로서 군 조직에 편입되었다. 이것이 수공업자들이 나중에 겪게 되는 사회적 편견 및 정치적 약화의 원인이었을지도 모른다.

 이런 조합이라는 사회제도는 명목상 이들과 동일하게 조합이라고 불린 사제 조합과 같은 목적을 갖고 있었는데, 특수한 직업 분야의 사람들이 직업적 전통을 좀 더 확고하고 확실하게 지켜나가기 위해 하나로 뭉친 것이다. 아마도 외부인들과 자신들을 이런 방식으로 구분하려고 했던 것이다. 그렇지만 독점 체계를 형성하려 했다는 흔적이나 저급한 수공업자들을 배제하려 했다는 흔적은 전혀 찾아볼 수 없다. 사실 로마 인들의 생활에서 수공업자들에 관한 것만큼 전승을 찾아보기 힘든 것도 없다.

이탈리아 내의 상업 활동

이탈리아의 상업이 오랜 옛날 이탈리아 사람들 간의 교역에 국한되어 있었음은 분명한 사실이다. 일반적으로 주초 장날(*nundinae*)과 구별되는 장시(*mercatus*)는 라티움 지방에 아주 오래전부터 존재했다. 장시는 우선 국제적 회합이나 축제와 연관되어 있어, 아마도 로마에서는 아벤티누스 언덕의 연맹 신전에서 개최된 축제와 관련이 있었을 것이다. 라티움 사람들은 매년 8월 13일 로마에 모였으며, 이 기회를 이용하여 로마에서 업무를 보거나 필요한 물건을 사들였다. 유사하지만 아마도 좀 더 큰 규모의 축제로 에트루리아 사람들이 볼시니이 지역의 볼툼나(오늘날 아마도 몬테피아스코네)에 위치한 신전에 매년 모였던 축제를 들 수 있는데, 이 축제는 동시에 장시의 기능을 했으며 로마 상인들이 매년 정기적으로 방문했다.

  하지만 모든 이탈리아의 장시를 통틀어 가장 중요한 의미를 갖는 장시는 소락테 산자락, 페로니아의 숲에서 열리는 장시였다. 이 장시의 입지 조건은 주변의 세 민족이 물건을 교환하려고 함께 모이기에 그보다 더 좋은 장소를 찾을 수 없을 만큼 탁월했다. 티베리스 강의 평원 한가운데에 여행자들에게 자연이 제공한 이정표가 되어 외따로 서 있는 소락테 산은, 산 자체는 주로 사비눔 지역에 속해 있는 것처럼 보이지만, 사비눔 지역과 에트루리아 지역의 경계를 이루고 있다. 또한 이곳은 라티움과 움브리아에서도 쉽게 접근할 수 있는 장소다. 해마다 이곳에 로마 상인들이 찾아왔으며, 로마 상인들이 당한 피해로 말미암아 사비눔 사람들과 갈등이 생겨나기도 했다.

  사람들이 이런 장시를 통해 교역을 하고 물건을 교환한 것은 희랍 혹은 페니키아 상선이 이탈리아 서해안에 나타나기 훨씬 이전임이 분명하다. 흉년이 닥쳤을 때 각 지방민들은 이런 장시를 통해 서로 곡물을 공급해주었다. 또 가축과 노예와 금속과 그 밖에 고대인들에게 필수적인 것들, 혹은 그들이 갖고 싶어 하는 것들이 여기에서 교환되었다. 가장 오래된 교환 수단은 황소와 양이었는데, 황소 한 마리는 양 열 마리에 해당했다. 이런 대상물들이 법적으로 널리 인정된 교환 수단 혹은 화폐로 굳어졌으며 또 크고 작은 가축들 사이의 교환율이 결정된 것, 특히 독일 지역에서도 두 가축이 그렇게 쓰였던 것으로 볼 때, 희랍·이탈리아 시대를 넘어 오로지 유목에만 종사하던 시대까지 거슬러 올라간다.[7]

---

[7] 양과 소 등이 법적 교환가치를 가졌다는 것은, 소로 내던 벌금을 화폐 벌금으로 대체했을 때 양

이 외에 농기구와 무기를 만들기 위해 일반적으로 상당량의 금속을 필요로 하던 시점에 이탈리아 사람들은 필요로 하는 금속을 생산해내는 지역이 많지 않았으므로 청동을 제2의 교환 수단으로 사용하게 되었다. 그리하여 청동이 부족했던 라티움 지방 사람들에게 청동(aes)은 가치(aestimatio)를 의미했다. 청동을 이탈리아 반도 전체에 걸쳐 유효한 교환 등가물로 받아들였다는 것, 그리고 나중에(제1권 292쪽) 좀 더 정확하고 아주 단순한 이탈리아식 숫자와 이탈리아식 12진법이 만들어졌다는 것은 이탈리아 반도의 민족들이 독자적으로 반도 내에서 서로 교역에 종사했다는 가장 오래된 흔적일지도 모른다.

해양 무역

해양을 통한 대외 무역이 독자적으로 활동하던 이탈리아 사람들에게 어떤 방식으로 영향을 미쳤는지는 일반적이나마 앞서 언급했다. 이런 영향으로부터 거의 완전하게 자유로웠던 사비눔 종족들은 정박에 불리한 여건을 갖춘 약간의 해안 지역만을 갖고 있었다. 따라서 문자와 같이 외부 민족에게서 유입된 것은 오로지 에트루리아 혹은 라티움을 통해서 들어왔다. 이로 인해 이들에게는 도시 문화의 성장을 찾아보

을 10아스, 소를 100아스로 평가했다는 사실에서 확인할 수 있다(Fest. v. *peculatus* p. 237. 34, 144와 비교하라. 겔리우스 11, 1. 플루타르코스, Publ. 11). 아이슬란드의 법률에 따라 소 한 마리는 염소 12마리에 해당한다는 것도 이와 동일한 것이다. 다른 곳에서처럼 여기 독일 법은 예전의 10진법을 12진법으로 대체했을 뿐이다.

소의 명칭이 라티움 사람들에게서 '*pecunia*', 독일 사람들에게서 '*fee*' 였는데, 공히 화폐를 가리키는 말이 되었다는 것은 익히 알려진 사실이다.

기 힘들다. 당시 아풀리아 지방 혹은 메사피아 지방 사람들은 타렌툼과 그다지 긴밀한 무역 관계를 맺은 것으로 보이지 않는다. 이와 달리 희랍인들과 이탈리아 인들이 서로 평화롭게 공존하던 캄파니아 지방 등의 서해안 지역은 에트루리아 지방을 포함하여 라티움 지방과 광범위하고 정례적으로 상품 거래가 이루어졌다.

아주 오래된 교역 물품들이 무엇이었는지는 상고시대의, 특히 카이레의 무덤에서 발견된 유물에서 부분적으로 추론해볼 수 있다. 또 부분적으로 로마의 언어와 제도에 남아 있는 흔적에서도 가능하지만, 무엇보다 특히 이탈리아 산업이 받았던 자극에서 가늠해볼 수 있다. 왜냐하면 자신들이 만들어낼 수 없는 공산품을 한참 동안은 구입하여 사용하다가, 나중에 비로소 이를 흉내 내기 시작하는 것이 자연스러운 과정이기 때문이다. 민족들이 갈라지기 이전에 수공업의 발달은 어느 정도였는지, 또 이탈리아 사람들이 독자적으로 살아가던 당시에는 어느 정도였는지를 규명하는 것은 매우 어려운 일이다. 이탈리아의 피혁공·염색공·제화공·도공이 희랍 혹은 페니키아로부터 얼마나 자극을 받았는지, 아니면 독자적으로 발전했는지의 문제는 불분명하다. 하지만 아주 오랜 옛날부터 로마에 존재한 금세공업자 조합이 처음 등장한 것은 해양 무역이 시작된 이후 이탈리아 반도 사람들 사이에서 금세공품이 상당히 퍼진 후라는 것이 분명하다. 그래서 에트루리아 지방의 도시 카이레와 불키, 라티움 지방의 도시 프라이네스테에서 날개 달린 사자 문양과 여타 바빌론풍의 문양이 새겨진 금판이 발견되기도 했다.

물론 이 유물을 놓고 그것이 외국에서 수입된 것인지, 아니면 자체적으로 만든 모방품인지 논쟁이 있을 수 있다. 하지만 이탈리아 서해안 전역에서 고대의 금속 제품들이 동방의 영향을 받았다는 것은 대체로 의심의 여지가 없다. 예술품에 관해 언급하게 될 때에 다시 말하겠지만, 건축과 조형(도자기와 금속공예)은 아주 오래전 희랍의 영향을 상당히 받았으며, 다시 말해 가장 오래된 연장들과 가장 오래된 표본들은 희랍으로부터 도래했다. 앞서 언급한 고분에는 금 장신구 외에도, 청색 유리그릇 혹은 녹색 토기 등 여러 부장품이 출토되었는데, 재료나 양식 및 새겨진 상형문자로 판단하건대 이집트에서 연원하는 것들이었다.[8] 동방의 백색 대리석으로 만든 향수병들이 있었는데, 대부분은 이시스 여신 모양을 하고 있었다. 스핑크스와 그리핀이 그려진, 혹은 모자이크 처리된 타조알이 발견되었다. 유리구슬과 호박 구슬이 있었는데, 이것들은 육로를 통해 북쪽으로부터 유입된 것으로 보인다. 기타 유물들 또한 동방으로부터 온갖 종류의 향수와 장식물이 수입되었음을 보여준다. 그렇게 아마와 자색 염료, 상아와 향유가 수입되었는데, 아마로 만든 붕대, 자색으로 염색한 의복과 상아로 만든 왕홀, 희생제에 사용된 향유 등이 이를 증명한다.

라티움 어로 들어온 외래어 또한 이를 증명한다(아마 *linum*과 λίνος, 자주색 염료 *purpura*와 πορφύρα, 시휘봉 *scipio*와 σκῆπτρον, 상아 *ebur*와 ἐλέφας, 향료 *thus*와 θύος). 그 밖에 음식과 음료에 관련하여 상당수의 차용어가 존재한다. 특히 기름(제1권 266쪽), 그릇(*amp[h]ora*, *ampulla*와 ἀμφορεύς, *cratera*와 κρατήρ), 잔치(*comissari*와 κωμάζω), 반찬(*opsonium*과

---

[8] 최근 프라이네스테에서 페니키아 문자와 상형문자가 새겨진 술 섞는 은제 그릇이 발견되었다(Mon. Inst. X., Taf. 32). 이것은 이탈리아에 출현한 이집트 문물이 페니키아 사람들을 거쳐 이탈리아에 들어왔다는 것을 직접적으로 증명한다.

ὀψώνιον), 보리빵(massa와 μᾶζα), 그리고 여러 과자 이름(lucuns와 γλυκοῦς, placenta와 πλακοῦς, turunda와 τυροῦς) 등이 있다. 이와 반대로 라티움 어가 시킬리아의 희랍어로 유입된 사례로 열쇠(patina와 πατάνη)와 돼지비계(arvina와 ἀρβίνη)가 발견되었다. 아티카풍과 케르퀴라풍과 캄파니아풍의 값비싼 도기를 망자와 함께 묻는 후기의 풍습은 이와 같은 언어적 증거와 더불어 희랍 도기가 이탈리아에 일찍이 도입되었다는 것을 증명한다. 희랍의 가죽 물품이 라티움 지방에 최소한 무기의 형태로 도입되었다는 것을, 가죽을 뜻하는 희랍어 (σκῦτος)가 라티움 사람들에게는 방패(scutum : 가죽 lorum에서 흉갑 lorica가 파생된 것처럼)를 뜻하게 되었다는 사실에서 유추할 수 있다. 마지막으로 희랍어로부터 차용한 수많은 선박 용어가 여기에 속한다. 물론 범선과 관련하여 돛과 돛대와 활대 등 주요 어휘는 순수한 라티움 어이지만 말이다.[9] 또 편지(epistula와 ἐπιστολή), 표패(tessera와 τέσσαρα[10]), 저울(statera와 στατήρ), 계약금(arra, arrabo와 ἀρραβών) 등

---

[9] 돛 'velum'은 순수 라티움 어원을 갖는다. 마찬가지로 돛대 'malus'도 그러한데, 이 단어가 단순히 돛대만을 가리키는 것이 아니라 나무 일반을 가리키기 때문이다. 또 활대 'antemna'는 'ἀνά' (anhelare, antestari)와 'tendere'를 합성한 것으로, 추켜세운다는 'supertensa'와 동의어다. 키를 잡다 'gubernare'는 'κυβερνᾶν'에서, 닻 'ancora'는 'ἄγκυρα'에서, 이물 'prora'는 'πρῶρα'에서, 고물 장식 'aplustre'는 'ἄφλαστον'에서, 활대 걸이 'anquina'는 'ἄγκοινα'에서, 뱃멀미 'nausea' 는 'ναυσία'에서 유래한다. 네 가지 주요 바람 명칭은 항해와는 무관한 라티움 어에서 유래한다. 'aquilo'는 '독수리 바람'으로 북동쪽에서 알프스를 넘어 불어오는 차가운 북풍이며, 'volturnus' (어원은 불분명하지만 아마도 '매 바람')는 남풍이며, 'auster'는 북아프리카에서 불어오는 건조한 남풍 시로코이며, 'favonius'는 튀레눔 바다로부터 불어오는 온화한 북서풍이다. 나머지 모든 바람을 나타내는 라티움 어는 희랍 어(동풍 eurus, 남풍 notus)이거나 희랍어를 번역한 것(동풍 solanus는 'ἀπηλιώτης'를, 서풍 Africus는 'λίψ'를 번역)이다.

[10] 여기서 '표패'는 군영 경비에 사용된 것을 의미한다. "ξυλήφια κατα φυλακὴν βραχέα τελέως ἔχοντα χαρακτῆρα(경비병마다 표패로 가지고 있는 작은 나무토막)"(Polyb. 6, 35, 7). 야간 경비를 서는 보초 네 명의 이름이 네모진 돌 각 면에 기록되어 있다. 야간 보초를 위해 밤을 4등분한 것은 희랍과 라티움의 공동 사항이다. 희랍의 전쟁술이, 예를 들어 퓌로스(리비우

의 희랍 단어가 라티움 어에 들어왔으며, 거꾸로 이탈리아의 법률 표현이 시킬리아 희랍어(제1권 223쪽)에 유입되었다. 그뿐만 아니라 나중에 다시 언급할 화폐 단위, 크기 단위, 무게 단위와 명칭 등이 서로 영향을 주고받았다. 무엇보다도 이 모든 차용어에 나타나는 희랍어에 대한 몰이해, 특히 희랍어 목적격을 라티움 어 주격으로 받아들인 예들(*placentae*=πλακοῦντα, *ampora*=ἀμφορέα, *statera*=στατῆρα)은 이런 차용이 상당히 오래전에 이루어졌음을 증명하는 분명한 증거다.

상업의 신(메르쿠리우스)을 숭배한 것은 본래 희랍적 관념에 따른 것이며, 마이아(*Maia*)에게 바쳐진 5월 15일에 매년 메르쿠리우스의 축제를 개최한 것도 그러하다. 희랍 시인들에게 메르쿠리우스는 아름다운 마이아의 아들로 경배되었기 때문이다.

무역에 적극적인 에트루리아, 수동적인 라티움

이와 같이 고대 이탈리아도 황제기의 로마와 마찬가지로 사치품을 동방에서 수입했다. 나중에는 동방에서 가져온 모본에 따라 자체적으로 생산하기에 이르렀다. 그러나 교역 물품으로 그들은 일차 생산물밖에 제공할 것이 없었는데, 무엇보다 청동과 은과 철, 노예와 선박용 목재와 발트 해에서 생산된 호박, 상대국에 흉년이 들었을 경우 곡물 등이 대부분이었다.

스 35, 14)를 통해 로마 군영의 경계 임무에 영향을 미쳤을 수 있다. 도리아 형태를 취하고 있지 않은 것은 이 단어가 상대적으로 뒤늦게 들어왔다는 것을 의미한다.

교역물의 수요와 교역의 대가로 제공될 수 있는 물품 등에 근거하여 같은 이탈리아 내의 무역 활동이지만 왜 라티움 지방과 에트루리아 지방에서 그렇게 다르게 무역 활동이 전개되었는지 그 이유를 앞서 설명했다(제1권 144쪽). 라티움 지방 사람들은 제공할 수 있는 주요 교역품이 부족했기 때문에 오로지 수동적인 무역을 전개했으며, 그들이 필요로 했던 청동을 일찍부터 에트루리아 사람들에게서 수입하고 그 대신 가축이나 노예를 제공했다. 티베리스 강의 우안에서 아주 오랜 옛날 가축과 노예를 교환한 것에 관해서는 앞서 이야기했다. 반면 카이레와 포풀로니아, 카푸아와 스피나 등에서 펼쳐진 에트루리아의 무역은 매우 많은 이익을 남겼음에 틀림없다. 그 결과 이 지역들은 상당히 빠르게 번영을 누렸으며 강력한 무역 중심지로 성장했다. 이는 라티움 지방이 겨우 농업에 치중하고 있었던 것과는 대조를 이룬다.

이러한 대조는 모든 측면에서 반복적으로 드러난다. 희랍 양식을 따라 조성되고 건설되었지만 희랍보다는 화려하게 꾸며진 오래된 무덤들이 카이레에서 발견된다. 이에 반해 매우 독특한 위치를 점하고 있어 팔레리이 등 남부 에트루리아와 각별한 연관을 갖고 있는 프라이네스테를 예외로 한다면 전반적으로 라티움 사람들은 외국에서 수입한 몇 안 되는 부장품을 장례에 사용했으며 자체적으로 만든 것은 전혀 발견되지 않는데, 오히려 시신을 단순히 풀로 덮어놓는 사비눔 사람들에게 가깝다고 하겠다. '대희랍'의 화폐에 비해 시간상으로 그다지 뒤떨어지지 않는 아주 오래된 이탈리아 화폐들은 에트루리아, 특히 포풀로니아에서 발견되었다. 라티움에서는 왕정기 내내 청동이 무게에 따라 화폐로 사용되었으며 외국 동전조차 들여오지 않았다.

외국 동전은 거의 발견되지 않는다 싶을 정도인데, 예를 들어 포세이도니아의 동전 한 개가 발견되었을 뿐이다. 건축과 조형과 금속공예를 에트루리아와 라티움이 똑같이 받아들였으나, 유독 에트루리아 지방에서만 여기저기 거대 자본을 토대로 이것이 활발하게 전개되었으며 상당한 기술력을 확보했다. 라티움과 에트루리아에서 사고팔고 만들어지는 상품들은 아마도 거의 같았겠지만, 교역의 밀도에서 남쪽 라티움 지방은 북쪽 에트루리아 지방보다 크게 뒤처져 있었다. 따라서 에트루리아에서 희랍 모본에 따라 만들어진 사치품들은 라티움, 특히 프라이네스테에서, 그리고 희랍에서조차 나름대로 시장을 확보했던 데 반해 라티움에서는 당시 그 정도의 물건을 만들지 못했다.

에트루리아와 아티카, 라티움과 시킬리아

라티움 교역과 에트루리아 교역의 차이점으로 어느 것 못지않게 주목할 만한 것은 상이한 무역 경로다. 아드리아 해에서 전개된 에트루리아 사람들의 가장 오래된 무역에 관해서 우리는 아무것도 주장할 것이 없다. 다만 추측하는 것은 무역 경로가 스피나와 하트리아에서 주로 케르퀴라에 이르렀으리라는 것이다. 서해안 지역의 에트루리아 사람들이 과감하게 동쪽을 향해 항해하여 시킬리아는 물론 희랍 본토와도 교역했다는 사실은 앞서 언급했다(제1권 202쪽). 후기 에트루리아 무덤에서 수없이 출토되는 것으로, 당시 이미 부장품 이외의 다른 목적으로 도입되었던 아티카 토기들은 아티카 지방과도 교역을 했음을 말해준다. 반대로 튀레눔 해의 청동 등잔과 금 접시는 일찍이 아티카 지방에서 선호되는 물품이었다. 그리고 동전도 그런 사실을 보여준다. 포풀로니아의 은괴는 한쪽에 고르곤 두상이 새겨져 있고 다른 쪽에 사각형 문양이 새겨진 옛 은괴를 모방하고 있는데, 후자는 아테네와 포센 지역의 옛 호박 교역로 근처에서 발견된 것으로 솔론의 지시에 따라 아테네에서 만들어진 것일 가능성이 상당히 높다. 그 밖에도 카르타고와 에트루리아의 해상 동맹이 성립한 이래로 에트루리아 사람들은 더욱 활발하게 카르타고 사람들과 교역했음을 앞서 언급했다.

주목할 만한 것은, 카이레의 아주 오래된 무덤에서 그 지역에서 만들어진 청동제 혹은 은제 가재도구 외에도 동방의 상품들이 압도적으로 많이 출토되었다는 것이다. 동방의 상품들은 특히 희랍 상인들과의 접촉을 말해준다고도 할 수 있지만, 페니키아 상인들에 의해 유입되었을 가능성이 훨씬 더 높다. 하지만 그렇더라도 페니키아 상인들에게 너무 많은 의미를 부여해서는 안 될 일이다. 간과해서는 안 될 것이, 문명 성장을 자극하고 북돋운 문자 등의 문물은 페니키아 사람들이 아니라 사실 희랍 사람들에 의해 에트루리아에 유입되었던 것이다.

라티움 지방의 무역은 이와 다른 방향으로 전개되었다. 희랍 문물을 수용하는 데에서 라티움과 에트루리아의 차이를 비교할 기회가 우리에게 그다지 많이 주어지지 않았지만, 가능한 범위에서의 비교를 통해 두 민족이 이 점에서 완벽히 독자적이었음이 드러났다. 가장 뚜렷이 드러나는 것은 문자다. 시킬리아와 캄파니아 등에 자리한 칼키스·도리아 식민지들로부터 에트루리아 사람들에게 전해진 희랍 문자는 마찬가지 경로로 라티움 사람들에게 전해진 문자와 상당히 다른 모습을 하고 있었다. 두 민족은 동일한 사람들에게서 이를 수용했지만, 다른 시점에 다른 장소에서 각자의 문자를 만들어냈다. 몇몇 어휘에서 이런 현상이 반복된다. 로마의 폴룩스(*Pollux*)와 에트루리아의 풀투케(*Pultuke*)는 희랍의 폴리데우케스(*Polydeukes*)를 각자 나름대로 변형한 꼴이다. 에트루리아의 우투제(*Utuze* 혹은 *Uthuze*)는 희랍어 오뒷세우스에서 만들어졌는데, 로마의 울릭세스는 오뒷세우스의 시킬리아 방언을 반영하고 있다. 에트루리아의 아이바스(*Aivas*)는 희랍어 아이아스(*Aias*)의 옛 형태에 상응하며, 로마의 아약스(*Aiax*)는 아이아스의 시킬리아 방언에서 유래한다. 로마의 아페르타 혹은 아펠로, 삼니움의 아펠룬은 도리아 어의 아펠론에서 유래하며, 에트루리아의 아풀루는 희랍어 아폴론에서 유래한다. 이와 같이 라티움의 언어와 문자는 배타적으로 쿠마이와 시킬리아와 무역했음을 암시하고 있다.

그만큼 오래된 시대로부터 우리에게 전해진 여타의 증거들도 모두 이런 흔적을 보여주고 있다. 라티움에서 발견된 포세이도니아의 동전, 볼스키와 쿠마이와 시킬리아 사람들에게서 흉년에 로마가 곡물을 수입한 일(물론 에트루리아 사람들에게서도 사들이긴 했다), 그리고 무엇보다 라티움의 화폐단위와 시킬리아의 화폐단위의 관계 등이 그렇다. 칼키스·도리아 지역에서는 은화를 노모스(νόμος)라고 부른 반면 시킬리아에서는 헤미나(ἡμίνα)라고 했는데, 같은 뜻의 '*nummus*' 혹은 '*hemina*' 형태로 라티움 어에 들어왔다. 반대로 이탈리아의 무게 단위 리브라(*libra*), 트리엔스(*triens*), 콰드란스(*quadrans*), 섹탄스(*sextans*), 우니카(*unica*) 등은 청동의 무게로 화폐 값어치를 대신하는 라티움 방식이 변형된 리트라(λίτρα), 트리아스(τριᾶς), 테트라스(τετρᾶς), 헤자스

(ἑζᾶς), 웅키아(οὐγκία) 등의 형태로 이미 로마 건국 3세기 무렵에 시킬리아의 대중 언어에까지 깊이 침투했다. 여타의 희랍 화폐 및 무게 단위를 제치고 오로지 시킬리아의 화폐 및 무게 단위가 이탈리아 동전 체계에서 확고한 자리를 차지했다. 은화는 일반적으로 혹은 법률적으로 동전의 250배 가치를 가졌으며, 이런 교환율에 따라 만들어진 시킬리아 동전 1리트라(아티카 1/120탈렌툼, 로마 1/3리브라)의 값어치는 이미 일찍부터 시라쿠사 은화 1냥(λίτρα ἀργυρίου, 청동 1리트라에 해당하는 은화)에 해당했다. 의심할 여지 없이 이탈리아의 청동 막대기들 또한 시킬리아에서 화폐를 대신하여 유통되었다. 이런 사실들은 라티움 사람들의 무역이 시킬리아에 대하여 수동적인 무역이었으며, 따라서 라티움의 화폐가 시킬리아로 흘러들었다는 사실과 매우 잘 맞아떨어진다. 이탈리아와 시킬리아의 옛 무역 관계를 증명할 또 다른 증거로 앞서 언급했던(제1권 223쪽, 281쪽) 금융 대부, 감옥 및 열쇠 등의 이탈리아 명칭이 시킬리아 방언에 들어오거나 혹은 그 반대의 일이 있었다.

남부 이탈리아의 쿠마이와 네아폴리스 등 칼키스 식민 도시들과 라티움 사람들의 교역, 또 분명하진 않으나 엘레아와 메살라 등에서 발견된 페니키아 사람들과 라티움 사람들의 교역 흔적이 있다. 당시 라티움 지방에 들어온 희랍어(*Aesculapius*, *Latona*, *Aperta*, *machina* 등)가 모두 도리아 방언이었다는 사실은 이들과의 무역 활동이 시킬리아 사람들과의 무역 활동에 비해 빈번하지는 않았음을 보여준다. 만약 쿠마이(제1권 192쪽)와 포키스의 식민지에 분포하는 초기 이오니아 식민 도시들과의 무역 활동이 시킬리아에 분포하는 도리아 식민 도시들과의 무역 활동과 비슷했다면 아마도 이오니아 방언도 비슷하게 나타났을 것이다. 비록 이런 이오니아 식민 도시들에조차 도리아 방언이 일찍이 유입되어 지역 방언이 매우 유동적이었음에도 그러하다. 라티움 사람들이 서해안 일대의 희랍 사람들과 특히 시킬리아의 희랍 사람들과 활발한 무역 활동을 전개하기 위해 모든 것을 집중하는 동안, 페니키아 사람들과의 직접적인 무역 관계는 활발하지 않았으며 아프리카 사람들과의 무역 관계는 많은 문헌과 발굴에서 밝혀졌는바 라티움 무역 규모의 발전에 비해 다만 부차적이었다. 이는 몇몇 지명을 제외한다면 아람 어를 쓰는 민족들과의 무역 관계를 증명할 만한 언어적 증거가 변변치 않다는 것에서 확인할 수 있다.[11]

이런 무역이 어떻게 전개되었는지, 다시 말해 이탈리아 상인들이 외국으로 나갔는지 아니면 외국 상인들이 이탈리아에 들어왔는지를 묻는다면, 라티움 지방만을 놓고 볼 때 전자가 유력하다고 하겠다. 화폐 대용물과 금융 대부 등의 라티움 어가 시킬리아의 일반 대중에게까지 널리 쓰일 수 있었다는 것은, 만약 시킬리아 상인이 오스티아 항구에 도래하여 장식품과 청동을 교환했다면 전혀 상상할 수 없는 일이다.

---

[11] 사라누스(*Sarranus*), 아페르(*Afer*)와 여타 지명(제1권 206쪽)을 제외하면 라티움 어는 오랜 옛날 페니키아 사람들로부터 직접 들어온 단어를 단 하나도 갖고 있지 않은 것으로 보인다. 매우 드물지만 라티움 어에 나타나는 페니키아 연원의 단어들, 예를 들어 '*arrabo*' 혹은 '*arra*', 그리고 '*murra*'와 '*nardus*' 등은 분명 희랍어를 거쳐 들어온 단어들이다. 희랍는는 이런 동방에서 들어온 수많은 외래어를 통해 아주 오래전 상당히 밀접하게 아람 어족과 무역 관계를 맺었음을 보여준다. 'ἐλεφας'와 '*ebur*'는 공히 정관사를 덧붙이거나 혹은 정관사 없이 쓰이는 것으로, 페니키아 어에서 유래한 것으로 각각 독자적으로 생겨났다고는 말할 수 없다. 왜냐하면 페니키아의 정관사는 'ha'이며 여기서 사용되지 않았기 때문이다. 또 페니키아에서 유래하는 이런 식의 단어는 이제껏 발견되지 않았다. '*thesaurus*'라는 수수께끼 같은 단어도 사정은 비슷한데, 이 단어는 애초 희랍어이거나, 아니면 페니키아 혹은 페르시아에서 희랍인들이 받아들인 단어로 보인다. 기식음에서 확인할 수 있듯이 이 단어는 틀림없이 희랍어를 거쳐 라티움 어로 들어왔다(제1권 254쪽).

이탈리아에서 무역 활동을 이끌었던 인물들과 그 지위와 관련하여 로마에서는 상품 소유자와 독립적으로 좀 더 높은 지위를 누리던 상인층이 전혀 발달하지 못했다. 이런 주목할 만한 현상의 원인으로, 라티움의 무역이 처음부터 대토지 소유자들에 의해 이루어졌다고 가정해볼 수 있는데, 이는 보기보다 그렇게 이상할 것 없는 가정이다. 배가 다닐 수 있는 강이 여럿 흐르는 어떤 지역에서 대토지 소유자가 소자농들에게서 일정한 소작료를 거두어 일찍이 배를 소유하기에 이르렀다는 가정은 자연스러우며 그럴듯하다. 배와 판매할 곡물을 가진 대토지 소유자가 바다를 통해 개인적 무역을 할 가능성이 큰 것은 당연하기 때문이다. 실제 토지 귀족과 자본 귀족 사이의 갈등에 대해 고대 로마 인들은 전혀 몰랐다. 대토지 소유자들은 투자자이자 자본가였다. 물론 이런 사람들은 활발한 무역 활동이 펼쳐질지라도 생겨나지 않을 수 있다. 지금까지 설명한 것에 비추어 그런 사람들은 상대적으로 로마에 많이 존재했을 것인데, 라티움의 무역이 로마에 집중되었기 때문이다. 하지만 근본적으로 로마는 카이레 혹은 타렌툼과 같은 무역 도시가 아니라 농업 기반 공동체의 중심지였으며 이후로도 계속 그러했다.

제14장
측량과 문자

십진법과 십이진법

인간은 측량술을 통해 세계를 자신에게 종속시키고, 문자 기록을 통해 지식이 자신과 함께 소멸되는 것을 막는다. 이 두 가지는 자연이 인간에게 거부한 전능과 영원을 인간에게 부여했다. 로마 민족이 이루어낸 이것들을 추적하는 것은 역사의 권리이자 의무다. 측량을 하려면 우선 시간, 공간, 무게, 부분과 전체라는 개념, 다른 말로 하자면 수와 수의 체계가 반드시 발달했어야 한다. 자연이 여기에 가장 뚜렷한 기준을 제공하는데, 시간과 관련해서는 해와 달의 회전주기, 길이와 관련해서는 측량하기에 쉬운 발, 무게와 관련해서는 들어 올려 버틸 수 있는 팔이 있다(*librare, libra*). 부분과 전체라는 개념은 다섯 손가락과 한 손, 그리고 열 손가락과 두 손에 기초하는데, 여기에서 십진법이 생겼다. 우리는 이미 모든 진법과 측량의 요소들이 희랍과 라티움으로 나뉘기 훨씬 이전까지 거슬러 올라간다는 것을 살펴보았다. 특히 고대에 음력에 따라 시간을 측정했다는 사실은 언어에 잘 나타나 있다(제1권 23쪽). 최근의 달 모양을 기준으로 얼마가 지났음이 아니라 향후의 달 위상을 기준으로 며칠 남았다고 날짜를 계산하는 방식은 적어도 희랍과 라티움이 나뉘기 이전의 것이다. 고대에 인도·게르만 어족이 십진법을 사용한 가장 분명한 증거는, 인도·게르만 어족 모두가 하나같이 백을 기본단위로 하는 수 체계를 가졌다는 점이다(제1권 23쪽). 고대 이탈리아의 모든 사회관계에 십진법이 나타나는데, 증인과 보증인, 사절과 관료를 열 명으로 구성한 것, 황소 한 마리와 양 열 마리를 원칙적으로 동일시한 것, 하나의 분구를 열 개 동회로 나눈 것, 십인조의 기병대, 희생제와 농토의 십일조, 데키무스라는 이름 등을 떠올리는 것으로 충분하다.

초기 십진법의 측량과 문자 영역에서 가장 주목할 것은 이탈리아 숫자다. 희랍인과 이탈리아 인이 갈라질 때 아직 분명하게 합의된 숫자가 없었다. 우리는 가장 오래된 세 가지 필수 숫자 I(=1), V 혹은 A(=5), X(=10)를 발견했는데, 이것은 분명 편 손가락과 펼친 손바닥이나 벌린 두 손을 모방한 것이다. 이것은 희랍이나 페니키아 사람들로부터 받은 것이 아니라 로마 인과 사비눔 인, 에트루리아 인에게 공통적으로 나타나는 것이다. 이것들은 이탈리아 민족이 기록을 위해 시도한 첫걸음이었으며, 이탈리아 인들이 해외 무역을 하기 훨씬 이전에 상호 교역을 활발히 전개했다는 증거다(제1권 277쪽). 숫자 표시 중에 어떤 것이 이탈리아 민족이 고안해낸 것이고 어떤 것이 차용한 것인지는 분명하지 않다. 십진법을 사용한 또 다른 흔적들이 있는데, 100제곱피트에 대한 사비눔의 면적 단위 보르수스(제1권 30쪽)와 1년을 열 달로 하는 로마의 달력에 산발적으로 나타난다.

그 밖에 이탈리아 사람들은 희랍 도량형을 사용하지 않고 아마도 희랍인들과 교류하기 이전에 나름대로의 도량형 체계를 발전시켰는데, 전체를 12개의 운키아(unciae)로 나누는 것이 지배적이었다. 초기 라티움 사제단, 즉 에트루리아의 사제단과 마찬가지로 마르스 사제와 농업 신 사제단은 12명으로 조직되었다(제1권 239쪽). 12라는 수는 로마의 무게 단위와 길이 단위에서 통용되었는데, 리브라(libra)와 페스(pes)가 12로 나뉘었다. 로마의 면적 단위는 악투스(actus)로 120제곱피트에 해당되는데, 십진법과 십이진법이 융합된 형태다.[1] 부피에서도 유사한 방식이 있었을 터인데 사라진 것 같다.

만일 십이진법의 기원에 대해 묻고 어떻게 십이진법이 십진법에 추가되었는지 숙고한다면, 태양력과 태음력을 비교하는 것 외에는 특별히 언급할 만한 다른 근거를 찾을 수가 없다. 열 손가락의 한 단위보다 열두 달의 1년 단위가 사람들에게 동일한 단위로 나뉘는 전체라는 심오한 개념, 수학적 사유의 단초라고 할 수 있는 수 체계가 생겨나는 데 더 많은 기여를 한 것으로 보인다. 이런 사상에 나타난 십이진법의 착실한 발달은 이탈리아 고유의 것으로, 희랍과 접촉하기 이전에 생겨났다.

---

[1] 'actus' 및 이것의 두 배가량 되는 'iugerum'은 원래 독일의 모르겐처럼 면적 단위가 아니라 노동 단위였다. 유게룸은 하루갈이에 해당하고 악투스는 반나절갈이에 해당했는데, 이는 이탈리아에서 일과를 엄격하게 나누어 일꾼의 점심시간을 고려한 것과 관련된다.

희랍 도량형

희랍 상인이 이탈리아 서해안에 항로를 열었을 때, 면적 단위는 영향을 받지 않고 그대로 남아 있었지만 교역을 가능하게 하는 도량형인 길이, 무게, 무엇보다도 부피 단위가 새로운 국제 교류의 영향을 받았다. 예전 로마의 길이 단위는 사라졌고 그 대신 우리가 알고 있는 한 가장 이른 로마의 길이 단위가 희랍에서 차용되었는데, 로마식 12등분법과 더불어 희랍 방식으로 네 뼘(*palmus*) 길이와 열여섯 손가락(*digitus*) 길이가 사용되었다. 또한 로마의 무게 단위는 쿠마이가 아닌 시킬리아에 널리 쓰이던 아티카 단위와 밀접한 관계를 가졌는데, 이는 라티움 무역이 주로 시킬리아 섬에서 이루어졌다는 또 다른 중요한 증거다. 로마 4리브라는 아티카 3미나(*minae*)와 같고, 로마 1리브라는 시킬리아 1.5리트라(*litrae*) 혹은 시킬리아 0.5미나와 같다(제1권 287쪽). 로마의 부피 단위는 아주 이상하고 굉장히 변화된 형태를 보이는데, 희랍어에서 변형된 단위(*amphora*, μέδιμνος에서 유래한 *modius*, χοεύς에서 유래한 *congius*, *hemina*, *cyathus*)나 희랍어에서 번역된 단위(ὀξύβαφον에서 유래한 *acetabulum*)가 있는가 하면, 이와 달리 비율에 따라 'ξέστης'는 '*sextarius*'로부터 변형된 것이다. 모두는 아니지만 일반적인 도량형은 거의 일치한다. 액체의 부피는 콩기우스(*Congius*)나 쿠스(*Chus*), 섹스타리우스(*Sextarius*), 퀴아투스(*Cyathus*)가 있었는데, 끝의 두 개는 고체에도 사용되었다. 로마의 암포라(*Amphora*)는 아티카의 탈렌툼에 해당하는 무게였으며 동시에 희랍의 메트레테스에 대하여 3분의 2의 비율, 희랍의 메딤노스에 대하여 2분의 1의 비율에 해당하는 무게였다. 기록을 이해할 수 있는 자들은 이런 명칭과 비율을 통해 시킬리아 인들과 라티움 인들의 교역 활동과 그 중요성을 알 수 있다.

 희랍의 숫자 표시법은 받아들여지지 않았다. 하지만 아마도 희랍 글자를 알게 되었을 때, 로마 인들은 자신들에게 불필요한 기식 알파벳 3개를 50과 1000, 아마도 100을 표시하기 위해 사용했을 것이다. 에트루리아에서 적어도 100의 표시는 이와 동일한 방식을 취한 것으로 보인다. 이후 이웃하는 두 민족의 수 표시 체계는 늘 그렇듯 로마의 것이 에트루리아에서 받아들여져 동화되었다.

희랍의 영향을 받기 전 이탈리아 역법

동일한 방식으로 로마의 역법은 독자적으로 발전하기 시작했지만, 이후 희랍의 영향을 받게 되었다. 시간을 나눌 때 일출과 일몰 주기, 그리고 초승달과 보름달의 주기가 직접적으로 사람들의 관심을 끌었다. 계산을 통해 결정되는 것이 아니라 직접적인 관찰을 통해 정해진 하루와 한 달이 오랫동안 시간의 유일한 단위였다. 늦은 시기까지 일출과 일몰은 로마 광장에서 선포관이 알려주었는데, 추측건대 미찬가지로 일찍이 사제들은 네 개 달 위상마다 다음 위상까지 남은 일수에 따라 날짜를 선포했을 것이다. 사비눔뿐만 아니라 에트루리아에서도 라티움의 날짜 방법을 사용했는데, 앞서 언급했듯이 이미 지나간 위상으로부터 지나간 날을 세는 것이 아니라 다음에 올 위상을 기준으로 얼마 남았는지를 거꾸로 세었다. 태음력에서 일주일은, 평균은 7과

3/8일이지만 7일에서 8일까지 길이가 제각각인데, 옛날 태음력 한 달은, 삭망을 고려한 평균은 29일 12시간 44분이지만 때로 29일, 때로 30일이었다. 한동안 이탈리아 인들에게 하루는 가장 작은 시간 단위였고 한 달은 가장 큰 시간 단위였다. 이후 이탈리아 인들은 낮과 밤을 4등분하기 시작했고, 그것은 나중에 시간 단위로 사용되었다. 또 주변의 여러 민족이 하루의 시작을 정하는 데에서 서로 상이했는데, 로마 인들은 자정을, 사비눔 인들과 에트루리아 인들은 정오를 하루의 시작으로 정했다. 또 한 해와 관련하여 적어도 희랍인들과 이탈리아 인들은 서로 갈라질 당시에는 아직 한 해를 역법에 따라 구분하지도 않았으며, 각자 완전히 독자적으로 한 해의 명칭을 만들어냈다.

이탈리아 인은 희랍의 영향을 받기 이전에 비록 확정된 역법은 아닐지라도 이미 두 가지 커다란 시간 단위를 발전시켰다. 로마 인들이 흔히 사용하는 십진법을 적용하여 1년을 단순화하고, 1년을 10달 단위로 하는 주기 혹은 한 해(*annus*)로 나타낸 것에서 우리는 상고시대의 흔적을 엿볼 수 있다. 하지만 이미 언급했듯이 희랍의 영향을 받기 이전 매우 이른 시기에 십이진법은 이탈리아에서 발전했고, 태양 주기가 12개월 주기와 같다는 사실을 관찰을 통해 알게 되면서 처음으로 시간 계산에 적용되었다. 태양력 1년의 하위 단위를 한 달로 생각하게 된 이후에 비로소 생겨난 각 달의 명칭, 특별히 3월과 5월의 명칭은 이탈리아 여러 종족 계통에서 유사한 반면 희랍과는 일치하지 않는다. 달과 태양의 순환 주기에 딱 들어맞는 실용적 역법을 만드는 일은, 마치 원과 같은 면적의 정방형을 찾는 일이 불가능한 것으로 여겨졌으며 이를 해결하는 데 수 세기가 필요했던 것처럼, 희랍과 교류하기 이전에 이미 이탈리아 인의 관심사였을지도 모른다. 하지만 문제를 해결하기 위한 이탈리아 민족의 노력은 잊혔다. 우리가 알고 있는 가장 오래된 라티움 도시들의 역법은 분명 가장 오래된 희랍의 역법에 뿌리를 두고 있다. 이 역법은 그 의도에 있어 달의 위상과 태양력의 계절을 동시에 맞추려 시도하고 있는데, 달의 주기는 29.5일이고 태양의 주기는 12.5달 내지는 368.75일로 추정했고, 30일의 달과 29일의 달, 그리고 12개월의 1년과 13개월의 1년을 두어 실제 계절 변화와 조화를 이루도록 넣거나 빼고 있다.

이런 희랍의 역법이 어떤 변형도 없이 라티움에서 사용되었을 수 있다. 하지만 역사적으로 확인 가능한 가장 오래된 로마의 역법은 달과 태양 주기 및 12개월과 13개월의 1년을 둔 점에서는 희랍과 다르지 않지만, 근본적으로 각 달의 명칭이나 길이에서는 희랍과 다르다. 로마의 한 해는 봄에 시작된다. 첫 번째 달은 유일하게 신의 이름을 붙여 마르스 신(*Martius*)을 가리키며, 다음 세 개는 새싹(*aprilis*), 성장(*maius*), 번영(*iunius*)을, 다섯 번째부터 열 번째까지는 서수(*quinctilis*, *sextilis*, *september*, *october*, *november*, *december*)를, 열한 번째는 시작(*ianuarius*, 제1권 237쪽)을 가리키는데, 이는 아마도 한겨울 농한기 이후 밭갈이의 시작을 의미하는 것이며, 열두 번째는 보통 1년의 마지막으로 정회(*februarius*)를 의미했다. 여기에 주기적으로 '노동의 달'(*mercedonius*)이 윤년의 열두 번째 달 이후, 그해의 끝에 추가되었다. 이탈리아 민족이 먼 옛날부터 사용한 달의 이름에서 알 수 있듯이, 로마 역법은 오랜 세월 동안 독자적인 것으로 여겨진다.

희랍의 4년 주기는 30일로 된 6개월과 29일로 된 6개월에, 2년마다

29일과 30일로 된 윤달을 넣어서 4년을 채워 구성(354 + 383 + 354 + 384 = 1475일)되었던 반면, 로마의 4년 주기는 매년 첫 달, 셋째 달, 다섯째 달, 여덟째 달은 31일, 매년 나머지 7개월은 29일, 그리고 3년 동안은 마지막 달이 28일, 4년째는 29일이고, 여기에 2년마다 27일로 된 윤달을 추가하여(355 + 382 + 355 + 383 = 1475일) 구성되었다. 희랍 역법은 한 달을 4주로 나누고 한 주는 7일 또는 8일로 했던 반면, 로마 역법은 여타의 주기를 고려하지 않고 우리의 일주일처럼 일주일을 8일 주기로 잡았으며 일주일의 시작은 주초 장날(*nundinae*)이었다. 또한 매월의 4분의 1 날을 31일이 한 달인 경우에는 제7일, 29일이 한 달인 경우에는 제5일에 두었고, 보름은 31일인 달은 제15일에, 29일인 달은 제13일에 두었다. 따라서 이렇게 확립된 매월의 체계에서 이제 초승달과 매월의 4분의 1 날 사이의 날수를 선포할 필요가 생겼으며, 초승달이 뜨는 첫째 날의 이름을 선포의 날(*kalendae*)이라고 했다. 8일의 일주일로 나눌 때 매달의 두 번째 시작일인 4분의 1 날은 당일을 포함시켜 세는 로마 전통에 따라 '보름 9일 전'(*nonae*)이라고 불렸다. 보름날은 옛 이름 그대로 분리의 날(*idus*)이라고 불렸다. 역법의 이런 묘한 새로운 변형의 근거는 주로 홀숫날이 길일이라고 믿었던 믿음에 있었던 것 같다.[2]

로마 역법은 전반적으로 희랍 역법의 옛 형태에 근거한다고 할 때,

---

[2] 같은 이유로 모든 축제일은 매달 계속해서 홀숫날(제1일은 *kalendae*, 제5일이나 제7일은 *nonae*, 제13일이나 제15일은 *idus*)이었고, 앞에서 언급했듯이 45일간의 연중 축제일도 두 경우만 제외하면 모두 홀숫날이었다. 며칠간의 축제일의 경우 사이에 끼어 들어가는 짝숫날은 제외되었는데, 예를 들자면 카르멘티스의 축제는 1월 11일과 15일에, 여름 숲 축제는 7월 19일과 21일에, 유령 축제는 5월 9일, 11일, 13일에 열렸다.

이런 변형은 피타고라스학파의 영향임이 분명하다. 이 학파는 당시 남부 이탈리아에서 최고 권위를 가지고 있었으며, 특히 수에 대한 비의를 갖고 있었다. 로마 역법은 태양 주기와 달 주기를 조화시키려는 뚜렷한 흔적을 남겼음에도 실제로는 달 주기에 대체로 일치하는 희랍 역법과는 달리 달 주기에 일치하지 않으며, 희랍의 것처럼 태양 주기를 따를 때에도 빈번한 자의적 조정을 통해서만 가능했다. 하지만 이것도 매우 불완전하게만 가능했는데, 애초에 만들어진 것보다 더 합리적으로 조정하는 것은 매우 힘들었기 때문이다. 또한 한 달의 계산법 혹은 마찬가지로 1년의 10개월 계산법은 고대 로마 태양력의 불규칙성과 불확실성에 대한 무언의, 하지만 분명한 고백을 의미했다.

근본적 체계에 비추어 이런 로마 역법은 적어도 라티움 사람들 사이에는 일반적으로 통용되었던 것으로 보인다. 한 해의 시작과 달 이름이 일반적으로 변화한다고 할 때, 이름과 날수의 작은 불일치는 공동체의 합의를 통해 아마도 조정 가능할 것이다. 또한 달 주기가 실제적으로 반영되지 않았던 역법에서도 라티움 사람들은 손쉽게 임의로 계절의 흐름에 맞추어 한 달의 날수를 조정했다. 예를 들자면 알바롱가 사람들은 한 달을 16일과 36일 사이에서 임의로 정했다. 희랍 2년 주기 역법(*trieteris*)은 남부 이탈리아를 거쳐 일찍이 최소한 라티움에, 또 아마도 다른 이탈리아 종족에 소개되었고 이후 몇몇 도시의 역법에 영향을 미쳤던 것으로 보인다.

1년 이상의 기간은 왕의 연호가 사용되었을 수도 있다. 하지만 고대에 동방에서 사용되었던 연호법이 희랍이나 이탈리아에서 존재했을지는 의심스럽다. 다만 재계식(*lustrum*)이라는 것이 있었는데, 이는 4

년마다 반복되는 윤년과 그에 따른 인구조사 및 정화 의식과 관련된 것으로, 기본적으로 희랍의 올림피아 경기와 유사한 것이었다. 하지만 실시의 어려움으로 인한 인구조사의 불규칙성 때문에 일찍부터 연대기적 중요성을 상실했다.

희랍 알파벳의 이탈리아 도입

소리를 기록하는 기술은 측량술보다 나중에 생겼다. 이탈리아 인이나 희랍인이나 스스로 기록술을 발전시키지는 못했다. 물론 이탈리아 숫자가 발전했고(제1권 291쪽) 목간에 새겨진 글씨 등이 초기 이탈리아에서 희랍과는 무관하게 발전했는데, 이는 기록술의 단초라고도 할 수 있다. 복잡다단하게 결합된 소리를 처음으로 분절하는 일이 얼마나 어려운지는 알파벳이 아람, 인도, 희랍·로마를 거쳐 민족에서 민족으로, 세대에서 세대로 쓰였으며 오늘날까지도 쓰이고 있다는 사실이 증명한다. 알파벳은 인간 정신의 가장 의미 있는 창조물로서 아람 어족과 인도·게르만 어족의 공동 산물이었다.

 셈 족 언어에서 모음은 절대 어두에 있을 수 없고 자음의 뒤에 붙는 특성을 갖고 있었기 때문에 자음의 분절이 우선 쉽게 이루어졌다. 셈 족 언어는 모음 없는 알파벳을 처음 고안했다. 인도인들과 희랍 인들은 이런 아람 어족의 자음을 교역을 통해 배운 후 모음을 추가함으로써 완전한 형태의 알파벳을 만들었다. 물론 각자 독자적으로, 그리고 서로 매우 상이한 방식으로 말이다. 추가된 모음은 희랍인들이 자음 표시로 사용하지 않는 철자, 즉 'a', 'e', 'i', 'o' 모음 네 개와 새로운 글자 'u'를 만듦으로써 자음만으로 기록하는 대신 음절을 기록하기 시작했다. 예를 들자면 팔라메데스가 에우리피데스를 통해 말하는 것과 같다. "나는 망각의 치료제를 조제하여 모음과 자음을 음절로 엮음으로써 인간을 위해 기록술을 발견했다."

이런 아람·희랍 알파벳은 이탈리아에 정착한 희랍인들을 통해 이탈리아 인에게 전달된 것이 분명한데, 대희랍의 농경 식민지를 통해서가 아니라 쿠마이 또는 타렌툼의 상인들을 통해서였다. 이들은 우선 아주 이른 시기 라티움과 에트루리아에 있는 고대 국제 교역장에 알파벳을 전했고, 알파벳은 로마와 카이레까지 이르렀을 것이다. 이탈리아 인들이 받아들인 알파벳은 결코 고대 희랍인의 것 그대로가 아니었는데 여러 가지 변화가 있었으며, 특히 세 개의 철자 'ξ', 'φ', 'χ'를 추가하고 'ι', 'γ', 'λ'을 변형시켰다.[3] 앞에서 에트루리아와 라

---

[3] 희랍 알파벳의 역사에는, 페니키아 알파벳에 'u'를 추가하여 확장된 초기 23개의 알파벳에 대하여 다양한 제안과 추가를 통해 이를 개선하려는 여러 제안이 있었으며, 각 제안은 또 나름대로의 역사를 갖고 있었다. 이탈리아 문자의 역사를 이해하기 위해서 이런 제안 가운데 중요한 것들을 이해하는 것은 의미가 있다.

(1) ξ φ χ 표기를 도입했다. 테라 섬, 멜로스 섬, 그리고 크레타 섬의 것을 제외한 모든 희랍 알파벳과 희랍에서 파생된 알파벳은 예외 없이 이런 영향을 받은 것으로 보이는 만큼, 아주 오래 전에 도입되었다고 하겠다. Χ = ξι, Φ = φι, Ψ = χι 표기를 알파벳 끝에 추가하고 이 형태로 아테네와 코린토스를 제외한 희랍 본토와 시킬리아와 이탈리아의 희랍인들에게 수용된 것 같다. 한편 이런 변형이 소아시아와 아르키펠라고스 제도에 있던 희랍인들과 그 밖에 본토에 있던 코린토스 인들에게 알려졌을 때는 이미 ξι에 대하여 페니키아의 알파벳 15번째 글자로 Ξ(Samech)를 사용하고 있었던 것 같다. 세 개의 새로운 글자에서 φι를 Φ로, Χ는 ξι가 아닌 χι로 표시했다. 원래 χι를 표현하는 세 번째 글자는 대개 없어져 버렸다. 소아시아 본토에서만 이 문자가 유지되었지만 ψι의 음가로 받아들였다. 이런 소아시아 표기법을 아테네도 따라갔으며, 이때 다만 ψι는 물론 ξι도 받아들여지지 않았고 예전처럼 계속해서 이중자음으로 기록했다.

(2) 또한 아주 일찍이 i ϛ와 s ϲ의 혼란을 막으려고 노력했다. 우리에게 알려진 희랍 알파벳은 두 표기를 다른 방식으로 정확하게 구분하려는 고심의 흔적을 남겼다. 이보다 일찍이 두 가지

변형 제안이 있었고, 각각은 확산을 위한 토대를 마련했다. 우선 마찰음을 표기하기 위하여 페니키아 알파벳 가운데 sch 소리의 14번째 문자 (M)과 s 소리의 18번째 (ξ) 문자 가운데 후자가 아니라 음성학적으로 더 적당한 전자를 선택했으며, 이는 일찍부터 동쪽 섬들, 코린토스, 코르퀴라, 초기 이탈리아 인들의 표기법이었다. 또 i를 대신해서 간단한 한 획 I로 표시했는데, 이는 훨씬 흔한 일이었고 머지않아 i s가 모두 사라져버린 후에는 일반화되었다. 비록 일부 공동체에서 I와 함께 M의 형태로 s를 유지했지만 말이다.

(3) 후기에는 Γγ와 쉽게 혼동되는 λΛ을 대신하여 ʟ을 사용했다. 이런 현상을 우리는 아테네와 보이오티아에서 만나게 된다. 반면 코린토스와 코린토스에 소속된 공동체는 낚싯바늘 형태의 γ를 반원 형태의 C로 대신했다.

(4) *p* P와 *r* ρ 형태는 자주 혼동되었으며 후자를 R로 대체함으로써 구분되었다. 이 새로운 형태는 소아시아의 희랍인과 크레타 인, 이탈리아의 아카이아 인과 다른 지역에서 사용하지 않은 것으로, 희랍 본토와 대희랍, 시킬리아에서 영향을 미쳤다. 더 오래된 형태인 *r* ρ는 *l*의 가장 오래된 고형처럼 일찍이, 그리고 완전히 사라지지는 않았다. 의심할 여지 없이 이런 변화는 나중에 생겼다.

e와 o의 장단 구별은 이른 시기 소아시아와 에게 해 섬들의 희랍인들에게 제한적으로 남아 있었다.

이런 모든 기술적 개선은 동일한 방식을 취하는데, 특정 시점과 특정 지역에서 일어나고, 이후 확산되어 특별히 발전하는 등 역사상으로 동일한 가치를 지니고 있다. 키르히호프(A. Kirchhoff)의 탁월한 연구(*Studien zur Geschichte des griechischen Alphabets*, Guetersloh, 1863)가 희랍 알파벳의 매우 어두운 역사에 선명한 빛을 비추었고, 희랍인과 이탈리아 인 사이의 초기 관계에 대한 근본 자료를 제공했으며, 특히 초기 에트루리아 알파벳의 불확실한 기원을 확실하게 입증했지만, 제안들의 한 측면만을 너무 강조하다 보면 일면적이 될 수도 있다. 만약 알파벳 체계가 여기서 구분되어야 한다면, 알파벳을 X의 음가에 따라 ξ 또는 χ로 이분하지 않고, 23 알파벳과 25 내지 26개 철자를 구분하게 될 것이다. 그리고 후자를 다시 일반 알파벳이 근거하는 소아시아·이오니아의 후기 알파벳과 범희랍의 전기 알파벳으로 구분해야 할 것이다. 하지만 오히려 알파벳은 지역마다 일반적인 변형의 가능을 갖고 있어 근본적으로 상이할 수밖에 없으며 여기서는 이것이 저기서는 저것이 수용되었다. 희랍 알파벳의 역사는, 수공업과 예술에서처럼 희랍 지역의 일부 집단이 새로운 형태를 취하고 다른 집단은 이런 변형을 취하고 있지 않다는 것을 보여주는 한에서 앞으로도 알아야 할 것이 많다. 특히 이탈리아에 관해 우리는 이미 아카이아의 농경 식민지와 좀 더 상업적 특징을 지니는 칼키스와 도리아 식민지 간의 뚜렷한 차이를 살펴보았다(제1권 191쪽). 전자에서 초기 형태는 줄곧 유지되었고, 후자는 개선된 형태가 수용되었다. ʟ, *l* 과 나란히 Cγ가 사용되는 등 여러 가지 측면에서 매우 모순적으로 보인다. 이탈리아 알파벳은 키르히호프스가 보여준 것처럼 이탈리아에 있는 희랍인에게서 기원했는데, 사실은 칼키스·도리아로부터 온 것이다. 하지만 에트루리아와 라티움이 그들의 알파벳을 희랍의 한 지역으로부터가 아니라 두 지역 모두로부터 받아들였다는 것은 의심의 여지 없이 *r*의 서로 상이한 형태에서 알 수 있다. 왜냐하면 이탈리아의 희랍인들과 관계된 알파벳의 네 가지 변형(다섯 번째는 소아시아에 해당한다) 가운데 처음 세 개는 알파벳이 에트루리아와 라티움에 전달되기 전에 이미 진행되었던 반면, *p*와 *r*의 구별은 알파벳이 에트루리아에 도래했을 때는 아직 생겨나지 않았으며 라티움에 도래했을 때는 적어도 막 시작되었다. 따라서 *r*에 대하여 에트루리아 사람티움은 하나가 상대방에게 알파벳을 전한 것이 아니라 둘 다 희랍으로부터 알파벳을 직접 받았다고 언급했다(제1권 286쪽). 그런데 희랍 알파벳은 형태에 있어서 라티움에 도착한 것과 에트루리아에 도착한 것이 전혀 달랐다.

에트루리아의 알파벳은 's' 두 개[시그마 (s)와 산 (sch)], 'k' 하나,[4] 'r'의 예전 형태 'P'가 나타난다. 라티움은 우리가 아는 한 's' 하나, 'k' 두 개[캅파 (k)와 콥파 (q)], 'r'의 최근 형태 'R'가 나타난다. 초기 에트루리아 언어는 일직선으로 표기하는 것이 아니라 뱀 따리의 형태로 표기되었는데, 후기에 와서는 오른쪽에서 왼쪽으로 일직선을 따라 나란히 기록되었다. 라티움 언어는 우리가 유물에서 볼 수 있는 한 평행선의 후기 형태만을 보여주는데, 왼쪽에서 오른쪽으로 또는 오른쪽에서 왼쪽으로 임의로 선택할 수 있었다. 로마 인은 왼쪽에서 오른쪽으로, 팔레리이 인은 오른쪽에서 왼쪽으로 기록했다. 에트루리아에 소개된 알파벳은 상대적으로 개선된 성격을 보이지만 그럼에도 정확하게 연대를 확정할 수 없을 만큼 아주 오래된 것이다. 두 개의 치찰음인 시

들은 R를 전혀 몰랐으며, 반면 팔레리이 인들과 라티움 인들은 드레셀(Dressel)이 언급한 화병을 유일한 예외(제1권 303쪽)로 한다면 최근 형태만을 알았다.

[4] 에트루리아 알파벳에 콥파가 없었다는 것은 확실하다. 어디에도 확실한 흔적을 찾아볼 수 없을 뿐만 아니라, 심지어 갈라시 지역 토기에 새겨진 알파벳 원형에도 나타나지 않는다. 갈라시 원형 알파벳의 소리 가운데 콥파를 찾으려는 시도는 실패할 수밖에 없는 것이, 이 알파벳의 체계는 나중에 일반적으로 사용된 에트루리아의 문자만 염두에 두고 있는 것으로, 여기에는 당연히 콥파가 포함되지 않기 때문이다. 더구나 마지막에 있는 표기는 위치상 f 이외의 다른 것일 수 없다. 이것은 에트루리아 알파벳에서 마지막 글자이며 원형 알파벳의 여러 변형을 보여주는 문자 체계에서 생략될 수 없다. 에트루리아에 도착했던 희랍 알파벳에 콥파가 사라졌다는 것은 칼키스·도리아에서는 오랫동안 유지되었다는 것과 비교해 볼 때 확실히 놀라운 일이다. 하지만 이것은 알파벳이 처음 도착한 에트루리아 도시의 지역적 특색이었을 것이다. 불필요한 표시를 알파벳 체계에 유지할지 없앨지를 결정하는 것은 언제나 자의적이고 우연한 것이었다. 그래서 아티카의 알파벳은 페니키아의 18번째 표시를 버리고 사라진 문자로부터 알파벳을 형성했다.

그마(*sigma*)와 산(*San*)이 항상 에트루리아 인에게는 다른 소리를 가진 것으로 나란히 사용되는 것을 볼 때, 에트루리아에 전해진 희랍 알파벳은 아마도 이 두 글자와 마찬가지로 실제 소리로 사용했을 것이 분명하다. 하지만 우리에게 알려진 희랍어 유물 모두를 살펴보면, 시그마와 산을 나란히 사용한 예를 찾을 수 없다. 라티움은 우리가 아는 것처럼 전반적으로 좀 더 최신 알파벳을 받아들였다. 라티움은 에트루리아처럼 문자를 단번에 받아들인 것이 아니라, 희랍과의 계속적 교류를 통해 오랜 시간을 두고 희랍 알파벳과 보조를 맞추었고 그 변형을 따라갔다. 예를 들자면 'W', 'P',[5] 'Σ'는 아직 로마 인에게 알려지지 않은 채 나중 형태인 'M', 'R', 'S'로 대체되었다. 라티움 인은 상당 기간 희랍어와 모국어를 적기 위해 희랍 알파벳을 그대로 사용했던 것으로 보인다. 상대적으로 좀 더 최신 희랍 알파벳을 사용한 로마와 좀 더 오래된 문자를 사용한 에트루리아를 비교하여, 로마보다 에트루리아에서 더 일찍 문자 기록이 있었다고 추론하는 것은 위험하다.

글자가 새겨진 출토물이 이를 본 사람들에게 얼마나 강력한 인상을 남기는지, 기호에 불과한 것에 잠재된 힘은 얼마나 생생한지를, 홍예가 쓰이지 않은 오래된 카이레의 묘에서 출토된 유물이 증명해주었다. 이 유물에는 에트루리아에 들어올 당시의 희랍 알파벳이 그대로 간직되어 있으며, 팔라메데스의 시구에 비견할 만한 에트루리아의 시

---

[5] 프라이네스테 지역의 금팔찌가 최근에 알려졌다(RM 2, 1887). 이것은 라티움 언어와 라티움 문자를 보여주는 해독 가능한 기념물 가운데 현재까지 가장 오래된 것으로, *m*의 옛 형태를 보여준다. 퀴리날리스 언덕에서 나온 정체 모를 토기(AdI 52에서 A. Dressel이 1880년 출판)는 r의 옛 형태를 보여준다.

구가 적혀 있었다. 이것은 에트루리아의 문자 도입과 정착 과정을 보여주는 신성한 유물임에 틀림없다.

이탈리아 알파벳의 발전

이탈리아에서 알파벳이 발전한 과정은 알파벳의 파생 과정 못지않게 역사적으로 중요하다. 아니 어쩌면 훨씬 더 중요하다. 이를 통해 이탈리아 반도 내의 교역을 살펴볼 수 있기 때문인데, 이방인들과의 해안 교역에 비해 반도 내의 교역에 관해 사정이 어둡다. 에트루리아의 문자가 알파벳을 받아들인 그대로 뚜렷한 변형 없이 사용되던 초기에는 포 강과 오늘날의 토스카나 지역의 에트루리아 인들만이 이를 사용했던 것 같다. 시간이 흐르면서 이 알파벳은 아트리아와 스피나까지 확산되면서 동해안을 따라 남쪽으로 아브루초까지, 북쪽으로 베네치아와 켈트와 알프스와 그 너머에 이르렀고, 이 알파벳의 한 갈래가 티롤과 쉬튀리아까지 이르렀다. 이후 알파벳의 변형과 더불어 새로운 시대가 시작되었다.

    변형 알파벳의 주된 특징은 일직선상에 기록하는 방식의 선택, 'u' 발음과 더 이상 구분되지 않는 'o'의 억제, 수용될 당시 알파벳에는 대응되는 표시가 없었던 새로운 글자 'f'의 도입이었다. 분명 이런 변형은 서부 에트루리아 인들에게 나타나는 반면 아펜니노 산맥 건너편에서 발견되지 않는데, 모든 사비눔 종족, 특히 움브리아 종족에게 발생했다. 변형 알파벳은 확산되며 아르노와 카푸아 근처의 에트루리아 인, 그리고 움브리아 인과 삼니움 인에게서 특별한 운명을 겪게 되었는데, 흔히 유성 폐쇄음은 완전히 또는 부분적으로 소멸되는 반면 새로운 모음과 자음이 생겨났다. 서부 에트루리아 인의 변형 알파벳은 에트루리아의 고대 무덤들보다 훨씬 더 오랜 옛날에 속한다. 이 무덤들 가운데 하나에서 발견된 앞서 언급된 시구에서 변형 알파벳이 전혀 새롭고 완전한 꼴로 발견되었기 때문이다. 변형 알파벳마저 초기 원시적 형태보다 상대적으로 나중에 생겨났다고 할 때, 초기 알파벳이 이탈리아에 유입된 시기를 추적하는 시도는 아예 생각조차 할 수 없는 일이다.

에트루리아 인이 이탈리아 반도의 북쪽, 동쪽과 남쪽으로 자신들의 알파벳을 확산시키는 동안, 다른 한편으로 라티움 알파벳은 라티움에만 제한되었고 여기서 대체로 거의 변형 없이 그대로 유지되었다. 다만 'γ κ', 그리고 'ζ σ' 글자는 점차 발음상 동일시되었고 동음 기호의 하나(κ와 ζ)는 사라졌다. 증명된 바에 따르면 로마에서 4세기 말 이전에 이미 없어져 버렸고,[6] 우리에게 전승된 모든 유물과 문학에서 몇 가지 예외[7]를 빼고 이런 기호들을 몰랐다. 그런데 고대의 단축형에서 'γ'와 'c', 'κ'와 'k'의 차이가 아직 지속된다고 생각하며,[8] 따라서

---

[6] 이 시기에 12표법이 기록되었을 수 있는데, 이는 나중에 로마의 문헌학자들이 편집한 형태로 전해지며 우리는 수많은 단편을 가지고 있다. 의심할 여지 없이 법문은 법률 제정 당시 기록된 것이다. 하지만 문헌학자들이 그 원형이 아니라 켈트 족 침공 이후 공식적으로 다시 만들어진 것을 모본으로 삼았다는 것은 당시 12표법을 다시 만드는 이야기를 통해 증명된다. 또 법문을 당시 문헌학자들에게 알려지지 않은 옛 철자법에 따라 적었을 가능성이 없다는 사실로도 쉽게 증명된다. 이런 종류의 문헌의 경우, 또 젊은이들이 외우도록 주어진 문헌의 경우에는 문헌학적으로 정확한 전승은 불가능한 것으로 보인다.

[7] 이것이 제1권 303쪽에서 언급했던 프라이네스테 지역의 팔찌에 새겨진 것이다. 다른 한편 피코로니의 키스타에 있는 C는 나중의 K의 음가를 지닌다.

[8] 그래서 C는 *Gaius*, CN은 *Gnaeus*이지만, K는 *Kaeso*를 의미한다. 하지만 새로운 단축 방식에서는

이 음가들이 하나가 된 시기와 이 시기 이전에 단축형이 고정된 시기는 삼니움 전쟁 이전이라고 생각하며, 그리고 마지막으로 문자 도입과 일반적 단축형 수립은 상당한 시간적 간격이 있어야 한다고 생각한 사람들은, 에트루리아와 라티움의 기록술의 시작을 희랍 올림피아 경기가 시작된 기원전 776년보다는 역사시대에 이집트에서 천랑성을 최초로 기록한 시점인 기원전 1321년에 오히려 가깝다고 할 것이다.[9]

로마의 기술이 아주 오래되었다는 것은 그 밖에 많은 흔적에서 확인할 수 있다. 왕정 시대 문서의 존재가 충분히 증명되었는데, 예를 들자면 로마와 가비이 사이의 특별 조약에 대한 문서가 존재한다. 이 조약은 타르퀴니우스라고 불린 왕에 의해—같은 이름을 가진 마지막 왕이 아니라—고대에 흔히 그러했듯 제물로 바쳐진 황소의 가죽에 기록된 채 켈트 족의 침공을 피한 퀴리누스 언덕의 상쿠스 신전에 보관되어 있었다. 또 다른 예는 세르비우스 툴리우스 왕이 라티움 연맹과 체결한 동맹조약인데, 디오뉘시오스가 아벤티누스 언덕의 디아나 신전에서 동판에 새겨진 것을 보았다고 한다. 하지만 그가 본 것은 아마도 켈트 족의 침공 이후 라티움 지역의 복본을 본떠 복원한 것 같다. 왜냐하면 왕정기에 벌써 금속에 새기는 일이 있었을 것 같지 않기 때문이다.

이것이 적용되지 않는다. 최근에는 γ는 C가 아니라 G로(GAL *Galeria*), κ는 대개 C로(C *centum*, Cos *consul*, COL *Collina*), *a* 앞에 있으면 K(KAR는 *karmentalia*, MERK는 *merkatus*를 의미)로 표시한다. 그 이유는 잠시 동안 모음 e, i, o 앞에서, 그리고 모든 자음 앞에서 C를 통해 κ 음가를 나타낸 반면, *a* 앞에선 *K*를 통해, *U* 앞에선 콥파 Q의 옛 표시를 통해 K 음가를 나타냈기 때문이다.

[9] 만일 이런 견해가 옳다면 호메로스 서사시의 기원은, 물론 우리가 현재 갖고 있는 편집본이 정확하진 않다고 하더라도, 헤로도토스가 호메로스의 전성기라고 설정하는 시대(로마 건국 전 100년, 기원전 854년)보다 더 오래되었음에 틀림없다. 왜냐하면 희랍 알파벳이 이탈리아에 도입된 것은 이탈리아와 교류하기 시작한 것과 마찬가지로 호메로스 시대 이후에 해당하기 때문이다.

디아나 신전의 낙성식 축문을 제정기의 모든 낙성식 축문이 따르고 있는데, 로마에서 축문으로는 가장 오래된 것이고 아주 공적인 모범이었다. 당시에 사람들은 나뭇잎(*folium*)과 나무속껍질(*liber*), 목판(*tabula, album*), 나중에는 가죽, 아마포 등에 긁거나(*scrobes*[10]에서 변형된 *exarare, scribere*), 그려 넣었다(*linere* : 그래서 *littera*가 되었다). 아나그니아 지역 사제들의 종교 기록물과 삼니움 족의 종교 기록물, 로마 관리들의 오래된 기록물들이 카피톨리움 언덕 회상의 여신(*Iuno moneta*) 신전에 아마포 두루마리에 보관되어 있었다. 방목세의 이름(*scriptura*), 원로원의 호칭인 '원로와 등록된 자'(*patres conscripti*), 고대 신탁서, 씨족 족보, 알바 롱가와 로마의 달력 등의 증거는 굳이 언급할 필요가 없을 정도다. 로마의 전승에 따르면 이미 공화정 초기에 명문가의 소년·소녀가 읽기와 쓰기를 배우던 로마 광장의 어떤 공간이 있었다고 전하는데, 이는 가능한 것이며 단순히 날조된 것이라고 할 수는 없다.

우리가 초기 로마사를 연구하지 못하는 것은 글자의 부재 혹은 문서의 결여 때문이 아니라, 다만 해당 시대의 문헌 자료를 살펴볼 능력이 없는 역사가들의 무능함 때문이다. 고대사에 대하여 원인과 성격에 대한 묘사, 전쟁에 대한 보고, 혁명에 대한 설명을 갈망하며 이것들을 날조하는 가운데 기존 문헌 전승들이 진지하고 헌신적인 연구자에게 말하고 있는 것을 무시하는 그들의 어리석음 때문이다.

---

[10] 고대 색슨 어 'writan'이 원래는 '찢다'를 의미하다가 나중에 '쓰다'를 의미하는 것과 같다.

결과

따라서 이탈리아 문자의 역사에서 우선 희랍의 영향은 서해안 지역민들과 달리 사비눔 사람들에게는 미약하고 간접적이었음이 분명하다. 사비눔 족이 로마 인이 아닌 에트루리아 인에게서 알파벳을 받아들였다는 사실은, 아마도 이들이 아펜니노 산맥을 따라 이주하기 이전에 알파벳을 갖고 있었으며, 따라서 삼니움 족과 사비눔 족이 그들 본거지를 떠나 새로운 지역으로 이주하기 이전에 동일한 알파벳을 갖고 있었다는 것으로 설명될 것이다. 다른 한편 문자의 역사는, 에트루리아의 신비주의와 골동품에 대해 열정을 지닌 후기 로마학자들이 만들어내고 이후 근대와 현대 연구자들이 지독하게 반복하고 있는 가설에 대하여, 로마 문명의 싹은 에트루리아에서 비롯되었다는 가설에 대하여 유익한 경고를 던지고 있다. 이런 가설이 옳다면, 여기서 그에 대한 흔적이 발견되었어야 했다. 하지만 반대로 라티움 글자의 싹은 희랍이었고 발전은 국제적이었는바, 가설의 지지자들에게는 그랬으면 오죽 좋으랴마는 에트루리아 기호 'f'를 차용하지 않았다.[11] 차용이 나타난 곳에서 보자면, 숫자에서 에트루리아 인들은 오히려 50(L)이라는 표시를 로마로부터 차용했다.

---

[11] 라티움이 어떻게 v에 해당하는 희랍 글자를 음가가 완전히 다른 f를 적는 데 사용했는지에 관한 수수께끼는 fecit를 *fhefhaked*로 적은 프라이네스테의 팔찌(제1권 303쪽)로 해결되었다. 따라서 동시에 라티움 알파벳은 남부 이탈리아의 칼키스 식민지로부터 기원했다고 확인되었다. 이와 동일한 알파벳에 속하는 보이오티아의 한 비문에서 동일한 음가가 결합되어 있는 *fhekadamoe*라는 단어를 찾았고(Gustav Meyer, Griechische Grammatik, 244 a. E.), 기식이 들어간 v는 분명 라티움 어의 f음가와 유사했을 것이기 때문이다.

언어와 문자의 변이

마지막으로 중요한 것은 모든 이탈리아 종족에게 희랍 알파벳의 발전 과정은 한편으로 희랍 알파벳의 변이 과정이었다는 사실이다. 유성 폐쇄음은 에트루리아 방언 전체에서 사라진 반면, 움브리아 인에게 'g'와 'd', 삼니움 인에게 'd', 로마 인에게 'g'가 사라졌다. 로마 인들에게 'd'는 'r'와 동화되려 했다. 마찬가지로 에트루리아 인에게 'o'와 'u'가 일찍이 동화되고, 심지어 라티움 인에게서 우리는 동일한 변이의 경향을 만나게 된다. 하지만 치찰음의 경우엔 거의 반대 현상이 나타났다. 에트루리아 인은 세 개의 문자 'z', 's', 'sch'를 유지하고, 움브리아 인은 마지막 것을 없애고 그 대신 새로운 두 개의 치찰음을 발전시켰고, 삼니움 족과 팔레리이 사람들은 희랍인처럼 's'와 'z'만을, 로마 인은 나중에 's'만을 사용했다.

   알파벳을 가져온 사람들과 이를 배워 두 언어를 사용하는 사람들 사이의 음성적 차이는 미약했을 것임을 우리는 알고 있다. 하지만 희랍 알파벳에서 벗어나 민족적 문자를 갖게 되자, 이후 유성 폐쇄음과 무성 폐쇄음은 점차 구분이 없어졌으며 치찰음과 모음은 혼란을 겪었다. 이런 현상을 음가 전이 혹은 음가 소멸이라고 하겠는데, 전자는 희랍어에는 없는 것이다. 굴절과 파생의 형태 파괴는 음가 소멸과 나란히 나타났다. 이런 불순화 과정은 대체로 변이의 필수 과정이었는데, 이는 모든 언어에 나타나는 것으로 문학과 이성도 막을 수 없는 것이다. 달리 흔적도 없이 소멸된 것들에 대해 다만 글자만이 흔적을 간직하고 있다. 이런 불순화 과정은 이탈리아의 여타 종족보다 에트루리아 인에게 강하게 일어났으며, 이는 이들의 문화적 열등에 대한 수많은 증거 가운데 하나다. 한편 여타 이탈리아 인 가운데 움브리아 인이 유사한 언어 변이를 가장 많이 겪었고, 로마 인은 조금 덜 겪었으며, 남부 사비눔 족은 전혀 겪지 않았다. 이런 현상은 움브리아 인이 주로 에트루리아 인과 교역하고, 남부 사비눔 족이 희랍과 활발히 교역했다는 사실과 관련되었을 것이다.

제15장
예술

이탈리아 인의 예술적 재능

시가는 고통의 언어이며, 그 표현 방식은 선율이다. 이런 점에서 시가와 음악을 갖지 않은 민족이 없다고 하겠다. 이탈리아 민족은 시가에 남다른 재능을 가진 민족에 속하지 못하며 과거에도 그랬다. 이탈리아 사람들의 마음속에는, 모든 시가에 있어 가장 신성한 것인, 인간적인 것을 이상화하고 자연을 인간적으로 이해하려는 격정 내지 동경이 결여되어 있었다. 그들의 비판적 안목과 유쾌한 세련됨은, 우리가 호라티우스와 보카치오에게서 볼 수 있는 야유와 풍자, 카툴루스와 나폴리 민요에서 볼 수 있는 익살스러운 연애담, 특히 저급한 우스개와 희롱을 발전시켰다. 고대 이탈리아에서 희화적 비극, 다시 말해 희화적으로 그려진 영웅시가 생겨났다. 무엇보다 수사학과 극예술에서 이탈리아 민족에 필적할 만한 민족은 없었다. 그러나 문학 장르 전반에 걸쳐 그들은 완벽을 추구하지 않았으며, 그들은 시대별 문학 어디에서도 진정한 서사시, 진정한 극에 이르지 못했다. 이탈리아에서 가장 성공했다고 할 문학 영역, 단테의 《신곡》 같은 종교시, 살루스티우스와 마키아벨리, 타키투스와 콜레타(Colletta)의 역사서 등에서는 사실 소박한 열정보다는 수사학적인 열정이 더 강하게 작용한다고 하겠다. 음악에서조차 고대나 현대를 막론하고 본격적인 창조적 재능은 완성 그 이상을 향해 고양되지 않았으며, 그들은 서둘러 장인이 되기에만 급급하여 진정한 정신적 예술 대신에 공허하고 자극적인 대중적 우상을 숭배했다.

우리가 예술 일반을 내적인 것과 외적인 것으로 구분할 수 있다면, 정신성이라는 영역은 이탈리아 사람들이 갖지 못한 부분이었다. 이탈리아 사람들이 완벽하게 이해하는 아름다움은 정신적 이상(理想)이 아니라, 오로지 그의 눈앞에 나타난 감각이었다. 이탈리아 인은 건축과 조형예술에서 타고난 역량을 발휘했는데, 이 분야에서 고대 예술을 통틀어 희랍 예술의 최고 제자였으며, 근대 예술을 통틀어 다른 모든 민족의 최고 스승이었다.

라티움의 춤과 음악과 노래

우리에게 전해진 전승의 미비함으로 인해 우리는 예술적 이념의 성장 과정을 이탈리아의 각 부족별로 살펴볼 수는 없다. 다시 말해 우리가 말할 수 있는 것은 이탈리아의 시문학이 아니라 라티움의 시문학이다. 라티움의 시문학은 여타의 것들과 마찬가지로 가창, 혹은 좀 더 정확하게 원초적인 축제 노래에서 출발하는데, 축제 노래에는 노래와 춤과 놀이가 서로 구분되지 않고 하나로 통일되어 있었다. 고대의 종교 행사에서 춤이, 그다음으로 놀이가 노래보다 훨씬 더 중요한 의미를 갖고 있었다는 것은 매우 주목할 만한 가치가 있다.

로마의 개선식 축제에서 우선 거대한 길거리 행진 의식이 열리는데, 이때 신상들과 병사들에 이어 다음으로 중요한 역할을 맡았던 것이 진지한 무용단과 익살스러운 무용단이었다. 진지한 무용단은 세 개의 무용단으로 다시 구분되는데, 남자 무용단, 청년 무용단, 그리고 소년 무용단이었다. 이들은 모두 붉은색 군복과 청동 허리띠와 칼과 짧은 창으로 무장했으며, 남자 무용단은 여기에 투구까지 갖추는 등 모두 완전군장을 하고 있었다. 익살스러운 무용단은 두 개의 무용단으로 나뉘었는데, 화려한 장식을 매단 양가죽을 덮어쓴 양 떼 무용단과 웃통은 노출한 채 염소 가죽으로 나머지를 대강 가린 염소 무용단이 그것이다. 또한 아마도 가장 오래되고 가장 신성한 제관인 마르스 사제들(제1권 239쪽)과 무용단(*ludii*, *ludiones*)은 일반적으로 모든 공적인 행렬에 빠지지 않았는데, 심지어 장례식 행렬에도 그러했다.

따라서 무용단은 아주 오랜 옛날부터 조합을 구성하고 있었다. 그러나 무용단이 참가하는 곳에는 악공들이, 또한 고대에는 이와 동일한 존재였던 피리 연주자들이 함께 등장했다. 이들 또한 모든 희생제, 모든 혼인식, 모든 장례식에 빠지지 않았다. 피리 연주자 조합(*collegium tibicinum*, 제1권 274쪽)은 서열에서는 한참 뒤처졌지만, 아주 오래된 공적인 사제단이었던 마르스 사제들만큼 오래된 존재였다. 악공들의 특징은 로마의 엄격한 풍기 단속에도 불구하고 축제 기간에는 가면을 쓰고 포도주에 잔뜩 취해 거리를 배회할 수 있는 아주 오래된 특권이 그들에게 부여되어 있었다는 사실에서 분명히 드러난다. 우대받은 구성 요소로서의 가무와 부차적이었으나 그래도 필수적인 활동으로서의 놀이가 등장하고 이들의 공개적인 조합이 만들어졌을 때, 독자적으로 활동을 하든지 아니면 무용단의 무용에 보조를 맞추든지 아무튼 문학은 이제 우연적이고 무가치한 것 이상의 무엇이 되었다.

종교적 가창

로마 인들에게 가장 오래된 노래는 녹음이 우거진 호젓한 숲 속에서 나뭇잎들이 부른 노래였다. '호의의 신'(*favere*에서 파생된 *Faunus*)이 숲 속에서 속삭이고 노래한 것을 듣는 재능을 타고난 사람들은 이를 운율을 가진 언어(*canere*에서 *casmen*, 후에 *carmen*)로 세상에 전했다. 신들린 남자들과 여자들(*vates*)이 전하는 노래들은 본래적인 의미의 신탁, 질병 등 불행을 막아주는 주문, 비를 못 내리게 하고 번개를 부르고 혹은 곡식을 다른 땅으로 꾀어내는 사악한 주문과 흡사했다. 이런 것들에는 정형화된 노랫말과 함께 무의미한 소리 조합이 나타난다.[1] 마르스 사

---

[1] 노(老)카토(*agr*. 160)는 탈골을 막는 강력한 주문을 제시했다. "*hauat hauat hauat ista pista sita damia bodannaustra.*" 카토가 우리에게 그러한 것처럼 이 주문 또한 분명한 뜻을 알 수 없다. 또 다른 주문들이 있었는데, 예를 들어 관절염을 예방하는 데 도움이 되는 주문은 다른 사람을 생각하며, 땅을 만지며 침을 뱉으며 아홉 번씩 세 번 다음의 말을 되뇌는 것이다. "나는 당신을 생각한다. 나

제 등 어타 사제들이 춤을 추며 부른 종교적 축송들은 아주 오래된 것들로, 전승으로 고착되어 있었다. 이 가창들 가운데 하나가 우리에게까지 전해지는데, 이는 농업 신 사제단이 패를 나누어 번갈아 부르던 춤곡으로 마르스를 모시며 부른 것이다.

Enos, Lases, iuvate!

Ne velve rue, Marmar, sins incurrere in pleores!

Satur fu, fere Mars! limen sali! sta! berber!

Semunis alternei advocapit conctos!

Enos, Marmar, invato!

Triumpe![2]

신들에게 : 라레스여, 우리를 도우소서!

불멸 불후의 마르스, 마르스여, 많은 사람에게 찾아오소서!

이것으로 충분합니다. 잔혹한 마르스여!

각각 사제들에게 : 문턱에서 뛰어라! 서라! 밟아라!

의 다리를 도와라. 대지는 나의 질병을 받아주며 건강한 나에게 있으라(*terra pestem teneto, salus hic maneto*)." (Varro, *rust*. 1, 2, 27)

[2] "*Nos, Lares, iuvate! Ne veluem*(*malam luem*) *reum*(*ruinam*), *Mamers, sinas incurrere in plures! Satur est, fere Mars! In limen insili! sta! verbera* (*limen?*) / *Semones alterni advocate cunctos! Nos, Mamers, iuvato! Tripudia!*" 첫 번째 다섯 구절은 각각 세 번씩, 마지막 구절은 다섯 번 반복한다. 번역은 사실 정확하지 않으며 특히 세 번째 행이 더욱 그러하다.

퀴리누스 언덕에서 발견된 토기 명문(1, 226A)은 다음과 같다. "*iove sat deivosquoi med mitat nei ted endo gosmis virgo seid —asted noisi ope toitesiai pakariuois —duenos med feked* (= *onus me fecit*) *enmanom einom dze noine* (아마도 = *die noni*) *med malo statod*." 겨우 몇몇 단어만 이해될 뿐이다. 무엇보다 주목할 것은 우리가 이제까지 움브리아와 오스키식 주문이라고 알고 있던 것들이, 형용사 pacer와 의미소 einom에서 확인되는 바와 같이 우리에게 마치 라티움 어처럼 보인다는 것이다.

모든 사제에게 : 세몬 신들을, 먼저 너희가, 다음 너희가 부르라!
모두를!
신에게 : 우리를, 마르스여, 마르스여, 도우소서!
각각 사제들에게 : 뛰어라!

이 노래와 더불어 이와 흡사한 마르스 사제의 노래 일부를 적은 라티움 어는 아우구스투스 시대의 문헌학자들이 이미 그들 모국어의 가장 오래된 전거라고 생각했던 것으로, 12표법에 쓰인 라티움 어와 비교한다면 이는 마치 니벨룽겐 시대의 독일어와 루터의 독일어를 비교하는 격이라고 하겠다. 아마도 우리는 언어와 내용에 있어 이런 경건한 축송을 인도의 베다에 비교할 수 있을지도 모른다.

칭찬 노래와 비방 노래

칭찬 노래와 비방 노래는 상대적으로 늦은 시기에 속한다. 라티움 지방에서 비방 노래가 이미 고대에 상당히 유행했음을 이탈리아 사람들의 민족적 성향에서 유추해볼 수 있을지도 모른다. 물론 이런 노래에 대한 단속이 그 옛날 이미 실시되었다는 증언도 남아 있다. 그러나 좀 더 중요시되었던 것은 칭찬 노래였다. 장례를 치를 때 망자의 시신을 친척 여인 혹은 친지 여인이 뒤따르며 그를 위해 피리 반주에 맞춰 만가(*nenia*)를 불렀다. 당시의 풍습에 의하면 아버지들이 남의 집 잔치에 데리고 간 아이들은 식사 시간에 조상들을 칭송하는 노래를 피리 반주에 맞춰, 혹은 반주 없이(*assa voce canere*) 번갈아가며 부르곤 했다. 식사 시간에 남자들도 순서대로 노래를 불렀는데, 이는 아마도 희랍인들의 영향으로 나중에나 생겨난 풍습이었다. 조상을 칭송하는 노래에 관해 우리는 더 이상 알지 못한다. 다만 이런 노래가 묘사와 서술을 사용하며, 서정시의 요소 혹은 그와 함께 서사시의 요소를 발전시켰다는 것에는 이론의 여지가 없다.

가면 익살극

시가의 다른 요소들은 의심할 여지 없이 종족이 갈라지기 전의 초기 대중 축제와 어릿광대춤이나 풍자에 나타난다(제1권 40쪽). 이때 노래도 빠지지 않았다. 특히 공동체 축제와 혼인식에서 공연되고 무엇보다 실제적인 재미를 추구하는 놀이에서 여러 춤꾼 혹은 춤꾼 무리가 쉽게 서로 어울렸으며, 노래에는 익살스럽거나 방종한 인물이 펼치는 일종의 극적 상황이 포함되어 있었을 것이다. 이때 이후에 페스켄니아(*Fescennia*)라고 불리는 교창(交唱)뿐만 아니라 민중 희극의 요소들이 생겨났다. 외형적인 것과 우스운 것에 대한 이탈리아 인들의 예리한 감각을 볼 때, 그리고 몸짓과 가면에 나타난 해학을 볼 때, 희극은 매우 탁월한 토양에 심겼던 것이다.

 이런 로마 서사시와 극의 초기 자료는 남아 있는 것이 없다. 이런 전통이 있었다는 것은 분명한 일이며, 아이들이 정기적으로 불렀다는 것을 통해 증명되고도 남는다. 하지만 이미 노(老)카토의 시대에 이런 시가는 완전히 사라진 상태였다. 희극은, 그렇게 이름 붙일 수 있다면, 이때에도, 그리고 이후에도 오랫동안 모두 즉흥적으로 상연되었다. 그래서 이런 가사와 선율은 전해지지 않았고 운율, 악기와 합창대 반주, 어쩌면 가면만 전수되었다.

운율

우리가 운율이라 부르는 것이 이른 시기에 있었는지는 의심스럽다. 농업 신 사제단의 연시에는 외형적으로 확정된 운율 체제가 거의 보이지 않으며, 우리에게는 다만 격앙된 낭독 형태로 보인다. 나중에야 비로소 사투르니아[3] 내지 파우니아 운율이라고 불리는 운율이 등장하는데, 이것은 희랍에는 없는 것으로 라티움의 가장 오래된 대중 시가와 동시대에 등장했을 것으로 추정된다. 상당히 나중 시기에 속하는 다음의 시가에서 이 운율을 엿볼 수 있다.

Quod ré suá difeídens – ásperé afleícta

Paréns timéns heic vóvit – vóto hóc solúto

Decumá factá poloúcta – leíbereís lubéntes

---

[3] 이 이름은 '노래 운율'을 나타내는데, 사투라(*satura*)는 원래 대중 축제(제1권 40쪽)에서 불렸다. 파종의 신 사이투르누스(*Saeturnus* 내지 *Saiturnus*), 후에 사투르누스(*Sāturnus*)가 같은 어근에서 나왔다. 이 신의 축제인 사투르날리아는 대중 축제의 일종으로, 이것은 원래 주로 익살극으로 이 축제에서 상연되었을 것이다. 하지만 '사투라'와 '사투르날리아'의 관계에 대한 증거는 없는데, 사투르누스 운율(*versus sāturnius*)이 사투르누스 신과 직접적인 관련이 있을 것이며 이런 맥락에서 첫 음절의 장음절화는 나중에 생겨난 것 같다.

Donú danúnt ⌣ Hércolei ⌣ máxsumé − méreto
Semól te oránt se vóti − crébro cón ⌣ démnes

불운을 두려워하며, 크게 상처 입은 행복을
걱정하는 부모가 소원하고, 소원이 이루어져
바치고 올리려고 십일조를, 자녀들이 가져오도다.
헤라클레스에게 바치니, 공경을 받는 분에게.
당신께 간구하니, 종종 당신은 그들을 들어주었도다.

익살스러운 노래와 마찬가지로 찬송도 사투르니아 운율로 노래한 것 같은데, 물론 피리 반주에 맞춰 연주되었고, 아마도 특히 휴지 단락이 각 행마다 강하게 지정되었을 것인데, 주고받는 노래에서 두 번째 노래하는 사람이 아마도 휴지 단락 이후를 불렀을 것이다. 사투르니아 운율은 고대 로마와 희랍의 다른 운율과 마찬가지로 음절 장단에 기준이 있는데, 아마 모든 고대 운율 가운데 가장 덜 세련된 것이다. 다른 많은 예외를 차치하고라도 약음절의 생략이 폭넓게 이루어졌기 때문이다. 또한 운율 구성에서도 가장 불완전한 것인데, 얌부스 운율과 트로카이우스 운율을 이렇게 반행씩 서로 맞붙여 놓는 것은 높은 수준의 시가에 어울리는 박자를 만들어내기에 부적합하기 때문이다.

가락

당시 라티움 지역의 민족음악과 합창단 춤의 근본 요소는 확립되어 있었을 것임에 틀림없지만, 지금 우리에게는 잊혔다. 라티움 피리는 짧고 가느다란 몸통으로 보고되는데, 단지 네 개의 구멍만 있었고 원래 명칭에서 알 수 있는 것처럼 동물의 가벼운 다리뼈로 만들어졌다는 것만이 알려져 있다.

가면

결국 라티움의 대중 희극 혹은 이른바 아텔라나(*Atellana*)에서 인물 가면이 후기에 정착되었다는 주장—익살꾼 마쿠스, 폭식가 부코, 좋은 아비 파푸스, 재간꾼 도센누스의 인물을 사람들은 풀치넬라 희극의 두 인물 판탈론과 도토레와 비교하곤 했다—과 이런 인물 가면들이 가장 오래된 라티움 민중예술에 속한다는 주장 등은 아직 명확하게 증명된 것은 아니다. 하지만 라티움에서 가면의 사용은 대중극에서 상상 이상으로 오래된 것이다. 로마에서 희랍의 극은 처음 상연된 이후 100년 동안 가면을 쓰지 않았으며, 아텔라나 희극의 가면은 분명 이탈리아에서 기원하고 있다. 마지막으로 즉흥적인 공연과 마찬가지로 특정 배역, 작품 내에서 계속 어떤 가면을 쓰고 등장하는 배역 없이 희극의 출현을 생각할 수 없는데, 이런 이유에서 확정된 인물 가면들은 로마 희극의 시작과 연관되어 있을 것이며, 혹은 그 자체를 로마 희극의 시작으로 볼 수도 있을 것이다.

라티움에서 초기 희랍의 영향

초기 라티움의 토착 문화와 예술에 관한 정보가 매우 적기 때문에, 외부로부터 로마 인에게 주어진 초기 영향에 관해서는 더욱 아는 것이 없다. 어떤 의미에서 우리는 여기에 외국어와의 접촉, 특히 희랍어와의 접촉을 고려해볼 수 있는데, 희랍어는 시빌라의 신탁(제1권 254쪽)에서 알 수 있듯이 라티움 인들에게는 당연히 아주 낯선 것이었다. 하지만 상인들 사이에서는 드문 일이 아니었다. 또한 읽기와 쓰기 기술은 희랍과 밀접한 연관을 갖고 있다(제1권 307쪽). 그런데 고대의 문화는 외국어 지식이나 기술적인 습득에 기초한 것은 아니었다. 이런 전수보다 라티움의 발전을 위해서 중요한 것은 예술적인 요인이었는데, 이것은 이미 일찍이 희랍으로부터 받아들였던 것이었다. 이와 관련하여 이탈리아 인에게 영향을 미쳤던 것은 다만 희랍인으로, 페니키아 인이나 에트루리아 인이 아니었다. 우리는 카르타고나 카이레에 근거한 어디에서도 예술에 대한 자극을 찾을 수 없고, 페니키아와 에트루리아의 문화는 잡종 문화로 더 이상의 생산성을 갖지 못했던 문명이라고 하겠다.[4]

---

[4] 로마 소년들이 희랍 문화뿐만 아니라 에트루리아 문화로 양육되었다는 설명(리비우스 9, 36)은 로마 인들이 젊은이들을 양육하는 본래적 특징과 부합하지 않는다. 로마의 젊은이들이 에트루리아에서 무엇을 배웠을지도 상상하기 쉽지 않다. 우리가 프랑스 어 교육을 하는 것처럼 로마에서 에트루리아 언어를 배웠다는 것은 오늘날의 열정적인 타게스 신 숭배자들조차도 주장

하지만 희랍의 영향은 결실을 맺었다. 칠현금(σφίδη에서 *fides*, βάρβυτος에서 *barbitus*)은 피리와 마찬가지로 라티움에서 본래적인 것이 아니었고 늘 외국 악기로 간주되었다. 얼마나 이른 시기에 수용되었는지는 변형된 희랍 명칭에서, 부분적으로는 제의에 사용된 것에서 증명된다.[5] 이 시기에 벌써 희랍 신화가 라티움에 들어왔음을, 희랍 조각과 철저히 희랍적인 시적 보화를 기꺼이 수용한 것에서 알 수 있다. 페르세포네를 프로세프나로, 벨레로폰테스를 멜레르판타로, 키클롭스를 코클레스로, 라오메돈을 알루멘투스로, 가니메데스를 카타미투스로, 네일로스를 멜루스로, 세멜레를 스티물라로 변형한 것에서 우리는 라티움 사람들이 얼마나 오래전에 이를 알게 되었으며 거듭 이야기했는지를 알 수 있다.

마지막으로 무엇보다 로마의 대축제(*ludi maximi, Romani*)는 자생적인 것이 아니라 다른 어떤 것보다 희랍의 영향으로 후기에 조성된 것일 수 있다. 이는 특별한 추수 감사 축제였으며 일반적으로 전쟁에 앞

하지 않을 것이다. 에트루리아 장복(臟卜)으로부터 어떤 것을 배운다는 것은 이를 이용하는 사람들조차 에트루리아 인이 아닌 경우에는 수치스럽거나 오히려 불가능한 것이라 여겼다(K. O. Mueller, *Die Etrusker*. Breslau 1828. Bd. 2, S. 4). 아마도 공화정 후기의 에트루리아 연구자들의 보고는 옛 연대기에서 가져온 이야기로 구성되었는데, 예를 들자면 무키우스 스카이볼라가 포르세나와 대화하기 위해서 소년일 때 에트루리아 어를 배웠다고 한다(Dion. Hal. 5, 28 ; Plutarch, *Poplicola*, 17 ; Diony. Hal. 3, 70을 보라). 하지만 이것은 로마가 이탈리아를 정복하고 로마의 한 방언에 대한 지식을 요구하던 시기가 있었던 것을 의미한다.

[5] 어떤 제의에 수금을 사용한 것은 Cic. *De orat*. 3, 51,197 ; Cic. *Tusc*. 4, 2, 4 ; Dion. Hal. 7, 72 ; App. Pun. 66과 *die Inschrift Orelli* 2448(1803과 비교) 등에서 알 수 있다. 수금은 만가에서도 사용되었다(Nonius의 Varro, *nenia*와 *praeficae*를 보라). 수금은 전혀 격에 맞지 않는 것이었다(Macr. Sat.의 Scipio 2, 10 등). 639년에 있었던 음악 금지는 수금 연주자는 금지시키고 '가수와 함께하는 라티움의 피리 연주자' 만을 예외로 했다. 음식을 먹는 손님들은 피리에 맞추어서만 노래를 했다 (Cic. *Tusc*. 1, 2, 3과 4, 2, 3의 카토 ; Nonius의 Varro, *assa voce* ; Horatius, Carm. 4, 15, 30). 이와 상반된 주장을 한 퀸틸리아누스(*inst*. 1, 10, 20)는 키케로(*De orat*. 3, 51)가 신들의 연회에 관해 설명했던 것을 사적인 만찬에 적용했던 것이다.

서 장군이 맹세한 서약을 근거로 하여 거행되었는데, 대개는 가을 무렵 군대가 수도로 귀향할 때 카피톨리움 언덕의 유피테르와 여타 신들을 경배했다. 축제 행렬은 광장을 향해 행진했는데, 이곳은 팔라티움 언덕과 아벤티누스 언덕 사이에 자리한, 경기장과 관중석이 갖춰진 장소였다. 선두에는 로마의 모든 소년이 기병과 보병으로 나뉘어 배치되었고, 다음에는 병사들과 앞서 언급한 춤꾼들이, 그리고 사제들이 유향 향로와 다른 제사 도구를 들고 뒤따랐고, 마지막으로 신들의 조각이 배치되었다. 축제 자체는 전쟁을 모방한 것으로, 고대에 그러했듯이, 전차와 경마와 달리기 시합이 있었다. 먼저 전차가 앞장섰는데 각각은 호메로스의 방식대로 마부와 전사로 구성되었다. 다음에는 로마식으로 꾸민 기병들이 나오는데, 일부는 승마용 말을 타고 일부는 곡예용 말을 타고(*desultor*) 나온다. 마지막으로 병사들이 걸어 나왔는데, 허리에 띠만 두른 알몸으로 달리기와 씨름과 권투를 했다. 각 종목은 오로지 한 번만 거행되었고, 한 번에 두 선수 이상이 맞붙지 않았다. 승리자에게는 화관과 명예가 주어졌는데, 명예란 그가 죽었을 때 법에 의해 관에 화관을 올려놓는 것이 허락되는 것이었다. 축제는 하루만 거행되었는데, 시합은 아마도 본격적인 축제를 위한 충분한 시간을 남겼을 것이며, 본격적인 축제에서는 춤꾼들이 자신들의 솜씨, 무엇보다도 익살극을 펼쳤을 것이고, 소년 기병대의 시합 등 그 밖에 다른 공연도 펼쳐졌다.[6] 또한 실제 전투에서 얻은 명예가 축제에

---

[6] 도시 축제는 원래 처음에는 하루 동안 행해졌다. 6세기에는 나흘 동안의 공연과 하루 동안의 원형경기장 시합으로 구성되었다(F. W. Ritschl, *Parerga zu Plautus und Terentius*. Leipzig 1845. Bd. 1, S. 313). 공연을 통한 놀이는 나중에 추가된 것이다. 각각의 시합에서 원래 하나의 경쟁만 있었다는 사실은 리비우스에 근거한다(44, 9). 하루 동안의 전차 시합이 25쌍까지 커진 것은

서 중요한 역할을 했는데, 용감한 전사는 축제에서 자신이 죽인 적의 군장을 보여주었고, 이에 감사하는 공동체가 경기의 승자처럼 화관으로 전사를 장식했다.

로마의 승리 축제 내지 도시 축제의 핵심은 이것이다. 로마의 공적인 다른 축제 역시 비록 정보가 제한되어 있지만 유사한 특징을 가졌던 것으로 보인다. 공적 장례식에서 일반적으로 춤꾼들이 등장했으며, 이와 함께 더 흔한 일이지만 경마가 거행되었고, 시민들은 공적 전령들에 의해 먼저 매장 의식에 초대되었다.

하지만 로마의 관습과 밀접한 관련을 맺고 있는 이런 도시 축제는 희랍 민족 축제와 본질적으로 일치하는데, 기본적으로 종교의식과 전투 경기가 결합되었다는 점에서 더욱 그렇다. 몇몇 운동 종목에 관하여 핀다로스의 증언에 따르면 올륌피아 축제는 처음에 달리기, 씨름, 권투, 전차 경주, 투창과 투석으로 구성되었다고 한다. 희랍 민족 축제에서처럼 로마에서도 전차 승리자뿐만 아니라 경마 승리자에게 승리의 상은 화관이었다. 마지막으로 이는 애국적 행위에 대해 그에 따른 보상을 행하는 범민족 축제였다. 이런 일치는 우연일 리가 없고 민족 분리 이전의 유산이거나 초기 국제적인 교류의 결과임에 틀림없는데, 아마도 후자의 가설이 더 그럴듯하다. 도시 축제는 로마에서 초기에 설립된 것이 아닌데, 경기장 자체는 이후 왕정기의 시설물이다(제1

나중의 일이다(Serv. *georg*. 3, 18의 Varro). 오직 두 대의 전차, 의심의 여지 없이 두 명의 기수와 두 명의 씨름꾼만이 상을 다투었다는 것은, 그렇게 많은 전차가 달려도 모든 시대에 로마의 전차 경기는 적색 마차와 백색 마차 둘로 나뉜다는 것에서 추론될 수 있다. 원형경기장 시합에 참여하는 젊은 귀족들의 경마, 소위 트로이아 경마는 잘 알려진 것처럼 카이사르에 의해 부활되었다. 이것은 의심할 여지 없이 디오뉘시오스가 언급하는 소년 기마병 행렬과 연결되어 있다(7, 72).

권 154쪽). 국가 체제 개혁이 희랍의 영향 아래에 있었던 것과 마찬가지로, 도시 축제의 오래된 놀이들은—뛰기(*triumpus*, 제1권 40쪽)와 알바롱가의 축제에서 오랫동안 행해진 흔들기 등—희랍의 달리기와 연결될 수 있으며, 어느 정도까지는 희랍의 것에 의해 대체되었다. 더구나 전차가 희랍에서는 실제 사용된 반면 라티움에서는 사용된 흔적이 전혀 없다. 마지막으로 희랍의 스타디온(도리아의 스파디온)은 매우 이른 시기 라티움에 전달되어 '공간'(*spatium*)이라는 의미가 되었는데, 이는 심지어 로마가 투리 사람들로부터 경마와 전차 경기를 배웠다는 명백한 증거가 된다. 비록 이와는 달리 또 다른 설명은 에트루리아에서 받아들였다고 하지만 말이다. 음악과 시뿐만 아니라 로마 인들은 희랍인들에게서 체육 경기에 대한 유익한 사상을 얻은 것으로 보인다.

라티움에서 시와 교육의 특징

희랍의 문화와 예술의 토대가 되는 동일한 근본 요소들이 라티움에도 존재했을 뿐만 아니라 희랍의 문화와 예술 자체도 라티움에서 매우 이른 시기 놀라울 정도로 영향을 미쳤다. 로마 소년이 어린 나이에 으레 농부의 아들이 그러하듯 말과 마차를 다루고 사냥용 창을 배웠고 동시에 로마의 모든 시민은 군인이었다고 할 때 라티움 사람들은 일찍이 체육의 요소를 갖고 있었다. 그뿐만 아니라 옛날부터 공적인 관심에서 춤의 기술을 즐겼고, 더구나 희랍 경기의 소개는 강한 자극이 되었다. 희랍 서정시와 비극은 로마의 축제에서 불리던 노래와 흡사한 노래로부터 발전했는데, 조상의 노래에는 서사시의 맹아가, 가면 익살극에는 희극의 맹아가 포함되어 있어, 이 점에 있어서도 희랍의 영향이 결코 적지 않다.

놀라운 것은 이런 맹아들이 싹이 트거나 성장하지 않았다는 점이다. 라티움 젊은이들의 신체 단련은 거칠고 강한 것으로, 희랍 체육교육이 목표로 삼고 있는 신체의 아름다운 발달이라는 생각과는 거리가 멀었다. 희랍의 공적인 경기는 이탈리아에서 제도들은 아니지만 본질은 변화되었다. 경기는 시민들의 시합이었고 분명 로마에서도 처음에는 그러했지만, 이후 전문적인 기수, 전문 권투 선수의 시합이 되었다. 자유민 혈통이라는 조건이 희랍 축제 경기에 참여하기 위한 첫 조건이었다면, 로마의 경기는 해방 노예와 외국인, 심지어 노예의 손으로 넘어갔다. 경기 출전자는 곧 공적인 관람객으로 변하게 되었고, 진정한 희랍의 상징인 승리자의 화관은 이후 라티움에서는 거의 언급되지 않았다.

시와 그 자매 문학의 운명도 이와 비슷했다. 희랍인과 독일인만 스스로 샘솟는 노래의 샘을 갖고 있다. 무사이 여신들의 황금 꽃병에서 단지 몇 방울만이 이탈리아의 푸른 대지에 떨어졌다. 엄밀한 의미에서 이탈리아에서는 어떤 신화도 만들어지지 않았다. 추상화된 이탈리아의 신들은 인간의 모습을 하지 않았고, 일부 사람들이 말하듯 인간 형상에 숨지도 않았다. 제아무리 위대하고 훌륭한 사람일지라도 인간은 이탈리아 인들의 관점에서는 예외 없이 죽을 운명의 인간이었으며, 희랍에서처럼 그리운 기억과 아름다운 전승 속에 많은 사람의 생각 가운데 신적인 영웅으로 추앙되는 일은 없었다. 무엇보다도 라티움에서는 민족 서사시의 발전이 없었다. 시민 공동체의 벽을 허물고 여러 부족을 하나의 민족으로, 여러 민족을 하나의 세계로 만드는 것은 음악 예술, 무엇보다 시의 심오하고 아름다운 일이다. 오늘날 세계문학 안에서 그것을 통해 문명화된 민족들의 차이가 사라진 것처럼, 희랍의 시는 종족이라는 협소하고 이기적인 의미를 희랍이라는 민족 개념으로 발전시켰고, 이것은 다시 보편적 인문주의의 개념으로 변했다. 하지만 라티움에서 이런 일들은 일어나지 않았다. 알바롱가와 로마에 시인들은 있었지만 라티움의 서사시는 발생하지 않았고, 있을 법한 것임에도 헤시오도스의 《일들과 날들》과 유사한 라티움 농가(農歌)조차 존재하지 않았다. 라티움 동맹의 축제는 희랍의 올림피아 축제나 이스트미아 축제처럼 민족적 예술 축제가 되었을 수도 있었고, 알바롱가가 몰락할 무렵 일리온의 정복에 비견할 만한 신화가 모아졌을 수도 있고, 이 신화 속에서 라티움의 각 공동체와 유력한 씨족들은 자신들의 시조를 발견하거나 끌어냈을 수도 있었다. 하지만 이런 일들은 일어나지 않았고 이탈리아에는 민족 문학과 민족 예술이라는 것이 존재하지 않았다.

　이런 사실로부터 필연적으로 얻어지는 것은, 라티움에서 예술의 발전은 꽃피기 전에 시들어버렸다는 것인데, 우리가 이를 분명히 알 수 있도록 전승이 확인해준다. 일반적으로 시의 시작은 남성보다는 여성에게 속하며, 망자를 위한 주문과 노래도 현저히 여성에게 속했고, 카스메나이(*Casmenae*)나 카메나(*Camenae*), 그리고 카르멘티스(*Carmentis*) 등 라티움의 음악 여신이 희랍의 무사이 여신들처럼 여성으로 여겨진 것은 우연이 아니다. 그러나 희랍에서는 남성 시인이 여성 가수들을 대신하고 남성 신 아폴론이 무사이 여신들의 우두머리가 되는 시대가

왔다. 라티움에서는 노래와 관련된 남성 신이 없었으며 고대 라티움어는 남성 시인에 대한 용어도 없었다.[7] 라티움에서 노래의 힘은 비교가 되지 않을 정도로 약해지더니 마침내 소멸되었다.

라티움에서 음악 예술은 일찍부터 여자들과 아이들에게, 한편으로 조합과 비조합 음악인들에게 국한되었다. 만가는 여인들이 부르고 연회 노래는 소년들이 부른다는 것은 이미 언급했다. 또한 종교적 찬가는 주로 어린이들이 불렀다. 놀이패들은 조합을 이루고, 춤꾼들과 곡하는 여인들(*praeficae*)은 조합이 없었다. 춤·놀이·노래가 희랍에서는 줄곧 시민과 자신이 속한 공동체의 명예를 높이는 빛나는 일에 관여했는데, 당연히 라티움에서도 한때는 그러했을 것이다. 하지만 마침내 라티움에서 상류층 시민들은 점차 이런 공허한 예술을 멀리하게 되었으며, 이런 경향은 예술이 공적으로 공연될수록, 외국의 생동감 넘치는 자극에 노출될수록 더욱 확고해졌다. 사람들은 전통적인 피리를 선호했으며, 희랍의 뤼라는 여전히 경멸했다. 민족 전통의 가면극은 허락되었으나, 외국에서 유래한 씨름 경기는 단순한 무관심을 넘어 경멸의 대상이 된 듯 보인다. 희랍에서는 음악 예술이 점차 개인과 희랍 전체가 공유하는 공동 자산으로 자리 잡으며 이로부터 보편적 교양으로 성장했다. 반면 라티움에서 음악 예술은 점차 보편적 민족의식에서 멀어졌으며, 이후 전반적으로 저급한 잔재주로 취급되어 젊은이들이 익혀야 하는 보편적 민족 교양에 들지 못했다.

---

[7] 'Vates'는 아마도 우선 소리꾼을 의미했다. 마르스 사제의 'Vates'도 그렇게 이해될 수 있다. 고어에서는 희랍의 προφήτης와 비슷한 의미를 지닌다. 종교의식과 관련된 용어로 나중에 시인에게 사용될 때도 항상 신적으로 영감을 받은 소리꾼, 즉 무사이 여신들의 사제라는 생각을 갖고 있었다.

젊은이들에 대한 교육은 전적으로 가정이라는 좁은 울타리 안에 갇혀 있었다. 소년은 아버지의 곁을 벗어나지 않았으며, 밭갈이와 추수 등 모든 들일에서 아버지를 도왔을 뿐만 아니라 아버지가 손님으로 친구를 방문하거나 회의를 위해 민회에 출석할 때마다 따라다녔다. 이런 가정교육은 완벽하게 가정과 국가를 위한 인간을 길러내는 데 매우 적합한 것이었다. 이렇게 아버지와 아들의 지속적인 공동생활에 기초하여, 그리고 성인이 될 사람이 성인이 된 사람에 대해 갖는 두려움과 성숙한 인간이 청년의 순진무구함에 대해 갖는 두려움에 기초하여, 가정과 국가의 확고한 전통, 가족적 유대의 긴밀함, 로마 인들의 신중한 태도(gravitas)와 단정하고 품위 있는 성격이 확고하게 유지되었다. 이러한 청년교육은 단순하고 스스로도 전혀 의식하지 못했으나 단순한 만큼 심오한 지혜를 보여주는 그들의 사회제도 가운데 하나였다. 이런 제도가 우리에게 보여주는 놀라움에도 불구하고 간과해서는 안 될 것은, 이런 제도는 본래적 의미의 개인 교육을 희생시키고서야, 그리고 무서울 정도로 매혹적인 음악적 재능을 철저히 부정하고서야 비로소 실행될 수 있었으며 실현되었다는 사실이다.

사비눔과 에트루리아의 춤과 음악과 노래

에트루리아 사람들과 사비눔 사람들의 음악 예술이 얼마나 발전했는지에 관해서는 그들의 다른 모든 것이 그러하듯 알려진 것이 없다.[8]

---

[8] 아텔라나 희극과 파스켄니아 축제가 캄파니아와 에트루리아의 것이 아니라 라티움의 예술에

기껏 언급할 수 있는 것은, 에트루리아에서도 일찍이, 아마 로마에서도 좀 더 이른 시기에 무용수(histri, histriones)와 피리 연주자들(subulones)이 예술가 조합을 결성했으며, 고향에서뿐만 아니라 로마에서도 명예는 전혀 없이 다만 적은 품삯을 받고 연주했다는 점이다. 12개 도시가 모두 연맹 사제의 주도하에 개최하는 에트루리아 민족 축제에서는 로마의 도시 축제에서와 마찬가지로 여러 가지 놀이가 펼쳐졌다는 점에 주목해야 할 것이다. 이에 비추어 사람들은 과연 라티움 사람들보다 에트루리아 사람들이 개별 공동체를 넘어서는 민족적 음악 예술에 있어 얼마나 더 큰 성과를 거두었는지를 물어볼 수 있겠는데, 우리는 이에 전혀 대답할 수 없다. 다른 한편 일찍이 에트루리아에서는 신학적이며 점성술과 관련된 학술적 잡동사니에 대한 어리석은 축적이 시작되었다. 이를 통해 나중에 에트루리아 사람들은 사이비 학문이 번성하게 되었을 때, 유대 인·바빌론 인·이집트 인과 더불어 신적 지혜의 근원으로 경배를 받게 된다.

  우리가 사비눔의 예술에 대해서 알고 있는 것은 더욱 빈약하다. 따라서 그들의 예술이 이웃한 민족의 예술에 뒤떨어졌다고 말하는 것조차 전혀 불가능하다. 여타 분야에서 잘 알려진 세 주요 민족의 성격에 비추어 추정할 수 있는 것은, 예술적 재능에서 삼니움 사람들은 희랍 사람들에게 매우 가까우며 에트루리아 사람들은 이들에게서 제일 멀리 떨어져 있다는 것이다. 이런 추측에 어느 정도 힘을 실어주는 것은 다음과 같은 사실이다. 로마의 시인들 가운데 가장 중요하고 독창적인 사람들, 예를 들어 나이비우스, 엔니우스, 루킬리우스, 호라티우스

  속한다는 사실은 적당한 때가 되면 논의될 것이다.

등이 삼니움 지역 출신이라는 사실이다. 이에 반해 에트루리아 출신은 로마 문학에 거의 흔적을 남기지 못했는데, 아레티움 출신의 마이케나스는 정서가 메마르고 언어가 병든 궁정시인들 가운데에서도 도저히 참아줄 수 없는 예였으며, 또 볼라테라이 출신의 페르시우스는 오만하고 생기 없는, 시에 몰두한 젊은이였다.

초창기 이탈리아 건축물

건축술이라는 요소는 이미 앞서 보여주었듯이 민족들의 오랜 공동 자산이다. 모든 건축술의 시작은 주거 시설이다. 이는 이탈리아와 희랍 민족들 모두에게 공통된 것이다. 목조에 지푸라기 혹은 널판으로 지붕을 얹음으로써 사각형의 주거 공간이 만들어지는데, 바닥에 빗물받이를 두고 천장 구멍(*cavum aedium*)을 설치하여 집 안 연기가 빠져나가고 채광이 되게 했다. 이런 '그을린 지붕'(*atrium*) 아래 음식이 준비되고 식사가 이루어졌다. 이곳에 가족의 신주가 모셔졌으며, 이곳에 신방과 망자의 관이 설치되었다. 이곳에서 주인은 손님들을 맞아들였고 부인은 앉아서 하녀들을 거느리고 물레를 돌렸다. 주거 건물에는 현관이 마련되어 있지 않았으며, 도로와 출입구 사이의 공간을 현관으로 활용할 수 있었는데, 이를 옷을 갈아입는 곳(*vestibulum*)이라고 불렀다. 로마의 관례상 사람들은 이곳에서 외투(*toga*)를 벗고 집 안으로 들어갔으며 외출할 때 다시 외투를 걸치곤 했기 때문이다. 방을 따로 쪼개지 않았는데, 다만 주거 공간의 주변에 침실과 곡간을 따로 두기도 했다. 이층을 설치하고 계단을 마련하는 일은 아직 생각해내지 못했다.

사비눔과 에트루리아에서 초기 희랍의 영향

이러한 초기 건축으로부터 이탈리아의 민족 건축이 성장했는지, 그리고 어느 정도인지는 전혀 결정할 수 없다. 왜냐하면 희랍의 영향이 이미 일찍이 이곳에 압도적이었으며 기존의 전통 건축을 거의 완벽하게 제압했기 때문이다. 우리에게 알려진 가장 오래된 이탈리아 건축술은 이미 아우구스투스 황제 시대의 건축만큼이나 희랍의 영향을 받고 있었다. 카이레와 알시움에서 발굴된 옛 무덤들과 프라이네스테에서 최근 발굴된, 아마도 가장 오래된 무덤 또한 오르코메노스와 뮈케네의 유물처럼 켜켜이 쌓아 올리며 조금씩 높아지고 마지막으로 커다란 돌로 지붕돌을 얹어 마감하는 형태를 취하고 있다. 동일한 방식으로 구축된 굉장히 오래된 도시 성곽이 투스쿨룸에서 발굴되었다. 또한 카피톨리움 언덕 자락에 위치한 지하 우물(*Tullianum*)도 애초 마찬가지의 구조를 갖추고 있었는데, 그 위에 다시 건물이 세워지면서 지붕돌이 제거된 상태였다. 아르피눔과 뮈케네에서 발견된 성문은 동일한 방식으로 쌓아 올린 것으로 완벽하게 닮아 있다. 알바 호수의 수로 건축(제1권 55쪽)은 희랍 코파이스 호수의 그것과 굉장히 흡사하다.

  거석을 쌓아 올린 도시 성곽이 이탈리아에 출현했는데, 특히 에트루리아와 움브리아와 라티움과 사비눔 지역에 자주 등장한다. 이들은 지층을 토대로 할 때 가장 오래된 이탈리아의 건축물들에 속하지만,

이것들의 대부분은 상당히 늦은 시기에 만들어졌으며 몇몇은 로마 건국 700년에 이르러 비로소 세워진 것들이다. 이것들은 희랍의 것과 마찬가지로 암벽에서 떼어낸 커다란 돌을 가공하지 않고 막쌓기를 하며 틈에 작은 돌을 끼워 넣은 형태이거나, 정방형의 다듬돌을 나란히 쌓아 올린 형태이거나,[9] 다각형의 석재를 허튼층으로 쌓아 올린 형태를 취하고 있다. 이들 가운데 어떤 건축 방식을 택할 것인가는 일반적으로 재료에 달려 있는데, 로마에서는 고대에 오로지 응회암을 석재로 사용했기 때문에 다각형 석재를 쌓는 방식이 나타나지 않는다. 먼저의 두 방식은 좀 더 단순한 형태로, 이런 방식을 취한 건축물의 유사성은 아마도 건축 자재와 건축 목적에서 유래한 것일 수도 있다. 하지만 인공적 다각형 석재 축조와 이탈리아·희랍의 요새에서 볼 수 있

---

[9] 세르비우스 성벽이 이런 방식으로 만들어졌다. 세르비우스 성벽은 부분적으로 4미터 두께의 옹벽으로 경사면을 보강한 부분이 있는가 하면, 부분적으로는 특히 비미날리스 언덕과 퀴리날리스 언덕 사이의 공간—여기에서 에스퀼리아이 성문에서 콜리나 성문까지는 자연적 방어 시설이 존재하지 않는다—에는 흙으로 제방을 쌓았고 그 바깥쪽에는 앞서와 비슷한 옹벽을 쌓아 마감했다. 이런 옹벽 옆에는 흉벽이 마련되어 있었다. 고대의 믿을 만한 보고에 따르면 깊이 30보에 너비 100보의 참호를 파고 그 앞에는 참호에서 파낸 흙을 쌓아 제방을 만들어 이런 흉벽을 두었다고 한다. 흉벽은 현재 어디에도 흔적이 남아 있지 않다. 옹벽은 나중에 확장되었는데, 이 확장된 것의 일부가 남아 있다. 이 성벽을 구성하는 응회암은 직사각형으로 다듬어졌는데, 평균적으로 높이와 너비는 60센티미터(2보)였지만, 길이는 70센티미터에서 3미터 사이로 다양했다. 회반죽을 사용하지 않고 노출면에 길고 짧은 측면을 번갈아 쌓았으며 여러 층으로 쌓아 올렸다.
1862년 빌라 네그로니에서 발견된 비미날리스 언덕의 세르비우스 성벽은 그 기초에 높이와 너비가 3~4미터에 이르는 거석 응회암이 놓여 있었으며, 그 상단에 여타의 성벽에서 사용된 것과 동일한 재료와 동일한 크기의 석재로 만들어진 외벽이 쌓여 있었다. 후방에 쌓아놓은 흙 제방은 상단 부분에서 최고 약 13미터 혹은 족히 40보 정도의 너비를 가졌으며, 마름모꼴의 외벽을 계산에 넣어 전체 방벽은 최고 15미터 혹은 50보 정도였을 것으로 보인다. 회색 응회암에 철재 고리를 단 석재는 나중의 보수공사에서야 비로소 사용되었다.
세르비우스 성벽 가운데 제일 중요한 부분은 팔라티움 언덕에서 카피톨리움 언덕을 접한 곳의 비그냐 누시너에서 팔라티움 언덕의 다른 부분을 연결하는 성곽이다. 이 성벽 부분은 아마도 요르단(Jordan, *Topographie der Stadt Rom im Altertum*, Bd. 2., Berlin, 1885, 173쪽 이하)에 의해 팔라티움 로마 시대의 성곽 흔적과 관련하여 정확하게 설명된 것으로 보인다.

는 급격하게 왼쪽으로 휘어져 공격자들의 우측을 수비자들에게 무방비 상태로 노출시키는 성문 길과 성문 구조는 결코 우연의 일치라고 볼 수 없는 것들이다. 주목할 점은, 희랍인들에게 복속되지 않고 그들과 적극적으로 교류했던 이탈리아 지역에서 본격적인 다각형 석재 축조는 널리 퍼져 있으며, 에트루리아에서는 오로지 퓌르기와 거기서 멀리 떨어지지 않은 코사와 사투르니아에서만 등장한다는 사실이다. 퓌르기의 성곽 구조물은 '첨탑'이라는 의미심장한 명칭 때문에 더욱, 예를 들어 튀린스에서 발견된 성곽 구조물 같은 희랍 방식에 따른 것으로 볼 수 있는데, 아마도 이들 가운데 하나는 이탈리아 사람들이 도시 성곽을 쌓을 때 모범으로 삼은 것이 있을 것이다.

마지막으로 신전 건축은 황제기에 에트루리아 방식이라고 불렸는데, 상이한 희랍 양식을 조합한 양식이다. 전체적으로는 희랍 양식과 흡사했는데, 흔히 사방을 빙 둘러 구획한 사각 공간(*cella*)이 하나 있고 거기에 담과 기둥을 세워 비스듬히 흘러내리는 맞배지붕을 떠받치도록 했다. 특히 기둥들과 그 건축학적 세부에 있어 전적으로 희랍 양식을 따르고 있다. 이런 것에 비추어서 볼 때, 그리고 그 자체로도 신빙성이 높은 것은, 이탈리아의 건축술은 희랍과 접촉하기 전에는 다만 나무 움막, 나무 울타리, 흙과 돌을 쌓은 구조물에 머물고 있었으나, 희랍 건축술을 받아들여 희랍의 모범과 개선된 건설 장비를 수용함으로써 석조 건축물에 이르게 되었다는 것이다. 이탈리아 사람들이 희랍인들에게서 철기 사용을 배웠으며, 이들로부터 회반죽(χάλιξ로부터 *cal[e]x, calecare*), 기중기(μηχανή로부터 *machina*), 척도(γνώμων, γνῶμα로부터 *groma*), 정교한 창살(κλῆθρον로부터 *clatri*) 등을 배웠다는 것은 의심할 여지가 전혀 없다. 따라서 이탈리아 고유의 건축술에 관해 언급할 만한 것이 없다. 하지만 이탈리아의 목조 가옥은 희랍의 영향으로 변화를 겪었으나 그럼에도 몇 가지 고유한 특성을 잃지 않았거나 혹은 그런 영향하에 그 특성이 비로소 발전함으로써 다시 이탈리아의 신전 건축에 영향을 미쳤을 수도 있다.

그러나 가옥 건설 기술의 발전은 이탈리아에서는 에트루리아 사람들에 의해 시작되었다. 라티움 사람들과 사비눔 사람들이 아직 전래의 나무 움막을 짓고, 신과 신령을 위해 신전이 아니라 다만 성역만을 지정하던 상당히 오랜 전통을 고수하고 있을 때, 에트루리아 사람들은 주거 가옥을 인위적으로 변형하여 주거 공간의 모범에 따라 신에게는 신전을, 신령에게는 예배당을 만들기 시작했다. 라티움에서 이런 방식의 호화 건축이 출현한 것은 에트루리아 사람들의 영향을 받고 나서부터임을 증명하는 단서로 아주 오래된 신전 건축양식 및 가옥 건축양식을 이르는 말로 '에트루리아풍'[10]이 사용되었다는 것이다. 이런 차용과 관련하여 희랍 신전은 천막 혹은 가옥의 일반적 틀을 모방하고 있으며, 석재로 구축되어 벽돌을 쌓음으로써 석재와 벽돌의 조화로운 필연성과 아름다움이 신전 건설에 적용되었다. 반면 에트루리아 사람들은, 목재로 구축된 인간의 주거 공간과 석재로 구축된 신들의 공간을 엄격하게 구별하는 희랍 방식을 매우 이상하게 생각했다. 에트루리아풍의 신전은 이런 특징을 보이는데, 정방형에 아주 근접한 건물 토대, 좀 더 높게 조성된 박공, 좀 더 넓은 간격을 확보한 기둥들, 특히 받침 기둥 위로 좀 더 급격한 경사를 이루며 두드러지게 앞

---

[10] *Ratio Tuscanica* ; *cavum aedium Tuscanicum*.

으로 돌출된 처마 등의 특징은 전체적으로 이 신전이 주거 가옥에 훨씬 근접해 있으면서 동시에 목조 건물의 특징을 가졌음을 말해준다.

이탈리아의 조형예술

조형과 회화는 건축보다 상당히 나중에 생겨났다. 박공과 담을 장식하기 훨씬 이전부터 사람들은 집을 짓고 살았을 것이 분명하다. 로마 왕정 시대에 이미 이탈리아에 이런 예술이 수용되어 있었을 가능성은 매우 희박하다. 무역과 해적질로 일찍이 커다란 부를 축적한 에트루리아에서만 오직 이런 예술이, 혹은 그렇게 부르길 원한다면 기술이 일찍이 뿌리내렸다. 에트루리아에 영향을 끼칠 당시의 희랍 예술은, 그 모방물이 보여주듯이, 매우 초보적인 단계에 있었으며, 아마도 에트루리아 사람들은 희랍인들에게서 문자를 배운 때로부터 얼마 지나지 않아 흙과 금속을 가공하는 방법을 희랍인들에게서 배웠던 것으로 보인다. 포풀로니아에서 발견된 은화들은 이 시기에 사용되었다고 어느 정도 확실성을 갖고 말할 수 있는데, 이 시기 에트루리아의 예술적 완성도가 그리 높지 않았음을 보여준다. 하지만 에트루리아의 청동 기물들 가운데 나중에 감식안을 가진 사람들이 높게 평가하는 최고의 것들은 바로 이 시기에 속한다. 또 에트루리아의 구운 점토들 또한 형편없다고 할 수 없는데, 로마의 신전에 모셔진 점토를 구워 만든 가장 오래된 작품들, 카피톨리움 유피테르 신전의 기둥 장식과 박공 사륜마차 등은 베이이에서 만들어진 것들로, 신전 지붕에 올린 이런 방식의 커다란 장식물들을 나중의 로마 사람들은 통틀어 '에트루리아풍의 기물'이라고 불렀다.

반면 이탈리아 사람들에게서, 그러니까 사비눔 사람들뿐만 아니라 라티움 사람들에게서 독자적인 조형과 회화는 당시 아직 생성 단계였다. 그들의 중요 예술 작품들은 외국에서 만들어졌던 것으로 보이는데, 외관상 베이이에서 완성된 조형물들에 속한다고 생각되었다. 에트루리아에서 완성되어 에트루리아 명문이 새겨진 청동 기물들이 라티움이 아니라면 적어도 프라이네스테에서는 널리 통용되었다는 사실이 최근의 발굴을 통해 입증되었다. 아벤티누스 언덕의 로마·라티움 연맹 신전에 세워진 디아나 여신상은 로마에서 가장 오래된 신상으로 여겨지는데,[11] 에페소스의 아르테미스 여신상을 따른 마살리아의 것과 흡사한 것으로, 아마도 엘레아 혹은 마살리아에서 만들어졌을 것이다. 독자적인 조형과 회화의 존재를 입증해주는 것이라고는 오로지 아주 먼 옛날부터 내려온 로마의 도공 조합, 금세공업자 조합, 동세공업자 조합(제1권 274쪽)이 존재했다는 것뿐이다. 하지만 이들이 존재했다는 것에서 그들의 예술적 면모를 구체적으로 확인하는 것은 불가능하다.

고대의 예술 작품 등 유물들로부터 우리가 역사적인 결론을 추론하고자 한다면, 우선 분명히 말할 수 있는 것은 이탈리아 문자와 이탈리

---

[11] 바로(Varro)(아우구스티누스의 *de civitate* 4, 31과 플루타르코스 *Num.* 8)가 로마 사람들은 170년 이상 신상 없이 신을 경배했다고 말했을 때, 그는 분명 이 오래된 여신상을 염두에 두고 있었다. 전통적 연대기에 따르면 기원전 176~219년(로마 건국 578~535년)에 로마에 헌정되었으며, 분명 로마의 첫 번째 신상이었다. 신상을 봉헌한 일에 관해 바로가 언급한 내용은 앞서 제시했다. 이 책의 제1권 249쪽을 보라.

아 도량형은 물론 이탈리아 예술은 페니키아의 영향이 아니라 오로지 희랍의 영향을 받아 발전했다는 것이다. 이탈리아의 예술 활동 가운데 어느 것 하나도 고대 희랍의 예술을 예술적 모범으로 삼지 않은 것이 없다. 전해지는 전설을 그대로 받아들인다면, 이탈리아 사람들은 가장 오래된 예술 활동임에 틀림없는 채색 조형물의 완성을 세 명의 희랍 예술가의 공으로 돌렸다. 조각가 에우케이르, 건축가 디오포스, 화가 에우그라모스가 그들이다. 물론 이런 예술이 다른 어디보다 먼저 코린토스에서 타르퀴니이에 도래했는지에 관해서는 커다란 의심이 남아 있다. 동방의 모범을 직접적으로 모방했다는 증거가 독자적으로 발전시킨 예술형식이라는 증거보다 많이 남아 있다. 에트루리아 석재 장신구들이 이집트 본산의 갑충석 형식과 밀접한 연관을 갖는다고 하지만, 갑충석 형식은 이미 오래전 희랍 땅에서 만들어졌으며 이런 풍뎅이 모양 석재 장신구들이 아이기나에서 발견된 매우 이른 시기의 명문에도 나타났다. 따라서 이런 형식이 희랍인들을 통해 에트루리아에 들어왔을 가능성도 있다. 페니키아 사람들에게서 이를 사들였지만 이를 배운 것은 희랍 사람들에게서였던 것이다.

 어떤 희랍 종족으로부터 에트루리아 사람들이 예술적 모범을 먼저 가져왔는지에 관해 정확한 답변을 할 수는 없다. 에트루리아 예술과 옛 아티카 예술 사이의 주목할 만한 관련이 존재하는 것은 사실이다. 적어도 에트루리아에서는 나중에 상당히 크게 번창했으나 희랍에서 다만 매우 제한적인 범위에서 활용된 세 가지 예술형식인 분묘 벽화와 유리그림과 석재 장식은 오늘날까지도 희랍에서 오로지 아테네와 아이기나에서 관찰된다. 에트루리아 신전은 도리아 신전이나 이오니아 신전과 전혀 닮지 않았다. 아주 중요한 지표들로 내부 공간 주위를 빙 돌아 감싸는 열주들과 개별 기둥 하부에 설치한 독특한 주각 등에서 에트루리아 양식은 후기 이오니아 양식을 따르고 있다. 다른 모든 희랍 건축양식 가운데 도리아 요소가 가미된 이오니아·아티카 건축양식은 일반적인 의미에서 에트루리아 양식에 제일 근접해 있다. 라티움 지방에는 전혀 없다 싶을 정도로 확실한 미술사적 교류 흔적이 남아 있지 않다. 그 자체로 매우 분명한 사실인바 일반적인 무역 및 교류 관계가 예술의 영역에서도 결정적인 역할을 했다고 할 때, 분명한 것은 캄파니아와 시킬리아의 희랍인들은 문자에서처럼 예술에서도 라티움 사람들의 스승이었을 것이라는 점이다. 그리고 아벤티누스 언덕의 디아나 여신상을 에페소스의 아르테미스와 비교하는 일은 이와 모순되지는 않는다. 왜냐하면 옛 에트루리아 예술은 라티움 지방에서 예술적 모범으로 사용되었기 때문이다. 사비눔 종족들에게 희랍 문자와 마찬가지로 희랍 건축 기술과 예술은 전적으로 서부 이탈리아 종족들에 의해 전해졌던 것이다.

　마지막으로 이탈리아 여러 민족의 예술적 재능을 이야기하자면, 에트루리아 사람들이 일찍이 예술 활동을 시작했으며 좀 더 웅장하고 풍성한 작품들을 만들어냈다. 그러나 그들의 작품은 라티움이나 사비눔 사람들에 비해서 그 합목적성이나 실용성뿐만 아니라 내면성과 아름다움에 있어서도 크게 뒤떨어진다. 이런 점은 오늘날에도 건축에서 확인된다. 합목적적이며 아름다운 다각형 석재 축성은 라티움과 그 내륙 지방에서는 널리 쓰였지만, 에트루리아에서는 사각 석재가 전혀 사용되지 않았다. 미술사적으로 주목할 만한 종교적 의미가 강조된

궁륭(제1권 237쪽)과 홍예(제1권 243쪽)를 통해 라티움 지방에서는 훗날 로마식 수로와 로마식 도로의 단초를 발견할 수 있다. 반면 에트루리아 사람들은 희랍의 호화 건축을 모방했으되 저열한 수준이었다. 왜냐하면 석조 건물에서 확립된 법칙을 목조 건물에 솜씨 있게 적용하지 못했으며, 낮게 내려앉은 지붕과 넓은 기둥 간격 때문에 신전에, 옛 건축 대가의 말을 빌리자면, "휑하고 낮고 무겁고 둔중한 모습"을 부여했기 때문이다. 라티움 사람들은 희랍 예술의 충일함으로부터 그들의 열정적인 현실주의에 부합하는 것만을 찾아냈으며, 그들이 수용한 것을 이념적으로 내면화했으며, 다각형 석재 축성에 있어 그들의 스승을 능가했다고 하겠다. 에트루리아 예술은 수공업적 훈련과 적응의 숙련도를 보여주는 주목할 만한 증거일 뿐, 중국 사람들처럼 천재적 수용의 증거라고 할 수는 없다. 에트루리아 예술에서 희랍 예술을 찾아내는 일을 진작 그만두었던바, 이제는 이탈리아 예술의 역사에서 에트루리아를 맨 앞자리에서 맨 뒷자리로 밀어내 버릴 것을 단호하게 결심해야 할 것이다.

연표(기원전)

- 1200년 이래: 알프스를 넘어 이탈리아 반도로 인도-게르만 민족의 도래.
- 1000년 이래: 에트루리아 인들의 도래, 티베리스 강과 아르노 강 사이의 움브리아 지역에 정착함.
- 950년경: 팔라티움 언덕에 정착.
- 850년경: 퀴리날리스 언덕에 정착. 에트루리아, 희랍, 페니키아 등과 무역.
- 800년경: 로마의 일곱 언덕 주변에 문명 공동체 성립. 시킬리아(판오르모스)와 북아프리카(카르타고)에 페니키아 무역거점.
- 750년경: 대희랍 지역과 시킬리아에 희랍 식민활동이 시작됨. 쿠마이(754), 낙소스(742), 쉬라쿠사이(736), 쉬바리스(721), 타라스(708). 이후 네아폴리스, 레기온, 크로톤, 메타폰티온, 아크라가스.
- 753년: 4월 21일. 바로(Varro)의 연표에 따른 로마 건국일.
- 750년경~511년 : 로마를 통치한 일곱 왕들의 시대. 로물루스, 누마 폼필리우스, 툴루스 호스틸리우스, 앙쿠스 마르키우스, 타르퀴니우스 프리스투스, 세르비우스 툴리우스, 타르퀴니우스 수페르부스.

- 700년~500년 : 북부 이탈리아와 중부 이탈리아에서 에트루리아 세력이 확장됨. 에트루리아 세력이 튀레눔 해를 지배함. 에트루리아 인들의 12 도시 동맹.
- 600년경: 에트루리아 출신의 타르퀴니우스 집안이 로마에서 왕권을 장악하기 시작함. 라티움 지방에서 로마가 우위를 굳힘.
- 600년경: 포카이아 인들이 마살리아를 건설함.
- 550년경: 카르타고와 에트루리아가 희랍에 맞서 연합함.
- 537년: 페니키아와 에트루리아가 코르시카 섬에서 희랍 식민지를 몰아냄.
- 508/7년: 타르퀴니우스 집안의 몰락. 로마 공화정의 시작.
- 508년: 로마와 카르타고의 첫 계약
- 508/7년: 에트루리아의 왕 포르센나가 로마를 정복함.
- 507년: 카피톨리움 언덕에 유피테르 신전을 봉헌함.
- 506년: 라티움 지방을 공격하던 에트루리아 인들은 아리키아에서 격퇴됨.
- 500년: 사르디니아와 시킬리아 서부지역을 카르타고가 차지함. 시킬리아에서 참주정이 유행함. 클라우디우스 집안의 이주.
- 496년: 레길루스 호수에 라티움 사람들을 맞아 승리함.
- 495년: 볼스키 사람들과의 전쟁. 볼스키 지역에 식민지를 건설함.
- 494년: 상민들이 로마를 떠나 성산(聖山)으로 이탈함. 호민관 제도의 도입.
- 493년: 로마와 라티움 지역 도시들과의 연맹 협약.

찾아보기

【A】

adrogatio 자권자 입양 106, 244
adsidui 정주자들 127
aedicula 작은 사당 249
aerarii 속인 134
aes 청동 23, 198, 203, 275, 278, 282, 283, 285~288, 313, 336, 337
aestimatio 가치 71, 109, 169, 278, 287, 301, 313
agnati 종족 88
Agonalia 일곱 언덕 축제 233
album 목판 253, 307
amp[h]ora, ampulla 그릇 249, 280
Angeronalia 동지 축제 232
annus 해[年] 295
aprilis 새싹 231, 255, 296
ara maxima 헤라클레스 제단 254
armilustrium 전쟁 헌정일 231
arquites 궁수 32, 101, 102
arra 계약금 281
arrabo 계약금 281

arvina 돼지비계 281
arx 성채 54~56, 65, 69, 71, 73, 75, 76, 150, 151, 162, 240
assa voce canere 반주 없이 부르다 317
atrium 안뜰 31, 331(그을린 지붕)
augures 조점관 63, 118, 156, 243, 245, 254, 256, 258
auspicia publica 공공의 신권 92

【C】

cal[e]x 회반죽 334
capite censi 무산자들 127, 219, 273
capitolium 산정 54
Capitolium vetus 옛 성채 76
Carmentalia 예언의 축제 232
causae probatio 시험 기간 84
cavum aedium 천장 구멍 331
celeres 기병 93, 96~98, 100~102, 119, 128, 131, 136, 242, 323
centumviri 100명 96
centuriae 백인대 101, 102, 131~133, 243

circus 대경기장 72, 74, 152, 154~156
classis 전투부대 128, 131
clatri 정교한 창살 334
cliens 피호민 64, 89~91, 121~123, 125, 126, 142, 189, 202, 221, 222, 226, 227, 271, 272
coemptio 공매혼 83
collegia 단체들 152
collegium tibicinum 피리 연주자 조합 274, 313
collis agonalis 희생제의 야산 79
colonia civium Romanorum 식민지 13, 29, 45~47, 57, 141, 163, 182, 184~196, 199, 204~206, 208, 264, 265, 270, 273, 285, 287, 300, 301, 308
comissari 잔치 280, 316
comitia 민회 36, 62, 92~95, 101, 104, 107, 108, 111~114, 133, 153, 154, 211, 220, 221, 243, 258, 329
confarreatio 공찬혼[共饌式 婚姻] 29, 83, 96, 124, 125, 225
contio 공회 104
conventio 공회 104
crimen 법정 36, 53, 122, 211, 219, 221, 226, 244, 246
curia 동회 71, 72, 80, 96~98, 102, 104, 118, 154, 242, 243, 263, 291
curia saliorum 마르스 사제 회당 72
curiae veteres 의사당 구관 72
curio 동회 사제 98, 102, 242

【D】
dea dia 농업 (여)신 디아 38, 68, 240
deus fidius 신의의 신 77, 79, 238, 255
dies fasti 재판기일 211
digitus 손가락 290~293
dii inferi 저승 239, 258
Divalia 동지 축제 232
duoviri perduellionis 반란 사건을 다룰 2인관 213

【E】
ebur 상아 94, 116, 280
epistula 편지 281
equirria 경마 230, 323~325
equites 기병 101

【F】
familia 가족 90
familia pecuniaque 노예와 가축 87, 215, 217, 263
far 스펠트 밀 21, 27, 44, 264, 265
Faunus 호의의 신 240, 314
Feralia 망자의 축제 233
feriae Latinae 라티움 축제 57
feriae sementivae 농한기 268, 296
fetiales 조약관 118, 244, 245
fiducia 신탁 약속 217
flamen curialis 동회 대사제 98, 102, 240
Flamen Dialis 유피테르 대사제 240, 241, 266
flamen Martialis 마르스 대사제 239, 241

flamen Quirinalis 퀴리누스 대사제 239
flamines maiores 삼위 대사제들 241
Flora 꽃의 여신 79, 241
folium 나뭇잎 76, 307, 314
Fontinalia 샘물 축제 232
fors fortuna 행운의 여신 238
forum Romanum 로마 광장 151, 154, 267, 294, 307
Fratres Arvales 농업 신 사제단 68, 240, 292, 315, 318
Furrina 복수의 여신 축제 233

【G】

Graecia Magna 대희랍 47, 183, 184, 189, 196, 202, 203, 283, 300, 301
gravitas 신중한 태도 329
groma 척도 189, 334

【H】

herba pura 정결한 곡식 224
heredium 소유지 263, 264
histri 무용수 330
histriones 무용수 330

【I】

idus 분리의 날 297
imperium 명령권 92, 111, 146
indutiae 휴전 58
infra classem 예비부대 100, 128
iniuria 신체적 상해 215
interregnum 공위 기간 94

interrex 대행 왕 110, 113
iunius 번영 124, 137, 162, 190, 194, 195, 238, 283, 296
Iuppiter Latiaris 라티움 유피테르 57
ius gentium 만민법 223

【K】

kalendae 선포의 날 297

【L】

legio 군단 101, 102, 119, 130, 131, 141
liber 나무속껍질 307
Liberalia 자녀 축제 233
lictor 수행원 92, 96, 106, 116
lictores 수행원들 105, 119, 211
linum 아마 23, 280
locupletes 토지 소유자들 127, 128, 132, 141, 270~273
lorica 흉갑 281
lorum 가죽 281, 307
Lucaria 여름 숲 축제 232, 297
ludi maximi 대축제 322
ludii, ludiones 무용단 313, 314
Lumuria 유령 축제 233, 297
lupercal 늑대 동굴 72
Lupercalia 늑대 축제 65, 77, 232, 240
Luperci 늑대 사제 63, 77, 118, 120, 240, 242, 243
lustrum 재계식 298

【M】

machina 기중기 334
magister equitum 기병 장관 102
maius 성장 2, 3, 11, 32, 36, 67, 69, 71, 75, 116, 126, 137, 144, 146, 190, 194, 196, 240, 252, 274, 278, 283, 285, 296, 312, 326, 328, 332
Mamuralia 방패 제작일 230, 231
mancipatio 악취 행위 217, 223, 263
manes 망자의 영혼 239
manus iniectio 나포 218, 219
massa 보리빵 281
Matralia 출생 신의 축제 233
matrimonium consensu 민사혼 83, 124, 125, 227
mercatus 장시 276, 277
mercedonius 노동의 달 296
mercurius 교역의 신 238
miles 보병 93, 96~98, 100~102, 119, 128~131, 135, 136, 323
milites 천 명의 병사 101
moenia 도시 성곽 102, 150, 152, 154, 198, 261, 332, 334
mons Tarpeius 타르페이아 언덕 151
montani 언덕 로마 인 78~80, 117, 152
mundus 소우주 71, 72
municipes 부역민 134
mutuum 소비대차 218, 223

【N】

Neptunalia 뱃사람 축제 232
nexum 구속 행위 217, 223
nonae 보름 9일 전 297
nundinae 주초 장날 276, 297

【O】

ops 경작 21, 30, 38, 44, 50~52, 56, 102, 141, 216, 237, 262, 264~266, 270
opsonium 반찬 280

【P】

pagani 시골 사람들 152
palmus 뼘 293
parricida 친족 살인 212
pater familias 가부장 23, 34~36, 65, 82~93, 95, 106, 108, 127, 141, 211, 215, 216
pater patratus 대조약관 243
patina 열쇠 93, 281, 287
patres 원로원 위원 94, 96, 97, 113, 213
patres conscripti 원로와 등록된 자 307
patricii 아버지의 자식 91
patronus 보호자 90, 122, 123, 125, 222, 271
peculium 특유 재산 85
pecunia 가축 20, 263, 278
(→ familia pecuniaque를 보라)
pedites 보병 101
penates 가신家神 92
pilumni 창병 32, 101
pilumnus populus 창을 든 병사들 101

plebs 상민 36, 121, 126, 127, 133, 135, 142, 146, 178, 221, 223, 270
poena 배상금 214, 251
poena 벌금 36, 95, 103, 214, 273, 277
pomerium 시 외곽 성역 142
Pomona 과실의 여신 241
pontifex 목교관 75, 118, 243~245, 247, 249, 254
Poplifugium 인민 추방 축제 233
populus 공동체 53
porta collina 야산 성문 78
Porta Mugionis 무기오 성문 71
Porta Romana 로마 성문 71
Portunalia 항구 축제 232
posteriores 신시민 118~120, 128
praedes 보증인들 216
praefectus urbi 도시 장관 93
praeficae 곡하는 여인들 328
praenomen 개인 이름 35
praevides 보증인들 216
precarium 허용 점유 271~273
priores 구시민 118~120, 128, 241
prisci Latini 옛 라티움 사람들 48, 49
pro uxore 준신부 84
proletarii 무산자들 127, 273
promercale 무역 46, 69, 70, 74, 81, 123, 177, 181, 182, 191~193, 198~200, 203, 204, 260, 278, 279, 282, 289, 291, 293, 336, 339
provocatio 상소 106, 212, 213
purpura 자주색 염료 206, 280

[Q]

quaestores parricidii 친족 살해 사건을 다룰 검찰관 213
quinquatrus 전사 군무일 231
Quirites 창병들 104

[R]

Ramnes 람네스 사람들 61, 62, 65, 100
reciperatores 중재 심판단 222, 223
Regifugium 왕 추방 축제 233
rex 왕 26, 29, 36, 46, 68, 84, 91~95, 101~115, 119, 121, 125~127, 133, 154, 155, 175, 178, 211~214, 218, 219
rogatio 의견 조회 105, 107, 113
Roma quadrata 사각의 로마 71
Romani 로마 인들 8, 38, 39, 41, 42, 46, 54, 61, 62, 70, 76, 87, 138, 139, 148, 168, 177, 206, 210, 235, 238, 239, 245, 246, 254, 255, 267, 272, 276, 289, 294, 295, 309, 314, 321, 325, 329
Romani collini 야산 로마 인 77~80, 117~119, 129, 234, 240

[S]

sacer 저주받은 자 250
sacramentum 신성도금 103, 218
saeculum 세기 259
saeturnus 파종 38, 50, 237, 265, 318
Salii 마르스 사제 63, 72, 77, 78, 118,

120, 239, 241~243, 292, 314~316, 328
Salii collini 야산 마르스 사제 78, 239
Salii Palatini 팔라티움의 마르스 사제 78
Saturnalia 파종의 축제 231
scipio 지휘봉 280
scriptura 방목세 103, 273, 307
scutum 방패 72, 116, 275, 281
sella curulis 고관 의자 211
senatus 원로원 36, 63, 72, 94, 95, 97, 104, 107~116, 119, 120, 154, 155, 213, 307
septem pagi 7개의 촌락 68
Septimontium 일곱 언덕 축제 72, 233
spatium 공간 6, 31, 56, 141, 151, 153, 290, 307, 325, 331, 333, 335, 339
statera 저울 217, 218, 281
subulones 피리 연주자들 313, 330
supplicium 속죄물 251

[T]

tabula 목판 253, 307
talio 보복 36, 198, 211, 212, 225, 247
tellus 대지 49, 52, 84, 237, 246, 315, 326
templum 성소 37, 72, 79, 155, 230
terebra 마찰목 31
Terminalia 토지 경계의 축제 232
termini 경계석 30, 237, 250, 263
tessera 표패 281
thus 향료 280

tribunal 재판관석 154
tribuni 구대장 93, 102, 133
tribunus celerum 기병 구대장 102, 119, 242
tribus 분구 51, 52, 63, 65, 73~75, 78, 80, 96~98, 101~103, 118~120, 128~130, 134, 140, 152, 243, 291
tribus rusticae 농촌 분구 51
tributum 추렴 기금 103, 104
trieteris 2년 주기 역법 298
triumpus 뛰기(전사의 춤) 40, 325
tubilustrium 나팔 봉헌 축제 231, 232
Tullianum 툴리아눔 감옥(지하 우물) 66, 151, 332

[U]

usuarium 출입 69, 200
usus 사용혼 83, 124
uxor 신부 84, 217, 225

[V]

vectigalia 농지대 103
velites 경무장 보병 101, 102, 130, 131
Vinalia 포도주 축제 232, 265
vindex 소송대리인 219
Volturnalia 티베리스 강 축제 232

옮긴이

김남우
연세대학교 철학과를 졸업했고, 서울대학교 서양고전학 협동 과정에서 희랍 서정시를 공부했고, 독일 마인츠에서 로마 서정시를 공부했다. 정암학당 연구원으로 서울대학교 등에서 희랍 문학과 로마 문학을 가르친다. 《우신예찬》, 헤르만 프랭켈의 《초기 희랍의 문학과 철학 1, 2》(공역), 베르길리우스의 《아이네이스 I》 등을 번역했다.

김동훈
서울대학교 서양고전학 협동과정에서 희랍 문학과 로마 문학, 특히 로마 수사학을 공부했고, 총신대학교에서 신학을 공부했다. 총신대학교 강사를 지냈다. 장 보댕의 《국가에 관한 6권의 책》 중에서 라티움 어와 히브리 어 부분을 번역했다. 현재 푸른역사 아카데미에서 '서고원 : 서양사 고전 원강'을 이끌고 있으며, 아우렐리우스의 《명상록》 희랍어 원전을 번역하고 있다.

성중모
독일 본 대학교에서 고전기 로마의 '소유물 반환 청구'(rei vindicatio) 연구로 박사 학위를 취득하고, 로마법사와 서양법사 분야에서 연구와 강의를 하고 있다. 현재는 《시민법 대전(Corpus Iuris Civilis)》 연구에 몰두하고 있으며, 그중 일부인 〈유스티니아누스 법학제요(Institutiones Iustiniani)〉를 최초로 라티움 어에서 한국어로 직역하여 곧 출판을 앞두고 있다.

몸젠의 로마사 제1권—로마 왕정의 철폐까지

⊙ 2013년 4월 9일 초판 1쇄 발행
⊙ 2025년 5월 20일 초판 10쇄 발행
⊙ 글쓴이   테오도르 몸젠
⊙ 옮긴이   김남우·김동훈·성중모
⊙ 발행인   박혜숙
⊙ 책임편집   정호영
⊙ 디자인   이보용
⊙ 펴낸곳   도서출판 푸른역사
　우) 03044 서울시 종로구 자하문로8길 13
　전화: 02) 720-8921(편집부) 02) 720-8920(영업부)
　팩스: 02) 720-9887
　전자우편: 2013history@naver.com
　등록: 1997년 2월 14일 제13-483호

ⓒ 푸른역사, 2025

ISBN 978-89-94079-81-3 93900
　　　978-89-94079-82-0 93900 (세트)

· 잘못 만들어진 책은 교환해드립니다.